U0814573

北京扎耶德中心文库
文明交流互鉴丛书

当代阿拉伯研究

中埃建交60周年纪念文集

张 宏 刘欣路
主编

北京师范大学出版集团
BEIJING NORMAL UNIVERSITY PUBLISHING GROUP
北京师范大学出版社

前　言

2016年对中阿关系，特别是中埃关系而言是具有重要纪念意义的一年。60年前，也就是1956年5月30日，在毛泽东主席、周恩来总理和纳赛尔总统等老一辈政治家的推动下，中国和埃及这两个文明古国和新兴国家紧紧地走在了一起，从而为当代中埃关系的发展奠定了坚实的基础，也为中国开启与阿拉伯世界的外交关系拉开了序幕。

60年来，在追求国家发展、民族进步的道路上，无论国际风云如何变化，中埃两国始终守望相助、风雨同舟，始终相互理解和尊重、相互信任和支持，两国各领域关系健康稳定发展，成为中阿、中非关系和南南合作的典范。近几年来，在习近平主席和塞西总统亲自关心和推动下，中埃友好合作关系呈现全面蓬勃发展的强劲势头，双方政治互信进一步增强，经贸合作迅猛发展，民间交往日益频繁。2016年1月，习近平对埃及进行历史性访问，两国发表了关于加强全面战略伙伴关系的五年实施纲要，签署了共建“一带一路”谅解备忘录，并开启中埃文化年，进一步充实了两国全面战略伙伴关系的内涵。同年9月，塞西总统应习近平主席特别邀请再次赴华，以嘉宾国元首身份出席二十国集团杭州峰会，突出体现了两国的深厚情谊。可以预见，虽然国际局势、中东局势仍然存在诸多不确定因素，但在新的历史起点上，在中埃两国政府和人民的共同努力下，中埃关系必将得到传承和发展，国家间文明交往的新的华彩乐章正徐徐奏响。

为庆祝中埃建交六十周年和中埃文化年，北京外国语大学阿拉伯学院、北京扎耶德阿拉伯语与伊斯兰文化研究中心策划出版了

《文明交流互鉴丛书》之《当代阿拉伯研究：中埃建交60周年纪念文集》。我们非常荣幸地邀请到了杨福昌大使、吴思科大使、刘宝莱大使、安惠侯大使、赵国忠研究员、仲跻昆教授、唐继赞高级记者、陆孝修译审、唐宝才研究员、王灵桂研究员等多位资深外交家和著名学者为本书撰文。他们既是中埃关系研究方面的专家，也是中埃关系发展的见证者、参与者；他们的文章既是高质量的学术论文，也是宝贵的历史文献。他们不辞辛劳，在百忙之中撰写文章，充分说明了他们对中埃友好事业的重视和热爱。为此，我们向他们表示崇高的敬意和由衷的感谢！此外，还有多位中青年学者也为本书提供了高质量的稿件，从多个角度探讨了中埃关系的历史、现实与未来，在此，我们一并表示诚挚的谢意！

由于时间仓促，编者水平有限，文中不足之处，敬请读者批评指正。

编者

2016年12月15日

目　录

政治经济篇

社会文化篇

政治经济篇

中阿关系60年友谊历久弥坚
——纪念中阿建立外交关系60年

杨福昌

【摘要】2016年正值中国与阿拉伯国家开启外交关系60周年，60年来中阿相互尊重、相互支持，友谊不断加深，合作持续加强。双方在政治、经贸、人文等诸多领域开展了广泛、密切的交流合作，取得了丰硕成果。2010年底中东发生动荡，并在阿拉伯地区蔓延，作为阿拉伯国家信赖的朋友，中国积极调整政策，尊重阿拉伯各国人民的合法诉求和要求改革的愿望，并劝和促谈，提倡通过政治对话等和平手段解决问题。中阿间没有利害冲突，在和平、发展、合作的大潮流面前，双方会更加珍视60年来铸就的良好政治关系，开拓更广阔的合作前景。

【关键词】中阿关系；外交；友谊

【作者简介】杨福昌，曾任外交部副部长、外交学院院长，中国驻埃及、科威特大使。

中国与埃及于1956年5月30日建交，由于埃及的阿拉伯属性，这一日期也成为中阿开启外交关系的纪念日。至1990年7月，中国已同所有22个阿拉伯国家建立了外交关系。光阴荏苒，历史会这样记载，60年来，中阿之间友好相处，而没有出现紧张和对抗；对彼此所关心的事业相互支持，而不是消极观望：双方合作关系不断发展，并未受国际和各自国内形势变化的影响。现仅对双方关系在不同时期的发展做一些回顾，对未来做一些展望。

一、万隆会议是中阿建立正式关系的桥梁

20世纪五六十年代是反帝反殖、争取民族解放和独立的年代，斗争风暴风起云涌，席卷亚非两大洲。新中国是刚成立的社会主义国家，视反帝反殖国家为其天然盟友，给予大力支持。1955年4月的万隆亚非会议，就是在这一背景下召开的。周恩来总理率团出席，表明了对会议的重视。出席万隆会议的29个国家中阿拉伯国家有9个，除埃及外，还有伊拉克、约旦、黎巴嫩、利比亚、沙特阿拉伯、苏丹、叙利亚、也门。另外，阿尔及利亚、突尼斯、摩洛哥派了由政党组成的观察员代表团出席会议。这是新中国成立以来第一次同这么多的阿拉伯国家接触。在会议上，周总理对埃及为收回苏伊士运河主权而进行的斗争表示支持，还表示“中国人民完全同情和充分支持阿尔及利亚、摩洛哥、突尼斯人民为自决和独立的斗争、阿拉伯人民在巴勒斯坦所进行的人权斗争”“所有附属国人民都应该享有民族自决的权利”[①]，充分体现了中国对阿拉伯国家反帝反殖斗争的支持。那时新中国刚成立不久，西方对中国封锁打压，丑化中国形象，在万隆，中国几乎成了会议的焦点，疑惑、不解、众多攻击之词都指向中国，是周总理力挽狂澜，提出了“求同存异”的理念，扭转了局面，使会议取得成功。针对会上反映出的对中国的不了解，周总理邀请与会代表到中国去看一看，以了解真相。

纳赛尔总理返国后，于1955年5月，即会议闭幕的第二个月，派其宗教事务部长艾哈迈德·巴库里访华，双方签署了《中埃两国文化合作会谈纪要》(以下简称《纪要》)，《纪要》包括互派教师和留学生、文化艺术代表团互访、交换电影片等文化交流内容。同年8月，埃及工商部长穆罕默德·阿布·努赛尔访华，双方签订了贸易协议和执行协议的议定书，除明确了具体商品外，还规定双方互在对方设立“商务代表处”，经双方换文确认，“代表处”有权悬挂国旗、国徽，正、副代表人身不可侵犯，公文、档案不受侵犯和有权使用密码。这些规定赋予了“代表处”一定的外交待遇。

---

① 江淳、郭应德：《中阿关系史》，248页，北京，经济日报出版社，2001。

1956年5月16日埃及政府决定，撤回对台湾“中华民国政府”的承认，承认中华人民共和国，愿同中国建交，互派使节。随后，埃方在开罗和北京向中方通知这一决定，同时政府发言人公布了这一消息。5月30日，中埃发表联合公报，宣布两国政府“考虑到两国的相互愿望，已经决定建立外交关系，并且互派大使级的外交代表”。

中国驻埃及商务代表处和师生一行1956年1月24日抵埃，同年5月30日中埃建交，只有4个月多一点，看起来很快，实则早有迹象和铺垫:（1）新中国成立后，埃及驻华使馆并未立即撤离，在回复周恩来总理兼外长表示愿同有关国家建立外交关系的公函时，与其他国家不同，友好地为周总理冠以“外交部长”头衔；（2）双方贸易一直未断；（3）革命后的埃及媒体要求与中国建交的呼声日高。当时的《消息报》编辑海卡尔就主张：埃及要面对现实，立即承认中华人民共和国。对蒋介石政权，海卡尔说：“不能强求我们始终承认，尤其不能在由本土被驱逐之后数年，仍要我们继续承认”；（4）巴库里访华后，在埃报刊发表文章，盛赞中国奉行的宗教信仰自由政策，在埃社会引起良好反响；（5）中埃对对方的“商务代表处”都给予了一定的外交待遇；（6）1954年纳赛尔对《美国新闻与世界报道》杂志发表谈话称，中国政府之存在“是一确定不移的既成事实，美国应当承认”并称，若承认，当有助于冷战之终止。①

纳赛尔在接见中国商务代表李应吉时说，“承认中华人民共和国是早已确定的事，前些时未宣布承认，原因是本想使西方大国减少对以色列的援助，让这个地区安宁一些。但是这些大国不想同埃及作朋友，而向以色列继续大量提供军火。在此情况下，目前承认中华人民共和国政府是最好的时机。”②

在反帝反殖大背景下，中埃双方先民间、后官方，经贸、文化先行，建立正式外交关系收尾，并带动了许多阿拉伯和非洲国家同中国建交，这对当时遭受帝国主义封锁的新中国来说意义重大。

① 江淳、郭应德:《中阿关系史》，256页，北京，经济日报出版社。
② 江淳、郭应德:《中阿关系史》，260页，北京，经济日报出版社。

二、相互尊重、相互支持是中阿关系的主线

历经60年的中阿关系建立在相互尊重、相互支持基础上，一直友好、顺利地发展，友谊不断加深，合作持续加强。近几年，中阿建立了战略对话机制，从国别讲，中国已同8个阿拉伯国家建立了战略伙伴关系。这一友好关系主要表现在以下方面。

（一）政治

中阿都是发展中国家，对许多重大的国际问题有共同看法，面临发展的共同任务，是命运共同体。

1. 双方都重视自己的主权，反对霸权主义

冷战结束后，美国一超独大，这时，国际关系中出现了一些奇怪的理论和实践，如主权让渡、人权高于主权等说法，弱化主权，强调人权，实际上是为干涉别国内政制造理论准备，他们丝毫不会削弱自己的主权。实际上美国更是主张单边主义，一家说了算，他们宣称还要领导世界一百年，实为无稽之谈，好像时空都要停止，各国人民都要俯首帖耳地由着它领导。最恶劣的例子就是在没有联合国授权的情况下，它悍然入侵伊拉克，硬是把一个主权国家打得稀巴烂，然后才声称自己并未掌握伊同“基地组织”有联系和握有大规模杀伤性武器的证据，这是典型的霸权主义，中阿都坚决反对。希拉里2016年4月21日对当年支持“入侵”伊拉克表示了“遗憾”，过了13年才做出这种表示，太晚了点，但反思总比不反思好，不知何时美才能对自己的“领导梦”和“新干涉主义”做点反思。中阿双方于2004年在成立中阿合作论坛的宣言中重申了要尊重国家主权原则，宣言表示，要遵守《联合国宪章》，促进国际关系民主化，坚持主权平等和不干涉内政原则，强调国家不分大小、强弱、贫富，都有平等参与国际事务的权利。中阿这些主张维护了双方利益，也维护了发展中国家利益，因为能对他国进行干涉的都是大国、强国、富国，相反的例子一个也找不出来。

2. 双方都对对方关切的核心利益问题给予支持

对中国来说，主要是祖国统一问题，阿方多次表示“阿拉伯国家坚持一个中国原则”，2010 年举行的中阿合作论坛第四届部长级会议公报中提到：“阿拉伯国家强调支持中国的主权和领土完整，坚定奉行一个中国政策……支持台海两岸关系和平发展和中国和平统一大业”。实践中也是这样做的。巴勒斯坦问题是伊斯兰世界最关心的问题，中国从万隆会议开始就一直支持巴勒斯坦人民的合法权益，在联合国讨论中东问题时，中国总是站在巴勒斯坦一方，中国支持中东和平进程；支持阿拉伯国家贝鲁特首脑会议通过的和平倡议和中东和平路线图计划；支持建立以 1967 年边界为基础、以东耶路撒冷为首都、享有完全主权的巴勒斯坦国。中国采取这种立场不是一味偏袒，是合情合理的，巴人民的合法权益尚未恢复，难民问题未解决，土地仍被占领；联合国多次做出决议要求以方解决上述问题。中国的立场是符合实情，占法理的。

巴勒斯坦国民大会于 1964 年 6 月 2 日至 6 日在耶路撒冷（约旦区）召开；大会决定成立“巴勒斯坦解放组织”，“负责巴勒斯坦人民争取解放他们国家的斗争”。1965 年 3 月，巴解主席舒凯里应邀访华，3 月 23 日双方发表联合声明，中方重申“对巴勒斯坦阿拉伯人民的支持是无保留的。过去如此，今后还将如此”。双方同意巴解在北京设立办事处，享有外交特权。1988 年 11 月 15 日，巴解在阿尔及尔召开全国委员会。在这次会议上，巴解作出了一些重要决定，其中包括“宣布建国”。中国于 11 月 16 日发表声明，对决定给予积极评价，两国于 11 月 20 日建交。同年 12 月 31 日，巴解驻京办事处改为巴勒斯坦国驻华大使馆。

巴以冲突是延续时间最久的国际问题，从 1948 年第一次中东战争算起至今已近 70 年，仍无解决前景。究其原因，从实力讲，巴内部分裂削弱了自己的实力。哈马斯 2007 年开始控制加沙，法塔赫控制西岸，形同陌路，内部治理各管一摊，对以色列政策各有一套，对外谁也代表不了谁，如何重启和谈？以色列则有完整的国家机器，在整体实力上远超巴方，双方没有一个平等基础，巴方道义上占优，实力不济。从外部讲，阿拉伯国家对以的态度不一，有的温和一些，有的激进一些，巴以谈判时常受此影响。近5年阿拉伯国家发生动荡，无暇他顾，巴问题被边缘化，是不争的事实；美国是唯一能对以施加影响的国家，也行动乏力，未能使双方坐下来达成某种协议。

巴勒斯坦问题关系到中东安全稳定，拖下去对巴以双方都不利，对本地区来说，总是一个不稳定因素。

2001年“9·11”事件后，反对恐怖主义已成全球共识，也只有各国合作，才能取得成效，但一些西方国家在反恐斗争中把矛头指向伊斯兰教，阿拉伯国家遭到一些不公正对待。在这种状况下，中国为主持正义，反对一切针对特定民族和宗教的歧视和偏见，为体现中阿长期的友好关系，采取了三项措施：（1）2001年12月，成立了中国阿拉伯友好协会，表达了对阿拉伯国家的支持；（2）2002年，设立中东问题特使，为解决困扰本地区半个多世纪的阿以冲突再尽自己一份力；（3）2004年，成立了“中阿合作论坛”，为双方关系的发展提供一个新的接触、交流平台。令人欣慰的是，“论坛”成立后，在这一框架下，中阿双方做了很多实实在在的工作。从官方讲，每两年一次的部长级会议和一年一次的高官会议规划双边关系的发展。“论坛”框架下的民间机制众多：有经济方面的，如企业家大会、中阿投资研讨会、中阿农产品贸易和农业合作研讨会、能源合作大会等；有文化方面的，如中阿关系暨中阿文明对话研讨会、高教与科研研讨会、语言与文化交流研讨会、双方每年轮流互派艺术团体互访等；另外，在新闻和环保等方面都有合作，规模较大的中阿友好大会每两年举行一次，已形成机制。

（二）人文

中阿有深厚的文明底蕴，都珍视自己的文明传统，为自己的古老文明而自豪，又都不排斥其他文明，倡导文明交流互鉴。一个民族文明的形成因其历史传承、生产发展和社会形态的不同而不同，每一种文明都有其独特的民族性、观念形态和价值取向，这就形成了文明的多样性，人类社会因此而多姿多彩，这是历史形成的，不能强求一统。对不同文明的尊重，也就是对一个民族及其历史的尊重。

中华文明与阿拉伯文明形成于亚洲东西，各成体系、各具特色，又有相互交汇处，如双方都有讲诚信的传统，倡导和平、宽容，崇尚中道平和等价值观念。双方都重视人文交流。截至 2016 年 1 月，在华阿拉伯留学生突破 14000 人，中方承诺将再提供 1 万个奖学金名额。在阿拉伯国家，孔子学院已有 11 所，这都是为中阿交流架设桥梁之举。值得一提的是，为实现文明的交流互鉴，中阿于 2005 年在“论坛”框架下设立了“文明对话”机制，两年召开一次，至 2015 年，已举行了 6 次会议。双方一致认为：中阿两大文明的交往源远流长，双方相互尊重，取长补短，为促进人类文明的发展做出了重要贡献。新形势下，双方均倡导宽容、和谐与合作的精神，主张维护文化多样性，强调充分理解和尊重其他民族的文化特性和自主选择的发展道路。进行积极而富有成果的中阿文明对话，有利于巩固中阿传统友谊，深化中阿各领域合作，维护文明多样性，推动构建持久和平、共同繁荣的和谐世界，建立更加公正和人道的国际秩序。

中方除同意上述内容外，还强调，第一，要承认文明的多样性是客观现实，正是这种多样性才使人类文明越来越丰富并不断前进；第二，要承认各种文明都是平等的，没有谁上谁下之分，对一种文明的不尊重，也是对一个民族及其历史的不尊重；第三，不同文明间要相互交流与借鉴，而不是排斥和敌视，世界才会更美好；第四，不能把恐怖主义同特定的民族和宗教联系起来。2007 年在沙特举行第二届会议期间，阿卜杜拉国王接见出席会议人员时，笔者代表中国代表团向他谈了上述观点，得到赞许，第二天沙方报纸全文刊登。

（三）经济

中阿间的经济合作先于政治关系发展。例如，中埃建交之前，仅 1954—1955 年，中国就从埃及购买了 3637 万美元的棉花和棉纱。同叙利亚也是在建交之前就签订了贸易协定。与沙特的贸易更是早在20世纪50年代即已开始，1969年中沙贸易额为75万美元，至1979年达到7639万美元，至两国建交前的1989年已达3.2亿美元。这种贸易上的往来对增进了解，促进双方关系的发展起了积极的作用。

由于双方产业结构不同，互补性强，中国经济发展快，对石油需求日益增长，中阿贸易额逐年上升。2004年，“中阿合作论坛”成立时，双方贸易额为367亿美元，至2014年，达到2511亿美元。在中东发生动荡的几年中，双方贸易不减反增，动荡前的2010年为1454亿美元，2011年，达到1959亿美元，2012年为2223亿美元，2013年为2388亿美元。2015年为2027亿美元，同比下降19.27%，主要是石油价格下降的影响，2015年中国从阿拉伯国家进口石油14881万吨，同比上升8.1%，而金额只为613.41亿美元，同比下降40.4%。

中国同阿拉伯国家的项目合作则是在双方建交后进行的，如中国在也门修公路，在毛里塔尼亚建港口，在突尼斯修水渠，在埃及建会议中心，在苏丹建友谊宫等。值得一提的是，帮助摩洛哥种茶和制茶。用中国绿茶加薄荷及糖是摩洛哥人民喜爱的传统饮品，每天必用。自1960年以后，中国开始帮助摩种茶，几经试验，终获成功，种了30公顷的茶园，每公顷产茶500千克。至20世纪90年代初种植面积有1000多公顷，拉腊什茶场的制茶能力年产已超过500吨。中国是茶叶出口大国，然而却帮助摩种茶、制茶，体现了无私精神。

进入21世纪，中国的高铁、新能源、航天、石油产业的上下游、新型建材等高科技产业进入了双方合作领域。看重中国的经济开发区建设经验，不少国家要求中国帮他们建开发区。中国已在埃及建立起本地区的第一个经济开发区，定名“苏伊士经贸合作区”。埃方在20世纪90年代提出建开发区，因他们没有经验，急于求成，一开始就要求开发100多平方千米的地块，中方向他们介绍中国的做法，先是从开发1～2平方千米做起，类似这样的沟通、交流进行了很长时间，终于在2008年7月由天津泰达投资控股有限公司牵头同埃方达成协议，成立埃及泰达投资公司，负责“苏伊士经贸合作区”的开发事务。截至2015年年底，合作区已投资超过1亿美元，起步区1.34平方千米已基本建成，一个高标准现代工业新城初步形成。现已有68家企业入驻，其中生产型企业33家。2015年合作区向当地政府交纳税款1843万美元[①]。埃及2015年开凿苏伊士新运河后，准备在新运河两岸进行开发，相信苏伊士经贸合作区的经验会对他们有借鉴作用。

三、中东动荡及中国应对

2010年年底中东发生动荡，由突尼斯开始，几乎涉及所有阿拉伯国家，重灾区五个：突、埃、利、叙、也。五年过去了，埃、突基本实现稳定，转向恢复，其他三国仍处混乱或战乱中。这次大动荡有几个特点：（1）蔓延速度快，波及面广，后果严重，不到一年，三位领导人下台，一位被杀；（2）动荡的性质由民生诉求转向政治诉求，开始时民众自发起事，要求改善民生，在形成一定气候时，政党和大人物出场，要求政权更迭；（3）动荡的形式由和平转向暴力，并逐渐在利、叙、也发展为武装冲突；（4）逊尼派和什叶派的矛盾明显上升；（5）极端主义组织趁机而起；（6）本地区和域外国家的介入，增加了事态的激烈程度。伊朗把动荡看作伊斯兰教的复兴；卡塔尔、土耳其支持埃及的“穆兄会”；美国等西方国家则借机推销其价值观和除掉他们不喜欢的人。2016年4月10日，奥巴马在访谈中说，自己两届总统任期内的最大错误是在军事介入利比亚的善后工作方面“毫无规划”，他承认利比亚在其前领导人卡扎菲倒台后陷入“混乱”，但仍坚称当初军事干涉利比亚的决定“正确”。承认错误当然是好事，但上述表态是错位的反思，避重就轻，应该说最大的错误就是他认为“正确”的军事干涉，这是问题的根源：第一，“安理会1973号决议”主要是在利设禁飞区，不是军事干涉，

① 马霞、宋彩岑：《中国埃及苏伊士经贸合作区：“一带一路”上的新绿洲》，载《西亚非洲》，2016（2）。

中国一贯反对在国际关系中使用武力，当时的阿盟秘书长也指责西方滥用了决议授权；第二，军事干涉带来了利政局变化、混乱、杀戮和极端组织在利的扩张，这是至今仍然局势不稳的根源。

中国对中东动荡局势的政策是：（1）中国尊重阿拉伯各国人民的合法诉求和要求改革的愿望，这种诉求和愿望包括改变僵化的政治，提振下滑的经济，改善低下的民生。（2）中国坚持不干涉内政原则，对阿拉伯国家内部发生冲突和战乱，中国没有插手干预，但未袖手旁观，提方案，同各方接触，劝和促谈，希望当事双方坐下来通过和平手段解决争端，反对诉诸武力，避免流血，事实也证明通过武力并不能根本解决问题。（3）中国坚持《联合国宪章》的宗旨和原则，尊重各国的独立主权和领土完整，根据国家主权平等的原则，反对外界干涉阿拉伯国家内部事务；反对支一派、打一派；反对动不动就给某个政权或当权者贴上“失去合法性”的标签，然后搞什么“政权更迭”，干涉会使问题更难解决；反对动辄施加制裁或以制裁相威胁。（4）阿拉伯国家有权根据自己的历史、文化背景以及本国的具体国情选择适合自己的国家体制和发展道路，应受到尊重，外界不应把自己的价值观念或理政模式强加于人。

根据上述政策，中国从未以对某些前领导人的好恶，而在动荡中支持某人，反对某人；更没有向冲突中的任何一方提供武器，激化矛盾；也没有不顾他国主权，妄自指责某政权或某领导人已失去合法性，合法性问题应该是由本国人民决定的，中国始终认为人民是国家的主人，对国家的命运、前途有最终发言权，外界不应说三道四。

五年过去了，各方都会反思，奥巴马承认了在利问题上的错误；西方国家放下了坚持要巴沙尔先下台的立场，才使日内瓦会议得以召开。近两年在同阿拉伯学者的接触中，他们对中东发生的剧烈动荡从过去积极支持开始变为平静地评价其得失，考虑到某些负面的影响：首先，阿拉伯内部的格局被打破，过去阿国的核心是埃、沙、叙，目前这一核心不复存在，埃处恢复期，叙战乱未平，唯沙一家独大；其次，阿拉伯国家之间矛盾增加了，如叙在阿盟的席位被剥夺，埃及和海合会一些国家同卡塔尔的分歧加大；再次，阿同外界关系出现问题，如美沙之间关系的紧张；最后，受到冲击的阿国社会出现分裂，经济遭重创。

与此同时，他们对中国的立场有了一些新的看法。在动荡开始的前几年，对中国立场有些人不理解。从 2014 年始，论调出现了变化，如 2011—2012 年，不少阿拉伯学者认为中国现在发展了，不应再坚持“不干涉内政”，要参与阿拉伯人民的“革命”，中国自然没有这样做。长期在巴林从事研究工作的埃及前驻中国大使贾拉勒认为“尽管海合会国家对中国在叙利亚问题上的立场持保留态度，但中国不干涉他国内政的做法仍使这些国家感到宽慰”[①]。又如叙利亚问题，中国一直主张要通过和平谈判政治解决，很明显，武力较量，受伤害的是叙利亚人民。2016 年 3 月 14 日，叙各派在日内瓦开始了谈判，有阿拉伯学者认为这符合中方一贯倡导的立场。同年 3 月在中国人民大学召开的一次研讨会上，另一位退休后搞学术研究工作的前驻华大使表示，中国的立场越来越被人所理解。有海湾国家的学者也认为中国一直主张叙问题要政治解决的立场是对的，如果叙也像利比亚一样，整个地区都要遭殃。他还说，现在不少学者同他一样，观点发生了变化。

四、结语

60 年过去了，中阿友谊经受住了考验，健康发展，这有赖于双方的努力维护，更主要得益于双方政策正确。60 年来，无论国际风云如何变幻，双方坚持相互尊重，相互支持，平等相待，互利共赢；无论各自经历了什么发展变化，都始终尊重对方的选择，不干涉内政的原则已深入人心。在埃及发生两次政权更迭后，两位新执政的领导人都率先访问中国，说明他们对中国对外政策的认同，对中埃友谊的珍视。近年来，恐怖主义全球肆虐，对和平与发展形成严峻挑战。中阿对打击恐怖主义和极端势力有高度共识。恐怖主义不分

① 贾拉勒:《中阿合作论坛的成就、挑战与前景》，载《阿拉伯世界研究》，2014（2）。

国界，也没有好坏之分，反恐不能搞双重标准。同样，也不能把恐怖主义同特定民族、宗教挂钩，那样只会制造民族、宗教隔阂。反恐必须探究恐怖主义产生的根源，方能综合施策、标本兼治。

中阿双方经济合作前景将更加广阔 。除双方产业结构不同，互补性强这一客观条件外，近几年又出现几个推动双方合作的新因素。从阿方讲，5 年动荡给某有关国家经济造成的伤害亟待恢复，主要是基础设施建设不足和制造业落后，但又缺资金，少技术。据阿拉伯战略论坛估计，“阿拉伯之春”造成的直接经济损失高达 8337 亿美元，有关国家基础设施重建需投入 4610 亿美元。[①] 而中东国家对基建投入并不高。世界银行的一份报告指出，整个中东地区用于基础设施建设的支出仅占其 GDP 总量的 5%，在中国则高达 15%，全球平均水平约 10%。[②] 阿国急需同外界合作解决这些问题。从中方讲，2013 年后，中国相继提出了“一带一路”倡议和产能合作的设想，目的是实现合作共赢。中国具有基础设施建设的丰富经验，另外还有资金、技术、市场、企业、人才的优势，有大量优势产业和富余产能可以到海外投资发展。一方有需要，一方有愿望，应该是双方极佳的合作动力。中国去阿国投资也会遇到一些难题，主要是：（1）安全问题，如这方面无保障，投资者将望而却步；（2）阿拉伯方面的思想观念要跟上发展愿望，要改变既欢迎外来投资，又不希望投资者赚钱的矛盾心态；（3）法律法规要到位，政府服务要跟上。这些都是投资者关心的问题，希望伴随着时间的前进，在实践中这些问题会逐步得到解决，阿国要为自己的发展和对外合作创造良好环境。

中阿间没有利害冲突，在和平、发展、合作的大潮流面前，双方会更加珍视 60 年来铸就的良好政治关系，会做出努力，全面深化中阿政治互信和战略合作，实现共同发展和进步，使中阿关系作为南南合作典范的这面大旗一直屹立不倒。

① 赵雅婧、王有鑫：《“一带一路”背景下中国与中东的经济合作》，载《阿拉伯世界研究》，2016（2）。

② 赵雅婧、王有鑫：《“一带一路”背景下中国与中东的经济合作》，载《阿拉伯世界研究》，2016（2）。

见证中埃和中阿关系的跨越发展

——祝贺中埃建交60年

吴思科

【摘要】埃及是第一个同新中国建交的阿拉伯国家和非洲国家，中埃建交开启了新中国与广大阿拉伯和非洲国家外交关系的历史新纪元。2016年是中国与埃及建交60周年。60年来，中埃两国秉承相互尊重、平等相待、互利互惠、合作共赢的原则，在各个历史时期友好关系不断发展，合作内容不断深化，经受了各种风云变幻的考验。同时，埃及作为阿拉伯国家中的大国，为促进中阿友好发挥着举足轻重作用。中阿关系是中国对外关系的重要组成部分，中国始终把巩固好，发展好中阿关系作为外交政策的优先和重点。中阿合作论坛的成立为中国与阿拉伯国家搭起了集体对话与合作的平台，有效推动了中阿关系的发展，是中阿关系的一次飞跃。2013年中国国家主席习近平提出的“一带一路”宏伟倡议，也为中阿关系的发展提供了新的契机。

【关键词】中阿关系；埃及；中阿合作论坛；一带一路

【作者简介】吴思科，曾任中国驻沙特阿拉伯、埃及大使兼驻阿拉伯国家联盟全权代表，中国中东问题特使（2009—2014）。

2016年是中国与埃及建交60周年。一甲子春华秋实，两国关系历经风云变幻，历久弥坚。同时，埃及是第一个同新中国建交的阿拉伯国家和非洲国家，中埃建交也开启了新中国与广大阿拉伯和非洲国家外交关系的历史新纪元，在中国的外交史上有特殊意义，值得庆贺。

我先后三次在埃及工作，在尼罗河畔度过了十三年。虽然离开那里已经多年，但那金字塔的巍巍雄姿，尼罗河的旖旎风光，椰子树的婆娑风姿，还常常浮现脑际。在中国与埃及建交60周年之际，往昔的回忆又串联在一起，美好而又温馨。

我第一次踏上埃及这个古老的国度是1973年年底。记得到大使馆工作不久就去苏伊士运河参观。十月战争的硝烟还未散尽，运河区满目疮痍，战争的痕迹给我留下很深的印象。这次在使馆一待就是六年多，经历了埃及由战争状态到与以色列达成和平协议的历史性转折。1993年至1996年我重回埃及，任使馆公使衔参赞，而第三次到埃及工作是2003年至2007年，我荣幸出任驻埃及特命全权大使。我亲眼看到埃及人民如何珍视和平带来的历史机遇，使当年战争废墟苏伊士运河区焕发出生机，一些新的开发区也在沙漠中建起，埃及作为地区大国的影响力也得到了提升。后来也逐步感受到，埃及民众对长期执政的穆巴拉克总统开始表示不满，不时有一些小规模的群体打出“够了”的横幅和标语走上街头，成为后来埃及大变革的诱因之一。近40年的外交生涯，亲历和见证了中埃两国在各个历史时期友好关系不断发展，合作内容不断深化的进程，经受了各种风云变幻的考验，中埃关系堪称发展中国家间友好合作关系的典范。我本人亲身经历的一些片段，也久久难以忘怀。

谈及中埃友谊，人们总会用源远流长和历久弥坚来形容，用长城与埃及金字塔做比喻。中埃两国数千年的历史积淀、共同的际遇和奋斗目标，让中埃人民成为同舟共济的好朋友、好兄弟。中埃间的那些友好交往，也成为两国人民记忆中的佳话。

1955年4月，周恩来总理与纳赛尔总统在万隆会议上深入交谈，共商亚非团结，携手推动了亚非民族解放事业的蓬勃发展。随后，中埃民间交往开始活跃，为两国建立外交关系铺平了道路。

1956年，中国坚定支持埃及维护苏伊士运河主权的英勇斗争，50万首都各界民众在天安门广场声援埃及人民，中国政府向埃及政府提供2000万瑞士法郎现汇援助。埃及也在涉及中国统一、安全等重要问题上给予中国坚定的支持。1963年年底，周恩来总理率中国政府代表团出访亚非欧14国，正是从埃及开始的这次外交壮举，给埃及人民留下深刻美好记忆 。1999年4月，埃及成为首个与中国建立战略合作关系的阿拉伯和非洲国家，同时也成为首个与中国建立战略合作关系的发展中国家。

进入21世纪后，中埃关系加速发展，创造了一个又一个“第一”。2006年，中埃率先签署《关于深化两国战略合作关系的实施纲要》，两国外交部建立战略对话机制。开罗中国文化中心成为中国在西亚北非地区建立的首家也是唯一一家中国文化中心。开罗大学孔子学院成为中国在北非地区建立的首家孔子学院。埃及成为第一个受理中国银联信用卡的非洲国家。当时我在埃及任大使，亲手刷了第一张卡。2008年，中国在西亚北非地区唯一的国家级经贸合作区——中埃苏伊士经贸合作区破土动工，迅速成长为一个引人注目的国际化产业基地。

2011年年初以来，西亚北非局势动荡，埃及政局也发生剧变。但中埃关系不仅经受住了时局的考验，而且呈现出不断发展的新势头，政治关系稳中有进，经贸合作更是不降反升。2014年塞西总统执政后，中埃关系再次驶入发展快车道。同年底，中埃决定建立全面战略伙伴关系。塞西总统一年之内两次访华并出席中国人民抗日战争暨世界反法西斯战争胜利70周年纪念大会，埃及仪仗官兵也参加了“9・3”天安门阅兵式。埃及还是首个申请加入亚投行的非洲国家，中埃签署两国产能合作框架协议，中国连续多年成为埃及第一大贸易伙伴。

建交60年来，两国人民始终相互尊重，相互支持，两国在政治、经济、人文、军事和安全等领域开展了卓有成效的合作，经受住了国际形势风云变幻的考验，始终保持着良好的发展势头，成为国家间友好合作的典范。

一、中阿合作实现跨越式发展

埃及是阿拉伯大国，为促进中阿友好发挥着举足轻重的作用。中埃建交，也开启了中国与阿拉伯国家关系的新纪元。中阿关系是中国对外关系的重要组成部分，中国始终把巩固好、发展好中阿关系作为外交政策的优先和重点。在波澜壮阔的亚非国家和人民反帝反殖的民族解放运动中，双方相互同情和支持；在维护国家主权和独立，推动建立公正合理的国际新秩序的斗争中，双方密切配合；在发展民族经济，建设国家的事业中，双方真诚合作。

我的外交生涯经历了中阿合作论坛的建立和发展，中国与阿拉伯国家搭起了集体对话与合作的平台，这是中阿关系的一次飞跃。

2004 年 1 月 30 日，国家主席胡锦涛对埃及进行国事访问期间到阿拉伯国家联盟（阿盟）总部访问，宣布中阿合作论坛成立。这对中阿关系来说是一个里程碑式的重大事件。中阿交往、友好合作和相互支持历史悠久，但作为中国和阿拉伯整体，论坛的成立标志着中阿双方关系发展到一个新的水平，这是一个标志性的事件。当时我出任驻埃及大使刚 4 个月，欣逢这一盛事深感荣幸，记忆深刻。

进入 21 世纪，国际形势也发生了重大的变化，特别是在“9·11”事件发生后，反恐成为美国外交的首要任务，对阿富汗和伊拉克发动两场战争，并推行旨在对中东进行民主改革的“大中东计划”，以图消除产生恐怖主义的土壤。阿拉伯乃至伊斯兰世界面临着一个新的局面，承受着巨大的压力，需要寻求友好国家的支持，扩大外交回旋余地。进入 21 世纪，中国也面临机遇和挑战并存的新形势。着眼于国家的长治久安和可持续发展，从国内和国际两个大局出发，深化同广大发展中国家的合作关系，进一步夯实我国外交的基础，是我国外交工作的一项重要使命。阿拉伯世界是发展中国家的重要组成部分，又与我国有着传统的友好关系和互利合作，可以说，在新的历史时期，进一步加强中阿双方的友好合作，是双方共同利益之所在。中阿合作论坛正是在传统友谊的基础上，又是在 21 世纪双方共同需要这样一个大的背景下应运而生的。

胡锦涛主席在阿盟总部的演讲中提出中国和阿拉伯国家在新的历史条件下建立新型伙伴关系的四项原则：以相互尊重为基础增进政治关系；以共同发展为目标密切经济往来；以相互借鉴为内容扩大文化交流；以维护世界和平、促进共同发展为宗旨加强在国际事务中的合作。阿盟秘书长穆萨在致辞中对胡主席的讲话给予了高度评价，认为胡主席的四项主张将是指导中阿关系发展的重要原则，也是成立中阿合作论坛的政治原则。

同年 9 月 14 日，中阿合作论坛第一届部长级会议在开罗举行。李肇星外长和穆萨秘书长共同签署了《中国—阿拉伯国家合作论坛宣言》和《中国—阿拉伯国家合作论坛行动计划》两个重要文件，从而正式启动了中阿合作论坛的工作。这是一种惠及中阿双方的合作，是中阿真正伙伴关系的体现。至今，中阿合作论坛已召开 6 届部长级会议，在论坛框架下建立起 10 多个合作机制，使中阿关系形成官民并举、平衡推进的局面，合作内容不断丰富。中阿合作论坛的发展历程体现的理念值得我们总结和珍惜。

一是中阿双方相互尊重，平等相待。尊重各种不同的文明和各国根据国情自主选择发展道路是中国外交的一项基本政策。中国和阿拉伯国家都有着悠久的历史和古老的文明，有很多相似的历史经历和遭遇。这些相同或相似的经历，更使得中阿之间能够相互理解，相互尊重。举行了几届的文明对话研讨会是中阿合作论坛最具特色的一个合作机制，它既有力促进了中华文明和阿拉伯与伊斯兰文明的相互了解、共同发展繁荣，也为促进不同文明间的对话与合作，构建和谐世界发挥了积极的作用。

二是关注和支持彼此的核心利益。巴勒斯坦问题是阿方长期关心的核心问题，中方坚定支持巴勒斯坦人民恢复合法民族权利的正义事业，支持以联合国有关决议和“阿拉伯和平倡议”等为基础实现中东和平。中方还明确支持阿方建立中东无核区的主张。在“9·11”事件之后，中方又明确表示反对将“恐怖主义”与特定的民族和宗教相联系。在阿拉伯世界面临巨大压力的情况下，中国申明的这一立场对阿方无疑是雪中送炭。而阿方则坚持一个中国的原则立场，支持中国实现和平统一大业。阿盟近年历次首脑会议和外长理事会均把加强对华关系作为一项单独议程，一再重申一个中国原则。在涉及我国稳定和国际人权领域斗争方面，阿方也给予中方有力支持。2009年“7·5”事件之后我曾访问过几个阿拉伯国家，听到的都是对中国政府处理该事件的理解和支持以及如何加强双方间的沟通与合作，共同做好公共外交的建言。双方还在国际和地区问题上经常进行政治磋商和协调，为双方更广泛的合作打下坚实的基础。

三是务实合作，互利共赢。发展经济、改善民生是中阿双方面临的共同历史使命。在中阿合作论坛的框架下，中阿双方建立了企业家大会、专题经贸研讨会、能源合作大会等重要合作机制，频繁举行了形式多样、参与广泛的活动，深受欢迎，推动双方在贸易、能源、金融、基础设施等领域的合作取得长足进展。面对席卷全球的金融危机，中阿双方携手应对挑战，通过举行中阿企业家大会、投资研讨会等共商应对危机的举措。

二、“一带一路”为中阿合作插上腾飞的双翅

2013年中国国家主席习近平提出建设“一带一路”的宏伟倡议，在阿拉伯世界受到热烈欢迎，为中阿合作增添了活力，特别是2014年6月5日习近平主席出席中阿合作论坛第六届部长级会议并发表演讲，提出中阿在共建“一带一路”框架下构建“1+2+3”的合作构思，即构建以能源合作为主轴，以基础设施建设、贸易和投资便利化为两翼，以核能、航天卫星、新能源三大高新领域为突破口的合作新格局。习近平主席还提出了“共商、共建、共享”的建设新丝路的理念。作为时任中东问题特使，我在开幕式现场聆听了习近平主席的演讲，也感受到了阿拉伯朋友的热情。此后我到一些阿拉伯国家访问，“一带一路”总是交谈的重要话题，也高兴地看到中阿共建“一带一路”已迈出坚实步伐。

首先，合作的顶层设计逐步成熟。中国同8个阿拉伯国家建立

了战略伙伴关系，同6个阿拉伯国家签署了共建“一带一路”协议，7个阿拉伯国家成为亚洲基础设施投资银行创始成员。中阿务实合作也更显活力。中国是阿拉伯国家第二大贸易伙伴，新签对阿拉伯国家工程承包合同额464亿美元；海湾阿拉伯国家合作委员会重启对华自由贸易区谈判并取得实质性进展，阿拉伯国家建立了两家人民币清算中心，中阿双方成立两个共同投资基金；中阿技术转移中心正式揭牌成立，双方就建立和平利用核能培训中心、清洁能源培训中心、北斗卫星导航系统落地等达成一致；落户中国宁夏的中阿博览会也成为中阿共建“一带一路”的重要平台。

与此同时，人文交流丰富多彩。双方共同举办了中阿友好年活动，启动了百家文化机构对口合作，中国和阿拉伯国家还签署了第一个共建联合大学协议。目前在华阿拉伯国家留学生突破14000人，阿拉伯国家的孔子学院增至11所，中阿每周往来航班增至183架次。

令人更感欣慰的是，2016年伊始，习近平主席对沙特和埃及进行了历史性访问，这具有承上启下、继往开来的重要意义。访问埃及期间，中埃双方发表了《关于加强两国全面战略伙伴关系的五年实施纲要》，签署了涵盖政治、经济、贸易、文化、新闻等诸多领域的21项合作协议，两国领导人共同出席在卢克索神庙举行的中埃文化年开幕式活动，习近平主席还特邀塞西总统以嘉宾国身份出席二十国集团杭州峰会。此访开启了新时期两国高层互访的新阶段，夯实了中埃友好关系的政治基础，并充实了两国全面战略伙伴关系的内涵，成为中埃关系发展的重要里程碑。

在中埃领导人的高度重视和共同推动下，两国在共建“一带一路”框架下的合作步伐正不断加快。习近平主席提出，中埃要将各自发展战略和愿景对接，利用基础设施建设和产能合作两大抓手，将埃及打造成“一带一路”沿线支点国家。塞西总统强调埃方支持“一带一路”倡议，表示埃希望成为“一带一路”的组成部分。习近平主席访埃期间，中埃签署了《两国政府关于共同推进“一带一路”

建设的谅解备忘录》，这份重要的纲领性文件，为中埃共建“一带一路”指明了方向，细化了任务，注入了新动力。双方的愿景共识正不断转化为两国合作的具体成果。

“一带一路”重大合作倡议的重点之一就是要和沿线国家分享中国的优势产能，推进后者工业化、现代化。中埃开展产能合作，有利于双方资金、技术、资源、市场的深度整合和对接，帮助双方找准新的利益契合点，打造更多合作新亮点，从而使中埃两国真正成为命运共同体和利益共同体。中埃苏伊士经贸合作区已成为中埃在“一带一路”框架下积极开展经济技术和产能合作的成功样板。园区内的巨石埃及公司，将中国先进的生产技术和管理经验与埃及充沛的原材料和劳动力优化组合，不仅使埃一跃成为中东玻璃纤维制造的龙头国家，而且增加了埃及的税收和就业机会，带动了当地产业升级和职业培训的发展。笔者任驻埃及大使期间，曾为推动苏伊士经贸区建设奔走努力，在离任前夕还同埃及投资部长商讨经贸区建设事宜。在埃及发生社会大变动之后，经贸合作区建设面临困难，本人作为特使还曾专程去经贸区参观，鼓励合作双方要“不畏浮云遮望眼”，用长远观点看经济区合作，克服暂时困难坚定前行。看到经贸区今天的发展，由衷感到欣慰。

三、患难真情，携手开拓未来

过去五年多来，埃及和中东地区局势发生历史性的深刻变化，变革浪潮汹涌澎湃，社会动荡与转型交织，发展中埃和中阿关系面临新的挑战。作为中国中东问题特使，这几年我频繁访问埃及，了解埃及各界对时局的看法，交流新形势下如何发展中埃关系的想法。我反复向埃及朋友强调，埃及等阿拉伯国家一定能够把握历史性变化带来的机遇，实现国家和民族在新时期的振兴。这是因为，阿拉伯民族有着悠久历史和灿烂文明，有着酷爱和平和顽强奋斗的传统，有着百折不挠、坚韧不拔的意志，还有着在人类进步史中熠熠闪光的聪明智慧。近年来，中埃和中阿双方合作愿望更强，动力更足，领域更广。中埃乃至中阿关系之所以能经受住各种风雨的考验，是因为双方在实践中形成了相互尊重、平等相待、互利互惠、合作共赢的有效做法和宝贵经验。中埃友好有着深厚的历史积淀、坚实的民众基础和共同进步与发展的奋斗目标。无论国际风云如何变幻，无论面临什么样的挑战，中埃都是可以相互信赖的好朋友，可以相互依靠的好伙伴，可以同甘共苦的好兄弟，双方战略合作充满勃勃生机。

在当前形势下，进一步深化中埃、中阿战略合作关系，推动双方互利合作向更大规模、更高水平、更深层次发展，不仅符合中埃、中阿的根本利益，也利于促进中东地区的和平与稳定，构建持久和平、共同繁荣的和谐世界。这既是双方在当前国际形势下发展中国家联合自强的现实需要，更是时代赋予中埃、中阿的历史使命。

在迎来中埃建交和中阿开启外交关系 60 周年之际，我们将站在新的历史起点上，朝着共建利益共同体和命运共同体的目标，携手共进，共建更加美好的明天，实现各自民族的复兴之梦！

光辉的里程

——中阿关系蓬勃发展60年

刘宝莱

【摘要】2016年是中国同阿拉伯国家开启外交关系60周年。60年来，中阿双方在政治上相互信任，相互支持，相互借鉴。经贸方面，中阿经贸合作关系迅猛发展，实现了互利双赢。文化上，中阿文化交流稳步发展，中阿人民之间的友谊与日俱增，双方文化交流向着高层次、宽领域的方向发展。中国—阿拉伯国家合作论坛的建立及“一带一路”倡议的提出，进一步推动了中阿间的务实合作，实现了优势互补，互联互通，互利互惠，共同发展，开创中阿关系的美好未来。

【关键词】中阿关系；经贸合作；文化交流

【作者简介】刘宝莱，中国人民外交学会原副会长，曾任中国驻阿联酋、约旦大使，中国国际问题研究基金会高级研究员。

2016年是中国同阿拉伯国家开启外交关系60周年。60年来，国际地区形势复杂多变，一些阿拉伯国家政权时有更迭，但中阿关系在广度和深度上持续向前发展，并在政治、经济、文化等领域取得了举世瞩目的成就，堪称南南合作的典范。中阿关系从来没有像今天这样发展良好，合作密切，充满活力，前景广阔。

回顾过去，硕果累累；展望未来，充满信心。

一、政治互信，不断增强

中阿友谊源远流长。2016年1月21日，中国国家主席习近平访问埃及期间，在阿拉伯国家联盟总部发表了题为“共同开创中阿关系的美好未来”的演讲，强调：“中阿两个民族彼此真诚相待，在古丝绸之路上出入相友，在争取民族独立的斗争中甘苦与共，在建设国家的征程上守望相助。这份信任牢不可破，是金钱买不到的。”[①]

1956年5月30日，中国同埃及正式建立外交关系，打开了中阿关系的大门，将双方关系推到了一个新的历史节点上。从此，中阿政治往来频繁，建交国家增多。双方相互关照，相互支持，相互帮助，相互借鉴，共同发展。中阿社会制度不同，但同属发展中国家，对国际和地区重大问题有着相同或相似的看法。双方都坚持维护国家独立、主权和领土完整，反对外来侵略和干涉；倡导国际关系民主化和多边主义，主张联合国发挥主导作用和通过政治手段解决国际争端；反对强权政治和恐怖主义。

1956年10月，英、法、以三国联军入侵埃及，发动了苏伊士运河战争。中国几十万民众上街游行声援埃及。中国政府赠送埃及2000万瑞士法郎和大批物资[②]。1967年6月5日，以色列突然向埃、叙、约三国发动了军事入侵（即第三次中东战争）。中国政府立即发表声明，支持他们抗击入侵的行动，强烈谴责以色列的侵略行径；强调，中国人民坚决站在阿拉伯人民一边，坚定地支持他们反对美以侵略的正义战争。与此同时，中国政府支持埃、叙、约三国于1973年10月为收复失地向以色列发动的“斋月战争”。在中东和平进程中，中国始终站在阿拉伯正义事业一边，为中东问题的公正解决，实现地区持久和平作出了不懈地努力。

阿拉伯国家也给予中国巨大支持。例如，1971年在第26届联大会议上，8个阿拉伯国家参与签署了关于恢复中华人民共和国在联合国及其所属机构一切合法权力的决议草案。在联大表决时，绝大多数阿拉伯国家都投了赞成票，这对支持中国恢复在联合国的合法席位发挥了重要作用。当时科威特常驻联合国代表曾代表亚洲国家发

① 习近平：《共同开创中阿关系的美好未来——在阿拉伯国家联盟总部的演讲》，载《解放日报》，2016-01-22。

② 杨灏城、江淳：《纳赛尔和萨达特时代的埃及》，54页，北京，商务印书馆，1997。

表讲话说，没有中国的参加，联合国就徒有虚名；没有中国积极的、建设性的作用，世界上出现的诸如裁军、国际安全、和平，特别是东南亚的和平等紧迫问题就不能得到解决。[①] 进入 20 世纪 80 年代，中阿关系经受了国际风云变幻的考验，取得了进一步发展。1989 年，西方国家干涉中国内政，对中国实行全面制裁。阿拉伯国家强调，中国内政问题，中国政府有权采取认为合适的措施，别人无权干涉。当年 12 月，中国国家主席杨尚昆应邀访问了埃及、科威特、阿联酋和阿曼四国，受到了四国领导人的热烈欢迎和热情接待，有力地回击了西方国家对中国的制裁。[②] 截至 1990 年 7 月，阿盟 22 个成员国全部同中国建交，并在人权和台湾等问题上予以有力的支持。

当历史车轮驶入 21 世纪时，中阿关系实现了跨越式发展。双方信任加深。“中方更加坚定地支持阿拉伯国家探索符合自身实际的发展道路，更加积极地促进中东和平进程和阿拉伯国家恢复合法民族权利的正义事业。阿拉伯国家也在涉及台湾、西藏、新疆等关乎中国核心利益的问题上给予中方大力支持，在中国人民遭受汶川、玉树地震等自然灾害时提供无私援助”[③]。中阿人民的心日益紧密地联结在一起。近年来，阿拉伯国家领导人大都相继访华，中国国家领导人也多次往访。2016 年 1 月 19 日至 23 日，习近平主席对沙特、埃及、伊朗中东三国进行了国事访问，受到了三国高规格的热烈欢迎和隆重接待。对阿拉伯地区发生的变革，中方“尊重阿拉伯国家的变革诉求，支持阿拉伯国家自主探索发展道路……坚定支持埃及政府和人民的努力，期待埃及成为地区稳定支柱和发展标杆”[④]。中方将一如既往，促进同阿拉伯各国友好合作关系的全面发展。关于叙利亚危机，中方一贯主张叙有关各方停止暴力，通过谈判政治解决问题，由叙人民决定其未来，反对外来干涉，反对强行推翻叙合法政

① 薛谋洪、裴坚章等：《当代中国外交》，322~323 页，北京，中国社会科学出版社，1987。

② 刘宝莱：《杨尚昆主席访问埃及》，载《阿拉伯世界》，2005（1）。

③ 温家宝：《深化全面合作，实现共同发展——在中阿合作论坛第四届部长级会议开幕式上的主旨演讲》，载《人民日报》，2010-05-14。

④ 习近平：《共同开创中阿关系的美好未来——在阿拉伯国家联盟总部的演讲》，载《解放日报》，2016-01-22。

权。希望叙国内停火继续下去；日内瓦和谈取得实质性成果。对于伊拉克，中方坚定支持伊维护独立、主权和领土完整，坚定支持伊加快政治重建和民族和解，坚定支持伊打击极端组织“伊斯兰国”。对中东问题，中方一贯站在阿拉伯正义事业一边，强调“巴勒斯坦问题是中东和平的根源性问题；坚定支持中东和平进程，支持建立以1967年边界为基础、以东耶路撒冷为首都、享有完全主权的巴勒斯坦国”①。中国在中东不搞势力范围，也不寻求代理人，将更积极参与推动中东热点问题的政治解决。

二、经贸合作，迅速发展

中阿经贸合作同双边关系发展一向是相互促进，相辅相成的。60年前，中阿经贸往来屈指可数，寥寥无几。1955年，万隆会议期间，埃及总统纳赛尔拜会周恩来总理时提及西方国家对埃及实行经济制裁，抵制购买埃及主要换汇产品棉花，致使大批棉花积压，难以销售。当时，周总理笑着说，只要中国人每人多穿一寸布，中国就可收购全部埃棉。听后，纳赛尔高兴了，当即表示要同中国建交。中国代表团回国后，周总理即指示经贸部派遣庞大政府贸易代表团赴埃洽谈购棉事宜。这样一来，既支持纳赛尔，打击了西方国家，又开创了中阿外交关系史上的新纪元，扩大了中国在阿拉伯世界的影响力，从而使许多阿拉伯国家相继同中国建交。中阿经贸合作也有了较大发展。到了20世纪末，双方贸易额已由1956年的十几亿美元增至约300亿美元。与此同时，双方在劳务输出、工程承包和投资等领域的合作取得了新的进展。

进入21世纪，中阿经贸合作有了长足进展。例如，2005年双方贸易额仅512.73亿美元，2008年增至1328.4亿美元。受国际金融危机影响，2009年，中阿贸易额仍达1082.6亿美元。自2010年年底阿拉伯地区动荡以来，双方贸易往来不仅未受到冲击，反而继

① 习近平：《共同开创中阿关系的美好未来——在阿拉伯国家联盟总部的演讲》，载《解放日报》，2016-01-22。

续攀升。2010 年双方贸易额为 1454.6 亿美元，2011 年增至 1959.02 亿美元，2012 年达 2223 亿美元，2013 年达 2388 亿美元，2014 年达 2511.25 亿美元。中阿互相直接投资已从 2004 年的 11 亿美元，增至 2014 年的 100 亿美元；2014 年 6 月至 2015 年 9 月，中国在阿拉伯国家新签工程承包额 463 亿美元，完成营业额 376 亿美元。此外，双方能源合作，进展较快。2007 年，中国进口原油约 1.64 亿吨，其中从阿拉伯国家进口 6782 万吨。2010 年，中国进口原油约 2.4 亿吨，其中从阿方进口 1.14 亿吨；2012 年约 2.71 亿吨，其中从阿方进口 1.26 亿吨；2013 年约 2.82 亿吨，其中从阿方进口 1.33 亿吨；2014 年约 3.11 亿吨，其中从阿方进口 1.46 亿吨；2015 年约 3.16 亿吨，其中从阿方进口 1.49 亿吨（中华人民共和国商务部网站）。

中阿经济优势互补，发展潜力巨大。中国是世界上最大的发展中国家，人气旺，消费市场大。最近 30 多年来，中国经济发展迅速，社会主义市场经济日臻完善。加入 WTO 之后，中国已逐步与国际市场全面接轨。目前，中国成为世界第二大经济体。从 2013 年起，中国进出口贸易居世界第一位。中国拥有雄厚的科技资源、自然资源、人才资源、劳动力资源和财力资源，这不仅提高了中国在国际上的竞争力，而且有利于落实中国政府提出的用好“两种资源、两个市场、两种资金”的发展战略。而阿方拥有 22 个国家，约 5 亿人口，自然资源丰富，具有广阔的劳务工程承包市场、金融投资市场、旅游市场、科技市场和能源市场，特别是石油蕴藏量最大且集中，其储量约占世界已探明的总储量的 70%，石油产量占世界产量的 30%，天然气储量占 22.4%，产量占 8%，加之，油气产量成本低，产量大，故一直是世界能源的主要供应地。这为双方合作增加了新的活力。此外，中国政府向阿拉伯有关国家提供了大量经济援助和赠款，对推动其国内经济发展和解决困难发挥了重要作用。

三、文化交流，领域广泛

回顾60年，中阿文化交流始终走在双方各项合作领域的前头，做得有声有色、可圈可点，不仅增进了双方民间友好往来，也加深了心灵沟通，使中阿人民之间的友谊与日俱增。许多阿拉伯朋友说，患难见知己。每当阿拉伯人民遇到困难时，中国人民总是伸出援手。他们称赞，中国人民是阿拉伯人民的真诚朋友。

"中华文明与阿拉伯文明各成体系、各具特色，但都包含有人类发展进步所积淀的共同理念和共同追求，都重视中道平和、忠恕宽容、自我约束等价值观念。"[①] 鉴此，中阿开展文明对话，加强文化交流，夯实双方战略合作的思想基础。中阿双方都主张文明多样化，不同文明对话。各种文明兼容并蓄，不是刻意排斥，而是在求同存异中相互借鉴，共同发展，共同提高。翻开历史，中阿人民交往的过程，就是两种文明不断交融的过程。60年来，中阿文化交流稳步发展。中国同阿拉伯各国均签订了双边文化合作协定和具体执行计划，推动了双边高层次、宽领域的文化交流，为增进双方相互联系，相互了解，搭起了一个重要平台。每年中方都向阿拉伯国家派遣数千名留学生、体育教练、教授、医生、护士等。阿拉伯国家也向中国派大批留学生到一些大专院校学习。目前，14000多名阿拉伯国家留学生在华学习，其中3000多人享受中国政府颁发的奖学金。值得提及的是埃及艾因·夏姆斯大学语言学院设立了中文系，开罗大学文学院开设了中国文明与文化系。2007年2月，阿拉伯国家首家孔子学院在黎巴嫩首都贝鲁特圣约瑟夫大学成立。2008年9月，中国在约旦首都安曼开设了孔子学院。迄今，已有11所孔子学院先后在阿拉伯国家设立。中方为阿方培训各类专业人才14000多人次。目前，阿拉伯国家学习中文的学生和来华观光、旅游、经商的人数日益增加。中阿每周往来航班增至183架次。每年中国农历春节期间，前往迪拜旅游、度假的中国游客多达22万人次。与此同时，在"中

① 习近平：《共同开创中阿关系的美好未来——在阿拉伯国家联盟总部的演讲》，载《解放日报》，2016-01-22。

国—阿拉伯国家合作论坛”框架内，中阿双方还举办了中阿友好年活动，签署了第一个共建联合大学协议，启动了百家文化机构对口合作。2013 年 5 月 29 日，中国文化部、外交部等有关部门在北京正式启动了 2013 年“中阿丝绸之路文化之旅”活动，有百余个项目，近千人参加，涉及阿盟 22 个国家的几十座城市。中国中央电视台开通了阿拉伯语频道。2015 年 11 月，第六届中阿关系暨中阿文明对话研讨会在卡塔尔首都多哈召开。中国代表团团长、中国人民外交学会名誉会长、中国公共外交协会会长、前外长李肇星和阿方代表团团长、卡塔尔外交大臣助理哈利德，阿盟助理秘书长阿拉里共同出席会议，笔者有幸随团前往。会上，阿拉伯专家学者高度评价中国经济的快速发展和在国际地区事务中发挥的重要作用以及中阿卓有成效的合作，对双方共建“一带一路”充满信心。他们强调，阿方应借鉴中方治国理政经验，以稳定国内政局，振兴经济，改善民生。

四、中阿合作论坛有声有色

2016 年是“中国—阿拉伯国家合作论坛”成立 12 周年。12 年来，这一论坛对促进中阿友好合作关系的迅速发展发挥了不可或缺的重要作用。

2004 年 1 月 30 日，中国国家主席胡锦涛访问埃及期间访问了阿盟总部，会见了阿盟秘书长穆萨，提出了发展新时期中阿关系的四项原则，即以相互尊重为基础，增进政治关系；以共同发展为目标，密切经贸往来；以相互借鉴为内容，扩大文化交流；以维护世界和平、促进共同发展为宗旨，加强在国际事务中的合作。会见后，中阿双方共同宣布成立“中国—阿拉伯国家合作论坛”。这标志着中阿全面合作关系进入了一个崭新的发展阶段。

12 年来，“论坛”发展顺利，成绩斐然。首先，“论坛”健全、完善了机制，确保了“论坛”正常运行。根据“加强对话与合作，促进和平与发展”的宗旨，“论坛”加强了机制建设。第一，“论坛”设立“部长级会议”，规定由各国外长和阿盟秘书长组成；每两年在中国和阿盟或任何一个阿拉伯国家轮流举行一次例会，必要时可召开非常会议；主要讨论议题是回顾“论坛”行动计划执行情况，加强双方在政治、经济、安全等领域的合作，并就共同关心的地区和国际热点问题交换意见。第二，成立“高官委员会会议”，每年召开一次例会，由中阿双方轮流举办，负责筹备和落实部长级会议的有关决议和决定，并为部长级会议的按时召开“保驾护航”。第三，建立其他相应机制，丰富“论坛”内涵，比如中阿能源合作大会、中阿友好大会、中阿新闻合作论坛、中阿关系暨中阿文明对话研讨会、中阿企业家大会暨投资研讨会、中阿卫生高官会议等以及双方互办艺术节。上述机制和活动，一般安排双方每两年轮流举办一次。第四，随着双方关系的发展，中阿在环保、高教、科研、人力资源培训等领域也有了机制性的广泛合作。

其次，“论坛”合作领域广泛，成果显著。截至 2016 年 1 月，“论坛”已举行六届部长级会议、十二次高官会、五届中阿企业家暨投资研讨会、四届中阿能源合作大会、四届中阿新闻合作论坛、三届中国艺术节、三届阿拉伯艺术节、五届中阿友好大会、六届中阿关系暨文明对话研讨会等机制性活动。

上述活动的特点，主要有四：一是内容广泛，涉及政治、经济、科技、文教卫生、环保、人力资源、培训等，从而使“论坛”更为丰满，充满活力；二是参与度高，中阿一些国家元首、政府首脑、政要和知名人士及有关各方代表与会并发表重要讲话，对“论坛”的健康发展具有指导意义；三是主题鲜明，目的明确，有较强的感召力和影响力；四是注重实效，给中阿双方带来实实在在的利益和实惠。

回顾过去其中带有节点性的四届部长级会议，人们不难看到“论坛”的发展和进步。其一，2004 年 9 月 14 日，首届部长级会议在阿盟总部召开。时任中国外长李肇星、阿拉伯国家外长和阿盟秘书长穆萨与会。李肇星外长与穆萨秘书长共同签署了《中国—阿拉伯国家合作论坛宣言》和《中国—阿拉伯国家合作论坛行动计划》。双方商定，“论坛”第二届部长级会议于 2006 年在北京举行；2005 年台开中阿企业家大会，以促进双方经贸合作；2005 年在北京召开“论坛”高官会，研究落实“论坛”行动计划的具体步骤；举办系列文化交流活动，增进相互了解。其二，2010 年 5 月 13 至 14 日，第四届部长级会议在中国天津召开。胡锦涛主席会见了出席会议的阿拉伯国家代表团团长利比亚外长库萨和阿盟秘书长穆萨。胡锦涛主席说，中阿合作基础牢固，潜力巨大，前景广阔。中方愿与阿方从以下三个方面共同努力，着力推进中阿战略合作关系：一是增进政治互信，深化国际合作；二是坚持互利互惠，扩大经贸合作；三是秉承传统友谊，加强人文合作。① 会议期间，温家宝总理出席开幕式，并发表重要讲话，强调，全面提升中阿各领域关系有利于双方人民的根本利益，也有利于世界和平与发展，中国愿与阿拉伯国家一道，秉持和平、发展、合作的理念，把双方关系推向前进。会议发表公报表示，在“论坛”框架内建立全面合作、共同发展的中阿战略合作关系。② 这表明双方关系开始进入战略合作新阶段。其三，2012 年 5 月 31 日，第五届部长级会议在突尼斯的哈马迈特举行。中国外长杨洁篪、突尼斯外长萨利姆、阿盟秘书长阿拉比以及包括 17 位外长或部长级官员在内的 20 个阿拉伯国家的代表与会。突尼斯总统马尔祖基、总理杰巴利分别出席开、闭幕式，并讲话。中阿双方以“深化战略合作，促进共同发展”为主题，就中阿关系和共同关心的重大问题深入交换意见，并发表公报，强调无论国际和地区局势如何变化，发展中阿友好关系都是双方坚定不移的战略选择。“论坛”对中阿关系发展发挥了“重要引领作用”。会后，中阿签署了《中国—阿拉伯国家合作论坛 2012 年至 2014 年行动执行计划》《中华人民共和国国家质量监督检验检疫总局与阿拉伯工矿发展组织谅解备忘录》《中华人民共和国工业和信息化部与阿拉伯工矿发展组织谅解备忘录》《中华人民共和国卫生部与阿拉伯国家联盟卫生合作机制谅解备忘录》等相关文件。③ 其四，2014 年 6 月 5 日，第六届部长级会议

① 廖雷：《胡锦涛主席会见中阿合作论坛第四届部长级会议的阿拉伯国家代表团团长》，新华社北京电，2010-05-14。

② 《中国—阿拉伯国家合作论坛第四届部长级会议公报》，2010-05-17。

③ 《中国—阿拉伯国家合作论坛第五届部长级会议公报》，2012-05-31。

在北京召开。习近平主席出席会议开幕式，并发表重要讲话，提出中阿共建“一带一路”，构建以能源合作为主轴，以基础设施建设、贸易和投资便利化为两翼，以核能、航天卫星、新能源三大高新领域为突破口的“1 + 2 + 3”合作格局，得到与会的科威特首相贾比尔、阿盟秘书长阿拉比和20位阿拉伯国家外长或部长的高度评价，双方一致认为，这给阿中关系带来质的飞跃，为双方合作指明了方向。这次会议的最大亮点是中阿双方就共建“一带一路”及其执行路线图达成了重要共识。这为打造今后十年的“论坛”升级版迈出了关键的一步。会议签署了《中国—阿拉伯国家合作论坛第六届部长级会议北京宣言》《中国—阿拉伯国家合作论坛2014年至2016年执行计划》《中国—阿拉伯国家合作论坛2014年至2024年发展规划》等有关文件。①

另外，“论坛”发挥了重要的引领作用，促进了双方的全面合作。“论坛”进一步夯实了中阿合作基础，扩大了双方合作的领域，提高了双边和多边的合作水平。12年来，中阿关系已由全面合作提升为战略合作的新阶段。

五、“一带一路”初见成效

阿拉伯国家地处“一带一路”沿线的中心地带。在古丝绸之路上，中阿先民留下了他们交往的友谊和足迹。今天，中阿人民正满怀信心地共建新丝路。

自2013年习近平主席提出“一带一路”倡议以来，阿拉伯国家同国际社会一样，反应强烈，当地媒体做了大量报道。经过交流与沟通，双方形成了如下重要共识。

（一）“一带一路”是推动双方今后加强合作的方向

2014年6月，习主席在“中阿合作论坛”北京部长级会议上提出中阿共建“一带一路”，构建“1 + 2 + 3”的合作格局的倡议。对此，

① 《中国—阿拉伯国家合作论坛第六届部长级会议北京宣言》，2014-06-10。

阿拉伯朋友热烈响应，成为该会的最大亮点。此次习主席访问中东三国期间，就双方共建“一带一路”分别同三国领导人深入交换意见，达成了广泛的共识，并签署了52份有关备忘录、协议和文件。

（二）双方共建“一带一路”可操作性强

当前，中国在核能、航空、航天卫星、电信、网络、基础设施建设等方面，已进入世界先进行列，并步入高铁时代。中国拥有庞大的、高素质的科技队伍、大量优质产能、各类物美价廉的商品、雄厚的资金、健全的招商引资法规、广阔的市场……而阿拉伯国家具有丰富的能源、雄厚的主权基金、庞大的市场。当前，国际油价下跌，海湾石油输出国普遍面临财政收入减少的困境。他们既需要大量出口换汇，又需要大量进口，以发展经济，改善民生并实施各自的发展规划。在此情况下，中方可以满足对方的需求。

（三）双方均有积极性

为2020年全面建成小康社会，中国政府正扩大国内中西部地区对外开放窗口，促进全面发展。阿拉伯国家经过5年多的变革、转型，广大民众逐渐认识到，动乱是祸，稳定是福，普遍希望社会稳定，经济发展。因此，各国朝野都在反思，今后路在何方，如何由乱到治、发展建设。在此背景下，中国的发展道路和治国理政经验吸引了他们的目光，进而形成加速东向政策的共识。鉴此，中东地区各国政权，无论谁上台，都会认真考虑同中国进一步发展关系。这样一来，一可通过同中国共建“一带一路”，搭上中国经济发展的快车，搞些基建和惠及民生的项目，缓解就业问题，推动国民经济发展。同时，适当转移在欧美的资本，加强对华投资和融资，以防“把鸡蛋放在一个篮子里”；对阿拉伯石油输出国来说，面临国际油价下跌的强大压力，更积极加强同中国能源合作，增加石油出口，以稳定国内财政收入；二可在东西方搞些平衡，标榜中立、不结盟，减轻来自民众的反美压力；三可借鉴中国成功的发展建设和治国理政经验；四可共同打击宗教极端势力。

2014年12月下旬，埃及总统塞西访华。双方同意将两国战略合作关系提升为全面战略伙伴关系。埃方愿将其发展规划同“一带一路”相对接，并同意成立专门委员会研究将中方的优质产能转至埃及事宜。2015年9月，塞西再度访华，双方深化了合作。同年4月下旬，习主席在北京会见阿尔及利亚总理塞拉勒时，他表示了同中方共建“一带一路”的良好愿望。他说，阿中合作同中方的“一带一路”构想能够高度契合，前景广阔。

2016年习主席中东之行之所以取得如此丰硕的成果，关键是双方高层政治互信增加。习主席提出了影响深远的共建“一带一路”四大行动计划：高举和平对话旗帜，开展促进稳定行动；推进结构调整，开展创新合作行动；促进中东工业化，开展能源对接行动；倡导文明交流互鉴，开展增进友好行动。[①]

目前，中阿共建“一带一路”“已经有了早期收获。”[②]例如，中国同8个阿拉伯国家建立了战略伙伴关系，同6个阿拉伯国家签署了共建“一带一路”协议，7个阿拉伯国家成为亚洲基础设施投资银行创始成员。中国成为阿拉伯国家第二大贸易伙伴，新签对阿拉伯国家工程承包合同额464亿美元；海湾阿拉伯国家合作委员会重启对华自贸区谈判，并取得实质性进展。第二届中阿博览会签署合作项目金额1830亿元人民币，成为中阿共建“一带一路”的重要平台[③]。1月20日，习主席访问沙特期间，同沙特国王萨勒曼共同出席中沙延布炼厂投产启动仪式，使“一带一路”同沙方国家发展战略项目进行了对接。该厂设计加工能力达到40万桶原油/日（合2000万吨/年），每日可生产超过1350万加仑超清洁交通燃油及其他高附加值炼油产品，生产的汽油和柴油质量可满足美国标准和欧V标准。这是中国石化首个海外炼化项目，也是中国在沙特最大的投资项目。[④]埃及的中埃苏伊士经贸合作区地处“一带一路”的交汇点。

---

① 《共叙友好　共话合作　共谋发展——外交部长王毅谈习近平主席访问沙特、埃及、伊朗和阿盟总部》，载《北京日报》，2016-01-25。
② 习近平：《共同开创中阿关系的美好未来——在阿拉伯国家联盟总部的演讲》，载《解放日报》，2016-01-22。
③ 习近平：《共同开创中阿关系的美好未来——在阿拉伯国家联盟总部的演讲》，载《解放日报》，2016-01-22。
④ 高鑫：《情缘，因油而深》，载《中国报道》，2016（2）。

2015 年 11 月 30 日，埃及政府向承建方埃及泰达特区开发公司新移交 2 平方千米土地使用权。[①]“1 月 21 日，习主席访埃期间，为该合作区二期揭牌。这一项目将引进纺织、石油装备、摩托、太阳能等 100 多家企业，可以为埃及创造 1 万多个就业机会”。

六、结语

60 年的实践证明，中阿休戚与共，没有根本的冲突，只有友谊与合作。

当前，中阿正处在新的历史起点上。2016 年是中国“十三五”规划开局之年，也是决胜全面小康之年。中国政府对外继续加大开放力度，积极参与国际地区事务，履行负责任大国义务，扩大朋友圈，追求同世界各国的合作共赢，不搞零和博弈，努力打造人类利益共同体和命运共同体；对内深化改革、创新。举国上下，团结一心，开拓进取，为实现“两个百年”目标和中华民族伟大复兴而努力奋斗。阿拉伯国家正积极致力于寻求符合本国国情的发展道路，恢复地区和平稳定，振兴经济，改善民生。鉴此，中阿合作领域广泛。通过共建“一带一路”，双方可抓住机遇，因地制宜，具体落实产能合作和有关发展规划对接，以实现优势互补、互联互通、互利互惠、共同发展，开创中阿关系的美好未来。

---

① 冯武勇、樊宇、王宗凯：《“一带一路”，当梦想照进现实》，载《北京日报》，2016-01-25。

中阿军事友好关系 60 年的发展历程

赵国忠

【摘要】中阿关系源远流长，1956 年 7 月我国在埃及建立了第一个武官处，武官处的建立表明中阿军事友好往来从此开始。60 年来中阿军事友好交往不断发展，中国始终支持阿拉伯国家的民族解放运动，一贯支持巴勒斯坦人民恢复合法民族权利的斗争。军事外交是我国外交工作的重要组成部分。2000 年以来，中阿高级军事领导人互访密切，进一步提升了双边的战略性友好关系。同时，中国积极参加联合国在阿拉伯国家和地区的维和行动，亚丁湾和地中海的护航行动，既承担作为大国的国际义务，也加深了与阿拉伯国家的军事友好关系。

【关键词】中阿关系；军事外交；军贸；大国责任

【作者简介】赵国忠，曾任中国社会科学院西亚非洲研究所所长及中国驻埃及大使馆武官。

中国与阿拉伯国家友好交往源远流长。在 1955 年 4 月召开的亚非万隆会议上，周恩来总理会见了埃及总理纳赛尔，这是我国领导人首次会见阿拉伯国家领导人。经中国牵线，埃及与捷克于 1955 年 9 月签订了第一个军火贸易协议，从而使埃及首次获得苏联的武器装备。这对埃及冲破美英武器禁运，加强国防力量、抵御外来侵略起了重要作用，同时也加深了中埃友谊，促进了中埃建交。1956 年 5 月 30 日，中国与埃及正式建立了外交关系。同年 7 月，在建立中国驻埃及大使馆的同时也建立了武官处。第一任大使为陈家康，武官为李大中大校。武官是中华人民共和国武装力量的代表，在大使领导下开展两军间各项军事交往工作。我国在阿拉伯国家第一个武官处的建立表明中阿军事友好往来从此开始。本文试图对60年来中阿军事友好交往作一简要回顾和分析。

一、支持阿拉伯国家的民族解放运动，提供力所能及的援助

20世纪五六十年代，亚非地区民族解放运动风起云涌，许多国家摆脱殖民统治，纷纷取得独立。1956年10月，英、法、以发动侵略埃及的苏伊士运河战争。中国政府立即发表声明，强烈谴责侵略行动，坚决支持埃及人民维护国家主权和民族独立的斗争。中国愿尽能力所及，采取一切有效措施，包括提供物资援助，支持埃及人民的正义斗争。11月10日，周恩来总理致电纳赛尔总统，代表中国政府赠送2000万瑞士法郎，中国红十字会捐赠10万元人民币的医疗物资。[①]1958年4月，为表示对中国的感谢和加强中埃军事友好关系，阿联（埃及）武装部队总参谋长穆罕默德·易卜拉欣中将率高级军事代表团访华，受到毛泽东主席和周恩来总理的接见。国防部长彭德怀元帅亲赴机场迎接并与代表团举行会谈。这是新中国成立后阿拉伯国家第一个访华高级军事代表团。1960年10月，中国人民解放军副总参谋长张宗逊上将率高级军事代表团对埃及进行回访，这是我国第一个访问阿拉伯国家的高级军事代表团。

1958年7月14日，伊拉克发生推翻费萨尔王朝的革命，震惊了美英等大国。次日，美国驻地中海的第六舰队派海军陆战队在黎巴嫩登陆，接着，英国也派兵空降约旦。中国一方面迅速承认伊拉克新政权，另一方面谴责美英对中东国家的军事干涉。为支持阿拉伯人民反对美国侵略的斗争，中国人民解放军于8月23日开始炮击金门、马祖，迫使美国急忙从地中海抽调一艘航空母舰和部分兵力赶往台湾海峡。这对阿拉伯人民反对美英侵略的斗争是一个有力支持。同年8月25日，中伊建交。1960年，由一名师长率领的伊拉克军事

① 江淳、郭应德：《中阿关系史》，北京，经济日报出版社，2001。

代表团访问了中国。

1967 年 6 月，“六五”战争爆发。中国政府于次日发表声明，谴责以色列在美国的策动和支持下对阿拉伯国家发动大规模的武装侵略，北京几十万群众连续 3 天举行游行示威，声援埃及等阿拉伯国家。中国还向埃、叙和巴勒斯坦解放组织（巴解组织）各提供一笔紧急援助。

1973 年 10 月 6 日，埃及和叙利亚为收复失地突然向以色列发动进攻。中国认为埃、叙为收复失地和恢复民族权利而进行的斗争是正义的，将一如既往坚决予以支持，并向埃、叙各提供一笔现汇和一定数量的小麦援助。埃、叙对此表示感谢，叙利亚总统阿萨德表示：“中国在我们最困难的时刻提供真诚的援助，叙人民绝不会忘记。”

中国一贯支持巴勒斯坦人民恢复合法民族权利的斗争，并提供必要的援助。1964 年 6 月，巴解组织正式成立。1965 年 3 月，巴解组织主席舒凯里访华，中国同意巴解组织在北京设立办事处，并向巴解组织提供援助（包括一定数量的军事援助），还为其培训军事干部。1982 年 6 月 4 日，以色列发动侵略黎巴嫩的战争，围剿在黎的巴解武装力量。中国表示坚决反对和强烈谴责，要求以色列无条件撤军，支持巴勒斯坦和黎巴嫩的正义事业。中国政府和红十字会还决定，向巴解组织提供物资、药品和医疗器材援助。1988 年 11 月 15 日，巴勒斯坦全国委员会宣布成立巴勒斯坦国。11 月 20 日，中国就决定予以承认，两国建交。12 月底，巴解组织驻京办事处改为巴勒斯坦国驻华大使馆。

中国始终支持阿尔及利亚争取民族独立的斗争。1954 年 11 月，阿尔及利亚民族解放军举行反对法国殖民统治的武装起义。1958 年 4 月，阿尔及利亚民族代表团访华时，周恩来总理明确表示，中国人民愿意为阿尔及利亚人民的正义斗争提供军事援助。同年 9 月 19 日，阿尔及利亚成立临时政府，9 月 22 日中国就予以承认。中国是第一个承认阿尔及利亚临时政府的非阿拉伯国家。1960 年 5 月，毛泽东主席在会见来访的阿临时政府副总理兼外长克里姆·贝尔卡塞姆时表示：“只要有可能就支持你们。不仅在道义上，而且在物质上，如果武器能够运到，也可以支持。”[①]1962年7月3日，阿尔及利亚正式宣布独立。同日，中国领导人致电表示最热烈的祝贺，中国政府决定予以承认。

中国在新中国成立后不久的一二十年里，坚决支持阿拉伯国家维护民族独立、反对侵略、反对霸权的斗争，为此后中阿友好关系的进一步发展打下了坚实的基础。

二、中国与阿拉伯国家军事交往逐步扩大，高层互访不断

军事外交是我国外交工作的重要组成部分。军事外交与政治外交、经济外交和文化外交相互配合、相互促进，使我国与阿拉伯国家的友好合作关系不断发展、不断加深。自1956年7月中国在埃及建立第一个武官处起，随着中国与各个阿拉伯国家建立外交关系，除巴林、卡塔尔、毛里塔尼亚和科摩罗等少数几个国家外，只要有大使馆，就有武官处。有了武官处，中国与阿拉伯国家的军事交往就更加密切了，两军间的军事事务也能得到有效和快速的处理。

1966—1976年，中国与阿拉伯国家的军事交往几乎中断，此后军事交往逐步恢复。以埃及为例，中国访埃的高级将领已知有：海军司令员刘华清（1981年）；空军司令员王海（1988年）；国务委员兼国防部长秦基伟（1990年）；军事科学院院长蒋顺学（1992年）；空军司令员曹双明，海军副司令员陈明山（1994年）、总参谋长傅全有（1995年）、军委副主席、国务委员兼国防部长迟浩田、总后勤部政委周中仁（1996年）；军委委员、总政治部主任于永波（1997年）等。访华的埃军高级将领有：海军司令法迪勒、防空军司令拉赫曼（1991年），后勤部长利布什廷（1993年），武装部队总司令兼国防和军工生产部长坦塔维、防空军司令塔利布（1994年）。

中国与沙特阿拉伯的军事交往始于1986年。哈立德曾说：“我

① 安惠侯、黄舍骄等：《丝路新韵——新中国和阿拉伯国家50年外交历程》，北京，世界知识出版社，2006。

们之间的战略联系是如此密切，推迟互相承认是毫无意义的。”1990 年 7 月 21 日，中沙正式建交。至此，中国与所有阿拉伯国家都建立了外交关系。

2003 年 3 月，胡锦涛同志担任国家主席。2004 年 1 月就出访埃及。9 月，埃及武装部队总司令兼国防部长坦塔维元帅回访中国，受到国家主席、中央军委主席胡锦涛的接见，并与中央军委副主席、国务委员兼国防部长曹刚川举行会谈。坦塔维说，埃中军事交往与合作前景广阔，希望通过访问进一步推动两国两军的友好合作关系。2005 年 4 月，曹刚川对埃及进行了访问。中埃两国高级军事领导人的互访反映了中埃战略合作关系不仅体现在政治和经济领域，也体现在军事领域。

2006 年 4 月胡锦涛访问沙特阿拉伯。2008 年 1 月，曹刚川访问沙特阿拉伯，受到沙特国王阿卜杜拉的接见，并与沙特王储兼副首相、国防和航空大臣苏尔坦亲王举行会谈。曹刚川说，近年来，中沙两军人员交流不断增加，在许多方面开展了良好的合作，中方重视发展与沙特的军事友好合作关系，愿与沙方一道努力，将两军关系不断推向新的高度[①]。同年 6 月，习近平副主席访沙，双方签署了《中国和沙特关于加强合作和战略性友好关系的联合声明》。我国汶川特大地震发生后，沙向我国提供 5000 万美元现金和 1000 万美元物资援助。

自 2003 年至 2010 年，我国高级军事领导人出访阿拉伯国家的有：2005 年 11 月，中央军委委员、火箭军（原第二炮兵）司令员靖志远上将访问阿尔及利亚。2007 年 11 月，中央军委副主席、国务委员兼国防部长曹刚川上将访问科威特。2008 年 11 月，中央军委委员、国务委员兼国防部长梁光烈上将访问阿联酋、阿曼、巴林和卡塔尔海湾 4 国。上述访问都受到受访国国家领导人的接见，并与有关军事领导人举行了会谈，加深了双方军事友好合作关系。此外，中国人民解放军副总参谋长钱树根上将、空军政委邓昌友中将和济南军

① 载《人民日报》，2008-01-22。

区政委刘冬冬中将访问了埃及。中国国防大学校长裴怀亮上将、广州军区司令员刘镇武上将访问了约旦（2004 年）。总政治部副主任孙忠同中将访问了叙利亚，副总参谋长张黎上将访问了也门和突尼斯，总装备部政委迟万春上将访问了阿尔及利亚，海军副司令员赵兴发中将访问了摩洛哥（2006 年）。国防科工委主任张云川访问了阿尔及利亚，沈阳军区司令员常万全中将访问了苏丹，总后勤部副部长张志强中将访问了突尼斯（2007 年），总后勤部油科部副部长访问了也门（2010 年）等。

阿拉伯国家访华的高级军事领导人有：约旦参谋长联席会议主席萨拉伊拉上将、阿尔及利亚海军司令塔哈少将、毛里塔尼亚国民军参谋长阿尔比上将、突尼斯国民军陆军参谋长阿马尔准将、黎巴嫩军队参谋长拉姆兹（2004 年）；也门海军司令路维斯准将、阿尔及利亚海军司令塔哈少将、埃及军工生产国务部长米什阿勒、科摩罗国家发展军参谋长萨利赫·穆罕默德、苏丹武装部队总参谋长阿巴斯上将及副总参谋长穆罕默德中将（2005 年）；苏丹国防部长侯赛因、突尼斯国防部长卡迈勒、阿尔及利亚人民军参谋长盖德、吉布提军队总参谋长法蒂少将（2006 年）；卡塔尔武装部队陆军司令法赫德准将、约旦空军司令舒达什少将、苏丹武装部队总参谋长吉利上将（2007 年）；科摩罗国家发展军总参谋长萨利姆·阿米里（2008 年）；埃及武装部队总司令兼国防部长坦塔维元帅、苏丹国防部长侯赛因、阿联酋陆军司令阿里（2009 年）。

2011 年 1 月突尼斯、利比亚和埃及政局发生突变，叙利亚、伊拉克和也门国内武装冲突至今仍未平息，中国与阿拉伯国家的军事交往大为减少。2011 年 9 月，中国武警部队司令员王建平中将访问约旦。2014 年 2 月，中国国务委员兼国防部长常万全上将访问吉布提。5 月，中国人民解放军副总参谋长侯树森访问摩洛哥。2015 年 11 月中国中央军委委员、总参谋长房峰辉上将访问吉布提。在此期间，阿拉伯国家访华的有：吉布提海军司令阿布杜拉曼上校（2011 年 7 月）、国防部长胡法奈（2013 年 12 月），毛里塔尼亚国民军总参谋长穆罕默德少将（2013 年 11 月），沙特阿拉伯国防副大臣哈立德亲王（2013 年 4 月），埃及国防部长西德基·苏卜希（2015 年 4 月）。2014 年 3 月，沙特王储兼副首相、国防大臣萨勒曼亲王（2015 年 1 月继位国王）访华，会见了中国国家主席习近平和总理李克强。习近平指出，发展同沙特长期友好合作关系是中国既定方针和长远政策。萨勒曼表示，此次专程访华的目的是加强同中国的战略关系。双方表示要进一步提升中沙战略性友好关系。

2015 年 9 月，埃及总统塞西、苏丹总统巴希尔出席中国人民抗日战争暨世界反法西斯战争胜利 70 周年纪念活动，埃、苏军队一支分队还参加了阅兵。同年 9 月和 12 月，约旦国王阿卜杜拉二世和伊拉克总理阿巴迪先后访华，与中国建立了战略伙伴关系。

2016 年 1 月 19 日至 21 日，中国国家主席、中央军委主席习近平访问阿拉伯国家中最重要的两个国家——沙特阿拉伯和埃及。这是近年来习主席对阿拉伯国家的最重要的一次访问，将中沙关系从 2008 年的“战略性友好关系”提升到“全面战略伙伴关系”，并加强 2014 年建立的中埃全面战略伙伴关系。这一访问对中阿政治、经济、文化、军事等领域的发展都具有极大的意义。

三、军品贸易是增加外汇收入，加深中阿友好关系的重要因素

从历史上看，军贸对促进中埃、中沙建交都起了重要作用。1978 年以前，我们遵照毛泽东主席“不当军火商”的指示，向某些阿拉伯国家提供武器装备都是无偿的。虽对这些国家加强国防力量、反对侵略、反对霸权起了重要作用，但与此同时，也加重了我国的财政负担。改革开放初期则进入军品交换阶段，表现为我们向某些阿拉伯国家提供武器装备以换取他们所拥有的某些比较先进的武器技术。1980 年以后，进入军品贸易阶段。我们以低于国际军品的价格向一些阿拉伯国家出售武器装备，但严格遵循军品出口三原则，即有助于接受国的正当自卫能力；不损害有关地区的和平、安

全与稳定；不干涉接受国的内政。[①] 对于军品出口，中国政府还严格规定只向主权国家政府出口，要有接受国提供最终用户和用途证明，并明确承诺不向第三方转让，中国从来不向非国家实体和个人出售军品。据《SIPRI 年鉴》统计，中国 2003—2007 年出口军品总额为 20.57 亿美元，在世界主要常规武器出口中名列第九位。2009—2013 年中国出口军品总额为 73.79 亿美元，在世界名列第四位，其中约 10% 为中东北非国家购买。2006—2013 年，中国向中东地区出口武器价值 11.77 亿美元。2011—2015 年，中国武器出口占世界武器出口的 5.9%，名列世界第三位。[②]

（一）中国与埃及

早在 1980 年，埃及就向中国购买武器装备。据《军事力量对比》2013 年报道[③]，2004—2011 年，埃及共向中国购买了价值约 8 亿美元的武器装备。在埃及现有武器装备中，中国的武器装备约占 6%（美国占 52%，俄罗斯占 28%）。已知有：歼 –6 型战斗机 50 架（已全部退役），歼 –7 型战斗机 50 架（仍在使用 30 架），K–8 型教练机 120 架；033 型潜水艇 4 艘，“江河”级 I 型护卫舰 2 艘，“河谷”级导弹艇 4 艘，“海南”级鱼雷艇 8 艘，“上海”级 II 型巡逻艇 4 艘。中国还与埃及合作生产 K–8 型教练机，埃及“阿拉伯军工生产组织”主席哈姆迪盛赞这一项目是埃中两国牢固政治关系的最好体现。[④]

（二）中国与沙特阿拉伯

2004—2011 年，中国向沙特阿拉伯提供了价值约 9 亿美元的武器装备，除导弹外，还有 PLZ–45 型 155 毫米自行火炮 54 门。据称，沙特还购买了中国“翼龙”型无人机。

（三）中国与叙利亚

据报道，2004—2011 年，中国向叙利亚提供了价值约 7 亿美元

---

① 王泰平：《新中国外交 50 年》，北京，北京出版社，1999。
② 载《环球时报》，2016–02–23。
③ *THE MILITARY BALANCE*，2013，p.556.
④ 《吴邦国委员长考察中埃合作生产 K8E 飞机项目》，载《人民日报》，2007–05–21。

的武器装备，占叙利亚武器进口的 2%（俄罗斯占 48%）。已知有 63 型 107 毫米多管火箭炮 200 余门，C–802 型反舰导弹若干枚。

（四）中国与阿尔及利亚

据报道，2004—2011 年，中国向阿提供了价值约 6 亿美元的武器装备，已知有：PLZ–45 型 155 毫米自行火炮 54 门，88 型 155 毫米炮 18 门。据报道，2012 年 3 月，中国与阿尔及利亚签订了建造 3 艘 C28A 轻型导弹护卫舰（排水量约 3000 吨）的合同①。第一艘已于 2015 年 10 月提供。2016 年 3 月 10 日，第二艘也在阿尔及尔港正式服役。②

（五）中国与苏丹

据《SIPRI 年鉴 2008》记载，苏丹 2003—2007 年购买武器价值 5.69 亿美元。2008—2012 年为 5.31 亿美元，其中约 8% 的武器来自中国。已知中国提供的武器有：强 –5 型（A–5）攻击机 15 架，K–8 型教练机 12 架；59 式坦克 60 辆，85 式Ⅱ M 型坦克 10 辆，62 式坦克 70 辆，63 式坦克 45 辆，92 式装甲车 10 辆，59–1 型 130 毫米火炮 75 门，63 型 107 毫米多管火箭炮 477 门，81 型 122 毫米多管火箭炮 18 门，63 型 57 毫米高射炮若干门③。

（六）中国与摩洛哥

据报道，2008—2011 年中国向摩洛哥提供武器装备价值 5 亿美元。已知有 90–2 式坦克 54 辆。

（七）中国与阿联酋

据报道，2008—2011 年，中国向阿联酋提供武器装备价值约 1 亿美元。已知有 63 型 107 毫米 12 管火箭炮 20 门，59–1 型 130 毫米炮 20 门。据说，还有 90 型 122 毫米多管火箭炮、“翼龙”型无人机、红箭 –8 型反坦克导弹和激光制导炮弹等④。

---

① 载《中国国防报》，2015–08–25。
② 载《舰船知识》，2016（5）。
③ *THE MILITARY BALANCE*，2016，p.471.
④ 载《上海译报》，2015 年 10 月 1–7 日。

（八）中国与科威特

1997年，科威特购买了中国造PLZ-45型155毫米自行火炮27门，2001年科又追加订购了27门。据报道，2008—2011年中国向科提供武器装备价值约1亿美元。

（九）中国与伊拉克

2003年海湾战争后，伊拉克海防部队中仍剩有中国造27米长巡逻舰5艘。据报道，2007年6月伊总统塔拉巴尼访华期间，中、伊曾达成一笔1亿美元的武器交易协议，主要是为伊警察部队买武器[①]。伊装备中，有83型152毫米自行火炮18门，59型和美国M-46型130毫米炮60门。伊还拥有中国造“彩虹”-4型无人机[②]。

（十）中国与阿曼

据报道，中国向阿曼提供了63型107毫米12管火箭炮12门。在阿曼现装备中，有92式装甲车约50辆，59-1型130毫米火炮12门，90A型122毫米多管火箭炮6门。

（十一）中国与约旦

据报道，2008—2011年，中国向约旦提供的武器装备价值约1亿美元。

（十二）中国与毛里塔尼亚

毛里塔尼亚国民军现装备中，有63型107毫米火箭炮4门，81型122毫米多管火箭炮4门。据2016年3月2日的消息，中国已签订向毛里塔尼亚出口1艘登陆舰的合同。

随着中国经济实力的增强和国防工业的发展，中国已能研发和生产世界上比较先进的武器装备，已不再是过去“价格低廉、技术落后”的武器。中国与阿拉伯国家的军品贸易不论在品种上还是在数量上都会有所增加。

① 《中国和伊拉克签订武器出口协议》，载《参考消息》，2007-07-29。
② 《伊拉克开始用中国造无人机》，载《参考消息》，2015-10-16。

四、中国积极参加联合国维和行动，为阿拉伯国家和世界和平与稳定作出重要贡献

联合国维和行动始于 1948 年第一次阿以战争之后，至 2008 年已采取了 63 项维和行动，有数十万人参与，耗资 680 多亿美元。截至 2010 年年底，联合国正在实施的维和行动 15 项，共有 115 个国家的约 8 万名维和人员在执行任务。

中国于 1988 年 12 月加入联合国维持和平特别委员会，并于 1990 年 4 月首次派军人参加联合国维和行动。至 2015 年年底，中国已派出 3 万多人参与 24 项维和行动，有 10 余名官兵在执行维和任务时牺牲 ①。自 2000 年 1 月以来，中国公安部已向联合国 9 个任务区派出维和警察 2307 人次 ②。联合国目前在全球开展 16 项维和行动，中国共有 2720 名官兵在联合国 9 个任务区执行维和行动 ③。联合国秘书长潘基文 2014 年 2 月 7 日在会见中国国家主席习近平时表示，联合国高度赞赏中国在应对各种全球性挑战方面发挥的领导作用。在安理会 5 个常任理事国中，中国是派出维和人员最多的国家。

中国在阿拉伯国家和地区的维和行动主要包括以下几个方面。

（一）巴以边境地区

1948 年 5 月第一次阿以战争爆发后，联合国安理会通过第 50 号决议，决定向巴勒斯坦派遣“联合国停战监督组织”（UNTSO），总部设在耶路撒冷。中国于 1990 年首次向该组织派出 5 名军事观察员。至 2015 年年底，该组织共有军事观察员 147 人，其中中国军事观察员 3 人。

（二）黎巴嫩南部

1978 年 3 月 15 日，以色列发动侵黎战争。3 月 19 日，联合国安理会通过第 425 号决议，要求以色列从黎撤军，并决定成立“联

① 载《北京青年报》，2016-04-02。
② 载《环球时报》，2016-02-16。
③ 载《环球军事》，2015 年 3 月 25 日-4 月 10 日。

合国驻黎巴嫩临时部队”（UNIFIL），进驻黎南部地区，以监督停火。中国于2005年11月21日决定向该部队派遣1个工兵营，由工程连、排雷连、保障连和营部组成，下属一个一级医院（8人），共182人，该营部署在黎南部的哈尼亚。2006年7月以色列与黎巴嫩真主党武装爆发冲突，联合国安理会于同年8月11日通过第1701号决议，决定将临时部队人数从2000人增至1.5万人。至2016年2月，中国共向黎巴嫩派遣了14批维和工兵营和13批医疗队。在临时部队（共10512人）中，有中国一个工兵营，一所二级医院（60人），共418人，另有3名军事观察员。[①] 中国一名观察员（杜照宇）曾在2006年7月25日以色列对黎空袭中光荣牺牲。

中国工兵营赢得了联合国驻黎部队司令部、黎巴嫩政府和当地民众的高度赞誉。2013年5月10日，黎巴嫩总统苏莱曼在会见中国大使时，对中国工兵营所作出的巨大贡献给予了充分的肯定。他评价道：“在黎巴嫩南部地区有一支中国维和部队，他们为黎巴嫩的和平发展作出了很大贡献。”[②] 联黎部队司令保罗·塞拉将军说，中国维和官兵出色地完成了任务，非常勤奋，非常专业，非常有智慧，为联黎部队各支分队树立了榜样，发挥了不可替代的作用。2006年10月，中国工兵营全体官兵被授予联合国“维和勋章”。此后，我国驻黎维和官兵几乎都获得“维和勋章”。2016年3月23日，中国第14批赴黎维和部队全体官兵（410名）荣获联合国“和平荣誉勋章”。[③]

（三）西撒哈拉地区

1991年4月29日，联合国安理会通过第690号决议（《解决计划》），正式成立“联合国西撒哈拉公民投票特派团”。截至2014年6月30日，特派团编制共有232名军警人员（由33个国家派出），包括27名军人、4名警察、201名军事观察员。[④] 目前，“联合国特派团”有来自36个国家的约230名军事观察员，[⑤] 其中中国观察员10人。

---

① *THE MILITARY BALANCE*，2016，2，p.341.
② 《黎以边境的中国“拆弹部队”》，载《国际先驱导报》，2013-08-02。
③ 载《人民日报》，2016-03-24。
④ 《世界知识年鉴2014/2015》，547页，北京，世界知识出版社，2015。
⑤ 载《中国国防报》，2016-03-25。

（四）苏丹

苏丹共有2支维和部队。

1. 南部地区

2005年3月24日，联合国安理会通过第1590号决议，授权在苏丹南部部署“联合国苏丹特派团”（UNMIS），帮助冲突双方落实业已达成的和平协议，恢复当地秩序。同年5月，中国派出一个工兵营，由工兵分队275人，运输分队100人和医疗分队60人组成，共435人。至2011年，特派团共有部队9250人（中国444人），军事观察员465人（中国14人），民事警察637人（中国9人），中国工兵营部署在瓦乌地区。2011年7月9日，南苏丹宣布独立，该特派团的使命宣告结束。

2. 达尔富尔地区（西部）

2007年7月31日，联合国安理会通过第1769号决议。此前，非洲联盟和平与安全理事会发表第79号公报，决定实施“联合国—非洲联盟苏丹达尔富尔混合行动”（UNAMID），计划部队总人数为19555人，军事观察员240人，民事警察6432人，文职人员1524人。2007年11月24日和2008年7月17日，中国维和部队分两批抵达达尔富尔，部署在达尔富尔首府尼亚拉。这支部队为1个工兵营，下辖3个工兵排、1个打井排、1个警卫排和1个一级医院（40人），共315人。目前第11批230人正在执行任务。

2007年1月和2008年10月，中国派驻苏丹南部特派团的工兵营（435人）和派驻达尔富尔的工兵营（315人）全体官兵都被授予联合国“和平荣誉勋章”。苏丹总统顾问伊斯梅尔说，中国为维护苏丹稳定发挥了积极作用，中国为促进苏丹南北和解作出了积极贡献，“中国是苏丹值得信赖的朋友”。[1]2013年1月24日，联合国不仅授予中国派驻达尔富尔工兵营全体官兵“和平荣誉勋章”，还向该营颁发联合国维和部队“突出贡献奖”，以表彰他们在苏丹执行维和任

① 载《人民日报》，2008-07-10。

务期间做出的非凡成绩。[①]2015 年 4 月 6 日，中国第 10 批维和部队 225 名官兵被授予联合国“和平荣誉勋章”。

（五）南苏丹

2011 年 7 月 8 日，联合国安理会通过第 1996 号决议，决定建立“联合国南苏丹共和国特派团”（UNMISS），接替“联合国苏丹特派团”（UNMIS）。其职责是支持巩固和平的努力，支持南苏丹政府采取措施防止、缓解和解决冲突，保护平民，提供安全保障，建立法治。计划维和部队人数为 7000 人，军事观察员 166 人，民事警察 900 人。[②] 至 2013 年年底，维和部队共有 6796 人，军事观察员 142 人，民事警察 746 人。其中中国派出 1 个工兵营，1 个野战医院，共 347 人[③]，驻在瓦乌市，另有军事观察员 3 人。2013 年 12 月 15 日，南苏丹爆发大规模内乱，联合国安理会于 12 月 24 日通过第 2132 号决议，授权该团扩大兵力规模，以保护平民，为人道主义援助提供保护。批准部队人数为 12500 人，民事警察 1323 人。[④]2014 年 7 月，联合国首次正式邀请中国派出一个步兵营参与维和行动。12 月，中国决定派出 1 个整建制的步兵营（700 人），下辖 3 个步兵连（其中有 1 个女子步兵班 13 人）和 1 个保障连。[⑤]2015 年 4 月，该营全部官兵抵达南苏丹，部署在首都朱巴地区。这是我国首次向海外派出整建制维和步兵营，历史意义重大，政治影响深远，国内外高度关注，迈出了中国陆军作战力量走出去的坚实第一步。700 名官兵全部被授予联合国“和平荣誉勋章”。联合国秘书长特别代表评价其为“值得信赖的和平力量”，他们得到了国际社会的广泛赞誉。[⑥]

总之，中国维和官兵除出色完成联合国授予的各项维和任务外，还为驻地民众修路、架桥、打井、培训、义诊，深得当地民众的拥护和爱戴，展示了中国军队“威武之师、和平之师、文明之师”的

① 《我赴苏丹维和官兵获勋》，载《人民日报》，2013-01-25。
② 《SIPRI 年鉴 2013》，137 页，北京，时事出版社，2014。
③ *THE MILITARY BALANCE*，2013，pp.532-533.
④ 《SIPRI 年鉴 2014》，188 页，北京，时事出版社，2015。
⑤ 载《解放日报》，2014-12-23。
⑥ 《中国首支维和步兵营被授予〈国际维和模范营〉称号》，载《人民日报》，2016-01-05。

光辉形象。这对加深中国与阿拉伯国家人民之间的友谊产生了十分深远的影响。

五、中国参加亚丁湾和地中海的护航行动，既承担作为大国的国际义务，也加深了与阿拉伯国家的军事友好关系

2008年，亚丁湾的索马里海盗活动十分猖獗，当年发生海盗袭击事件120多起，超过30艘（我国约6艘）被劫持，600多名船员（我国约40名）遭绑架。2009年，海盗袭击事件增至214起，有47艘船只被劫持。[①]联合国安理会于2008年6月、10月和11月相继通过第1816、1838和1843号决议，授权外国军队在获得索马里过渡政府允许并恪守国际法准则的情况下进入索马里领海打击海盗。从2008年10月中旬开始，美、俄和北约等21个国家约50多艘舰艇在亚丁湾执行护航任务。

亚丁湾是连接亚、非、欧三大洲的海上交通要道。每年约有100个国家约2万艘船只通过，其中我国约有1400多艘。这条航道对我国有重大的经济和军事战略利益。2008年12月20日，我外交部发言人宣布，中国政府决定派海军舰艇前往亚丁湾、索马里海域执行护航任务。[②]这是我国政府做出的重大战略决策，是我军应对国际安全威胁，遂行多种军事任务的一次重大战略行动。它充分显示了中国积极履行国际义务的负责任大国的形象，充分展现了中国军队维护世界和平与促进共同发展的坚定信心。[③]中央军委委员、海军司令员吴胜利说："此次护航任务是我国首次使用军事力量赴海外维护国家战略利益，首次组织海上作战力量赴海外履行国际人道主义义务，首次在远海保护重要运输线安全。"[④]我海军赴亚丁湾护航也是护卫"一带一路"重大合作倡议海上丝绸之路西端重要通道的安全。

---

① 根据国际海事局2009年12月29日公布的数字，载《国际先驱导报》，2010-01-08。
② 载《人民日报》，2008-12-21。
③ 载《解放日报》，2008-12-24。
④ 《维护战略利益，展示中国名片》，载《人民日报》，2009-12-27。

2008 年 12 月 26 日，我国南海舰队派出的首批护航编队（“武汉”号、“海口”号导弹驱逐舰和“微山湖”号综合补给舰，800 余人）从三亚起航，航行 4400 余海里，于 2009 年 1 月 6 日抵达亚丁湾执行护航任务。同年 4 月 18 日完成任务后驶离亚丁湾。2016 年 4 月上旬，我第 22 批护航编队（“青岛”号导弹驱逐舰、“大庆”号导弹护卫舰和“太湖”号补给舰）完成亚丁湾护航任务后，现由第 23 批护航编队（“湘潭”号、“舟山”号导弹护卫舰和“巢湖”号补给舰）接替。

自 2008 年到 2014 年 12 月，6 年来我国护航编队为 5820 余艘中外船舶安全实施护航，成功解救、接护和救助了 60 余艘遇险的中外船舶，保持着被护船舶和编队自身“两个百分之百安全”的纪录。① 至 2015 年 12 月，我护航舰队已圆满完成 900 批、6096 艘船舶的护航任务。

我国护航对打击索马里海盗的嚣张气焰，维护亚丁湾水道的航道安全，加深我国与阿拉伯国家以及世界各国的军事友好关系都具有重要作用，因而受到各方的高度赞扬。联合国秘书长潘基文指出：“中国海军派舰艇赴亚丁湾护航，是对国际社会打击索马里海盗行动的有力支持，这体现了中国在国际事务中发挥的重要作用。”② 吉布提海军司令阿卜杜拉曼说：“中国在维护地区和平与稳定方面做出了很大贡献，而且有些贡献现在还无法衡量。”③ 北约秘书长夏侯雅伯说：“这一行动对国际社会打击海盗活动做出了重要贡献。”④ 由于世界各国海军的共同努力，2012 年索马里海盗劫持的船只仅有 5 艘。

2011 年 2 月 15 日，利比亚发生动乱，2 月 21 日，利反对派控制了班加西，我国政府决定撤回在利中国公民。自 2 月 22 日至 3 月 5 日，中国派出 91 架次民航包机、12 架次军机、5 艘货轮，并租用 35 架次外国包机和 11 艘邮轮，共撤出中国公民 35860 人。为了保证从利撤侨的海上安全，我第 7 批护航编队“徐州”号导弹护卫舰 3

① 载《环球军事》，2015（1）。
② 载《中国国防报》，2015-04-21。
③ 《中国海军护航获充分肯定》，载《人民日报》，2013-05-04。
④ 《北约秘书长赞赏中国海军在索马里护航行动》，新华社，2009-01-19。

月初通过苏伊士运河进入地中海护航。这是中国海军舰艇首次进入地中海护航，有重要意义。

2013年8月，叙利亚发生了严重的化学武器袭击事件，美国扬言要对叙政府实施军事打击。经过俄罗斯的斡旋，9月14日，俄美就销毁叙化学武器达成框架协议。9月27日联合国安理会通过第2118号决议，要求在2014年6月30日前销毁叙所有化学武器。2014年1月7日，首批叙化学武器在拉塔基亚港装到丹麦船上，由中国第16批护航编队"盐城"号导弹护卫舰和俄罗斯"彼得大帝"号核动力巡洋舰进行护航。3月上旬，我"盐城"舰完成7次护航任务后，由"黄山"号导弹护卫舰接替。

中国派军舰参与叙化学武器海运护航是中国落实安理会决议和禁止化学武器有关决议的一项重要举措。它有助于叙利亚问题的政治解决，防止叙局势进一步恶化，对中东地区的和平与安全十分重要。这是国际社会通过合作解决地区问题的一次典范。中国国家主席习近平强调，中国作为安理会常任理事国，将履行自己应尽的国际义务，积极参与联合国各领域工作，推动和平解决国际争端，为维护世界和平安全，促进人类共同发展贡献更多中国智慧和中国力量。联合国秘书长潘基文表示，联合国高度赞赏中国在应对各种全球性挑战方面发挥的领导作用。中国派军舰参与叙利亚化学武器海运联合护航行动，积极参与推动政治解决叙利亚、南苏丹等地区热点问题，充分证明中国在维护世界和平安全方面所做出的巨大贡献。①

2015年2月6日，也门胡塞武装组织占领首都萨那。3月26日，沙特阿拉伯等国空袭也门，也门安全形势严重恶化。中央领导做出重要批示，要求采取行动，确保在也门中国公民生命财产安全，并下令护航编队执行撤侨任务。自3月29日至4月6日，第19批护航编队（"临沂"号和"潍坊"号导弹护卫舰及"微山湖"号综合补给舰）临时中止护航，执行撤侨任务，分五批从亚丁港和荷台达港撤走中国公民618人，外国（15国）279人。这次撤侨行动组织策

① 《习近平会见联合国秘书长》，载《人民日报》，2014-02-08。

划严密，行动果断迅速，安全保障可靠，不仅撤走了中国公民，还有巴基斯坦、斯里兰卡等国公民，提高了中国负责任大国的地位，获得了一些国家的一致好评。

我国护航编队除完成亚丁湾、索马里海域的护航任务外，还利用换防时机，顺访了一些阿拉伯国家，加深了与这些国家的军事友好关系。已知有：

2010年3月25–30日，我国第4批护航编队“马鞍山”号导弹护卫舰和“千岛湖”号综合补给舰首次驶入海湾，对阿拉伯联合酋长国（阿联酋）进行友好访问，受到阿联酋海军副司令谢赫·赛义德的欢迎。他指出，这是一次具有重要历史意义的访问。[①]

2010年5月和2011年10月，我国第5批和第9批护航编队先后访问了吉布提。吉布提海军司令阿布杜拉曼在会见我编队指挥员、南海舰队副参谋长时说，中国海军实力强大，是维护国际和平与稳定的重要力量。[②]

2010年7月26日，我第5批护航编队“广州”号导弹驱逐和“巢湖”号综合补给舰通过苏伊士运河驶抵亚历山大港，对埃及进行了5天访问，受到亚历山大海军基地参谋长阿齐兹准将的热烈欢迎。[③]这是我军舰首次进入地中海访问埃及，意义重大。

2010年11月27日，我第6批护航编队“兰州”号导弹驱逐舰抵达吉达港，对沙特阿拉伯进行为期5天的友好访问。

2010年12月9日，我“昆仑山”号导弹护卫舰、“微山湖”号综合补给舰驶抵海湾麦纳麦港，对巴林进行为期5天的友好访问。[④]

2013年3月，我第13批护航编队通过苏伊士运河抵达地中海阿尔及尔港，对阿尔及利亚进行友好访问。

2014年5月5日，我第16批护航编队（“盐城”号、“洛阳”号导弹护卫舰和“太湖”号综合补给舰）驶入拉古莱特港，对突尼斯进行为期3天的访问。突国防部哈米达上校表示热情欢迎，说“希

---

① 《中国军舰首次驶入海湾》，载《参考消息》，2010-03-29。
② 《吉布提：每天上演“兵临城下”》，载《中国国防报》，2011-12-27。
③ 《中国海军第五批护航编队抵达埃及访问》，载《人民日报》，2010-07-27。
④ 《中国海军护航2010年大事记》，载《世界新闻报》，2010-12-28。

望加强两国海军的交往与合作。”①

2015 年 8 月 23 日，我第 20 批护航编队（“济南”号导弹驱逐舰、“益阳”号导弹护卫舰和“千岛湖”号综合补给舰）完成亚丁湾护航任务，开始环球访问。在访问苏丹后，通过苏伊士运河，于 9 月 2 日抵达亚历山大港，对埃及进行 6 天访问。在访问期间，两国海军开展多层次友好交流活动。编队指挥员王建勋表示：“这些交流活动进一步增进了中埃两国军队，特别是两国海军之间的友谊和互信合作关系。”②

我护航编队作为“大型军事外交使团”访问阿拉伯国家，其人数之多，接触面之广、影响之大都是一般军事代表团无可比拟的。它对加强中国与阿拉伯国家的军事友好关系以及中国人民与阿拉伯人民之间的相互了解和增进友谊必将产生十分深远的影响。

我护航编队在亚丁湾可以使用的补给港口有也门的亚丁港、阿曼的萨拉莱港和吉布提的港口。2015 年 3 月因也门战乱，亚丁港已无法使用。这些港口虽可临时解决护航编队的物资补给问题，但从长远战略考虑，我护航编队必须拥有一个固定的物资补给和人员休整港口。据吉布提总统盖莱 2015 年 5 月 9 日透露，中国正与吉布提就建立港口问题进行磋商，他表示欢迎。2016 年 2 月，中国外交部和国防部发言人先后证实，中国和吉布提已就中方在吉布提建设后勤保障设施达成一致，相关设施的基础工程建设已经启动。这是中国在海外建设的首个后勤保障设施。3 月 8 日，王毅外长在回答记者提问时表示，中国在吉布提修建后勤保障设施，“这不仅合情合理，也是符合国际惯例的”。③

中国奉行独立自主的和平外交政策和防御性国防政策，永远不称霸，永远不搞扩张。中国军队始终是维护世界和平的坚定力量，积极参与联合国维和行动，履行安理会授权，致力于和平解决冲突，促进发展和重建，维护地区和平与安全。中国海军按照近海防御、远海护卫的战略要求，根据需要继续开展亚丁湾等海域的护航行动，加强

① 《中国海军护航编队访问突尼斯》，载《人民日报》，2014-05-06。
② 《中国海军 152 舰艇编队结束访埃》，载《人民日报》，2015-09-08。
③ 《中国外长回应吉布提后勤设施》，载《环球时报》，2016-03-09。

与多国护航力量交流合作，共同维护国际海上通道安全。[①]中国参加联合国维和行动和亚丁湾的护航，受到国际社会的普遍赞扬，它必将加深中国与阿拉伯国家的战略伙伴关系。

① 《中国的军事战略》，载《人民日报》，2015-05-27。

中东局势走向及中阿关系前景

安惠侯

【摘要】中东局势整体相对稳定，但局部持续动荡。美国继续实行收缩政策，俄罗斯强势重返中东，欧洲遭受难民潮冲击和恐怖袭击。地区热点出现向好迹象，但真正解决仍然困难。阿拉伯国家寻求符合国情的发展道路，“向东看”倾向明显，中东地区对我国的重要性日益提升，中、阿互利合作潜力巨大，前景广阔。

【关键词】中东局势；阿拉伯国家；转型；向东看；合作共赢

【作者简介】安惠侯，曾任中国驻阿尔及利亚大使、驻突尼斯兼驻巴勒斯坦大使、驻黎巴嫩大使、驻埃及大使。

1956年中国与埃及建立外交关系，开启了中国与阿拉伯国家友好合作的新时期。60年过去，中东地区形势发生巨大变化，中国的和平发展取得了辉煌成就。在庆祝中阿建交60周年之际，分析阿拉伯世界尤其是中东地区的局势走向以及中阿友好合作关系的发展前景，应该是一件有意义的事。

一、中东地区局势走向

（一）整体相对稳定，局部动荡，地区局势恢复常态

第二次世界大战结束以来，中东地区动荡，战乱此起彼伏，但在多数时间，动乱局限在部分地区，烈度可控，多数国家都能保持相对稳定和正常发展的状态。这是中东局势的常态。2010年年底爆发的中东大动乱，加上美国趁机推行“新干涉主义”，打破了这种常

态：群体性抗议浪潮一度波及几乎所有阿拉伯国家，四国政权更迭，三场战争爆发，“伊斯兰国”恐怖势力猖獗，中东地区出现超出常态的大动乱。

多数阿拉伯国家先后平息动乱，恢复了稳定。最先发生政权更迭的突尼斯和埃及成立民选政府，基本控制局势，正艰难地恢复经济。以美国为首的西方挑起利比亚战争，击毙卡扎菲，推翻合法政府，利比亚长期陷于战乱。美联手部分国家挑起叙利亚内战，引发“伊斯兰国”战争。也门爆发内战，沙特出兵镇压，成对峙之势。“伊斯兰国”在伊拉克和叙利亚攻城略地，猖獗一时，伊拉克和叙利亚政府军与“伊斯兰国”的战斗仍在持续。利比亚、叙利亚、也门、伊拉克是当下阿拉伯世界的四大伤痛。

阿拉伯世界的超常大动乱已经结束，留下的创伤有的正在“愈合”，有的继续“溃烂”。中东地区不可能完全稳定下来，但已经恢复到总体相对稳定，局部持续动乱的常态。

有学者认为：“伊斯兰国”崛起标志着中东进入新的“大乱局”，导致中东政治秩序崩溃，政治版图解体；[①] 中东陷入全面危机，地区体系面临解体，世俗的现代民族国家无法适应时代和人民的要求；[②] 中东政治旧格局被彻底打破，“伊斯兰国”崛起导致中东主权国家体系根基动摇，当前只是一场长期的、代价沉重的、你死我活的斗争的初级阶段，事态极有可能朝着更糟糕的方向发展。[③]

这些观点以偏概全，夸大其词，误导公众，干扰决策，有必要予以分析。

第一，“伊斯兰国”是美国政策造成的中东动乱的衍生品。

“伊斯兰国”利用叙利亚内战和伊拉克动乱，发展力量，攻城略地，强势崛起。美国及几个地区大国出于私虑，一度采取纵容，甚至暗中支持的态度，使得“伊斯兰国”更加猖獗。

第二，由于“伊斯兰国”的反人类暴行威胁了美国及地区大国

① 陈婧：《“伊斯兰国”作乱标志中东进入新一轮大乱局》，载《中国青年报》，2014-09-23。
② 叶青：《中东格局发展与中国外交》，载《Foreign Affairs Journal》，Spring 2015。
③ 田文林：《新一轮中东动荡期形势评估》，载《阿拉伯世界研究》，2015（2）。

的利益，特别是2015年9月30日，俄罗斯决定空袭“伊斯兰国”并取得了举世瞩目的成果，迫使美国及地区大国改变态度，加大打击“伊斯兰国”的力度。“伊斯兰国”已成为国际社会的公敌，遭到多方的打压，其占领的地盘已缩小40%。奥巴马2016年4月13日称“伊斯兰国”组织“败局已定”。[①] 这股势力不甘心失败，仍在顽强抵抗，并跳到外线，在欧洲和非洲频频发动恐怖袭击。彻底歼灭“伊斯兰国”不易，遏制恐怖活动外溢也难。反“伊斯兰国”及其他恐怖势力的斗争势将长期化。

第三，整个中东地区没有因“伊斯兰国”的猖獗进入“新的大乱局”，少数几个国家的战乱没有导致中东地区政治秩序崩溃。虽然这几个国家面临分裂的危险，但这些国家的政府和多数反对派以及国际社会，都强调要保持国家统一和领土完整。迄今还没有任何国家真正发生分裂。独立的库尔德国，并没有像某位学者于2014年预言的那样“呼之欲出”。中东主权国家体系不会解体。试问，当今世界还有什么别的体系可能替代“主权国家体系”？“世俗的现代民族国家无法适应时代和人民的要求”的论断更是匪夷所思。非“世俗”，那就是“宗教”，非“现代”，那就是“复古”，非“民族”，那就是“不以特定的民族为根基”，这会是个什么样的国家？难道是眼前的“伊斯兰国”？“当前极有可能只是一场长期的，代价沉重的，你死我活的斗争的初级阶段，事态极有可能朝着更糟糕的方向发展”的判断，是西方学者的观点，与中东实情不符，缺乏根据。2015年中东局势出现一系列向好发展的迹象，下面将具体阐述。

（二）美国继续执行收缩政策，但又不愿放弃中东地区

美国发动阿富汗战争和伊拉克战争，成本高昂，代价惨重，在国际上产生极大的负面影响，美国开始从霸权的巅峰向下坠落。2008年的金融危机和经济危机对美经济造成巨大冲击，美国内矛盾增多，加上新兴经济体群体性崛起，美国力相对减弱，霸权地位受到越来越多的挑战，维持全球霸权日益力不从心。2011年，美国提

① 《奥巴马称“伊斯兰国”组织“败局已定”》，http://news.xinhuanet.com/wold/2016-04-15。

出“亚太再平衡战略”，全球战略重心向亚太转移，重点遏制中国崛起。同时，美国由最大的石油进口国，变成最大的石油生产国之一，具备了出口石油的能力，对中东地区的石油依赖极大地缩减。小布什发动阿富汗战争和伊拉克战争是巨大失败，已是美国内及国际社会的共识；奥巴马推行“新干涉主义”，造成利比亚和叙利亚乱局，损人不利己，同样是巨大失败。2016 年 4 月 10 日，奥巴马总统承认，其任内最大的错误是对 2011 年推翻卡扎菲后所发生的事情缺乏规划，让“伊斯兰国”势力在中东坐大。[①] 美在中东实行收缩政策，减少对该地区的投入，但鉴于中东地区重要的战略地位，中东石油对欧、亚大国的发展至关重要，美有“义务”维护以色列的安全以及地区热点问题往往影响世界局势，美国要对全球保持领导地位，不可能放弃中东。

在这种态势下，奥巴马政府调整中东政策，主要思路包括以下几个方面：一是放缓推行“新干涉主义”，避乱求稳；二是突出外交和政治手段，减少军事介入；三是利用矛盾，玩弄平衡，让对立势力相互牵制，使用“巧实力”。根据新政策思路，美国与伊朗就核问题达成协议；推动巴勒斯坦与以色列和平谈判，但因以色列的顽固态度而失败；拒绝直接军事干预叙利亚；加大打击“伊斯兰国”力度，并与俄罗斯联手推动叙危机政治解决进程；在以伊朗为首的什叶派势力和以沙特为首的逊尼派势力间玩弄平衡，既使之相互牵制，又不让冲突失控。

（三）俄罗斯强势重返中东，影响扩大，但无力取代美国的主导地位

2015 年，在“伊斯兰国”猖獗，叙反对派武装攻势凌厉，政府军节节败退，首都大马士革岌岌可危的态势下，俄罗斯于 9 月 30 日出兵空袭叙利亚境内的恐怖势力。在五个半月的时间里，俄军完成 9000 多架次空袭任务，消灭 2000 多名恐怖分子，摧毁 209 处石油生产设施及运输工具，切断了恐怖势力的后勤和武器供应主要渠道。[②]

---

① 《奥巴马承认“总统任内最大错误”》，载《环球时报》，2016-04-12。
② 《从叙撤军：普京“奇招”释放三大信号》，载《北京日报》，2016-03-16。

西方媒体承认，俄空袭效果远强于美国主导的反恐联盟。俄军的介入打击了“伊斯兰国”的嚣张气焰，削弱了反对派武装力量，增强了政府军的战斗力，政府军得以转守为攻，不断收复失地。叙国内力量对比发生变化。美被迫改变态度，由拒绝与俄合作反恐，到与俄联手推动叙危机政治解决进程的启动，并大体上实现政府军与除恐怖势力外的反对派武装间的停火。俄、美高官频频商谈，双方关系有所改善。

2016年3月14日，普京下令，自15日起俄军从叙利亚撤出主要军力。普京强调，俄军在叙的任务整体上已经完成；俄将在叙保留军事基地；一旦形势有变，俄军在几个小时内即可返叙。① 俄在战略优势下决定撤军，一是显示俄坚持政治解决叙危机的立场；二是希望借此缓和与以美国为首的西方的关系；三是减轻军费负担并避免陷入长期军事冲突的泥沼。

一段时期以来，俄一直积极重返中东。出兵叙利亚是靓丽的一招，然而，俄经济困难，国力有限，对中东不可能超出国力地投入，虽然在中东的影响有所恢复，但远不能替代美的主导地位。

（四）欧洲自食其果，遭遇难民潮和恐怖袭击的冲击

欧洲大国曾积极配合美国在中东推行“新干涉主义”，在空袭利比亚，击毙卡扎菲以及挑起叙利亚内战，逼迫巴沙尔下台等方面，它们有时表现得比美国还激进。中东乱了，催生了“伊斯兰国”怪胎和第二次世界大战结束以来最大的难民潮。欧洲邻近中东，经济发达，防卫力量相对薄弱，自然成为中东恐怖势力外溢和难民潮冲击的首选地。欧洲当下的遭遇值得国际社会同情，但欧洲领导人也应深刻反思，汲取教训：配合美国推行“新干涉主义”，搞乱中东，结果是培植了恐怖势力，并造成了难民潮，损人而不利己，搬起石头砸了自己的脚。

（五）地区热点问题走向

第一，持续13年之久的伊朗核问题，经过21个月的艰苦谈判

① 《俄军可在数小时内重返叙战场》，载《参考消息》，2016-03-19。

终于于 2015 年 7 月 14 日在维也纳达成最终协议，从而避免了一场灾难性的战争，开创了通过谈判维护核不扩散体系的先例，有利于伊、美关系的改善和中东地区的和平与稳定。制裁逐步解除后，伊朗经济将会有大的发展。

第二，叙利亚危机政治解决进程启动，但要达成妥协仍然困难。在俄、美联手推动下，联合国主导叙利亚问题日内瓦和谈第一轮历时 10 天，于 3 月 24 日结束，就 12 个问题达成一致，但不包括如何组成过渡政府这一核心问题。3 月 30 日，巴沙尔总统强调，叙利亚需要一个团结政府来确保这个国家向新宪法过渡，而这个过渡政府应该同时包括现政府和反对派。而反对派则强调，“政治过渡”意味着现总统巴沙尔下台，过渡政府应掌握包括总统职权在内的全面行政权。4 月 13 日，叙举行议会选举，执政的阿拉伯复兴社会党及其盟友在 250 个议席中赢得 200 个席位。叙反对派认为选举是一场“闹剧”。同日，日内瓦和谈第二轮开始，双方在巴沙尔去留上立场针锋相对。叙主要反对派还指责政府军违反停火协议，退出和谈，部分温和反对派继续参加和谈。[①] 影响和谈的因素很多，和谈成败或许在很大程度上取决于俄、美能否达成妥协。

第三，利比亚两个议会、两个政府对峙的态势正在改变。2015 年 12 月 17 日，在联合国的推动下，两个政府的代表在摩洛哥达成协议，同意组建团结政府。2016 年 4 月初，联合国支持的民族团结政府总理法耶兹·萨拉杰抵达首都的黎波里，受到民众的欢迎。原本效忠于“利比亚黎明”的民兵大部分改变立场，承诺支持民族团结政府，但位于图普鲁格的国民代表大会议长表示，在议会表决通过前，不承认民族团结政府的合法性。几个欧洲大国表示，如果民族团结政府提出要求，他们可派兵协助打击正在利发展壮大的“伊斯兰国”等恐怖势力。

第四，伊拉克政府军继续对“伊斯兰国”占据的地区发动进攻，逐步收复失地。2015 年 3 月，政府军夺回萨达姆·侯赛因的家乡提

① 《美俄总统电话磋商叙局势》，载《参考消息》，2016-04-20。

克里特，12 月占领安巴尔省省会拉马迪的市中心，当前正在筹划收复“伊斯兰国”在伊拉克的主要枢纽摩苏尔。4 月 18 日，美国国防部长卡特宣布向伊拉克增派 200 多人，以支持伊政府军收复摩苏尔。驻伊美军人数增至 4087 人。

第五，2015 年年初，也门什叶派胡塞武装打败逊尼派总统哈迪，占领首都萨那。哈迪逃往南部港口亚丁。胡塞武装南下，哈迪逃往沙特。3 月 26 日，沙特联合多个阿拉伯国家，组成联军，对胡塞武装发动空袭。经过一年的战斗，胡塞势力仍控制着萨那，哈迪的武装在南部地区站稳了脚跟。同时，“伊斯兰国”和基地组织在也门得到了发展。当下，胡塞势力和哈迪势力均有政治和解的意愿，沙特也无意继续打下去。4 月 20 日胡塞势力派人到科威特，在联合国代表主持下与也门政府代表举行和平谈判。双方诉求差异巨大，实现和解尚须努力。

第六，库尔德人力量壮大，自主意愿增强，但独立建国的可能性不大。伊拉克库尔德人已经高度自治，不久前提出要举行“独立公投”，立即遭到各方反对。叙利亚库尔德人在美国的支持下参与反“伊斯兰国”的战斗，力量增强，2016 年 3 月提出在叙北部库尔德人地区建立联邦自治区，立即遭到叙政府、土耳其和美国的反对和谴责。① 库尔德人赶紧声明，他们要成立的是“联盟”，而不是“联邦”，要的是自治，而不是独立。土耳其库尔德人与政府的矛盾加剧。库尔德人分别居住在土耳其、伊朗、叙利亚、伊拉克等国，历史上从未建国。库尔德人独立建国，不仅危及有关四国的主权和领土完整，还会冲击地区地缘格局，库尔德人内部意见并不统一，国际社会也不支持。

第七，巴勒斯坦与以色列和谈停顿。法塔赫与哈马斯分歧严重，无法团结对以。阿拉伯世界对巴支持力度减弱。奥巴马对以阻扰和谈不满，但又无可奈何。2015 年 9 月 10 日，联大通过决议，允许联合国观察国在联合国升起国旗。9 月 30 日，巴勒斯坦国旗首次在联合国升起。这种象征性的举动不足以改变以对和谈的态度。

① 《叙库尔德人谋求自治遭多方反对》，载《参考消息》，2016-03-19。

伊朗与美国关系有所缓和，叙利亚和伊拉克打击“伊斯兰国”取得进展，叙利亚启动政治解决进程，利比亚走向和解，也门也出现政治解决的迹象，反映了地区民众要和平，不要战争；要稳定，不要动乱的普遍愿望。地区要实现和平与稳定仍须克服许多困难，但总体来说，趋势向好。

（六）地区大国力量消长，博弈继续

第一，伊朗影响扩大。在制裁解除后，伊经济会有发展，国力会增强，对地区的影响力会有扩大。伊在叙利亚、伊拉克、也门以及打击“伊斯兰国”等地区热点问题上均在发挥作用，具有一定的发言权。以沙特为首的逊尼派国家，对伊朗疑虑很深。沙、伊间博弈持续。鉴于伊朗“什叶派”和“波斯人”的属性以及美国不会容忍其影响力过分扩大等因素，伊朗不可能在以“逊尼派”和“阿拉伯人”为主体的中东地区发挥主导作用。

第二，沙特困难增多。沙特完成领导层权力交接，但也暴露出王室内部的一些矛盾和分歧。油价持续低迷，2015 年财政赤字高达 980 亿美元。沙特组织联军，介入也门战事，进展不顺，劳民伤财，难以为继。对叙利亚政策极端，坚持推翻巴沙尔政权又无法实现，陷于被动。强烈反对伊朗核问题达成协议，夸大伊朗的威胁，热衷于与伊朗对抗，引发美国不满。2016 年 3 月 10 日，奥巴马批评沙特与伊朗“竞逐中东霸权”给地区带来不利影响，并表示，美“不会说沙特在所有问题上都是对的，以及伊朗是这些问题的根源，更不会支持沙特对抗伊朗”。因为，“这不是美国的利益所在，也不是中东的利益所在”。它们“应当找到共存的有效方式，建立某种冷和平”。4 月奥巴马出访沙特，遭到冷遇，凸显沙特对美的不满，但美沙保持盟友关系仍是双方的利益所在。

第三，土耳其内外交困。土耳其长期以来，热衷加入欧盟，与中东国家交往不多。2010 年中东爆发大动乱，土耳其极力参与中东事务，向动乱中的阿拉伯国家兜售“土耳其模式”。叙利亚爆发内战后，土站在美国、沙特一边，逼压巴沙尔下台。埃及罢免穆尔西，土耳其予以谴责，公开支持埃及穆兄会。“伊斯兰国”猖獗时，土开放土叙边界，听任“伊斯兰国”走私石油，人员自由进出。当“伊斯兰国”攻打位于土叙边境库尔德人地区时，土军隔“界”观火，不对库尔德人施以援手。俄罗斯军队空袭“伊斯兰国”后，土还击落一架俄军机，与俄交恶。土政府与土库尔德人工人党矛盾激化，土不断袭击位于伊拉克和叙利亚的工人党基地，工人党则在土频频发动恐怖袭击。土的行为引起地区许多国家的不满，土的地区影响也明显下降。

第四，埃及艰难复兴。2013 年 7 月，塞西在埃及军方的支持下，罢免了穆兄会背景的总统穆尔西，2014 年 6 月高票当选总统，基本稳定了埃及局势。塞西的当务之急是发展经济，改善民生，巩固政权，恢复在地区的影响力。受世界经济不景气的影响，加上埃经济政策调整远不到位，埃及吸收外资不畅。恐怖袭击不时发生，严重地打击了旅游业。埃及复兴步履维艰。

第五，以色列处境孤立。伊朗核协议签署，美、伊关系松动；美战略重心向亚太转移，在中东实行收缩；美、以关系出现不协调因素，以对自身的安全日益不踏实，从而对巴勒斯坦态度趋向强硬。另一方面，阿拉伯大国埃及、沙特、叙利亚、伊拉克自顾不暇，对巴勒斯坦支持减少，又使以有恃无恐。国际社会对以阻扰巴、以和谈不满，一些欧洲国家对以态度转为严厉。

地区大国间的博弈，主要表现在沙特与伊朗关系上。如果没有域外大国的挑唆和支持，不会酿成大的冲突。奥巴马已表明美无意支持沙特对抗伊朗。至于什叶派与逊尼派间的教派矛盾，明显地被地区大国在地缘利益争夺中加以利用和夸大。

（七）阿拉伯国家转型到底会转向何方

在分析中东局势时，许多人都认为，阿拉伯国家处于转型期。2010 年年底爆发的大动乱表明，阿拉伯民众对现状不满，要求变革。民众的不满主要针对的是民生艰难和社会不公。街头政治导致埃及、突尼斯政权坍塌，社会撕裂，冲突不断，经济崩溃。而在利比亚和叙利亚，大国利用动乱推行“新干涉主义”，挑起内战。突尼斯和埃及通过自由选举，伊斯兰势力一度上台执政。伊斯兰势力既没有恢复社会稳定，更无法复兴经济，改善民生，最终又被世俗势力替代。

事实证明，街头政治、伊斯兰势力掌权、大国干预不仅不能满足民众的诉求，反而使局势恶化。阿拉伯世界除沙特等君主制国家外，基本都已经实行多党制和自由选举。阿拉伯国家当下还不具备进行彻底社会革命的条件。在这种态势下，阿拉伯国家“转型”只能是根据本国国情，针对社会突出的弊端和民众最迫切的诉求来确定变革的内容和方向。一是要形成得到多数民众拥戴，能团结各党各派，得到军队支持，有权威且有担当的领导集团，恢复并维护政局和社会稳定，遏制政府腐败，缩小贫富差距。当下，在广大发展中国家，有节制的“威权主义”仍然是保持政治和社会稳定的重要条件。二是要找到一条符合本国国情的发展道路，实行变革和开放，切实推动政治、经济、社会、文化全面发展，首先是调整政策，吸引外资，发展经济，扩大就业，改善民生。三是执行独立自主的和平外交政策，拒绝大国的干涉，同时坚持不干涉内政的原则，睦邻友好，通过谈判，和平解决与周边国家的矛盾和分歧。四是尊重国内各民族和不同教派的正当利益与合理诉求，致力于国内民族和教派间的和解和团结。要做到这几点，并非易事，转型将经历长期、曲折、艰难的过程。

“转型”绝不是重新划定地区国家的版图，也不是根据民族或教派将一些国家分裂成若干小国，更不是放弃“主权国家体系”，打碎“世俗的现代民族国家体制”，去建立某种“子虚乌有”的国家体系或体制。

二、中阿全方位友好合作前景广阔

（一）阿拉伯国家“向东看”倾向日益突出

第一，世界格局发生变化。美国国力相对衰减，欧洲经济复苏乏力，中国和平发展成就突出。中国于2011年超过日本成为世界第二大经济体。全世界的目光，不论是发达国家，还是发展中国家，都在“向东看”，向亚太看，尤其是向中国看。

第二，美国的中东政策损害了阿拉伯国家的利益，美国推行“亚太再平衡战略”，全球战略重心向亚太转移，在中东实行收缩政策。阿拉伯国家日益感到，自身的发展不能寄希望于美国。

第三，中国的中东政策受到阿拉伯国家的肯定和欢迎，中国的高速发展对阿拉伯国家具有强大的吸引力。

第四，经过2010年年底爆发的大动乱的冲击后，一些阿拉伯国家正在寻求符合本国国情的发展道路，实行变革和转型，希望借鉴中国治国理政的经验。

（二）中东是“一带一路”的交汇处，中东对我国的重要性提升

第一，政治上，中东地区是热点问题多发区，作为国力日益增强的负责任的大国，奉行有中国特色的大国外交，对影响地区局势并关系到世界和平与稳定的热点问题，我国必须加大介入力度，扩大发言权，维护地区乃至世界的和平与稳定。

第二，安全上，威胁我国西部地区安全的三股势力，与中东地区的极端势力有着千丝万缕的联系，需要加强防范。

第三，经济上，中东是我国能源主要供应地，我国能源需求还在增长，据估计，到2020年，我国进口石油的80%将来自中东。

第四，战略上，我国提出构建“一带一路”是加强向西发展开拓的重大决策，“一带一路”的交汇处在中东。“一带一路”的构建需要阿拉伯国家的支持和参与。这也是中阿合作共赢，共同发展，开拓美好前景的良好机遇。

（三）中阿全方位的友好合作潜力巨大，前景广阔

中国与阿拉伯国家国土面积之和占世界陆地面积的六分之一左右，人口之和占世界总人口的四分之一左右，双方互补性强，合作潜力巨大，前景广阔。

中阿贸易额2004年为367亿美元；2014年为2512亿美元。中国在阿拉伯国家承包工程，2004年合同额为41亿美元，营业额为25亿美元；2014年合同额为359亿美元，营业额为261亿美元。中国对阿投资，2004年为1.82亿美元，2014年为21.3亿美元，对阿投资存量为97.28亿美元；阿拉伯国家对华投资，2004年为1.27亿美元，2014年为0.73亿美元，对华投资存量为25.49亿美元。[①]

2014年6月，在中阿合作论坛北京部长级会议上，中方提出中阿共建“一带一路”，构建以能源合作为主轴，以基础设施建设、贸易和投资便利化为两翼，以核能、航天、新能源三大高新领域为突破口的“1+2+3”合作格局，得到阿拉伯朋友的热烈响应。现在已经有了早期收获。

中阿建立了政治战略对话机制，中国同8个阿拉伯国家建立了战略伙伴关系，同6个阿拉伯国家签署了共建“一带一路”协议，7个阿拉伯国家是亚投行创始成员。

海湾阿拉伯国家合作委员会重启对华自由贸易区谈判并取得实质性进展，阿拉伯国家建立了两家人民币清算中心，中阿双方成立共同投资基金会，中阿技术转移中心揭牌成立，双方就和平利用核能培训中心、清洁能源培训中心、北斗卫星导航系统落地等达成一致。

中阿签署了第一个共建联合大学协议。在华阿拉伯留学生突破14000人，我国在阿拉伯国家的孔子学院增至11所。[②]

中阿友好共赢的合作关系前景十分广阔。

当然，中阿友好合作也面临许多挑战：一是一些国家政局不稳，甚至处于战乱之中。二是一些转型国家尚无成熟稳定的经贸政策，不利于合作共赢。三是恐怖活动的威胁。四是大国竞争中可能出现的一些非理性行为。这些都需要我们认真应对。

---

① 有关数字由对外经济贸易大学杨言洪教授提供。

② 有关资料引自习近平主席2016年1月21日在阿拉伯联盟总部的演讲《共同开创中阿关系的美好未来》。

“阿拉伯之春”陷阿拉伯世界于“寒冬”

唐继赞

【摘要】被西方冠名的“阿拉伯之春”，事实证明把阿拉伯世界带入了“寒冬”。以突尼斯事件为导火索，叙利亚、也门、利比亚、埃及等曾经祥和安宁的阿拉伯国家纷纷陷入动荡，在西方等外部势力的推波助澜下愈演愈烈。“阿拉伯之春”不仅破坏了阿拉伯世界原有的秩序，也给中东地区，乃至世界，带来了惨痛后果。目前，阿拉伯国家仍在“寒冬”中苦苦挣扎和求索，但以埃及为首的阿拉伯国家为努力走出“阿拉伯之春”阴影所做的努力和所取得的成效让人们看到了希望。

【关键词】阿拉伯之春；动乱；西方国家

【作者简介】唐继赞，新华社中东总分社原社长，新华社世界问题研究中心研究员。

西方冠名的“阿拉伯之春”，仍在阿拉伯世界延续。许多专家学者撰文称，“阿拉伯之春”正在走向“阿拉伯之冬”。其实，在笔者看来，所谓的“阿拉伯之春”自五年半以前的爆发之日起，就已经把阿拉伯世界带入了“寒冬”，而非春天的开始。被“阿拉伯之春”洗劫的五个阿拉伯国家——突尼斯、埃及、利比亚、也门和叙利亚，依然处在不同阶段的“冬天”。

一、阿拉伯世界在“寒冬”中挣扎

2010 年 12 月 17 日，在突尼斯发生了这样的一幕：一个刚刚大学毕业在家待业的男青年，由于生活所迫，在市场上架起了一个出售水果的摊位。由于没有营业执照，他被突尼斯市政一位女管理人员扇了耳光。自觉很没面子的这位大学毕业生，走投无路，竟然自寻短见，在自己的身上泼满了汽油自焚，以致身受重伤，不治身亡。谁都没有想到，燃烧在这位大学生身上的自焚之火，居然烧遍了整个突尼斯，并很快蔓延到埃及、利比亚、也门、叙利亚等国，成为所谓“阿拉伯之春”的导火索。

作为新华社驻外记者，笔者曾在阿拉伯世界工作和生活20余年。1965年2月，我开始涉足阿拉伯世界，1965年至1968年在叙利亚工作，1968年至1971年在南也门（亚丁）工作，1974年至1978年在北也门（萨那）工作，1982年至1986年在科威特工作，1990年至1999年在埃及工作。被“阿拉伯之春”洗劫的阿拉伯五国中，叙利亚、也门和埃及是我曾工作和生活多年的国家，另外的突尼斯和利比亚，也是我曾经临时采访过的国家。陷于“寒冬”的上述阿拉伯五国今天的样子，与我心目中的印象，简直是冰火两重天。

目前正在经历战火的叙利亚，是我在阿拉伯世界的第一个落脚点。1965年，我初到大马士革时，那里的秀丽风光、繁荣景象、祥和宁静的社会环境，给我留下了非常美好的印象。我离开后的几十年，也一直关注着那里的相关报道。据阿拉伯媒体报道，叙利亚最近几十年经济发展较快，尤其是巴沙尔上台以来推行改革取得的成就以及不向西方霸权低头的胆量，更让这个西亚小国成为阿拉伯世界最有影响力的国家之一。完全可以设想，如果没有美国等西方国家和地区大国的直接插手，国泰民安的叙利亚一定能挺过“阿拉伯之春”的冲击。

真是无独有偶，叙利亚的全国动乱，也是由一个偶然事件引发的。2011年3月15日，叙南部城市德拉的一群小学生在学校院墙上的胡乱涂鸦，涉嫌亵渎政府尊严，遭到叙安全部门的严酷镇压，从而引起了学生家长和广大市民的强烈抗议。叙利亚的动乱，引起了西方国家和地区大国的关注和兴趣。于是，这起涂鸦事件引起的星星之火，就在别有用心的外部势力的推波助澜下，很快烧遍了全国，并导致国家陷入内战的灾难之中。经过五年的战争，一个完整的叙利亚已经四分五裂：政府军控制地区已不足一半，其余的已被"伊斯兰国"等极端组织以及数以千计的反政府武装分割。战争至今已致 25 万人死亡，100 多万人重伤，1300 多万人流离失所，其中 450 多万人成为异国难民，经济损失超过 2000 亿美元。据专家估计，叙利亚社会和经济至少倒退了 30 年。如今，在美俄两大国的压力下，内战虽然暂时停止，和谈也在断断续续进行，但和平前景并不乐观。叙利亚何时走出"寒冬"，实难预测。

同样被内战蹂躏的也门，也是给笔者留下美好印象的国家。也门虽然比较贫穷，远远比不上某些阿拉伯国家那样繁华和现代，但其朴素无华、社会祥和，国民安居乐业，也是阿拉伯世界最为突出的。"阿拉伯之春"打破了那里的平静，被人们称作"幸福也门"的这个美丽国家，也没有逃过这场浩劫。

2011 年 2 月开始的也门动乱，虽然以执政 30 余年的萨利赫的下台和通过选举产生的新总统哈迪的上位而宣告暂时结束，但"阿拉伯之春"酿成的动乱余波一直未了。2014 年 7 月，哈迪政府为减少政府开支，在国际货币基金组织的压力下，实行燃料改革，大幅减少燃油补贴，引发民众强烈不满，全国各地的民众示威运动再启。胡塞武装借机向哈迪政府发难，并于当年 9 月，伙同前总统萨利赫的支持者武装夺取首都萨那的控制权，随后又占领南部大部分地区，哈迪及其政府被迫逃亡沙特。2015 年 3 月，应哈迪的要求，沙特等国针对胡塞武装发起"果断风暴"军事行动。9 月，支持哈迪的政府军和部落武装在多国联军空中支援下夺回亚丁省等南方五省，哈迪重返也门第二大城市亚丁执政，形成与胡塞联军对峙的局面，也门从此陷入全面内战。据联合国统计，一年多的战争，吞噬了 6400 多人的生命，并已造成 280 多万人流离失所，全国 82% 的人需要救助，超过半数人口食不果腹，人道主义危机严重。

今日混乱不堪的利比亚，曾经是人人向往的阿拉伯世界的一块热土。笔者第一次到利比亚首都的黎波里，是在 1984 年 5 月。当时的利比亚给我的突出感觉是"新"，到处焕发着欣欣向荣的景象。

1969年，卡扎菲领导“九月革命”成功，建立了阿拉伯利比亚共和国，后更名为利比亚社会主义民众国。虽然卡扎菲我行我素的行事风格被西方称为“疯子”，但其治下的人民大众能够分享石油收入，教育和医疗全部免费，生活幸福。应该承认，卡扎菲深受利比亚人民的拥戴。

西方国家借“阿拉伯之春”搅乱了利比亚，以美国为首的北约空袭推翻了卡扎菲政权，利比亚从此陷入军阀割据的混乱之中，石油生产遭到严重破坏，国家财政收入锐减，利比亚人民的处境重回“九月革命”前。2014年，利比亚民兵武装“利比亚黎明”攻占首都的黎波里，组建“救国政府”；卡扎菲倒台后成立的利比亚政府和国民代表大会被迫迁往东部城市。自此，该国出现两个政府和两个议会分庭抗礼的局面。虽然有消息说，2016年4月利比亚两个政府的“僵局”已被打破，但前景仍不明朗。利比亚仍然处于灾难边缘。

埃及算是被“阿拉伯之春”破坏较轻的国家。埃及是阿拉伯世界最具影响力的国家，开罗则是令世人向往的世界大都市。我喝过近九年的尼罗河水，对埃及怀有一种特殊的感情。在我的心目中，有着八千多万人口的阿拉伯世界第一大国，埃及始终是美好的、神秘的、伟大的。穆巴拉克时期的埃及，东西方左右逢源，经济发展较快，旅游业十分发达，社会相对稳定。埃及民众虽对失业率高，物价居高不下，生活水平下降，官员贪污严重等现象怨声载道，但总体局势还是维持在可控范围。

然而，一个好端端的中东大国说乱就乱。在“阿拉伯之春”来袭后，受西方“民主思想”的蛊惑，埃及人热衷于游行示威，稍有不满，便会上街，开罗解放广场成了人们向往的“圣地”，似乎只有游行示威才能改变国家面貌，才能使自己过上好日子。在动乱之初，执政30余年的穆巴拉克被迫退出历史舞台，穆斯林兄弟会的代表人物穆尔西成为埃及首位民选总统。不过，执政一年的穆尔西未能向民众交出满意的答卷，2014年6月，穆尔西被埃及军方废黜。军方领导人塞西2015年6月正式当选总统。塞西废黜民选总统的过程，被西方国家诟病为“军事政变”，一度遭到美国等西方国家的制裁，并影响埃及同西方国家的关系。塞西上台以来，基本制止了动乱，国家开始走向稳定，经济发展出现向好迹象。只是境内不时发生的恐袭事件，严重影响了埃及的安全形势，从而拖累了旅游业的复苏，迟滞了经济发展，就业状况也未能得到改善。埃及的春天，尚未回归。

突尼斯虽然是"阿拉伯之春"的策源地，但却是遭遇破坏较小的国家。在"阿拉伯之春"来临之前，突尼斯曾经是西亚和北非地区经济发展最快的国家。凭借得天独厚的地中海旅游资源和先进制造业的优势，突尼斯国内生产总值增长率曾经连年在5%以上。然而，自焚之火引发的"茉莉花革命"吓跑了本·阿里总统，突尼斯陷入混乱和停滞之中。在转型的过程中，突尼斯曾经出现过一些让人眼前一亮的光点，通过选举产生的具有浓厚伊斯兰色彩的新的领导机构，曾使国家出现社会稳定和旅游业复苏的迹象。然而，好景不长，去年以来先后发生的多起恐怖袭击，严重影响了国家安定的形象，刚刚出现转机的旅游业连遭重创。突尼斯真正意义上的春天，仍未到来。

二、"阿拉伯之春"带来惨痛后果

"阿拉伯之春"，不仅伤害了阿拉伯世界，也给中东地区，乃至世界，带来了惨痛后果。

第一，阿拉伯世界经济和社会发展滞后数十年。被"阿拉伯之春"洗劫的上述阿拉伯五国自不必说，就是被叙利亚和也门两大内战拖累的沙特等海湾国家以及受叙利亚危机外溢效应困扰的黎巴嫩、约旦等国，均受到"阿拉伯之春"祸水的严重影响；北非的阿尔及利亚和摩洛哥等国不时发生的恐怖袭击，也大大限制了两国和平发展的步伐。如今的阿拉伯世界，何时才能"冬"去"春"来，已成人们奢望的期待。阿拉伯人普遍疾呼：今不如昔！

第二，恐怖乱象丛生并四处蔓延。基于经济发展滞后，民众生活困苦等基本原因，中东地区，特别是阿拉伯世界确实存在孕育恐怖组织的土壤。而这场持续5年多的社会大动荡，更为恐怖主义提供了滋生和泛滥的空间。目前“举世闻名”的“伊斯兰国”和“基地”组织分支“支持阵线”等极端恐怖组织，就是在长期的动乱和无政府状况下逐渐坐大的。

受“阿拉伯之春”洗劫时间最长且状况最为惨烈的叙利亚危机，已经成为极端分子的训练场。极端分子不仅来自伊斯兰国家，也来自西方国家。据报道，来自欧洲的就有5000人之多。这些人经过训练和实践，一旦重新回到各自的国家，无疑将会对各国安全构成严重威胁。

有中东学者认为，自西方国家开展空中打击行动，尤其是俄罗斯2015年9月实施空袭以来，“伊斯兰国”面临的形势开始变得日趋严峻。在战场上不断遭遇挫败后，“伊斯兰国”已放弃“建国”理念，不再固守特定地区，转而向世界各地渗透，制造恐怖袭击事件。据报道，“伊斯兰国”的外溢效应在明显增加。该组织除了在黎巴嫩、约旦、也门、沙特、土耳其、突尼斯、埃及、利比亚、阿尔及利亚等国加大活动力度外，其触角已经伸向东南亚和西非国家。

截至目前，“伊斯兰国”肆虐伊拉克和叙利亚，已制造了一系列震惊世界的大案：2015年10月31日，俄罗斯一架客机在埃及西奈半岛上空坠毁，机上224人全部遇难；11月13日，巴黎多地遭遇恐怖袭击，至少129人死亡；2016年3月22日的比利时布鲁塞尔地铁站和国际机场的连环爆炸，造成160多人死伤。“伊斯兰国”还宣称要在美国等地制造更多袭击。

第三，伊斯兰教派斗争更趋激化。“阿拉伯之春”进一步加剧了中东地区伊斯兰教教派斗争，它酿成的叙利亚危机和也门冲突，使延续了1400多年且本来已经逐渐淡化的逊尼派和什叶派的教派矛盾，重新尖锐起来。教派斗争的升级，突出表现在叙利亚危机和也门冲突两个方面，其后台一是逊尼派大本营沙特，另一个是什叶派强大后盾伊朗。

自叙利亚危机爆发以来，沙特明确站在叙利亚反对派一边，向他们提供资金和武器支持。沙特还同其他逊尼派当政的阿拉伯国家，推动阿拉伯联盟开除叙利亚。2015年3月，沙特联合十多个阿拉伯逊尼派国家，直接介入也门战事，力挺也门总统哈迪与什叶派的胡塞武装对抗。沙特的行为，无疑是教派斗争的具体表现。

伊朗在教派斗争中，也很积极。早在2003年萨达姆政权倒台后，伊拉克形成了一个什叶派掌权的政府，使伊朗、伊拉克、叙利亚和黎巴嫩的真主党在地缘上连成一片，从北面对海湾国家形成了半弧形的包围圈，令逊尼派掌权的海湾各国如芒刺在背。在叙利亚内战中，伊朗同黎巴嫩真主党全力支持巴沙尔政府；在也门冲突中，伊朗以资金和武器支持胡塞武装，同沙特等逊尼派国家支持的哈迪政府军抗衡。这些自然都是出于维护什叶派利益的考虑。

两大教派阵营的角力，不仅令叙利亚和也门难见和平曙光，还使中东地区不稳定因素增加。有分析认为，叙利亚危机如进一步升级，沙特和伊朗有可能在叙发生直接碰撞；也门军事冲突如不能尽快停下来，沙特和伊朗的投入也会进一步增加。如此，教派斗争酿成大规模地区性冲突的可能性，不能排除。

第四，难民潮严重困扰周边和欧洲国家。早在“阿拉伯之春”爆发之初，一些相关国家的难民已经开始逃往邻国或域外避难。其中叙利亚外逃的难民最多，逐渐形成的难民潮开始冲击邻国。不过，当时并未引起外界的重视。直至2015年大量难民涌入欧洲后，中东难民问题才真正引起国际社会的广泛关注。来自中东的难民潮，让欧洲国家不堪重负。

虽然当前欧洲国家为中东难民潮问题叫苦不迭，但实际上大部分叙利亚难民还是集中在土耳其、黎巴嫩和约旦等周边几个中东国家。对于中东国家，难民带来的难题更多的是经济负担，而对于欧洲发达国家，难民带来的困扰更多则是社会问题。

第五，世界和地区大国博弈加剧。世界大国的博弈，主要指美俄争夺中东主导权的角力。美俄博弈在叙利亚问题上清楚显现并不断激化，尽管双方都在为避免摊牌而尽力维持着“斗而不破”的状态。

在叙利亚危机中，俄罗斯明确力挺巴沙尔政权。2015年9月底以来更是出动战机直接进行军事介入，在打击“伊斯兰国”武装分子的同时，也大大削弱了叙利亚反政府武装的力量，力挽巴沙尔政权于倾倒。与此同时，俄罗斯应叙合法政府的要求采取的军事行动，也维护和加强了自己在叙利亚的海军基地和空军基地，保障了在叙利亚的存在。此外，俄罗斯通过对“伊斯兰国”的有效打击，还在全球反恐斗争中抢占了制高点，从而大大增加了与美国争夺中东的筹码。

美国长期支持叙利亚反对派，其目的自然是出于维护自身的中东霸权，制衡和抵消俄罗斯重返中东的努力。美国国防部部长卡特表示，“只要俄罗斯追求错误的战略，美国就不打算与其合作”。欧洲大国则对美国的政策亦步亦趋。

地区大国的博弈，则主要在伊朗、沙特和土耳其之间进行。三个伊斯兰大国，一直在为争夺地区霸权不遗余力。伊朗 2015 年 7 月 14 日同伊核问题六国达成的全面核协议，显然为其快速发展经济和成为地区最强国家创造了难得的机遇。对此，沙特和土耳其看在眼里、怕在心里。2015 年 12 月 29 日，沙特和土耳其宣布成立高级别战略合作委员会，抱团取暖，显然就出于对付伊朗的考虑。

地区大国的博弈，必将会冲击地区政治安全格局，加剧地区紧张局势。同时，基于地区大国本身又分别与美、俄等世界大国有着千丝万缕的联系，它们之间的较量既是世界大国博弈的一种反映，同时也加剧了世界大国博弈的激烈程度和复杂性。

总之，“阿拉伯之春”打破了第二次世界大战结束以来历经多次战争和坎坷形成的各种平衡，诸如中东地区保守派、温和派和激进派之间的相互制约，逊尼派与什叶派之间的教派平衡，亲西方派和反西方派之间的政治平衡等。在旧的平衡被打破，新的平衡建立之前，中东政治生态出现真空，导致各种思潮泛滥，政局混乱，恐怖主义亦趁机崛起。

三、“阿拉伯之春”成因应再反思

“阿拉伯之春”的成因，既有内部因素，也有外部因素。所谓内因，主要是本国民众对政治、经济和生活不满，起而抗议；外因则是外部势力的推波助澜，让事态发展欲罢不能。一般认为，主因在阿拉伯国家的执政者和老百姓，而外部干预仅仅是辅助因素。不过，在笔者看来，促成“阿拉伯之春”的根本原因，都得“归功”于美国等西方国家。

西方“民主”的长期影响，为“阿拉伯之春”奠定了思想基础。西方对阿拉伯世界的普世价值观输入，从来也没有停止过。美国等西方国家，一直想把在东欧推行并一时得逞的“颜色革命”，移植到阿拉伯世界。2004年，美国总统小布什便迫不及待地提出“大中东民主计划”。因“水土不服”，未被中东国家和民众接受，该“计划”胎死腹中。不过，“大中东民主计划”虽然没有成功，但美国等西方国家在中东实施“颜色革命”的决心一直不死。它们通过安插在各国的非政府组织和互联网等手段，不断鼓吹西方民主价值观，也培植了一批热衷西方“民主”的“精英”，从而为“阿拉伯之春”打下了思想基础。在西方价值观的影响和阿拉伯“精英”的共同作用下，阿拉伯世界出现了民主运动的浪潮。

“推波助澜”则是西方国家对“阿拉伯之春”的具体“贡献”。应该说，突尼斯小贩自焚事件，并未引起西方国家的重视。而当本·阿里被迫下台，民主运动浪潮波及埃及之后，美国意识到时机已到，便立即推波助澜。奥巴马总统不惜以牺牲多年传统盟友的代价，积极支持反政府示威，迫使穆巴拉克黯然辞职。紧接着，美国又对其国际反恐盟友、也门总统萨利赫开刀，全力支持也门的“民主”运动。利比亚领导人卡扎菲在美国等西方国家的心目中，一直是个“不听话”的疯子，更无保留的价值。于是，美国和北约更是以直接空袭的方式积极支持利比亚反对派武装，置卡扎菲于死地。叙利亚的巴沙尔一直是美国的眼中钉，早欲除之而后快。因此，在叙利亚危机爆发后不久，美国就表态支持反对派。奥巴马明确地说：

“巴沙尔必须下台。”于是，美国伙同地区盟友沙特、土耳其等国，一定要把巴沙尔赶下台。巴沙尔能够挺过五年，这是美国和西方国家万万没有想到的，当然也是最不愿意看到的。不过，山头林立的叙利亚反对派难成气候，再加上俄罗斯和伊朗对巴沙尔的力挺，叙利亚合法政权至今没有垮台，甚至还可能继续支撑下去。

从以上分析不难看出，阿拉伯世界今天这个局面，从头到尾都是美国等西方国家造成的，它们必须对此承担主要责任。

四、阿拉伯世界的希望在埃及

“阿拉伯之春”还在阿拉伯世界肆虐。叙利亚和也门两场内战，目前虽然出现了停火、和谈的良好势头，但其前景依然是个未知数。混乱不堪的利比亚，仍然处于派别林立、武装割据、政权羸弱的状态之中，不过，人们欣喜地看到，埃及和突尼斯正在逐渐摆脱“阿拉伯之春”的困扰。尤其是埃及，可能会成为阿拉伯世界走出“阿拉伯之春”阴影的希望。

埃及历来是阿拉伯世界的“领头羊”，是“阿拉伯之春”使其暂时褪去了阿拉伯世界和中东地区大国的光环。埃及的“民主”运动虽曾闹得轰轰烈烈，但作为压舱石的军队没有受“阿拉伯之春”的影响。穆巴拉克下台时，将国家权力交给了埃及武装部队，而没有向一盘散沙的埃及反对派交权。埃及武装部队最高委员会主导了埃及的过渡时期，并及时以民意废黜了执政不力的穆尔西代表的穆斯林兄弟会政权。在这个过程中，埃及武装部队最高委员会主席兼国防部长的塞西脱颖而出，成为埃及民众拥护的新领袖。

塞西上台后，带领埃及走上了治国之路。对内，他狠抓反恐，打击宗教极端势力，维护社会稳定，发展经济，重振旅游业；对外，积极开展外交活动，摆脱孤立处境，虚心学习治国理政经验。通过他的努力，埃及基本摆脱了“阿拉伯之春”的阴影，走上了由乱到治的阶段，社会基本实现了稳定，经济也有了一定发展，地区和国际影响力有所恢复。塞西的强势风格，虽然引来西方诟病，甚至被说成是穆巴拉克式强势统治的回归，但实践将证明，这种威权模式或许更适合埃及乃至整个阿拉伯世界。

埃及还有一个令人欣慰的变化。经过对近年来民主运动给国家带来巨大伤害的反思，广大民众已认识到社会稳定对国家经济发展和改善民生的重要性，放弃了“阿拉伯之春”初期的“动辄上街”的习惯。这将是未来埃及彻底走出“阿拉伯之春”阴影和发展经济的重要社会基础。

笔者深信，在塞西带领下已经走上治国路的埃及，一定会重新成为阿拉伯世界的“领头羊”，尽管这一过程可能是艰难的、曲折的、漫长的。

五年多的严峻实践表明，“阿拉伯之春”实为“阿拉伯之冬”。遭遇“阿拉伯之春”“洗劫”的阿拉伯五国，目前仍在“寒冬”中苦苦挣扎和求索。不过，笔者深信，被“阿拉伯之春”深深伤害的阿拉伯五国，必将找到有别于西方价值观且适合自己的发展道路，最终走出“寒冬”。

从叙利亚化学武器事件看阿语媒体的权力话语

潘基宏

【摘要】叙利亚化学武器事件发生后，世界大国在各个领域展开了激烈的权力斗争。阿语媒体作为各国对阿拉伯世界扩大影响力的重要手段，不可避免的带上了权力斗争的痕迹。本文以三家媒体对叙利亚化武事件的阿语新闻报道语篇为研究对象，对话语中权力斗争的文本特征进行了解读，并对权力斗争出现于媒体话语中的社会文化语境进行了探讨。

【关键词】叙利亚；化武事件；阿语媒体；权力话语

【作者简介】潘基宏，解放军外国语学院阿拉伯语专业助教，研究方向为阿拉伯社会文化。

2016年2月，叙利亚冲突各方宣布达成停火协议。回顾这场持续五年之久的内战，正如有学者所指出的那样，“叙利亚危机的实质并不是‘民主’与‘独裁’之争，也不是‘革命’与‘反革命’之战，而是赤裸裸的外来干涉，挑起内战，旨在更迭现政权”。[①] 值得注意的是，在全球化不断深入的大背景下，各国在叙利亚危机中的博弈不仅有“硬实力”的“肉搏”，还有“软实力”的“巧拼”，而传媒就是各国软实力比拼的重要战车。2013年8月21日，以叙利亚反对派宣称“叙政府使用化学武器，造成大量平民伤亡”为标志，叙利亚化学武器事件正式开始。各国以此为契机，在政治的舞台上展开了一场激烈的较量，而与此同时各大阿语媒体也上演了一幕激烈的“传

① 安惠侯：《观察中东局势应避免严重误判》，载《阿拉伯世界研究》，2015（4）。

媒之战”，媒体话语中充满了权力斗争的硝烟。

一、媒体的权力话语

批评话语分析（Critical Discourse Analysis，CDA），属于工具语言学的范畴，兴起于20世纪70年代末，从90年代开始得到了迅速的发展。CDA认为，话语不是对世界的客观反映，而是为意识形态服务的，占统治地位的阶级出于自身利益考虑而倡导的意识形态通过“自然化”过程隐藏于话语之中，成为人们习以为常的背景知识，从而以“最不明显”的方式为维护其统治发挥了“最有效”的作用。而汤普森又曾指出，“意识形态这个概念可以用来指意义在特定情况下为权力服务、帮助确立和维护不对称权力关系的方式”。[①] 话语作为意识形态和权力关系的外在表现形式就成为各阶级、利益集团竞相争夺的符号资本。[②] 所以，话语和权力的关系就成了CDA的重要论点，它强调话语和意识形态最终一起共同服务于权力，帮助建构、维持或瓦解社会中的权力关系。

本文媒体的权力话语的概念正是源于CDA，它包括两个方面的内容：其一，新闻从来不是对客观世界的真实反映，而是一种被处理过的社会产物，它为其背后的权力服务。通过对新闻语篇的文本特征的比较，可以清晰地感知这种复杂的权力斗争关系。近些年来，世界大国在阿拉伯国家的传媒竞争已呈“白热化”，它们的目的正是为了抢夺这些权力话语。其二，媒体的话语是“一种社会实践的语言”，它之所以呈现出权力性的特征，是因为受到了交际场景、社会、文化、历史和政治环境等“社会语境”的影响。所以本文在描述阿语媒体的话语权力特征时，还要对其背后的社会文化语境进行探讨。

---

① 辛斌：《批评语言学：理论与应用》，10页，上海，上海外语教育出版社，2005。
② 熊伟：《跨文化传播的话语偏见研究：批评性话语分析路径》，武汉大学博士论文，2010。

二、语料的选择

叙利亚化学武器事件是一个长期动态发展的过程，其中 2013 年 8 月 21 日和 2013 年 9 月 9 日是两个具有代表性的时间节点。8 月 21 日，反对派宣称政府军在大马士革郊区使用化学武器，造成大量平民伤亡。此消息一公布，国际社会一片哗然，将叙利亚政府推向了风口浪尖。9 月 9 日，俄罗斯提出和平解决化学武器事件的建议，使得叙利亚免遭西方国家的军事打击，化学武器事件出现转折，国际社会对叙利亚的关注逐渐由“军事打击”变为“化学武器销毁”。所以，本文以这两个重要的时间为节点进行语料的选取。本文选取的媒体是 BBC、半岛台和新华网，它们作为在该地区乃至世界都具有重要影响力的新闻媒体，对化学武器事件进行了大量的阿文报道。此外，三家媒体分别来自于西方发达国家、阿拉伯本土和中国，具有鲜明的代表性。

本文的语料来自于三家媒体的官方阿语网站，在高级检索中输入关键词“الأسلحة الكيميائية/الكيماوية، سوريا”（化学武器，叙利亚），时间段分别设置为8月21—23日和9月9—11日，因为这是与两个时间点所发生的事情相关性最强的 报道发布期。搜索结果显示，三家媒体在8月21日和9月10日的相关新闻报道是最多的。为了保证研究的科学性与合理性，本文将研究素材选取的第二个时间定为9月10日。，在8月21日和9月10日分别得到新闻语料情况如下：BBC6/6篇，半岛台5/19篇，新华网7/12篇。随后根据字数的适宜性、语篇内容的重复性及与主题“化学武器”事件的相关性对语料进行筛选，最终选出了具有代表性的六篇新闻报道，三家媒体在两个时间段各选择一篇，其标题如下表所示。

	8月21日	9月10日
BBC	الأزمة السورية: مجلس الأمن الدولي يعقد اجتماعا طارئا لبحث مزاعم وقوع هجوم كيميائي （叙利亚危机：国际安理会召开紧急会议研究发生化学武器攻击的指控）	الغاء جلسة مجلس الأمن المقررة لمناقشة أزمة الأسلحة الكيماوية السورية （安理会取消原定讨论叙利亚化学武器危机的会议）
半岛台	مجزرة بالسلاح الكيمياوي بريف دمشق （大马士革郊区的化学武器屠杀）	فرنسا تطرح مشروع قرار لكيميائي سوريا （法国提出化学武器问题的决议草案）
新华网	تقرير إخباري: المعارضة تطالب محققي الكيميائي بالتوجه إلى الغوطة .. ودمشق تؤكد أن السماح لهم يحتاج لاتفاق مع الحكومة （新闻报道：反对派要求化学武器调查人员前往姑塔，大马士革强调他们前往需要得到政府的同意）	تقرير إخباري: دمشق تبدي استعدادها الكشف عن ترساناتها الكيماوية للمندوبين من روسيا والأمم المتحدة （新闻报道：大马士革准备向俄罗斯和联合国的代表透露其化学武器库位置）

三、阿语媒体权力话语的文本特征

新闻语篇是对新闻事件的描述和评论，但针对同一事件的报道，不同媒体的新闻语篇中会呈现出不同的文本特征，而这些差异性正是媒体话语的权力性在文本上的体现。以下主要从语词、语法和结构三个方面对此进行分析。

（一）语词分析

语词包括词和词组，在语篇中同一个语词能有多种意义，而同一个意义的表达可以使用不同的语词。因此，在文本的生产过程中，生产者就可以通过选择不同的语词来反映同一事物。

9月10日，BBC和半岛台对国际社会就“俄罗斯提出和平解决叙利亚化学武器事件的建议”一事的表态进行了肯定的报道。例如，BBC在语篇中指出“这可能是一个积极的发展”（هذا يمثل تطورا إيجابيا محتملا），半岛台认为“它可能实现一个很大的突破”（أعلن تأييده للمبادرة الروسية）。但这并不意味着它们对“叙利亚同意俄罗斯建议”一事是积极的。如下表所示，BBC在描述西方社会对此事持欢迎态度的同时，更多地表现了对叙利亚政府的怀疑和不信任，也就是文中所选用的“有保留的欢迎”（ترحيب متحفظ），以描述美国的表态为例。

حذرت من أنها لن تقع في شرك تكتيكات المماطلة

لكنه ينبغي التعامل معه بتشكك

سيبحث مع روسيا مدى جدية هذا العرض

ووضع عقوبات مشددة في حالة فشل سوريا في الوفاء بالتزاماتها

句中使用“圈套”（شرك）、“战术”（تكتيكات）等词来指代“叙利亚同意俄罗斯建议”这件事情，表现出美国对叙利亚政府的不信任。美国表示，要带着“怀疑”（تشكك）来处理这件事，并且需要研究建议的“严肃性，真实性”（مدى جدية）,甚至威胁到如果叙利亚政府违反相关的规定，要对其“实施严厉的惩罚”（وضع عقوبات مشددة）。

	A	B	C
BBC	أعلن ترحيب بلاده	ترحيب متحفظ شرك تكتيكات المماطلة التعامل معه بتشكك سيبحث مع روسيا مدى جدية هذا العرض	وضع عقوبات مشددة عواقب خطيرة جدا
半岛台	رحّب بهذا الاقتراح	التعبير عن تشكيك وتحفظات قلق من... مجرد تكتيك للتمويه	لم يصرف النظر عن الحل العسكري عواقب وخيمة للغاية
新华网	ترحيب باقتراح روسي أبدت استعدادها إننا جاهزون أؤكد دعمنا للمبادرة الروسية لن تكتفي بوضع سلاحها الكيميائي تحت رقابة دولية، لكنها ستوافق أيضا على إتلافه لاحقا	شككت أخرى بجدية دمشق بالتعامل معها	فرض عواقب وخيمة

注：A是描述叙利亚对俄罗斯建议表态的语词。B是描述西方国家对“叙利亚同意俄罗斯建议”进行表态的语词。C是描述西方国家对“叙利亚假若违背协议”进行威慑的语词。

半岛台在报道“叙利亚同意俄罗斯建议”时，与BBC的风格类似，如语篇中出现的“表示怀疑，持保守态度”（التعبير عن تشكيك وتحفظات）, 英国首相担心它“仅仅只是一个伪装战术”（مجرد تكتيك للتمويه）, 并要求叙利亚“毫不延迟”（بلا تأخير أو تسويف）地履行义务，否则实施严厉的制裁，美国“没有放弃军事解决的方法”（لم يصرف النظر عن الحل العسكري），法国外交部长警告叙利亚政府要承担“最为严厉的后果”（عواقب وخيمة للغاية）等。

与BBC和半岛台相比，新华网对上表中B类和C类的描述较少，也没有使用感情色彩特别强烈的语词，但它却使用了很多不同的语词对A类进行描述，如“表示准备好……”（أبدت استعدادها），“准备好了”（جاهزون），“强调支持……”（أؤكد دعمنا），“不仅仅满足于……而且同意……”（لا تكفي... ولكنها ستوافق ...أيضا）等，形象生动地表现了叙利亚对俄罗斯建议的赞同和落实的决心，给受众传达了一种积极的信号，为化学武器事件的和平解决营造了良好的氛围。

（二）语法分析

阿拉伯语中，关系代词是指通过本身领起的关系子句明确、完整地表达某种意思的一种代词，包括专有关系代词和通用关系代词。灵活使用关系代词，不仅有助于句子的连贯，还可以使句子产生特殊的语意。

下面是三家媒体新闻报道语篇中出现的将叙利亚反对派描述成恐怖分子的句子，虽然所指是同一个对象，但因为关系代词的使用，真正表达出来的效果存在很大差距。BBC使用的是专有关系代词“الذين”做定语从句，最后表达出来的意思是“他们所描述为恐怖分子的那些反对派战士”（الذين تصفهم "بالإرهابيين" مسؤولون عن الهجوم الكيماوي）。半岛台使用的是通用关系代词“من”，句中所表达的意思是“那些被称为恐怖分子的人”（من سماهم إرهابيين）。通过比较可以发现，BBC和半岛台借用关系代词向受众传达一个信息“这些人不一定是恐怖分子，那只是叙利亚政府或者伊朗等国对他们的污蔑”。由此可知，BBC和半岛台对反对派是持支持，至少不是反对的态度。新华网在句中没有使用关系代词，而是直接引用“恐怖集团”（مجموعات إرهابية），并在文中加引号标出，相比之下它的报道方式更加客观。

9 月 10 日 BBC 的报道：

وتساند إيران حكومة الرئيس السوري الأسد ضد مقاتلي المعارضة الذين يسعون

للاطاحة به، وقالت إن مقاتلي المعارضة الذين تصفهم "بالإرهابيين" مسؤولون عن الهجوم الكيماوي.

8 月 21 日半岛台的报道：

وقال متحدث رسمي إن ما يجري في ريف دمشق عمليات عسكرية عادية ضد من سماهم إرهابيين.

8 月 21 日新华网的报道：

في حين نفت مصادر رسمية استخدام أسلحة كيماوية بريف دمشق مؤكدة تنفيذ سلسلة عمليات ضد مجموعات إرهابية في المناطق ذاتها.

下句是BBC对俄罗斯外长讲话的间接引用，句中运用了关系代词引导从句做宾语，在不知不觉中融入了媒体自身的观点。在语篇中，原本该部分可以直接写为“تطوير خطة ملموسة وقابلة للتطبيق عمليا”（形成一个明显的，具有实际可操作性的计划），但通过对关系代词“ما”的使用，意思就变为“形成他所描述的明显的，具有实际可操作性的计划”（تطوير ما وصفه بخطة ملموسة وقابلة للتطبيق عمليا），句意和语境发生了质的改变。从中也可以发现，BBC对俄罗斯的建议并不是十分看好，这与上文中对其语词分析的结果是一致的。

9 月 10 日 BBC 的报道：

قال وزير الخارجية الروسي الثلاثاء إن بلاده تجري محادثات مع الحكومة السورية لتطوير ما وصفه بخطة ملموسة وقابلة للتطبيق عمليا يمكن لسوريا بواسطتها تسليم أسلحتها الكيماوية.

（三）结构分析

新闻生产者在设置语篇结构时，首先会对新闻要素进行价值判定，进而依据它们的重要性从高到低排列，呈现出“倒金字塔”形。通过对 8 月 21 日三家媒体新闻语篇结构的分析，可以发现：

BBC 的新闻语篇结构，由 24 个段落组成，P1（P 代表段落，数字 1 代表段落出现的顺序，下同）是导语，P2～P3 是事件背景描述，其余段落主要由两大部分构成。其一是 P4～P15，主要阐述了美国、俄罗斯、反对派、叙利亚政府等与化学武器事件有密切关系的各国或集团对事件的看法；其二是 P17～P24，进一步描述了相关各方如沙特、联合国、英国、叙利亚人权观察组织、反对派以及叙军方对此事件的表态。相比较而言，第一部分更为重要，第二部分是对前者的进一步细化和充实。按照新闻报道“倒金字塔”结构的特征，BBC 在第一部分的前三个主题中依次安排为美国、联合国、俄罗斯的表态，表明 BBC 已经将叙利亚化学武器事件国际化处理，强调大国的话语权而忽视当事者——叙利亚政府和反对派的声音。此外，BBC 将美国的表态安排在联合国与俄罗斯的前面，这足以体现 BBC 在报道中对西方集团的倾向。更值得注意的是，叙政府的表态放在了反对派的后面，而在第二部分中叙利亚军方的表态同样如此，都位于最后。BBC 在语篇顺序上对叙政府和反对派的选择，再度边缘化了原本就为数不多的来自于叙政府一方的声音，这也反映出了 BBC 对叙双方的态度。

半岛台的新闻语篇结构，由 17 个段落组成。P1 是导语，P2～P17 是五个主题，依次为“反对派的表态一”、“反对派的表态二”、“反对派的表态三”、“叙人权观察组织的表态”、“叙政府的表态”。从中可以发现，半岛台对事件的报道手法与 BBC 相似，在报道中同样是重叙反对派，轻叙政府，而且表现得更为明显。半岛台在导语中提到了“政府对此否认”，受众在阅读时可能认为语篇中应该会有较多双方表态的对比。但从语篇的结构中可以发现，全文唯一一个来自于叙政府的声音被安排在了语篇的最后，而语篇中的前 4 个主题都是有关反对派或亲反对派势力对政府军的指控与谴责。

新华网的语篇结构，由 20 个段落组成，P1 是导语，P19～P20 是相关背景补充。P2～P18 是六个主题，依次为“叙政府的表态一”、“叙政府的表态二”、“反对派的表态”、“国际化学武器调查组织的表态”、“反对派的表态”、“叙政府和军方的表态”。前两个主题为叙政府的表态，说明新华网在报道中更注重叙政府的声音。但是比较 BBC 和半岛台而言，新华网的报道还较为客观公正，因为它在主题的顺序安排上还是保持了适度的平衡的。例如，主题三和主题五都是反对派的表态，而最后一个主题是叙政府和军方的表态。

通过文本分析可以发现，三家媒体的新闻话语中潜藏着权力斗争。BBC 和半岛台在报道中对叙利亚政府表现出了极度的不信任，甚至是排挤和打压，而半岛台对叙反对派则表现出了明显的同情和支持。此外，BBC 在报道中注重放大西方国家的声音，并对俄罗斯在叙利亚问题上的主张表示质疑。新华网在报道中较好地保持了报道客观的原则，但如果与 BBC 和半岛台相比，从某种程度上来讲，这种“报道客观”实际上是带有一定的报道倾向的。

四、阿语媒体权力话语的社会文化语境

媒体话语中权力性斗争的出现并不是临时的巧合，而是与新闻媒体背后的社会文化语境有着密切的关系。下面就从经济因素、政治因素和文化因素三个方面对此进行探讨。

（一）经济因素

“经济基础决定上层建筑”，没有稳定的资金来源，新闻媒体就没法维持正常的运转，也就不可能有“各具特色”的新闻报道，所以首先必须对三家媒体的经济来源进行分析。

BBC 成立于 1922 年，起初是一家私营企业，1927 年转型为“国有公营体制”，成为具有法律确认地位的公共传媒。经过九十余年的发展，BBC 成为“享誉世界”的新闻媒体，实现了一些商业性的收入，但其运转的资金来源主要还是民众缴纳的视听费用。[①] 虽然公众依据英国法律被迫缴纳视听费用，但 BBC 获得这些资金并不容易。因为视听费用必须由政府来执行和保证，政府也有权决定它的数额。值得一提的是，BBC 下辖的国际广播是以外国听众为对象，它的经费则完全由国家财政拨款。因此，在必要的情况下，政府完全可以通过限制 BBC 的资金来源，给其以难以承受的压力。20 世纪 50 年代，BBC 就曾在英国政府的压力下，对“氢弹危机”和第二次中东战争的报道内容进行了取舍。

① 所谓视听费用，也称“执照费”，即凡已购买电视机者，无论看与否都需缴纳费用。

半岛台的发家起源于卡塔尔埃米尔哈马德的大力资助，1996年哈马德一次性出资近1.37亿美元，建立半岛电视台。建台以来，半岛台的声望在中东地区乃至阿拉伯世界如日中天，但它并没有按照哈马德当初的设想转变为经济完全自主的私营电视台。有数据显示，半岛电视台1500多名员工每年高达4亿～5亿美元的开支仍由卡塔尔政府资助。正如半岛电视台发言人杰哈德·巴卢特所说："尽管半岛电视台受到观众欢迎，但是却没有给我们带来利润的增加，这让我们感到非常苦恼。"所以，直到现在，王室的资金支持依旧是半岛台维持日常运作的重要依靠，而卡塔尔王室自始至终都是半岛台背后的大老板。

虽然BBC和半岛台在实际的运行中都受到政府的影响，但名义上它们的经营却是独立的。与它们不同，新华网从诞生开始就带上了鲜明的官方标记。在互联网技术的推动下，1997年新华社与电信部门合作，创建了新华社网站。2000年，新华社网站正式更名为"新华网"。新华通讯社（简称新华社）是中国的国家通讯社，是国务院的直属单位，而新华网则是其官方网站，是中国政府网站的筹建单位。在中国，新闻事业隶属于党的事业的一部分，新华网的所有制和所有权归国家所有。新华网从属于政治权力系统，肩负着传达国家战略，引导舆论走向的重要任务，是党和政府推行政策和组织工作的工具。所以，政府给以新华网的资金支持是其运营的根本来源。

正如阿特休尔在《权力的媒介》一书中指出的那样，"在所有的新闻体系中，新闻媒介都是掌握着政治和经济权力者的代言人"。对于BBC、半岛台和新华网而言，它们的主要经济来源都受制于政府，而政府又是政治权力的拥有者，所以在新闻语篇的制作过程中政府扮演着最终"把关人"的角色，对新闻报道产生重大影响。

（二）政治因素

叙利亚被称为"世界最小的大国"，具有"牵一发而动中东全身"的重要战略地位。因此，一直以来，叙利亚是世界大国或利益集团垂涎的目标。在叙利亚化学武器事件中，它们都有各自的政治考虑。

而与政府具有密切联系的 BBC、半岛台和新华网，在大众传播工作中不可避免地会带上政治的烙印。

BBC 虽然为英国所有，但一直以来它却代表着整个欧盟乃至西方集团的利益。作为美国的战略盟友，欧盟在外交政策上与美国相互配合。在美国“战略重心东移”的背景下，欧盟与美国形成了“在地缘上，相互确认对方的势力范围与干预地域，即欧洲及其周边地区安全秩序之维护由欧洲力承、美国协同；在干预模式上进化为‘美国领导、英法挑头、北约主打、欧盟支持’”的地缘战略默契。[①] 在这种背景下，叙利亚化学武器事件的发生为欧盟参与中东事务提供了良好的契机。而巴沙尔领导下的叙利亚与伊朗同属于什叶派新月同盟，是欧盟制裁伊朗，落实其中东政策的“绊脚石”。因此，当叙利亚发生动乱，尤其是化学武器事件爆发后，欧盟就坚决地“站在革命的一边”，全力试图让叙利亚“改朝换代”，它也是初期对叙利亚“实施制裁次数最多、力度最大的区域性国际组织”。为欧盟利益服务的 BBC，在新闻报道中积极回应欧盟的政治诉求，“打压叙政府”也就成了它对叙化学武器事件报道的“政治标语”。

得益于丰富的油气资源和国家正确的经济政策，近些年来卡塔尔的经济得到迅速发展。2011 年，卡塔尔的 GDP 达到 1942 亿美元，是伊拉克的 1.5 倍，伊朗的 1/3 强，人均 GDP10.98 万美元，排名世界第一。国力的增强使得卡塔尔在应对地区事务时表现得更为自信，也更加积极。尤其是在中东剧变后传统阿拉伯强国日渐凋零，阿拉伯世界“东升西降”格局进一步凸显的背景下，卡塔尔不断调整对外政策，试图在地区的政治“洗牌”中占据有利地位。此外，经济的腾飞对于国防力量弱小的卡塔尔而言也形成了一种不安全感，而这种不安全感主要来源于伊朗。叙利亚作为阿拉伯世界的传统强国，如果能借化学武器事件加剧叙利亚国内的动乱，并促使国际社会对其实施制裁和军事打击，一方面可以削弱叙利亚国力，扩大卡塔尔在地区的影响力，另一方面也可以斩断伊朗的“一只手臂”，遏制伊

① 倪海平、朱传忠：《欧盟的中东—北非战略调整——基于中东—北非变局两年来的思考》，载《中国社会科学院国际研究学部集刊》，2013（1）。

朗在海湾地区的扩张势头。所以，当巴沙尔政权深陷化学武器事件的旋涡后，卡塔尔多次公开谴责叙利亚政府的暴行，主张对其进行军事打击。作为王室的代言人，半岛台在对化学武器事件的报道中，坚定不移地贯彻了为王室服务的宗旨，推翻巴沙尔政权是其鲜明的政治特点。

叙化学武器事件发生后，中国主张“各派要通过政治对话和平解决矛盾，国际社会要尊重当事国的主权，不干涉其内政”。但是，不干涉叙利亚内政并不代表中国对叙化学武器事件置若罔闻。因为“叙利亚已由动荡之初的自我管控演变为国际和地区实力纷纷介入你争我夺的竞技场”，西方国家极力推翻巴沙尔政权的一个重要目的就是削弱与其保持唇亡齿寒关系的伊朗。叙利亚与伊朗是中东反美的重要力量。

（三）文化因素

亨廷顿在《文明的冲突与世界秩序的重建》一书中指出，后冷战时期不同文化形式之间的对抗将代替政治意识形态和经济领域的斗争成为国际冲突的主要形式。进入 21 世纪后，文化因素虽然还没有完全取代政治和经济成为国际冲突的主战场，但它确实扮演着越来越重要的角色，乃至大众传媒领域都受到了它的影响。

近代以来，西方国家在经济、军事等方面一直领跑世界，霸权主义情怀也成为西方文化中重要的组成部分。西方国家以“自由、民主”的社会体制标榜自己，对其他国家的“人权状况”表示出“过多的关心”。从前线记者到幕后编辑，BBC 的工作人员乃至整个传媒机构都深受这种文化的影响，他们以向世界推广西方价值观为己任，并在这种思想的指引下完成新闻素材的搜集、编辑和报道工作。然而，至今为止中东地区盛行的还是“威权统治”，而叙利亚就是典型的代表。叙利亚国内复兴党执政多年，巴沙尔“子承父业”，阿萨德家族的精英掌控着国家的核心部门。在 BBC 看来，叙利亚的政治体制与其价值观和担负的使命是“格格不入”的，因此，它在新闻语篇中表现的对叙政府的偏见也就不足为奇的。

如果说BBC新闻报道中所体现的文化特性是一种民主与专制的价值观冲突，那么半岛台所体现的则更多的是一种宗教上的矛盾与分歧。有学者就指出，“表面上，叙利亚的内战体现的是叙利亚内部逊尼派穆斯林反政府力量对阿萨德政府代表的什叶派的武装斗争，实质上内战也反映了两派背后所代表的外国政治和宗教力量的博弈——伊斯兰逊尼派势力和什叶派势力在整个中东的博弈”。[①]阿萨德家族属于什叶派中的阿拉维派，在叙利亚是少数派，但却已经执掌叙利亚政权40余年。伊拉克战争后，什叶派力量在伊拉克崛起，逐渐在中东地区形成什叶派新月联盟，给从属于逊尼派的卡塔尔王室带来了很大压力。化学武器事件的爆发，无疑是给逊尼派推翻叙利亚什叶派政权，削弱什叶派力量提供了重要机会。相比政治而言，文化的影响是以一种无形的方式在发挥作用。在对化学武器事件的新闻报道中，不能说宗教派别的矛盾造成了从属于逊尼派文化的半岛台对叙政府的偏见，但是半岛台对叙政府的偏见必然是受到了宗教派别矛盾的影响。

2014年6月28日，中国在北京隆重举行了“和平共处五项原则”发表60周年的纪念大会，向世界表达中国将坚定不移走和平发展道路的决心。“和平共处五项原则”是中国的外交政策，在经过60年的发展后，它已然成为中国的一种政治文化。这种文化与中国政府提出的和谐理念是不谋而合的。它们都源于中国传统文化中“和而不同”的思想，即强调事物不是绝对的“同一”，而不同的事物之间又能和谐共处。新华网是最具权威的官方媒体之一，包括记者、编辑、总编等在内的新华网工作人员都是在这种政治文化影响下成长起来的。他们在语篇的生产过程中必然也受此影响。在此次叙化学武器事件的新闻报道中也可以发现，新华网虽然对叙政府的报道有一定的倾向性，但整体都较好地保持了客观与公正，同时也积极为政治和平解决叙化学武器事件营造良好氛围。

---

① 陈贻绎：《叙利亚内战的宗教族群派别冲突状况分析》，载《阿拉伯世界研究》，2013（6）。

五、结语

本文以叙利亚化学武器事件为切入点，揭示了 BBC、半岛台和新华网在阿语新闻报道中所隐藏的权力特征，并对权力斗争出现在三家媒体话语中的深层次原因进行了探讨。随着现代科技的高速发展，媒体已经成为民众获取新闻资讯，了解世界最为重要的方式。但是正如 CDA 所认为的那样，媒体对事件的报道永远不可能是绝对真实的。阿拉伯国家位于“五海三洲之地”，掌握着世界近 60% 的石油资源，不管是在地缘政治上扩大国际影响力，回应美国战略东移，还是保护能源安全与促进经济发展，抑或打击恐怖主义，维护周边安全等，对中国都有重要的影响。因此，拥有一支强大的阿语传媒力量，不仅有助于中国获得国际“话语权”，掌握对重大事件的背景“解释权”，还有利于中国在向阿拉伯世界传播文化，塑造国家形象上把握“主动权”。

现代伊斯兰主义中的“伊斯兰国家”概念浅析

李睿恒

【摘要】“伊斯兰国家”是现代伊斯兰主义理论中的一个重要概念，有着高度严格的政治内涵。该概念的产生与发展是随着伊斯兰世界的现实环境变化同时进行的，因此呈现出稳定与变化并存的特点。现代伊斯兰主义势力作为影响中东局势的一支重要力量，其建立“伊斯兰国家”的思想会长期对地区乃至全球局势的走向产生重要的影响。理解“伊斯兰国家”概念的发展及其现实困境，是理解中东局势不可或缺的一个环节。

【关键词】“伊斯兰国家”；伊斯兰主义；伊斯兰教法；中东剧变

【作者简介】李睿恒，北京外国语大学阿拉伯学院2014级硕士研究生，主要研究方向为中东政治。

随着2011年以来中东剧变的不断恶化与发酵，伊斯兰极端恐怖势力异军突起、甚嚣尘上，给地区和世界安全构成了极大的威胁。2014年6月30日，“基地组织”伊拉克分支宣布建立“伊斯兰国”，试图恢复阿拉伯历史上阿拔斯王朝的帝国版图。不难发现，在现代伊斯兰主义者的政治构想中，建立一个“伊斯兰国家”，是其所共同追求的目标。似乎是对1916年签署的《赛克斯—皮科协定》的世纪回应，“伊斯兰国家”理念意欲打破的，是第一次世界大战以来英法所划定的中东国家版图，挑战以民族国家为单位的地区与国际秩序。可见，在伊斯兰主义者眼中，“伊斯兰国家”的概念，具有高度的政治内涵，远超于我们所理解的“以伊斯兰教为国教和多数居民信奉伊斯兰教的国家”的文化定义。

面对当下以中东地区为代表的国际秩序转型的动荡与失序，厘清现代伊斯兰主义思想中的国家理论，有助于我们从思想层面入手，全面客观地理解与评述中东的伊斯兰主义势力，预测未来局势的走向与发展，为地区相关问题的治理提供新的参考。

一、“伊斯兰国家”的概念溯源

“伊斯兰国家”概念里的“国家”一词在阿拉伯语中为Dawlah（دولة），发“道莱”音，其词根D–W–L本意为“流转”与“周转”。根据穆罕默德·福阿德·阿卜杜·巴基所著的《〈古兰经〉词语索引辞典》，该词在《古兰经》中共出现过2次[①]。根据叙利亚思想家罗维·萨非的考证，Dawlah一词最早是用于描述运势与财产的流转，并不具备清晰的政治内涵。早期的穆斯林学者在描述伊斯兰教治下的领地时，采用的往往是如“伊斯兰之地”（Daral–islam）与“疆域”（Al–amsar）等类似的文化地理或地缘政治的概念。[②]

从历史上来看，伊斯兰教诞生前的阿拉伯半岛，政治上以部落制为主导，并没有出现明确的国家或政府观念。当时的麦加，一方面得益于其在希贾兹商道上的重要位置，另一方面仰赖于克尔白天房给予其宗教上的重要地位，大量的商业财富在此聚集，很快就形成了以古莱什部落少数贵族为主导的大商人阶级，与之对应的则是占社会绝大多数的穷人与奴隶阶级，饱受生计的辛劳。《古兰经》中说，追逐财富的欲望是麦加社会罪恶的渊薮，对财富的信赖是导致道德沦丧的原因。经文斥责麦加贵族：“你们不优待孤儿，你们不以济贫相劝勉，你们倾吞遗产，你们酷爱钱财”（89：17–20），并称其为叛教者，因为他们自认为仰仗了财富，可以无求于真主。[③] 先知穆

---

① Muhammad Fu’ād ‘Abd al-Bāqī. al-Mu‘jam al-Mufahras li Alfāz al-Qur’ ān al-Karīm . Beirut: Dār al-Fikr and Dār al-Ma‘rifa, 1994.

② ［叙］罗维·萨非：《信仰与政治：伊斯兰国家理论综述》，117 页，卡萨布兰卡，法尔加出版社，1998。

③ 金宜久：《伊斯兰教史》，44 页，南京，江苏人民出版社，2006。

罕默德宣教迁徙，很大程度上就是为了实现社会的“公正”，阻止“逆产”成为仅在“富豪之间周转的东西（Dulatan）”（59：7），“使气运周流于世人之间，以便真主甄别信道的人”（3：140），以此去除部落制的弊病，实现社会财富分配的公正。但也有阿拉伯史学家在对先知生平传述材料做了进一步考证后称，财富的“流转”从一开始就是一个政治概念，穆罕默德从宣教伊始，就明确地表达过侵占“波斯与罗马两个帝国的宝藏”，实现财富从两个帝国向阿拉伯人“流转”的计划。①

先知去世后，随着阿拉伯帝国不断的领土扩张与政治制度建设，阿拉伯人一跃成为西亚北非的统治者，财富上的“流转”与权力上的“流转”越来越有着逻辑上的一致性。“Dawlah”一词开始被穆斯林学者赋予了政治上的内涵，逐渐演变出表述政治实体的意义，用以描述类似于“王朝”（Dynasty）间的更迭。② 到了“9 世纪开始，穆斯林世界的政治分裂，使权力从哈里发转到那些自称为艾米尔、国王和苏丹的人手中，从各省开始，最后囊括首都”③，这些外族统治者，多为自己赋予了“穆仪兹·道莱”（Mu ‘iz al-dawla，意为“国家支持者”）、“纳希尔·道莱”（Nasir al-dawla，意为“国家援助者”）与“赛义夫·道莱”（Sayf al-dawla，意为“国家之剑”）这样的称谓④，借“Dawlah”之名增强其统治的合法性，足见该词在政治上的分量。

但需要指出的是，尽管“Dawlah”开始频繁见诸穆斯林学者的笔下，但却始终缺乏清晰的定义。“Dawlah”一词虽有着政治实体上的内涵，但却并不等同于第一次世界大战以来开始流行且已为当今世界体系所熟知的“民族国家”承载的国家观念及其主权在民的理论。君主、精英与军人为核心的权力结构，一直是古代阿拉伯人维

① 穆罕默德·阿比德·贾比里：《阿拉伯政治思维：内涵与表现》，60 页，卡萨布兰卡，阿拉伯文化中心，1990。

② 金宜久：《伊斯兰教史》，125 页，南京，江苏人民出版社，2006。

③ Patricia Crone, *Medieval Islamic Political Thought*, Edinburgh: Edinburgh University Press, 2004, p.146.

④ Patricia Crone, *Medieval Islamic Political Thought*, Edinburgh: Edinburgh University Press, 2004, p.149.

护广袤帝国统治的核心。中世纪的穆斯林学者伊本·赫勒敦在其《历史绪论》中指出，“Dawlah”以国王或苏丹为领袖，具有宗派性，它的出现与消亡，取决于是否有“相互团结的有组织宗派”的出现。[①]此外，“伊斯兰之地”（Dar al-islam）与“战争之地”（Dar al-harb）这种带有地缘政治色彩的古代伊斯兰国际体系两分法，也说明了作为政治实体的“Dawlah”缺乏明确清晰的疆域与边界意识，是一个较为模糊的政治概念。

二、“伊斯兰国家”概念的现代演进

随着19世纪西方国家的资本输出与民族国家体系的全球演进，传统的伊斯兰政治理论与“乌玛”（伊斯兰宗教共同体）实体开始面临颠覆性的挑战，奥斯曼土耳其帝国推行的“坦齐迈特”改革运动（1839—1876）与西方的思想入侵一道将全新的民族国家及其政府观念带入了伊斯兰世界。“Dawlah”开始失去其与国王或苏丹相绑定的人格化特点，逐渐被穆斯林学者等同为西方话语下的“国家”（state）。1861年颁布的《突尼斯宪法》在阿拉伯语中被表述为“国家的法律”（Ganun al-dawlah），首度将“Dawlah”用于单独指代突尼斯一个国家。[②]

为维护奥斯曼土耳其帝国的统治，以19世纪中期埃及改革思想家塔赫坦维与奥斯曼改革家赫伦丁·突尼西为最早代表的现代伊斯兰主义理论家开启了伊斯兰改革主义中“国家”理论的探索，他们认为，“乌玛”落后于西方世界的原因，主要为“乌玛”在现代与历史两个层面上的“双重落后”，而这种落后是“政治制度上的缺陷，而非社会文化制度上的缺陷”[③]。西方的现代政治制度与伊斯兰中世纪的政治制度并不存在根本性的矛盾，实现政治上的公正是二者所共

① 伊本·赫勒敦：《历史绪论》（阿拉伯文），69页，阿拉伯图书出版与发行出版社，2013。

② Richard C. Martin，*Encyclopedia of Islam and the Muslim World*，Macmillan Reference USA，2004，p.174.

③ 阿布杜·巴尔加齐兹：《现代伊斯兰思想中的国家》，19页，阿拉伯一体化研究中心，2015。

同追求的目标，因为“公正是一切文明的基础”。[①] 因此，塔赫坦维与赫伦丁·突尼西并不排斥对奥斯曼帝国的政治体制进行西化式的改革，认为西方的民族国家体制同样适用于作为伊斯兰民族统一体的“乌玛”，并坚定地支持奥斯曼帝国所推行的“坦齐迈特”改革运动，维护奥斯曼土耳其人的统治。但就如何解决民族国家在伊斯兰教法中的地位，二人并没有给出清晰的阐释，而是笼统地称其“有利于‘乌玛’的利益”“是一种符合教法的义务”[②]。

奥斯曼帝国的结构性危机与1877年俄土战争的溃败使得改革运动成效有限，苏丹哈米德二世转而采取泛伊斯兰主义的政策，赢得了持有相同倾向的革新派理论家阿富汗尼的认可。阿富汗尼认为，穆斯林有理由和条件实现团结统一，其思想基础就是穆斯林共同的宗教信仰伊斯兰教，这种宗教上的纽带超越了人类肤色、语言、种族和民族的联系。[③] 但哈米德二世政策背后维护奥斯曼统治的本质，使得阿富汗尼思想上虽然号召建立一个统一而强大的哈里发帝国，反对民族主义，但行动上却将民族主义与民族国家作为其动员话语，用以抨击奥斯曼土耳其人的专制统治，反对西方世界对伊斯兰领土的殖民。简言之，阿富汗尼的努力是出于维护“乌玛”的统一与完整，而非维护奥斯曼人的统治。

但随着第一次世界大战后《赛克斯—皮科协定》对奥斯曼土耳其帝国领土的瓜分与凯末尔革命对哈里发制度的终结，伊斯兰改革主义破产，“乌玛”实体于1924年最终破裂。为填补哈里发制度缺失下的意识形态与政治理论空白，拉希德·里达在其著作《哈里发制度或至高无上的伊玛目制度》中提出了“伊斯兰国家”的解决方案，强调落实伊斯兰教法，推行伊斯兰式的“协商”制度，体现教法学家在政治生活中的主导作用。哈里发制度随着历史的发展早已变得徒有虚名，不过是改头换面的封建制度，构建“伊斯兰国家”远胜于构建不太现实的哈里发制度。值得注意的是，师承阿富汗尼

① 阿布杜·巴尔加齐兹：《现代伊斯兰思想中的国家》，29页，阿拉伯一体化研究中心，2015。
② 阿布杜·巴尔加齐兹：《现代伊斯兰思想中的国家》，38页，阿拉伯一体化研究中心，2015。
③ 陈嘉厚：《现代伊斯兰主义》，100页，北京，经济日报出版社，1998。

与阿布杜的拉希德·里达，同样受阿拉伯民族主义的影响，在其理论中并没有直接挑战民族主义理论，而是表现出一种与其历史心理环境相适应的徘徊与迷茫，“他在成为阿拉伯民族主义的倡导者的同时，又由于提出‘伊斯兰国家’理论而成为伊斯兰主义的代表。他的这种矛盾心态在某种程度上也是穆斯林民族共同心理困惑的写照。”①

在拉希德·里达的基础上，巴基斯坦的现代伊斯兰主义理论家毛杜迪则更为系统完整地指出，“乌玛”与伊斯兰教的衰落应归因于伊斯兰世界内部与外部均处于现代的“贾希利叶时期”②。对内而言，自伍麦叶王朝时代起，以“麦地那国家”及四大哈里发统治时期为范本的“伊斯兰国家”早已不复存在。对外而言，西方国家在伊斯兰世界的扩张及其政教分离的主张，对伊斯兰价值观造成侵蚀，加剧了这种历史遗留下来的“贾希利叶”的状态。毛杜迪认为，只有建立真正意义上的“伊斯兰国家”，才能破除现代的“贾希利叶”，“伊斯兰国家”的根本目标在于按照伊斯兰教的政治原则来建立和治理国家，即建立基于《古兰经》和“圣训”的真正的伊斯兰国家，实现真主对世界主权的绝对控制，即“真主主权论”；而打破外部的“贾希利叶”，则需要抛弃包括民族国家、成文法、政教分离及主权在民论等一切在内的非伊斯兰式价值。同时，埃及穆斯林兄弟会（下称“穆兄会”）第二代理论家赛义德·库特卜在继承了毛杜迪的“现代贾希利叶”理论与“真主主权论”之后，在其代表性著作中在方法论层面更进一步地指出，构建“伊斯兰国家”的方式不能仅靠简单的宣教手段，而应该更为直接地对异教徒发动武力上的“圣战”，消除世界所处的“贾希利叶”状态，实现真主至高无上的绝对统治。

第二次世界大战后，受到国际民族解放运动的鼓舞，以埃及纳赛尔主义为代表的民族主义在阿拉伯民众中成为思想主流，现代伊斯兰主义力量式微。为抵抗民族主义带来的冲击，沙特阿拉伯王国对其暗中进行资助，并接纳了大量外逃的埃及“穆兄会”成员，使库特卜

① 刘中民：《伊斯兰主义的“伊斯兰国家”思想》，载《西亚非洲》，2011（4）。
② 在阿拉伯的历史上，伊斯兰教创教前的时期，被称为“贾希利叶时期”。“贾希利叶”在阿拉伯语中意为“蒙昧的”“无知的”，因此也有人称这一时期为“蒙昧时期”。“蒙昧”一词所指的不是那一时期的文化，而是宗教信仰。

的“圣战”思想与沙特的萨拉菲—瓦哈比主义形成交汇，催生出一批“圣战萨拉菲”主义者。1967年中东战争的惨败宣告阿拉伯民族主义的破产，随着《戴维营协议》后阿以阵营的结构性失衡、阿富汗战争爆发、1979年伊朗伊斯兰革命的鼓舞以及第一次海湾战争后美国在中东地区霸权的确立，思想上的真空使得伊斯兰主义得以卷土重来。崛起于阿富汗战争，以发动美国“9·11”事件而震惊世界的“基地组织”，就将建立“伊斯兰国家”列为其长远追求的目标。

2003年美国发动的伊拉克战争与2011年爆发的叙利亚危机，使“基地组织”伊拉克分支乘虚而入并在乱局中坐大，最终于2014年6月宣布建立“伊斯兰国”，试图抹除地区国家间的边界，重塑历史上阿拔斯帝国的版图。但与“基地组织”及“穆兄会”不同的是，属于“圣战萨拉菲”分支的“伊斯兰国”，建国意图更为明显，落实教法的愿望更加迫切，手段更加极端。“伊斯兰国”曾在其“官方杂志”的一段话中表达了其建国的战略目标：“哈里发国的旗帜将高悬在麦加和麦地那，即使叛教者和伪信者鄙视它。哈里发国的旗帜将飘扬于罗马和耶路撒冷，即使犹太人和十字军轻视它。神圣的旗帜将伴随哈里发国在全球东西方的扩张而飘荡，全世界将充满伊斯兰的正道和公正，结束‘贾希利叶’时代的伪信和独裁，即使美国及其盟友蔑视它。”

三、“伊斯兰国家”的现实困境

综上所述，在现代伊斯兰主义理论家的眼中，“伊斯兰国家”不仅仅是一个“以伊斯兰教为国教和多数居民信奉伊斯兰教的国家”的文化概念，而是有着高度严格的政治内涵。建立政教合一的体制，落实伊斯兰教法，实现“真主主权”是其发展至今一脉相承的共同特点，但具体到不同的伊斯兰主义理论家，其侧重点及方法论则又各不相同。

叙利亚思想家罗维·萨非指出，“伊斯兰国家”概念之所以难以界定与落实，一方面是基于“国家”观念在阿拉伯伊斯兰世界发展中的历史性模糊，另一方面则是由于相关论著繁多，并在不同程度上受到了西方理论的影响。[①] 更为重要的是，作为一个为应对现实困境所构建出来的理论，“伊斯兰国家”的可操作性也受到研究者们的质疑。伊斯兰主义者认为，穆斯林都应该追寻“纯洁笃信的伊斯兰先贤”，“先贤”在此特指先知穆罕默德、四大哈里发及其前三代圣门弟子，因此“伊斯兰国家”的理想典型最早可追溯到先知穆罕默德迁徙麦地那时所建立的“麦地那国家”，但相关的阿拉伯史学家就此质疑，先知去世后迅速发生的继承人纷争与半岛各部落叛乱，恰恰说明穆罕默德所领导的，实际上是一个凝聚在魅力型领袖周围松散的部落政治联盟，并非建制化的国家，不具备可供后人效仿的模式性。[②]

对此，摩洛哥著名思想家穆罕默德·阿比德·贾比里在其著作《阿拉伯政治思维》中对先知穆罕默德从宣教到建立“伊斯兰国家”的过程的考察中，为“伊斯兰国家”的诞生划定了三个维度，分别是部落、信仰与战利品。贾比里认为，“部落”作为阿拉伯半岛的社会基础难以得到整合，因此需要“信仰”要素在精神层面对此提供有效的动员，而“战利品”则为以“部落”为基础的阿拉伯社会提供了现实的利益保障与动力，因此，“伊斯兰国家”建立的基础，是实现部落、信仰与战利品三个维度的“统一”。[③] 从当下“伊斯兰国”及其战略资源运用就可以发现，“伊斯兰国”对其意识形态有选择的解读，使其实用主义的策略没有受到限制，其确保稳定和自足的财政收入，提高组织的经济能力，对内部人员和战斗士兵进行薪水发放，成为“伊斯兰国”保持其生命力与竞争力的重要手段。

同时，伊斯兰主义者主张严格遵从经训文本治国，反对理性思辨，也在很大程度上对其现实行动构成了阻挠。对此，“基地组织”理论家阿卜杜拉·本·穆罕默德在其《“圣战”决策过程中所面临的问题》中提道：“只要宗教学者还在控制我们的组织，我们的军事优

① 罗维·萨非，《信仰与政治：伊斯兰国家理论综述》，199 页，卡萨布兰卡，法尔加出版社，1998。

② 穆罕默德·阿比德·贾比里，《阿拉伯政治思维：内涵与表现》，60 页，卡萨布兰卡，阿拉伯文化中心，1990。

③ 穆罕默德·阿比德·贾比里，《阿拉伯政治思维：内涵与表现》，205 页，卡萨布兰卡，阿拉伯文化中心，1990。

势就永远无法转化成政治资本。”叙利亚历史学家菲拉斯·萨瓦赫教授也曾一针见血地指出：“每当伊斯兰主义者试图照搬文本，按经传述时，现实的需求却往往使其抛离文本，走向反面。”

四、结语

通过对“伊斯兰国家”历史演变的简要梳理，我们可以发现，在现代伊斯兰主义理论家的叙述中，“伊斯兰国家”概念虽有别于主导世界格局的民族国家理论，但它并非铁板一块，而是伴随着时代的发展而不断实践、演进与发展的，呈现出稳定与变化并存的特点。这种稳定表现在穆斯林对伊斯兰价值观的捍卫与不懈追求，但也伴随着受西方思潮影响和为适应现实问题而出现的理论松动的变化。

事实上，从20世纪初哈里发制度的陷落，到当下“伊斯兰国”宣布建国，对建立“伊斯兰国家”诉求的百年回响，本质上都是对中东极速失衡的地区秩序与积贫积弱的社会结构的现实反弹。应对中东剧变所流散出的极端思潮，固然需要我们崇尚理性主义，弘扬温和价值观念，但如何有效实现社会发展，改变地区结构性失衡的现状，才是国际社会破中东恐怖之局的关键所在。但作为穆斯林理想价值观中的“伊斯兰国家”思想，将依旧保持其生命力与影响力，并将长期影响着伊斯兰世界的局势发展。

埃及核心智库的发展与中国借鉴

刘冰洁

【摘要】位于北非东部的埃及是阿拉伯世界的领头羊，在世界政治、经济、文化、宗教等方面都发挥着十分重要的作用。近年来，埃及智库发展迅速，对埃及政策制定的影响力越来越大。本文选取埃及排名靠前的四家核心智库进行分析，以探讨中埃智库未来发展的机遇与挑战。

【关键词】埃及智库；特点；中国借鉴

【作者简介】刘冰洁，北京外国语大学阿拉伯学院2014级博士研究生，研究方向为阿拉伯社会文化。

一、埃及核心智库的现状

智库（Think Tank）在过去多被译为智囊团、思想库。保罗·迪克森认为："智库是独立的、非营利性的政策研究机构，它是一个永久性的实体，而非临时解决问题而组成的研究小组或委员会，其目的是为政策服务而非技术服务。"① 目前学界对智库还没有一个统一的明确界定，一般认为，智库是拥有自主知识产品，并对公共政策的制定产生影响的组织。

美国宾夕法尼亚"智库和公民社会项目"发布的《全球智库报告》数据显示，2010年至2015年，西亚北非地区和撒哈拉以南的非洲的智库总量变化情况如下表所示。

① Paul Dickson. Think Tank, New York: Atheneum, 1971.

西亚北非与撒哈拉以南地区智库数量与全球智库数量对比

年份	西亚北非地区	撒哈拉以南非洲	全球
2010	324	518	6480
2011	329	550	6545
2012	339	554	6603
2013	511	612	6826
2014	521	467	6681
2015	398	615	6846

资料来源：Think Tanks and Civil Societies Program: 2010–2015 Global Go To Think Tank Index Report, University of Pennsylvania.

由以上统计数据可以看出，2010 年，西亚北非地区智库占全球智库总量的 5%，撒哈拉以南非洲占 8%；2011 年，西亚北非地区智库占全球智库总量的 5%，撒哈拉以南非洲占 8.4%；2012 年，西亚北非地区占 5.1%，撒哈拉以南非洲占 8.4%；2013 年，西亚北非地区占 7.5%，撒哈拉以南非洲占 9%；2014 年，西亚北非地区占 7.8%，非洲占 7%；2015 年，西亚北非地区占 5.8%，撒哈拉以南非洲占 9%。2010 年至 2015 年，全球不同地区的智库总量逐年增加，但是，西亚北非地区的智库数量基本维持稳定，增长的态势不明显。2015 年西亚北非地区智库还呈现出下降趋势，降幅达 2%。由此可见，全球智库的分布具有不平衡性，这与各国所处的政治经济阶段息息相关，也一定程度上反映了各国智库之间掌握的资源差异性。

埃及智库类研究机构的发展最早可追溯到 20 世纪 60 年代。一般把金字塔政治与战略研究中心认定为埃及第一家智库类研究机构，在之后的数十年间，埃及智库数量有所上涨。

2010 年至 2012 年，埃及智库总数均为 34 个，分别占西亚北非智库总量的 10.5%、10.3%、10%；2013 年，埃及智库总数增至 55 个，占西亚北非智库总数的 10.8%；2014 年，埃及智库总数为 57 个，占西亚北非智库总数的 10.9%；2015 年，埃及智库总数降至 35 个，占西亚北非智库总量的 8.8%（详见下图）。

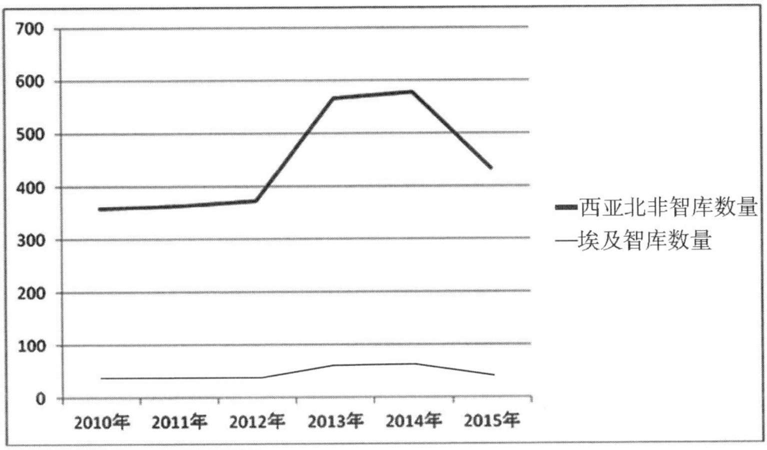

埃及智库数量变化情况

资料来源：Think Tanks and Civil Societies Program: 2010–2015 Global Go To Think Tank Index Report, University of Pennsylvania.

目前，智库的分类标准五花八门，大多数研究者倾向于采用外部标准对智库进行分类，而鲜用内部标准。所谓外部标准，即根据行政级别或是隶属关系等指标对智库进行分类。内部标准则包含两层含义：第一，智库的研究领域，即智库注重单一的专业化研究还是复合型的跨学科研究。第二，智库的研究导向，即智库侧重政策研究还是学术研究，智库是否通过学术研究达到解决现实问题的目的。综合来看，外部标准的差异不受智库发展所约束，这样的分类标准有可能导致智库分类结构的偶然性与不稳定性。相较而言，采用内部标准的分类更加符合智库的发展要求，更有利于智库的健康发展。据此，笔者将从西亚非洲地区智库的研究领域对该地区的智库进行分类：第一类是从事政治、外交、文化、社会类研究的智库。第二类是从事经济、军事、能源、安全类研究的智库，如图 2 所示。

埃及智库的研究范围多有不同，组织形态各异，对公共政策的影响力也不尽相同。在了解了埃及智库的数量和分布情况之后，为了进行更为细致的研究，笔者将根据 2010 年至 2015 年《全球智库报告》的智库排名选取 4 家多年排名靠前的智库作为样本，探讨埃及智库的发展和特征，将样木的基木情况描述如下。

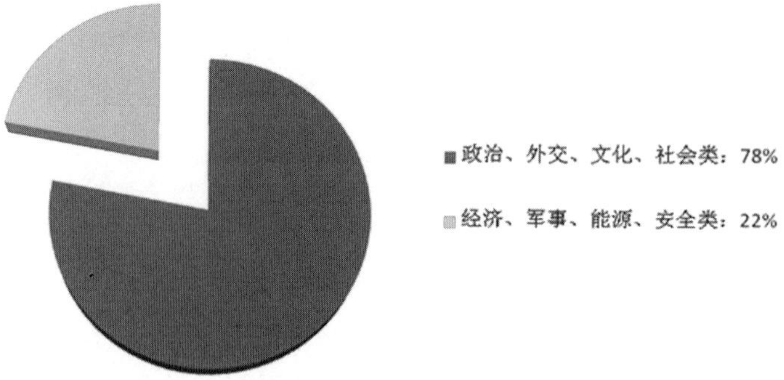

埃及智库类型比

（一）金字塔政治与战略研究中心

金字塔政治与战略研究中心成立于 1968 年，是一家在金字塔基金会框架下运行的独立研究机构。

金字塔政治与战略研究中心不断改革创新。1972 年，中心改革确定研究范围不仅局限于犹太复国主义和以色列社会相关问题，还包含其他国际战略问题研究，同时，特别注重阿拉伯国家与国际社会及其周边区域框架之间的发展问题与互动趋势研究。

金字塔政治与战略研究中心的大部分研究集中于从政治、经济、军事、社会的角度分析埃及的问题。在从事各项研究活动的过程中，金字塔政治与战略研究中心具有完全的独立性。中心秉承批判的哲学，旨在以理性、调查性的视野研究当前热点问题。同时，中心里从事客观性与科学性研究的学者及研究人员享有充分的言论自由，中心的所有科研项目均是基于民主科学研究框架下集体努力的成果。

（二）埃及经济研究中心

埃及经济研究中心是一家独立的埃及智库，通过开展高品质、创新性的研究和公共辩论来提升、健全公共与私人决策，致力于实现繁荣、社会公平、社会开放和全球一体化。

为达到这一目标，埃及经济研究中心与埃及利益相关者共同参与年度研究议程规划、辩论、研究成果传播、分析政策含义等工作。埃及经济研究中心还创立了“政策制定伙伴”网络，将中心的成员和 100 余名埃及商界、金融界、媒体、思想领袖和议会的杰出领袖们等紧密联系在一起，他们共同努力实现埃及经济研究中心的使命——构筑埃及的经济未来。

埃及经济研究中心的重点研究领域为埃及经济和基础教育改革问题。具体来说，中心的关注重点围绕在以下几个方面：食品安全、水安全、能源定价、社会公正、宏观经济趋势以及教育改革等。

埃及经济研究中心共有 13 名领导成员，1 名高级经济师，2 名经济师，4 名研究分析师，1 名编辑，1 名翻译和 3 名行政人员。

（三）埃及外交事务委员会

埃及外交事务委员会成立于 1999 年，在过去的十几年里，委员会多次举办了有关当前外交政策的研讨会、论坛及圆桌会议，与世界各国的其他智库建立了联系，同时，也实现了大量外籍访埃学者与埃及公民社会代表之间对外交政策等问题的交流。未来，埃及外交事务委员会希望能够广泛扩大同其他研究网络之间的合作，目前，委员会已经成为欧洲—地中海中心的正式成员之一。

埃及外交事务委员会的使命是就区域与国际外交问题提出客观、深入的理解与分析，从而更好地服务于埃及的战略、经济、政治利益。

埃及外交事务委员会密切关注外交问题，如耶路撒冷问题，埃及与美国、欧洲各国、拉美各国以及与苏丹之间的关系等问题。此外，委员会还成立了一系列国际事务工作组，主要涉及领域为：阿拉伯、美洲、欧洲、非洲、亚洲事务，军备控制与区域安全，国际人道主义，环境和气候变化等。

委员会共有 12 位领导成员，其中 7 位为大使。此外还有 3 名科研人员，4 名行政人员。

（四）区域战略研究中心

区域战略研究中心成立于 2012 年，是一家总部设于开罗的地区性的私营、独立智库，该机构的性质相当于有限责任公司。

该中心专注于研究中东地区的区域战略变化，通过与决策者以及伙伴机构开展研究合作，从而推进实现区域内的民主与稳定；通过开展政治和经济评估（政策导向战略评估）、学术研究和咨询，帮助决策者、研究者和经济群体了解不断变化的中东地区；通过寻求新的途径研究该地区的活动，以推进新的想法、政策，以保证早日实现向民主、正义和自由的繁荣未来进行和平过渡。

此外，中心还积极参与各项学术咨询活动，包括每日追踪事件和趋势，更新战略评估，出版与区域趋势和辩论相关的期刊和研究成果。另外，中心重视与不同国家和区域伙伴开展合作，进行民意调查，开展长期项目合作，举办讲习班和区域会议。

二、埃及智库发展的特点

相较于美国、欧洲等西方发达国家的智库而言，包括埃及在内的西亚北非地区智库在数量和质量上都显得较为滞后，但和过去相比，近年来也有了一定发展。总体而言，埃及的智库有如下几个特点。

（一）研究重点的时代性

首先，埃及智库的特点表现为，智库的研究重点与当时的历史环境息息相关。1967 年 6 月 5 日，第三次中东战争爆发，此次战争发生在埃及、约旦、叙利亚等阿拉伯国家和以色列之间。战争一共进行了六天，结果埃及、约旦和叙利亚联军被以色列彻底打败。在这样的历史背景之下，金字塔政治与战略研究中心于 1968 年应运而生。中心当时的研究重点主要是犹太复国主义和以色列社会的相关问题。1970 年，埃及第二任总统纳赛尔去世，由萨达特继任总统，新总统上任，在外交上推行“积极中立”和“不结盟”等政策，主张与以色列积极谈判用和平手段收复失地，埃及成为第一个承认以色列的阿拉伯国家，埃以关系逐步正常化。1972 年，金字塔政治与战略研究中心进行了改革，扩大了中心日后的研究重点，研究范围除了以色列社会相关问题之外，还将涉及其他国际战略问题研究，同时，特别注重阿拉伯国家与国际社会及其周边区域框架之间的发展问题与互动趋势研究。目前，根据中心网站所示，按地域划分，其研究领域主要偏重于埃及本国、中东地区、非洲地区以及世界战略问题。中心的出版物主要分为月度出版物、季度出版物以及年度出版物，具体情况如下表所示。

埃及金字塔政治与战略研究中心出版物概览

出版物类型	出版物名称	出版物译名
月度出版物	مختارات إيرانية	《伊朗问题文集》
	مختارات إسرائلية	《以色列问题文集》
	كراسات استراتيجية	《战略手册》
	الملف المصري	《埃及问题》
季度出版物	أحوال مصرية	《埃及情况》
	بدائل	《替代方案》
年度出版物	التقرير الإستراتيجى العربي	《阿拉伯战略报告》
	تقرير الإتجاهات الإقتصادية الإستراتيجية	《经济趋势战略报告》

（二）智库团队专业化

埃及智库重视研究人员的质量，既重视其专业和学历，又注重其资历和经验。一般而言，只有获得了相关专家资格，如经济师、会计师或经济学博士、政治学博士、法学博士等，且顺利通过了专家集体评定的研究人员才有条件加入智库。在智库运营过程中，研究人员、行政人员职责明晰，一般均设有专职工作人员负责维护与政府、学术机构、媒体、企业、国外机构等的关系，队伍呈现出专业化特征。

但是，随着智库建设的不断发展、进步，单一型研究人员势必将会被复合型研究人员所取代。可是，埃及受政治不稳定，经济落后以及受智库本身特点所限等多方面原因的综合影响，该地区智库研究人员仍以某单一领域的专家为主。复合型人才的培养和团队建设仍亟待改进。

（三）智库建设网络化

所有的埃及智库都有自己的独立网站，网站内容大致涵盖机构简介、人员构成、学术成果、学术活动等。埃及一些智库网络化建设先进，善于利用新型网络以及推送平台开展智库及其研究成果的推广工作。开罗地区中心战略研究所在新媒体时代就开始使用社交网络平台进行智库的日常宣传工作。越来越多的埃及智库重视合作和网络共建工作。以埃及经济研究中心为例，其出版物详见下表。

埃及经济研究中心出版物概览

出版物类型	出版物频率	出版物数量
年报	1年1次	7个
书籍	2～3年1次	14本
商业晴雨表	1年多次	38篇
高端演讲稿	1年1～2次	32篇
埃及经济概况	1年1片	9篇
政策简报	除2007年外暂无更新	2篇
政策观点	1年2～3篇	31篇
工作文件	1年5～6篇	177篇
改革公告	除2015年外暂无更新	2篇
经济文献综述	除2015年外暂无更新	2篇
每周、每日报告	每天1次、每周1次	16篇

埃及经济研究中心是一家信息化程度颇高的多产的智库，除了上述成果能从官网开放获取阅读之外，中心还专门设有博客、视频站广泛推广其研究成果。此外，中心官网上还可以订阅每日经济新闻观点快讯。该快讯于埃及时间每天上午9点左右发出，主要内容是即时经济新闻点评。由于时效性较强，所以只提供阿拉伯语版本供读者订阅，该快讯旨在向大众和重要经济群体普及国内与国际经济的关键走势及其对埃及经济的影响。

（四）跨国经营及海外影响力增强

埃及的一些新兴的智库十分重视国际合作和区域网络的建立，

进而扩大智库的研究范围及其影响力。以埃及外交事务委员会为例，中心密切关注外交问题，具体情况详见下表。另外，2012 年才成立的埃及区域战略研究中心也注重国际合作，具体活动详见下表。

埃及外交事务委员会、区域战略研究中心日常交流活动概览

智库名称	智库交流活动	
	活动名称	活动详情
埃及外交事务委员会	年度会议、研讨会	17 项（全球智库排名发布）
	接待来访团体	来自中国、印度的 3 个团
	派出访问团	派往中国、布达佩斯 3 个团
区域战略研究中心	会议、研讨会	7 项（含全球智库排名发布）
	接待来访团体	来自中国、美国的 6 个团
	派出访问团	暂无

埃及外交事务委员会和区域战略研究中心重视对外交流工作，尤其与中国往来密切，重视同中国的交流合作。2016 年 1 月 14 日，中国社会科学院杨光所长率团访问了埃及的区域战略研究中心，双方围绕着“中国与中东”的主题进行了研究讨论。此外，2016 年 2 月 28 日，中国国际问题研究院院长苏格一行也访问了埃及区域战略研究中心，双边就中东、利比亚和叙利亚局势进行了讨论，并探讨了加强中埃未来合作的途径。中埃双边关系最早可追溯到 20 世纪 50 年代，中国和埃及在各自领域和全球范围内都具有重要的影响力，2016 年是中埃建交 60 周年。中国和埃及的智库也应当广泛开展合作，为双边关系健康发展贡献力量。

三、埃及智库对中国智库建设的借鉴

2015 年 2 月，中共中央办公厅、国务院办公厅联合印发了《关于加强中国特色新型智库建设的意见》，提出：“到 2020 年，形成定位明晰，特色鲜明，规模适度，布局合理的中国特色新型智库体系，重点建设一批具有较大影响力和国际知名度的高端智库”的总体目标。这意味着我国智库建设工作已经进入到关键的发展时期。近年来，我国的社会经济发展速度迅速，但是我国智库建设工作起步较晚。一方面，我们应吸取欧美智库有益的发展经验，另一方面，我们更应该与发展中国家的智库进行研究比较，发展中国家在历史经验、社会性质以及社会现实方面与中国较为相似，具有更好的借鉴意义。埃及智库的发展和运作特点给中国智库的建设提供了如下几点启示。

（一）鼓励广泛建立民办智库

目前，中国大部分智库以官方、半官方为主。官方、半官方的智库的一大特点就是研究经费很大程度上都依赖于政府拨款，研究人员属于公务员编制或事业编，研究人员的课题由政府相关部门立项、指派，研究人员的工资也来自政府财政拨款，最终的研究结果也要由相关政府部门审核通过。这样的智库缺乏民间色彩，研究结果缺乏必要的客观性和独立性。[1] 在这方面，我国智库建设可以向埃及学习，埃及智库大多数都相当于民办企业，它们却与政府联系紧密，能够得到政府的相关咨询项目、优惠资助和必要的政策支持，但埃及智库大多不受政府制约，不隶属于政府部门，具有一定的独立性。这对我国发展中国特色社会主义新型智库有着重要的借鉴意义。此外，还应重视培养能够填补研究空白的专业人才，智库应从“是什么”和“为什么”的基础型研究转变为“为什么”的公共政策型研究。

（二）重视中非智库合作，引领亚非思想和话语发展权

过去几十年里，由于发展中国家经济发展落后，其民间智库和科研机构经常受到西方国家的经济援助，但从根本上来说，西方发达国家的这类援助或多或少都存在着传播其价值观的目的，从而强化了西方的思想体系在发展中国家的话语权。包括中国在内的非西方世界国家意识到了提升本国的国际思想竞争力和发展民族思想原创能力的必要性，应摆脱对西方话语体系的依赖和崇拜，建立起符

① 詹姆斯·麦甘:《全球智库——政策网络与治理》，韩雪、王小文译校，上海，上海交通大学出版社，2015。

合本国国情的现代话语体系。长期以来，中国一直重视与非洲的友好交往，在南北对话和南南合作过程中，中国一直维护着广大发展中国家的经济利益。随着近年来中国与非洲智库之间合作的不断深入，中国智库也要逐渐将目标放大放远，不能仅局限于追求自身发展，更应早日实现引领亚非思想和取得话语发展权的目标。这不仅有助于提升中国的软实力和国际形象，而且还能够为中国的长远发展打下良好的基础。因此，2011 年 10 月，第一届“中非智库论坛”在浙江成功举办，会议主题为“新世纪第二个十年的中非关系”。总主题之下又设有三个分主题：“非洲金融投资环境与中非金融投资合作”“中非人文交流与智库的作用”“非洲安全形势与中非在和平安全领域的合作”，[①] 这只是中非智库合作的一个良好开端，在日后的发展过程中，中国和非洲国家的智库更应当从不同角度和不同层面上对同中国与非洲发展密切相关的议题展开深度的合作研究与探讨，逐步构建起中国自己的话语体系，引领亚非思想和话语发展权。

（三）利用新媒体对智库成果进行宣传

埃及近年来新兴的智库都很重视实现成果的公开获取以及借助新媒体对智库进行宣传。相比之下，中国在建设一批高质量新型智库的同时，还应大量公开出版学术成果，重视智库网络化建设。中国思想要走出去，除了广泛开展国际合作之外，还应该提升中国智库的专业条件和硬件环境，并且重视对新媒体的建设与利用，确保中国声音能够广泛传播，从而逐步扩大中国智库的国际影响力。

包括中国在内的一些发展中国家已经步入一个机遇与挑战并存的新时代，在这一时期，中国及西亚和非洲的发展中国家的知识创新和独立性思想显得尤为重要。中国与非洲都有着悠久的历史和丰富的文化遗产，中国和非洲的智库、学术思想界应当共同努力，为双边关系的健康发展贡献力量，获取国际话语权，增进南南合作、南北共识、东西共识，进而促进世界和平，早日实现安全稳定、繁荣发展。中非智库交流合作的前景广阔，但也任重道远。因为虽然

---

① 王珩、王学军：《中非智库协同创新机制探索》，载《非洲研究》，2015（1）。

一些西亚、非洲的国家拥有巨大的人力资本，但是由于政府能力严重缺失，政权飘摇，国家无法充分利用人口资源优势，因此，在未来一个相当长的时期，发展中国家的智库建设工作、经济发展和实现社会稳定一样充满挑战。

“1 · 25”革命后埃及女性地位探析

付婧娇

【摘要】“1 · 25”革命后，作为革命重要参与者的埃及女性并没有获得预期的权利，其地位也没有太多改善，反而有所下降。政权利益的驱使、女性保障机制的缺失以及女性自身平等意识的淡漠，是造成埃及女性困境的重要原因。埃及女性只有抛弃根深蒂固的传统思想，将男女平等的理念逐渐渗透到家庭生活中，并将其潜移默化地融入到整个社会的价值体系中去，才能从根源上根除思想痼疾，从而逐渐改变埃及女性的现状和困境。

【关键词】女性地位；埃及；革命

【作者简介】付婧娇，北京外国语大学阿拉伯学院 2013 级博士生，研究方向为阿拉伯社会文化。

埃及是受西方女性主义影响最早、最广泛、最深刻的阿拉伯国家之一，是阿拉伯世界女性主义思潮的发源地和运动中心。1831 年，埃及女权运动启蒙导师里法阿 · 塔哈塔维从法国回到埃及，开始传播西方女性主义思想。这一年被认为是埃及女权运动元年。[①] 近两百年来的埃及女权运动，在传统思想根深蒂固的埃及社会，一直为争取女性权利，提高女性地位不懈努力，其影响波及整个阿拉伯世界和伊斯兰世界。开展关于埃及女性地位的研究，不仅可以分析出埃及女性在争取自身权益方面所面临的问题，还对深层次了解埃及社会及其变革具有一定的参考和借鉴意义。

2011 年 1 月 25 日，受“阿拉伯剧变”影响的埃及，爆发了

① 穆罕默德 · 伊斯玛仪 · 穆卡迪姆：《面纱回归》，23 页，开罗，塔伊巴出版社，1988。

“1 · 25”革命。2011 年 2 月，穆巴拉克辞去总统职务并将权力移交给埃及武装部队最高委员会。2012 年 6 月，埃及穆兄会候选人穆尔西取得总统选举的胜利。然而，穆尔西渐失民心，埃及“二次革命”随即爆发。2013 年 7 月，埃及军方宣布罢免穆尔西总统职务。2014 年 6 月，军人出身的塞西宣誓就任埃及总统。在这场埃及剧变中，埃及女性的参与对政治形势的发展起到了一定的推动作用，其影响不可忽视。马克思说过，“每个了解历史的人也都知道，没有妇女的酵素就不可能有伟大的社会变革，社会的进步可以用女性的社会地位来精确衡量”①。那么，埃及女性作为此次变革的参与者其表现如何？其权利获得和地位变化是否达到预期？

一、女性在埃及剧变中的参与

“1 · 25”革命爆发之前，在“阿拉伯剧变”前期革命的影响下，一些埃及女性主义者就开始通过网络号召更多的埃及女性进行革命，其首要目标是消除专治政权、实现民主。她们不断向其他女性受众传递新闻，招募志愿者。公共媒体在此次剧变中的作用不可小觑，网络成了开展政治活动的重要平台，Twitter、Facebook 和 Youtube 都成为热门工具。迪拜政府的研究报告表明，在 2011 年的前三个月中，使用 Facebook 的阿拉伯女性从 32% 上升到了 33.5%。②此次活动的重要女性主义领导者、组织者吉吉，通过 Twitter 向革命者传递信息，引导和鼓励所有的埃及女性加入革命，组织并策划活动的具体事宜。她发出呼声，“在埃及已经没有了恐惧，我们永远不会放弃，打到穆巴拉克和他的打手！”③

在“1 · 25”革命中，一些埃及女性主义者除了在网络上发挥作用，还站到了游行队伍的最前沿，甚至在革命的领导层中也不乏埃

① 《马克思恩格斯选集》，4 卷，586 页，北京，人民出版社，1995。

② Katy Watson, *Saudi women turn to social media for the right to drive*, 28 June 2011.

③ Manal al-Natour, *The Role of Women in the Egyptian 25th January Revolution*, Journal of International Women's Studies, Vol.13, No. 5, Oct-2012, pp. 69-70.

及女性的身影。很多从来没有参加过任何政治活动的埃及女性，都勇敢地走上街头反对现行的专制体制。她们在解放广场上搭起帐篷，为革命者提供食物和水，还设置了临时诊所，为伤员护理和治疗，她们封锁了广场的入口，为革命捐助资金和首饰。开罗 Nasra 女权主义研究中心主管莫恩·哈桑，高度评价了埃及女性在此次革命中的表现：“在这里，没有人把你当作女性……我们为了争取民主和自由的权利而团结在一起。”①

穆巴拉克辞职后，为保护胜利果实，埃及革命仍在继续，每星期五都会进行各式游行示威活动。2011 年 4 月 8 日，埃及青年联盟发起了“百万人大游行”，女性也是此次政治活动的积极参与者，她们希望女性的权利能在政治层面上有更多的体现和表达。但是埃及女性的处境却不尽如人意。例如，出现了军队士兵在解放广场的人行道上踢打一名女性示威者并脱去其衣服的照片后，事后埃及众多报纸的头版头条刊登了此事，埃及女性在开罗举行了大规模的游行示威活动，并持续了五天，埃及军事委员会甚至意外地做出了道歉。美国《纽约时报》称其为，自 1919 年由埃及女权运动先驱胡达·沙拉维领导的抗议英国统治的大游行以来，最重大的女性游行示威活动。②

在埃及剧变中，女性不仅作为参与者贡献了巨大的力量，还为革命的持续进行提供了资金、技术、供给等后援保障，是这场政治变革运动得以进行下去的一个重要因素。值得一提的是，更多的埃及女性开始参加政治活动，她们的独立意识逐渐觉醒，敢于为争取和维护自身权益与根深蒂固的传统思想进行抗衡。那么，在“1·25”革命后，埃及女性的地位是否因此而改变，女性的切身利益是否得到改善呢?

---

① Nadine Sika & Yasmin Khodary, *One Step Forward Two Steps Back? Egyptian Women within the Confines of Authoritarianism*, Journal of International Women's Studies, Oct2012, Vol. 13 Issue 5, p. 97.

② 《外媒：埃及妇女大游行抗议女示威者受辱》，载新华网，2011 年 12 月 22 日。

二、“1・25”革命后的埃及女性地位

2013年11月12日，汤姆森・路透基金会基于联合国《消除女性一切歧视形式公约》的重要规定，进行民意测验调查，对女性遭受的暴力情况、生育权、家庭待遇、与社会的融合度以及政治经济领域对女性所持态度几个方面对22个阿拉伯国家进行了评估，公布了阿拉伯世界的女性权利排名：非洲国家科摩罗居榜首，而埃及名列22个国家的末位①。此外，世界经济论坛每年发布的《全球性别差距报告》显示，埃及2010年的世界排名为第125名，而2015年则下降到第136名②。通过上述调查结果，我们发现，埃及女性作为此次埃及剧变的重要参与者，其地位没有太多改善，反而有所下降。埃及裔美国专栏女作家莫纳・艾塔哈维，在美国《外交政策》杂志撰文，强烈抨击女性地位丝毫没有因为“阿拉伯剧变”而改善，“除非我们的怒火从对总统府里的压迫者转向大街上和我们家里的压迫者，否则我们的革命根本不算发生过”③。那么，在“1・25”革命后，埃及女性在社会领域、政治领域和安全方面，她们的地位究竟有何变化呢？

（一）社会领域

埃及虽然在阿拉伯世界女性权利综合排名末位，但是在社会领域的排名第14位④，是所有项目中位次最靠前的领域。埃及女性主义者在社会领域为争取自身权益，一直在不懈努力。早在埃及摆脱英国统治的次年，即1923年，著名埃及女性主义者胡达・沙拉维成立了埃及女性联盟，并创办了女性杂志《埃及女人》。在埃及女权运动史上的标志性事件是，沙拉维参加完罗马世界妇女大会后，在亚历山大车站当众摘下头巾，在场的埃及女性也随即摘下头巾。20世纪50年代到70年代，在阿拉伯民族主义盛行的埃及，女性不佩戴头巾

---

① *Poll: Women's rights in the Arab world*, Thomson Reuters Foundation, 12 Nov 2013.
② *Global Gender Gap report for 2015*, Word Economic Forum, 18 Nov 2015.
③ Mona Eltahawy, *Why Do They Hate Us*, Foreign Policy, 23 April 2012.
④ *Poll: Women's rights in the Arab world*, Thomson Reuters Foundation, 12 Nov 2013.

几乎成为社会共识，埃及总统纳赛尔在1953年的演讲上还公开揶揄穆兄会要求每位女性佩戴头巾的提议。穆巴拉克时期，埃及女性在寻求工作时，佩戴面纱会遭到歧视，尤其是在传媒和教育领域的工作岗位。虽然在穆巴拉克时期，埃及女性在社会领域的发展不可避免地要受到来自国家的干预和限制，但很多女性组织发展迅速，且在促进女性地位提高方面起到了很大的作用。

穆尔西上台后，2013年7月，埃及推出的阿拉伯国家第一家"面纱电视台"（全称为伊斯兰玛利亚卫星频道）的"面纱女性"节目开播。此电视台的主持人、制片人、节目策划者、电台管理者等全体职员都为披着面纱的女性。此节目的开播与穆尔西政权的女性政策和执政理念息息相关。穆尔西执政后，不断地削弱埃及女性在过去十年中所取得的权利，也没有在改善女性地位方面采取任何措施，甚至还取消了许多保护女性的法律。2012年11月，穆尔西政权的新宪法指出，国家有权力调整和平衡女性在工作和家庭中的责任，试图取消穆巴拉克时期通过的有利于女性发展和地位提高的法律条款，如女性可以单方面提出离婚的"胡勒法"。此外，还反对联合国关于女性结婚、离婚自由等权力的声明，甚至还呼吁其他伊斯兰国家对此声明表示谴责。可见，"1·25"革命后，埃及女性在社会领域的地位不仅没有得到改善，甚至还出现了倒退的趋势。

（二）政治领域

从英国对埃及进行直接统治时期起，埃及女性就开始在争取政治权利的道路上不断探索。1919年到1922年的埃及反英大游行中，女性团体就是其中一支重要的力量。1923年，成立了埃及女权主义联盟，此联盟充当了埃及女性争取权益的领导和核心的角色。在埃及女权主义联盟的影响下，全国女权主义党和尼罗河女儿联盟分别在1944年和1948年成立，并在倡导埃及女性获得政治权利方面发挥了不小的作用。但是在第二次世界大战爆发之后，埃及女权主义者的政治诉求受到了很大的限制。1956年，纳赛尔政府宣布，埃及女性具有选举权，1957 年在埃及议会中出现了埃及历史上的第一名女性议员，埃及成为女性拥有选举权的第一个阿拉伯国家。1979 年，萨达特政府任命了埃及历史上第一位女性大使，并且在议会中为女性设立固定议席 30 席，使女性在立法机构中的人数迅速增长。[①] 穆巴拉克时期，在议会中为女性保留 30 个席位的法律，由于保守势力的反对而最终被取消，2010 年埃及议会 454 席中只有 8 名女性。

2011 年 3 月，美国《时代周刊》刊登了一篇名为《不再沉默：革命中的阿拉伯女性》的文章。这篇文章引用了摩洛哥政治活动家赛达·孔茨的话："如果这些国家依然持续地忽略他们公民中很大一部分人的权利。那么革命的目的是什么？"[②] 此外，该文还形象地描述了阿拉伯女性在"阿拉伯剧变"中的表现，并且提到如果革命不包括女性，那么消除政治特权就毫无意义。2012 年 5 月，埃及自独立以来进行了首次民主总统选举，总统候选人纷纷争取女性选票，穆尔西的政治顾问艾哈迈德·沙菲克甚至承诺将会任命一名女性副总统。但是穆尔西上台后，2012 年埃及议会的选举结果却是，508 名议员中只有 10 名女性，只占了不到 2%，而全世界的平均水平为 19%(《联合国千年发展目标指标》)，而且 13 名总统候选人均为男性。在"1·25"革命中贡献了力量的埃及女性并没有获得预期的政治权力。

不得民心的穆尔西下台后，塞西政府完善了议会选举程序中对女性群体代表权的保障机制（议会选举是 2013 年 7 月埃及政府制定的"政治路线图计划"的最后一步）。在 2015 年 12 月 9 日的议会选举中，女性议员数量增加到 75 席。埃及《阿拉伯人报》副总编、新当选的女性议员那什瓦·迪卜对中新网的记者说："埃及女性为获得在议会中平等的代表权已努力了约两个世纪。过去，埃及议会中女性议员的平均比例是 2.9%，而今天，我们可以自豪地宣布，埃及女性

---

① Earl L. Sullivan, *Women in Egyptian Public Life*, Syracuse, Syracuse University Press, 1986, p.82.

② Carla Power, *Silent No More: The Women of the Arab Revolutions*, Time, 24 March 2011.

将占新一届议会议员总数的15%以上。"[①] 女性议员人数的增加，某种程度上体现了女性在传统男权社会中政治地位的提升，希望埃及女性能由此逐渐获得更多的切身利益，而不再只是一种"政治涂料"。

（三）安全方面

埃及在阿拉伯世界女性权利排行榜中，在针对女性暴力和引起暴力因素方面的排名为第22位，而且距离倒数第二名伊拉克的分数超出平均一分，拉低了埃及在阿拉伯世界女性权利排行榜中的综合排名。[②] 无论在公共领域还是私人领域，针对女性的暴力问题在埃及确实较为严重，很多女性都遭受过不同形式的性侵犯。联合国的一项调查显示，很多埃及成年女性都遭受过不同程度的性侵犯，82%的成年女性认为自己在大街上不安全。[③] 面对针对女性的暴力活动不断升级，埃及女性为了提高自身地位，越来越多地加入政治抗议的大潮中来，如2004年的凯法雅运动、2006年的马哈拉工厂大罢工等。直到2009年，埃及才通过了对性侵犯暴行惩罚的法律。"1·25"革命后，针对女性的暴力事件愈发增多。2011年11月，埃及裔美国作家莫纳·艾塔哈维在解放广场采访时，遭安全部队拘捕、殴打、性侵。2011年12月，多家埃及报纸刊登了一位埃及女性在解放广场参与示威活动时被军警欺凌的照片。2012年12月，埃及女子雅思敏和四位女性友人到解放广场拍片时，被50名男性包围性侵。穆尔西下台的当天，在解放广场举行的庆祝活动中，就有超过80名女性遭到性侵。2014年6月，在埃及新总统塞西就职庆祝活动中，一名女性被性侵的视频被曝光，引发了全世界的关注。美国国务院发言人就此事件呼吁埃及政府信守承诺，不惜一切代价打击性骚扰和暴力，并立法制裁这些罪犯。

塞西就职后，命令内政部着力解决性侵问题。埃及代理总理易

① 《埃及政坛：女性因何崛起？》，载中新网，2015年12月19日。
② *Poll: Women's rights in the Arab world*, Thomson Reuters Foundation, 12 Nov 2013.
③ Claire Read, *Will Egypt's post-Morsi era be safer for women?*, BBC Arabic, 12 July 2013.

卜拉欣组建的部长级委员会出台了应对性骚扰问题的9项决定：组建应对性骚扰问题的安全小组，加强公共广场等人员密集场所的安全措施，切实推行有关性骚扰以及针对女性的暴力犯罪等问题的法律，加大惩处力度。此决定还包括，委托埃及社会与犯罪学研究中心制定应对这一问题的国家战略，审查教学内容大纲，推动教育部在性骚扰相关问题上进行深入研究并通过教育的方式协助解决这一问题。定期举办宣传教育活动，弘扬正义、宽容等具有正能量的社会美德。同时，各大组织机构也应当引导青年人建立积极的人生观和价值观。此外，埃及已通过了一项有关性骚扰问题的法律修正案。根据该修正案的内容，性骚扰等针对女性的暴力事件的罪犯将被判处6个月及以上的监禁，同时罚款3000埃镑①。

虽然塞西政府上台后采取了一系列增强女性地位的措施，但是女性的切身利益能够彻底实现还需要一个漫长的过程。女权运动开展近200年来的埃及，缘何在阿拉伯国家女性权利排行中排名末位，是我们值得反思的问题。

阿拉伯世界的女性权利排名

国　家	排名（由低到高）
埃及	22
伊拉克	21
沙特阿拉伯	20
叙利亚	19
也门	18
苏丹	17
黎巴嫩	16
巴勒斯坦	15
索马里	14
吉布提	13

① 《埃及新政府出台法律修正案，着力解决性骚扰问题》，载中国网，2014年6月15日。

续表

国　家	排名（由低到高）
巴林	12
毛里塔尼亚	11
阿联酋	10
利比亚	9
摩洛哥	8
阿尔及利亚	7
突尼斯	6
卡塔尔	5
约旦	4
科威特	3
阿曼	2
科摩罗	1

资料来源：*Poll: Women's rights in the Arab world*，2016 年 4 月 30 日。

三、对埃及女性地位困境的反思

纵观埃及女权运动发展史，我们发现，每当埃及面对政治、经济和社会发展方面的危机和转折的时候，都伴随着女性地位和角色的重新定义和重新评估：1919 年民族起义、1922 年的民族独立、1952 年七月革命、1973 年十月战争的失败及萨达特时期开放政策的实施、20 世纪 80 年代的伊斯兰主义盛行、90 年代持续不断的经济危机、国际组织对埃及的影响力不断加强以及今天的埃及剧变，这些埃及历史的转折点，同时也是埃及女权运动史中的标志性事件。每当埃及遭遇重大历史变革，女性都会为增加自身权益，作为重要力量参与其中，但在分享革命果实时，与男性并肩作战的女性革命同伴的利益却往往被忽视。埃及女性的困境究竟缘何而来?

（一）女性权益工具化

1922 年，埃及女性组织曾经在抗英斗争中发挥了关键作用，并得到了来自国王在口头上的各种政治承诺。但是，埃及独立以后，埃及女性并没像男性一样可以进入埃及的公共生活当中，而且在宪法中规定的男女政治平等的条款也迅速被政府宣布作废。同样，在推翻法鲁克王朝的过程中女性团体也贡献了相当的作用，但 1953 年的选举法却并没有给予女性任何选举权，在经过静坐示威和绝食斗争的不懈努力后，1956 年女性才获得选举权。在穆巴拉克时期，2009 年埃及议会通过的一项法令要求在 2010 年 11 月举行的新一届埃及议会选举中女性的比例应该达到 11%①，而 2010 年埃及议会 454 席中只有 8 名女性，女性比例还不足 2%。同样发生的是，“1・25”革命后，埃及女性的地位也不仅没有达到预期，穆尔西政权甚至试图剥夺女性在近十年来所取得的权利。通过上面的论述，我们发现，埃及女性的力量在政治变革中被利用，女性的权益成了政治斗争的工具。上述政权在切实关注女性本身的切身利益方面做得不足，有些时候甚至将其工具化、附属化，服务于政治利益。

（二）保障机制不够完善

针对女性的暴力问题，是埃及最严重的社会问题之一，也是拉低阿拉伯国家中埃及女性地位排行的最重要因素之一。不论是在家庭、工作岗位，还是在大街上，女性经常受到各种暴力威胁，暴力在埃及已经成为一个实际和紧迫的问题，迫切需要得到重视和解决。直到 2009 年，埃及才通过了对性侵犯暴行进行惩罚的法律，但是对性侵犯暴行也还没有明确的界定。甚至在此次剧变中，各种针对女性的暴力事件仍不时发生，甚至不断升级。更有甚者，连军方都对女性施暴，然而政府并没有采取有效的措施进行制止，也没有对相关施暴者及时惩处。埃及的司法保障机制不够完善让一些人有机可

---

① Mro Hassan, *Egypt: Women to Form 11% of the Next Parliament*, The Los Angeles Times, June 2, 2009.

乘，军方对待暴力事件的处理方式，更让一些不法分子肆无忌惮。针对女性的暴力问题，如果没有相应的法律法规对其进行明确和严格的规定，女性的人身安全都无法保障，女性地位的提高更无从谈起。此外，加强对女性在结婚、离婚、教育和就业等领域的保障机制也是非常必要的。真正完善对女性各方面的保障机制，才能切实维护女性的切身利益。

（三）传统思想根深蒂固

1981年加入穆兄会的穆尔西高级助手奥麦玛·卡姆尔曾说过："老实说，如果你的工作让你放弃了根本的家庭职责，如果你的个人事业牺牲了家庭生活和儿女的稳定环境，那么你就是人生的输家。"[①] 在埃及，很多女性都被这种根深蒂固的传统思想所禁锢。此次埃及剧变当中，就有女性担心政治变革后会失去原有的身份认同，对待革命甚至持怀疑态度。一些长期受压迫的、逆来顺受的埃及女性，尤其是受教育水平比较低的女性，自身的变革意识非常淡薄，甚至认为男尊女卑的社会现象是理所应当的。如果女性自身的平等意识都没有觉醒，何谈整个社会对女性的尊重和认可？此外，女性的思想观念会影响下一代、整个家庭，甚至整个社会的价值观。所以，只有女性自身能彻底抛弃这种根深蒂固的传统思想，将男女平等的理念逐渐渗透到家庭生活中，并将其潜移默化地融入整个社会的价值体系中去，才能从根源上根除思想痼疾，从而逐渐改变埃及女性的现状和困境。正如著名的中东问题研究学者伊丽莎白·芬那非要通过选举进入公共服务部门，重要的是对在社会长期占统治地位的"男性和男性权力占据主要地位"这一观念的改变[②]。

四、结语

"1·25"革命后，作为革命重要参与者的埃及女性并没有获得

① 谷亚平：《穆巴拉克时期妇女地位研究》，郑州大学硕士论文，2014。

② Elizabeth Fernea, *The Challenges for Middle Eastern Women in the 21st Century*, Middle East Journal, Vol.54, No. 2, 2000, p.192.

预期的权利，其地位也没有太多改善，反而有所下降。政权利益的驱使、女性保障机制的缺失以及女性自身平等意识的淡漠，是造成埃及女性困境的重要原因。值得期待的是，塞西政府为维护女性权益和提高女性地位正不懈努力，社会保障机制的增强、女性议员人数的增加以及维护女性安全的决议和相应的法律法规相继出台，都是其初期成果，体现了埃及政府对女性在国家事务中发挥更大作用的期待，同时，我们也期望埃及女性能够从中获得切实利益。塞西总统在 2016 年 1 月 25 日对埃及人民说："民主是一个渐进的过程"。同样，女性地位作为衡量民主进程的重要考量标准，其发展也不是一蹴而就的，是需要埃及人民乃至世界人民的耐心的。

“1·25”革命后埃及旅游业现状与对策

庞博

【摘要】埃及是阿拉伯国家乃至世界的旅游胜地，它有金字塔、卢克索神庙、狮身人面像等闻名于世的旅游资源。旅游业作为埃及三大支柱产业之一，在“1·25”革命后出现了明显的衰退。本文旨在通过新的统计数据揭示2005年至2015年埃及旅游业的发展状况，并对其中的问题提出可行性的解决对策。

【关键词】埃及；“1·25”革命；旅游业；现状；对策

【作者简介】庞博，北京外国语大学2014级博士研究生，北京扎耶德阿拉伯语与伊斯兰文化研究中心助理研究员，研究方向为阿拉伯语语言学。

埃及位于非洲东北部，疆域横跨亚非两洲，东临红海，北面地中海，有着如沙姆沙伊赫、亚历山大、阿斯旺等丰富的自然旅游资源。埃及历史悠久，是世界文明古国之一，有金字塔、狮身人面像、卢克索神庙等人文旅游资源。因此，旅游业成为埃及经济的支柱之一，提供了国内八分之一的工作岗位。埃及旅游业可分为休闲游、文化游、生态游、宗教游、疗养游等种类，这种多形式的旅游模式也带动了就业、基建、媒体、通信、网络、医疗等行业的发展。但是在2011年“1·25”革命爆发后，埃及旅游业的发展受到了制约。

一、“1·25”革命后埃及旅游业现状

旅游业是指“以旅游者为服务对象，以旅游市场为联系纽带，以旅游资源和设施为基础，以旅游经营活动为中心，将相关行业和

企业集合起来，向旅游者提供旅游过程中所需要的产品和服务的综合性产业”。[①] 它主要包括旅游业、交通业和住宿业。

一个地区旅游业的发展状况通常可以从三个角度衡量，即旅游人数，旅游收入旅游者平均过夜时间。

2005—2015 年赴埃及旅游人数表 [②]

旅游人数 / 百万人	年份
8.6	2005
9.1	2006
11.1	2007
12.8	2008
12.5	2009
14.7	2010
9.8	2011
11.5	2012
9.5	2013
9.9	2014
9.3	2015

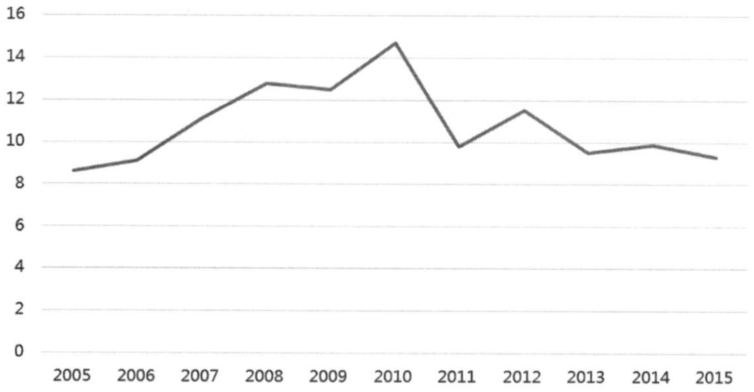

2005—2015 年赴埃及旅游人数变化图

从以上图表中可以看出：自 2005 年到 2010 年，埃及旅游人数总体呈上升趋势，但在 2011 年“1·25”革命后，旅游人数直线下降。

① 克里斯·库珀等：《旅游学》，张俐俐等译，144 页，北京，高等教育出版社，2007。
② http://www.capmas.gov.eg/Pages/IndicatorsPage.aspx?page_id=6133&ind_id=2251.

2012 年，数据有所回升，但随后又有所下降。

2005—2015 年埃及旅游收入表 [①]

收入 / 十亿美元	年份
7.2	2005
8.2	2006
10	2007
11	2008
10.8	2009
12.5	2010
8.8	2011
10	2012
5.9	2013
7.5	2014
6.1	2015

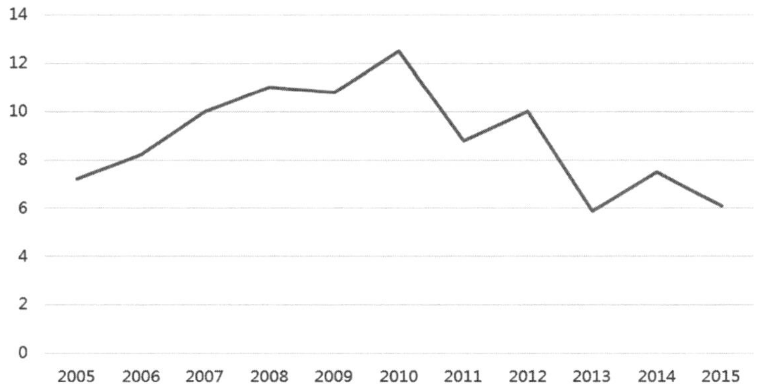

2005—2015 年埃及旅游收入变化图

旅游收入是旅游经济活动的重要内容，是衡量一个地区旅游经济效果的重要指标。从以上图表中可以看出：埃及旅游收入在 2010 年达到了近 11 年来的最高值，但是在 2011 年急剧下降，在 2013 年时更是再创新低。

① 大部分数据来源：维基百科：https://ar.wikipedia.org/wiki/%D8%A7%D9%84%D8%B3%D9%8A%D8%A7%D8%AD%D8%A9_%D9%81%D9%8A_%D9%85%D8%B5%D8%B1#cite_note-171。

2005—2015 年赴埃及游客过夜天数表 [1]

平均天数 / 天	年份
85.2	2005
89.3	2006
111.5	2007
129.2	2008
126.5	2009
147.4	2010
114.2	2011
137.8	2012
94.4	2013
97.3	2014
84.1	2015

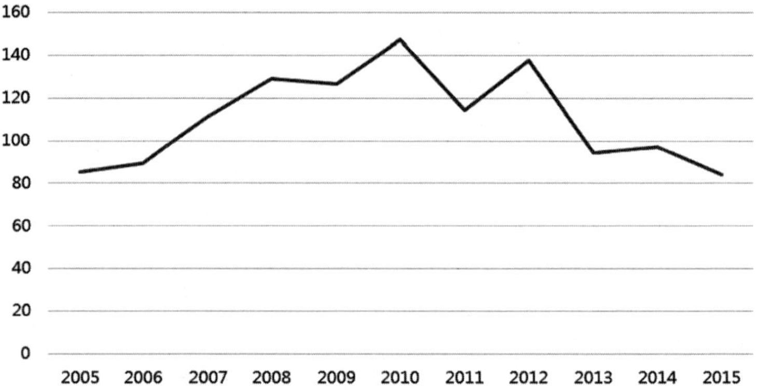

2005—2015 年赴埃及游客平均过夜天数变化图

旅游通常是一种异地体验活动，只有过夜的游客才能叫作旅游者。从收入角度看，衡量一个地区的旅游收入经济的作用，应当看重从本地区之外获取的收益。因此，游客过夜天数是衡量某地区旅游情况的核心标准。从以上图表中不难发现，2005 年至 2010 年，赴埃及游客的平均过夜天数逐年增加，但是在 2011 年却有所下降；数据在 2012 年时有所回升，但在接下来的几年中又呈直线下降的趋

① http://www.capmas.gov.eg/Pages/IndicatorsPage.aspx?page_id=6133&ind_id=2251.

势，2015 年到达近年来最低点。

综上所述，2005 年至 2010 年埃及旅游业的上升态势良好，但在 2011 年爆发“1·25”革命后，埃及旅游业的发展整体呈下降趋势，游客数量减少，旅游收入下降，游客平均过夜天数也有所下降。

二、埃及旅游业现状的原因分析

一个地区旅游业的发展因素并不是一成不变的，它往往会受到以下因素的制约。

社会变化因素，该因素又包括两个重要的方面：一个是该地区社会人口结构的变化；另一个是社会发展的趋势，其中包括城市人口的增加、女性地位的提高和人们文化需求的增加。

政治制度因素，即国家对旅游行业政策性的支持。

安全与风险因素，即该地区是否遭受战争、恐怖袭击和自然灾害。

气候变化因素，即全球气候变暖和臭氧层的退化对该地区气候造成的影响。

2011 年，“阿拉伯之春”的革命风暴席卷整个阿拉伯世界，1 月 25 日，埃及发生了举世瞩目的“1·25”革命，人民群众为了表达对时任总统穆巴拉克、现行政治制度和生活的不满，自发来到开罗市中心的解放广场进行抗议、示威游行，自此埃及的安全局势急剧恶化。在随后的几年间，埃及发生了多次大规模的示威游行活动，造成了不少人员伤亡。

2015 年 10 月 31 日，一架载有 200 多名旅客的俄罗斯客机受到恐怖袭击，在埃及西奈半岛上空坠机。事故发生后，包括俄罗斯、法国、英国、土耳其在内的多个国家决定撤离在埃滞留公民，并暂停来往埃及航班。

长久以来，旅游业是埃及经济的支柱产业，也是埃及外汇收入的重要来源之一。自 2011 年起，埃及旅游业的发展较之前几年有所下降，主要是受到了安全和风险因素的制约，而这正好折射出埃及政治不稳和恐怖主义对埃及旅游业的影响。

（一）政治不稳

政治不稳（或政治失稳）是相对于“政治稳定”而言的，它是一个相对的概念。政治稳定是指“某一政治体系的延续性、秩序性和可控性，它包括政权体系的延续性或稳定性、权力结构的合理性和政治运行过程。”[①] 而政权稳定是政治稳定的核心和基础。

从 2011 年到现在，埃及政权经过了三次更迭。2011 年 2 月 11 日，统治埃及 30 多年的埃及前总统穆巴拉克因反政府抗议活动被迫辞职。

2012 年 6 月 24 日，穆斯林兄弟会候选人穆尔西赢得总统选举决胜轮，成为前总统穆巴拉克下台后的首任埃及总统。2013 年 6 月 30 日，数百万民众在包括首都开罗在内的主要城市举行支持或反对穆尔西的大规模游行示威，部分城市还爆发了流血冲突。同年 7 月，埃及军方以穆尔西未能解决国家当前面临的危机为由解除他的总统职务，引发了穆兄会支持者的持续示威抗议和严重的流血冲突事件，这也使得埃及社会再度面临严重分裂和对立的局面。

2014 年 1 月 25 日，在首都开罗，警方在驱散反政府示威人群时使用了催泪弹，而示威群众则向警方投掷燃烧的轮胎，至少 4 人在冲突中丧生。在北部的明亚，穆兄会成员在举行抗议活动时与警方发生冲突，造成两人丧生。加沙地带和亚历山大各有 1 名示威者丧生。

2014 年 6 月，军方前领导人塞西当选埃及总统，他的当选获得了军队、人民、政治家和多数海合会成员的支持。

尽管塞西已经当选埃及总统，但是 2015 年 1 月 25 日穆尔西支持者仍在开罗与其他城市上街示威，与警方爆发巷战，造成至少 13 人死亡及数十人受伤。

埃及政权的不稳定造成了一系列的负面影响，人民群众出于对

① 毕健康：《埃及现代化与政治稳定》，4 页，北京，社会科学文献出版社，2005。

自身生活的不满，纷纷走上街头举行一系列具有规模性、规律性的示威游行活动，这些活动经过媒体报道后势必会对想来埃及旅游的游客造成恐慌，从而影响旅游业的发展。

（二）恐怖主义蔓延

此外，埃及旅游业的发展还受到了恐怖主义的威胁。恐怖主义“对政府、公众或个人蓄意使用恐怖手段或令人莫测的暴力，以达到某种政治目的”。[①]

目前埃及主要有四个极端组织从事恐怖主义活动，即埃及伊斯兰圣战组织、穆斯林兄弟会、赎罪与迁徙组织、伊斯兰集团。

这些极端组织都有一定的历史，很早就开始在埃及境内从事恐怖活动，如1997年卢克索恐怖袭击案、2004年10月发生的“住棚节”连环爆炸案、2005年7月的连环爆炸案、2006年4月的西奈半岛连环爆炸案等。

近些年随着事态的发展，在西奈半岛又出现了耶路撒冷支持者组织、大耶路撒冷地区圣战军舒拉委员会、西奈半岛圣战支持者组织和马哈茂德·贾迈尔网络等极端恐怖组织。它们的恐怖行动更是日益猖獗：2014年2月，一辆载有33名韩国游客和导游的大巴车在西奈半岛遭恐怖分子袭击；2014年10月，西奈半岛连续发生两起针对军方的袭击事件；2015年7月，ISIS在西奈半岛发动了5次袭击；2015年10月31日，一架载有200多名旅客的俄罗斯客机受到恐怖袭击，在埃及西奈半岛上空坠机。

从上述事件可以看出，极端组织在埃及的活动逐渐升级；恐怖袭击逐渐向西奈半岛渗透，西奈半岛已经成为埃及反恐的“痛处”；袭击对象也由当地平民、地方军队逐渐转向外国游客。

西奈半岛拥有珊瑚、奇石、沙漠等自然景观，此外还有圣凯瑟琳修道院等人文景观，是埃及的旅游胜地。西奈半岛连接着非洲和亚洲，西接苏伊士湾和苏伊士运河，东接亚喀巴湾和内盖夫沙漠，北临地中海，南濒红海，历来都是兵家必争之地。岛上的居民以贝

① 转自朱威烈等：《中东反恐怖主义研究》，3页，北京，时事出版社，2010。

都因人为主，约占总人口的70%，剩下的主要是巴勒斯坦人、埃及人、土耳其人和波斯尼亚人。也正是因其特殊的地理位置和复杂的人口构成，西奈半岛已经成为埃及极端组织的“温床”。

极端组织将袭击对象锁定为游客，笔者认为有以下原因。

第一，从下面两图可以看出，近年来赴埃及的游客大多数来自欧洲等发达地区，而极端组织袭击的对象往往也是这些发达国家的游客，这样可以提高在游客所在国的影响力，进而起到宣传的作用。袭击的规模越大，受到媒体的关注就越多，造成的影响就越大。

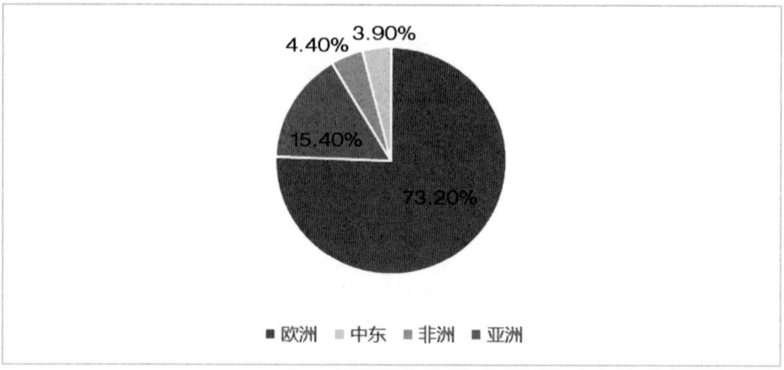

2011 年赴埃及游客国籍百分比

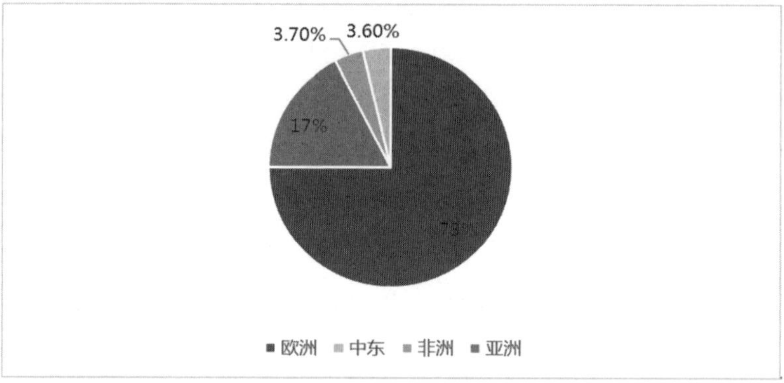

2012 年赴埃及游客国籍百分比

第二，旅游业是埃及经济的支柱性产业之一，袭击者对游客的袭击活动可以对埃及的旅游业产生负面的影响，进而影响埃及的经济，削弱政府实力。

第三，从上面两图可以看出，近年赴埃及旅游的游客中，来自中东地区的较少，而从报道中很少见到有针对本国游客或是其他阿拉伯国家游客的恐怖袭击活动，这表明这些极端组织渴望获得本国或者本民族的支持。

综上所述，极端组织针对外国游客的恐怖袭击活动，给埃及旅游业带来了巨大的影响，进而对航空业、酒店业等领域造成了负面影响，最终削弱了国家的经济实力。

三、埃及旅游业发展的对策

旅游业是服务性行业，在国民经济中扮演着重要的角色。事实证明，经济发达的国家同时也是旅游业发达的国家；经济越是发达，旅游业占该国的国民生产总值的比率也就越高。埃及历史悠久，名胜古迹很多，具有得天独厚的发展旅游业的良好条件，并且政府一直非常重视发展旅游业。“1·25”革命后，在旅游业发展滞后的形势下，埃及政府也做出了一系列的改进措施，如实行更加灵活的汇率政策，在多个国家举办旅游推介会，开通新的航线，开发新的旅游景点，开展各式各样的文化活动等。

但是，笔者认为，埃及政府的做法没有从根本上解决问题。要想在“1·25”革命后，真正使旅游业有所发展，埃及政府应在两个方面采取措施，即维护国家政治的稳定和打击极端主义势力。

（一）维护国家政治的稳定

当前制约埃及政治稳定的因素主要有三个：政治因素、社会经济因素和伊斯兰因素。

政治稳定与政治制度有着密切的关系，政治制度是政治稳定的基础，只有与社会经济文化发展水平相适应的政治制度才有利于政治稳定。自独立以来，埃及政治制度水平发展缓慢，其主要原因是其“总统至大，议会与政府弱小，其他政党边缘化”。这种高压式的政治制度与埃及的社会经济文化水平发展不符，并且造成了其他政党的不满，进而促使“1·25”革命爆发。当前，塞西政府应通过修改宪法、维护各党团结等方式完善原有政治制度，继而保障政治稳定。

经济基础决定上层建筑，经济发展能够增加社会财富，提高人民生活水平，进而促进政治的稳定。“缺少下层百姓直接参与并受益的畸形的经济发展，很可能不利于政治稳定”。[①] 2011 年前埃及 GDP 增长率高于世界平均水平，而在 2011 年之后埃及经济水平有所下降，经济水平的下降同时也导致了失业、贫困等社会问题。因此，当前塞西应对内发展经济，扩大就业机会；对外招商引资，为经济发展创造良好的外部环境。

伊斯兰因素是埃及政治稳定的特殊性所在，当前埃及政治稳定的伊斯兰因素主要来自“穆兄会”。“穆兄会”是埃及建立最早且规模最大的民间伊斯兰组织，对埃及政治稳定构成了直接影响。

自 2013 年埃及军方推翻了穆尔西政府以来，埃及军方对“穆兄会”进行了彻底性的清除，逮捕了其最高决策机构主席，取缔了其下属的政党和非政府组织，逮捕了几乎全部骨干和领袖人物。这也使得“穆兄会”短时间内没有可能再次发动大规模的游行示威活动。

因此，埃及旅游业的重振需要政治稳定最为基本的保障，其中政治因素是根本，社会经济因素是关键，伊斯兰因素是核心。

（二）打击极端主义势力

自“9·11”事件之后，恐怖袭击已经成为旅游业必须面临的问题之一，恐怖袭击对旅游业的发展造成了巨大的影响。

目前，西奈半岛的极端组织已经成为埃及反恐的重要目标，而埃及政府在该地区的反恐行动一直收效甚微。造成西奈半岛极端组织猖獗的原因主要有如下四点：“第一，近年来埃及政权更迭频繁，无法对西奈半岛的极端势力实施强有力的打击；第二，西奈半岛的埃及军队力量薄弱，不足以应对不断壮大的极端主义势力；第三，西奈半岛伊斯兰极端组织武器精良，作战经验丰富，并拥有使用复杂武器的技能；第四，埃及政府未能处理好与贝都因人部落的关系，导致后者日趋极端化。”

因此，埃及政府要想从根本上打击位于西奈半岛的极端组织就

---

① 毕健康:《埃及现代化与政治稳定》，435 页，北京，社会科学文献出版社，2005。

必须保持政治的稳定，加强军队的建设，加大对武器的投入，加强对军队的培训，并且努力修复同贝都因人的关系。此外，还应做好打持久战的准备，积极同国际社会合作，共同打击恐怖主义势力。只有极端组织的活动得到有效的遏制，才能为埃及旅游业的重振提供良好的外部环境。

四、结语

埃及有着丰富的旅游资源，旅游业也是埃及经济发展的重要支柱之一，但是自 2011 年“1・25”革命爆发后，埃及旅游业出现了明显的下滑趋势，旅游人数、旅游收入、游客过夜天数较之前几年都有明显的下降。造成这种现象的原因主要是因为埃及政治的不稳定和极端组织活动的日益猖獗。因此，埃及旅游业的复苏需要从根本上维护国家政治的稳定和打击极端主义势力。

新时期中埃经贸合作面临的机遇与挑战

江　琪

【摘要】位于“一带一路”交汇处的埃及，在历史上就是丝绸之路的通达之地。作为中国“一带一路”的天然合作伙伴，在中国“向西看”的同时，埃及也选择“向东看”，二者遥相呼应。此外，在新时期，中埃经贸合作的互补性不断凸显，为两国间的经贸往来带来发展的契机。但同时，两国间的经贸合作也面临着一系列的挑战：埃及国内局势的不稳定对中埃开展经贸合作构成了一定程度的威胁，埃及汇率的不稳定使出口企业面临一系列风险，部分中国商品的质量问题也给中埃间的经贸合作造成了影响。尽管两国间的经贸合作面临着诸多挑战，但在新的历史时期，中埃共建“一带一路”意愿强烈，加之双方间的经贸合作有着坚实的基础，在双方的共同努力下，势必会迎来广阔的合作前景。

【关键词】中埃经贸；合作机遇；挑战

【作者简介】江琪，北京外国语大学阿拉伯学院 2014 级硕士研究生，研究方向为阿拉伯社会文化。

埃及是第一个同新中国建交的阿拉伯国家，也是第一个同中国建立面向 21 世纪战略合作关系的发展中国家。长期以来，不管政治风云如何变幻，中国与埃及始终友好合作。2016 年恰逢中埃两国建交 60 周年，60 年来，两国始终在互相尊重，平等互利的基础上发展着两国之间的关系，有着“南南合作典范”的美誉。在两国的双边关系中，经贸合作一直是两国发展的重点。回顾历史，我们发现，中埃经贸合作有着坚实的基础；展望未来，中埃经贸合作在迎接机遇的同时也面临着一系列挑战。

一、中埃经贸合作的历史回顾

中埃经贸往来有着悠久的历史，2 世纪下半叶，埃及就是海上丝绸之路通往欧洲的中转站。新中国成立后，中埃双方的经贸往来更加频繁。1956 年 5 月，埃及成为第一个与中国建交的阿拉伯国家。1957 年 10 月，中埃政府签订了“支付协定”，规定以记账方式进行两国之间的贸易结算。1992 年，两国政府建立了经贸混合委员会交流机制，2006 年 11 月，埃及宣布承认中国完全市场经济地位。2004 年 9 月，“中阿合作论坛首届部长级会议”在开罗举行。2014 年 6 月，第六届部长级会议在中国举行，这一系列会议都推动着中埃之间的经济贸易在向前发展。

近年来，两国政府积极鼓励和推动双方企业扩大经贸合作，双边贸易额持续增长。中埃经贸关系自 2011 年以来获得了巨大发展，双边贸易额平均增长率超过 20%。2013 年，中埃贸易额首次突破百亿美元，达 102.13 亿美元，中国超越埃及传统的贸易伙伴，成为埃及第一大贸易伙伴 。2014 年，双边贸易额 116.2 亿美元，同比增长 13.8%，中国企业对埃投资已超过 50 亿美元，中埃苏伊士经贸合作区已经累计投资超过 9 亿美元，成为中埃经贸合作的典型案例。2014 年年底，埃及总统塞西访华，中埃共同发表了建立全面战略伙伴关系的声明。2015 年，中国与埃及双边货物进出口额为 129 亿美元，2015 年 9 月，中埃双方签署了《产能合作框架协议》，充实了中埃全面战略伙伴关系的内涵。截至 2015 年 12 月，埃及是中国第 44 大贸易伙伴（环球网）。2016 年 1 月 20 日，习近平主席对埃及进行了国事访问，将中埃经贸合作提升到了一个新的层次。此次访问期间，中埃共签署了涉及经贸、能源、金融、通信、航空航天、气候变化等诸多领域的 21 项合作文件，大大拓展了务实合作的广度和深度。

二、中埃经贸合作的发展机遇

（一）中埃经济发展的反差增加了中埃经贸发展的动力

尽管人类已经进入 21 世纪，但经济问题仍然是世界各国面临的主要问题，特别是相当一部分发展中国家至今没有找到实现经济发展的良策，因经济问题而引发的社会动荡和政权更迭更是屡见不鲜。然而，在广大发展中国家普遍遇到发展困境的时候，中国经济却实现了连续三十多年的高速发展，因而成为世界关注的焦点。

以 1978 年中国共产党十一届三中全会为标志，中国进入了改革开放的历史新时期，经过 30 多年的发展，中国取得了举世瞩目的经济发展成就，国际社会普遍对此高度评价，认为中国超越常规、超越发展阶段的高速发展创造了人类历史上的一个奇迹：一方面，中国的经济实力和综合国力不断增强，人民生活水平和国民福利得到了实质性的提高；另一方面，中国日益融入世界经济，成为世界经济体系中的重要一极。

在中国经济不断前行的同时，阿拉伯国家的经济却一直处于困顿的状态，人民生活水平长期没有得到改善。2011 年年初以来，阿拉伯国家爆发了一场自发性的大规模群众运动，导致多个国家发生不同程度的动荡。引发这场“剧变”的原因是多方面的，独裁统治丧失民意基础、霸权主义招致怨愤、现代信息技术的推波助澜都是重要因素，但根本原因则在于阿拉伯国家严重的经济问题和民生问题。

中东国家的经济实际上长期处于困顿状态，并缺乏实现突破性发展的条件，在全球化浪潮中处于被边缘化的地位。以埃及为例，在民生方面，据埃及中央公共动员及统计局统计，2015 年埃及四季度的平均失业率为 12.78%，相比 2011 年增长了 7.6%，埃及的失业人口中 90% 是 30 岁以下的青年，青年人中中等学校和大学毕业生的失业率超过 34%。“1・25”革命爆发之后的两年里，埃及贫困率至少上升了 26%。同时，严重的贫富差距在继续扩大。研究显示，占埃及总人口 20% 的富裕阶层拥有 55% 的社会财富，而占总人口

60% 的低收入阶层只拥有 18% 的社会财富，这种反差使民众产生了严重的被剥削感以及强烈的压抑、不满、失望等心理。[①] 可以看出，埃及正面临着严峻的经济问题。

面对中国与埃及在经济表现上的强烈反差，埃及人在反思自身的同时，也对中国和中国经济表示出极大的兴趣并“渴望达到其繁荣和开放的水平”。埃中友协会长曾高度评价中国改革开放取得的成就：“对改革开放 30 余年来在政治、经济、社会和文化等各领域取得的巨大成就表示赞赏和钦佩……中国正在持续、平稳、出色地推行经济改革政策，中国经济发展所取得的成就赢得了阿拉伯国家的尊重。”

2011 年年初发生在埃及的“1·25”革命的主要原因是经济问题和民生问题，革命的发生在很大程度上证明埃及经济发展模式的失败，而能否找到实现国家振兴的良策对埃及政府而言是极大的挑战，埃及只有以自身国情为基础，同时积极借鉴其他国家的有益经验，才能找到适合自己的发展道路，摆脱当前的困境。

美国《时代》杂志前任编辑、中国清华大学兼职教授雷默认为：中国的经济发展模式不仅适合中国，也是落后的发展中国家追求经济增长和改善人民生活足可效仿的榜样，对全世界那些正苦苦寻找不仅要发展自身，而且还要在融入国际秩序的同时真正保持独立和保护自己生活方式和政治选择出路的国家来说，中国模式提供了新的选择。当前，中国模式已经成为埃及关注和学习的对象。

埃及总统塞西当政近两年以来，对外交往活跃，其目标之一便是为埃及经济的恢复和发展创造条件。在对外关系上，继续推动“向东看”政策，寻求政治支持，扩大贸易合作。其“向东看”政策的一项重要内容就是深化与中国的友好关系，他曾明确表示中国提出的“一带一路”构想是中埃合作的“契机”，埃及愿意积极参与。2014 年 12 月 22 日至 25 日，塞西访问中国，中埃元首共同决定将双边关系提升为全面战略伙伴关系。塞西总统表示，埃方愿积极参与并支持中国提出的共建“一带一路”倡议。埃及政府还专门设立了

① 刘欣路：《中阿关系发展中的中国软实力研究》，北京，光明日报出版社，2014。

一个“中国事务组”，由总理易卜拉欣·马格赖卜牵头。埃及还把中国看成是除了海湾国家以外最有可能的主要投资者。2015 年 3 月的埃及经济发展大会原定于 2 月召开，因恰逢中国春节而推迟到 3 月召开，足见埃及对于与中国的合作寄予厚望。

（二）中国“向西看”，埃及“向东看”，两者遥相呼应

“向东看”是埃及正在寻求适合本国国情的发展道路并迫切需要引进投资和技术的背景下出现的趋势。中国加强“向西开放”的外交取向与埃及的“向东看”相契合，这就为中埃经贸合作带来快速发展的契机。

2013 年，中国国家主席习近平提出了建立“丝绸之路经济带”和“21 世纪海上丝绸之路”的战略构想，这一战略构想在埃及引起了广泛的关注。与之相伴而生的亚洲基础设施投资银行已正式成立并开始运作。埃及是亚投行的创始会员之一，这为中埃合作增加了新的重要平台。与此同时，埃及的政治转型也进入新的阶段，谋稳定、促发展成为当前的重要任务。随着中国“一带一路”构想的实施与埃及“苏伊士运河”走廊开发的加速，中埃在战略目标与发展理念方面拥有了许多契合点，为新时期中埃经贸关系的发展提供了新的增长点和着力点。

中国驻埃及使馆商务参赞韩兵表示，埃及近年推出的一系列国家战略大项目，与中国“一带一路”倡议能形成有效对接。塞西执政以来，埃及初步实现了国家和社会的稳定，通过“外援”和“上大工程”以及建造“新首都”等远景规划，展现了埃及发展的乐观前景。埃及苏伊士运河走廊开发、新首都建设以及卢克索向西到红海的“金三角”矿产项目等都蕴藏着巨大的投资机会，中埃在经贸合作领域充满机遇。

中埃苏伊士经贸合作区一期 1.34 平方千米已经完成建设，数十家入驻企业为当地创造了 2000 多个就业岗位。中埃两国领导人共同揭牌的合作区二期项目，将会见证更多的中埃合作，广州大运摩托、中国玻璃、英利太阳能、渤海石油等大型企业已经签署入驻协议，

预计未来合作区将吸引 100 家中国公司，吸收投资 25 亿美元，成为以出口加工、先进制造、现代仓储物流为主导的综合性自由型经济区，吸引各国企业集群发展。埃及正通过与中国发展紧密的经贸合作关系，挖掘经济增长新潜力。[①]

当前，“一带一路”建设进入关键时期。埃及作为“一带一路”沿线国家，由于其特殊的地缘位置和传统地区影响力，已经成为落实“一带一路”建设的支点国家。埃及目前实施的“振兴计划”与“一带一路”建设存在战略上的对接。中埃两国都在为实现民族复兴而努力，均希望借助彼此的力量进行战略互补，中埃两国政治互信度较高，没有结构性政治矛盾，高层对话机制畅通，这些都将促进双方经贸合作的发展。

（三）中埃经贸合作的互补性不断增强

近年来，中埃经贸合作的互补性不断凸显。以新苏伊士运河为例，新苏伊士运河园区迫切需要发展交通、电子、能源、玻璃制造等产业，而这些正是中国的优势产业。埃及的基础设施建设和产业发展迫切需要投资，而中国目前正值产能过剩之时。埃及所需要的发展产业正是中国的优势产业，产业转移的需求得到了满足。同时，苏伊士运河享有得天独厚的地理位置优势，是贯通欧亚非三大洲的国际海运要道，是中国“21 世纪海上丝绸之路”的重要组成部分，能够在今后的航运中与“一带一路”进行有效对接。同时，埃及不仅与欧洲签署了免税协定，还与美国签署了合格工业区协定，有利于中国企业面向欧美市场。双方经贸合作的互补性可以概括为以下几个方面。

1. 市场

埃及人口规模较大，经济建设方兴未艾，国内市场有较大潜力。更加值得重视的是，埃及的地理位置优越，地处中东地区的中心，亚、非、欧三洲的交界地带，对世界市场具有很强的辐射力。埃及与欧盟、东南亚共同市场和阿拉伯国家签署了自由贸易协定，与以

① 王云松：《埃及在困境中寻求经济振兴》，载《人民日报》，2016-03-23。

色列和美国签署了合格工业园区协议，在埃及生产的工业制成品可以免税进入阿拉伯国家、其他非洲国家、欧盟和美国市场。这一点对于中国的直接投资者来说，具有很大的吸引力。

2. 技术

中国有埃及需要的适用技术，双方产能合作空间广阔。近年来，随着我国成为全球第二大经济体，在光伏、电力、铁路等产业逐渐形成独特的竞争优势，埃及与我国加强合作的需求不断增加。中国由于人口红利的逐渐减弱，劳动力成本不断上升使得劳动密集型产业的成本不断提高，企业利润空间不断缩小。中国的新能源产业迅速发展，也积累了很多的剩余产能，企业对外输出优势产能的动力明显加强。在中国产业升级的战略调整过程中，这些产业都要部分依靠对外转移，寻找发展的新空间。而这些产业恰恰就是埃及工业化发展最需要的产业。中国的劳动密集型制造业，可以对埃及解决就业问题做出重大贡献。而新能源产业也是埃及工业化的重点之一。埃及能源严重短缺，政府十分重视新能源和可再生能源的开发利用。埃及计划未来 10 年实现 3000 万千瓦的新能源电力生产规模。政府计划未来五年将在该领域投入 445 亿美元，并计划 2020 年将传统能源的发电比例从 90% 缩减到 60%，将太阳能和风能的发电比例从当前的 1% 提高到 20%，并逐步开展核电项目。目前，凡是投资于埃及光伏项目的企业将获得 25 年的土地使用权，风电项目为 20 年。2005—2013 年，中国对埃及的投资总额为 84 亿美元，其中超过半数都集中在能源领域。与此同时，中国在新能源和可再生能源领域有着先进的技术经验和生产设备，在技术领域给埃及提供了强有力地支持。除此之外，埃及的基础设施建设也有很大的发展空间。埃及的铁路、公路等基础设施十分薄弱，政府将投资 47.6 亿美元建设全长 3400 千米的国家公路网，投资 200 亿美元建造多条铁路线等。基础设施建设不仅是中国企业的强项，也可以带动中国钢铁、水泥等产业的过剩产能对外转移。①

① 杨光:《中东发展报告 NO.17（2014～2015）：低油价及其对中东的影响》，北京，社会科学文献出版社，2015。

3. 产业转型

埃及作为一个拥有约9000万人口的地区大国，国家治理若长期建立在依赖外援、侨汇、旅游业和苏伊士运河过境收入等之上是远远不够的。没有经济结构的全面调整和工业化基础，就难以从根本上解决埃及发展的深层问题，难以提供社会稳定所依托的坚实的经济基础。

埃及发展工业化，特别是发展劳动密集型制造业，面临着一个历史性的机遇。这个机遇就是中国的劳动密集型制造业技术和新能源等适用技术的对外转移。中埃开展产能合作符合埃及工业化和解决就业问题的战略需要，也符合中国产业升级调整的战略需要，具有互利双赢和共同发展的坚实基础，可以为中埃全面战略伙伴关系注入新的发展动力。

三、中埃经贸合作面临的挑战

（一）埃及国内政治的不稳定

自2011年埃及革命以来，埃及国内政局始终处于动荡状态。2013年埃及再次爆发的多轮示威游行不仅迫使第一位民选总统穆尔西下台，更暴露了埃及在向文官型政府过渡时所需要面临的来自各方势力的博弈。这一多方对决直接引发了波浪式的暴力冲突，造成了相当程度的人员伤亡，使埃及的政治局势面临着前所未有的挑战。

2014年5月，塞西当选新一任埃及总统，将埃及重新带回军人统治的政治传统中。此时的埃及被称为后穆巴拉克政权以来“最分裂”的时期，塞西的民间反对者们不断用爆炸等致命性手段表达自身的抗议和不满。[①] 尽管埃及目前的局势趋于稳定，但这种稳定在一定程度上依赖于现政府的高压政策，一旦当前军方主导的埃及政府

① 尹继武：《“一带一路”投资政治风险研究之埃及》，2015年5月12日，http://opinion.china.com.cn/opinion_50_129550.html。

未能有效改善埃及人民的生活现状，埃及仍有再次陷入政局动荡的风险。混乱和未知的政治局势在客观上增加了中国投资者的安全成本，也为中埃两国间的经贸合作带来了一系列不稳定、不确定因素的冲击与挑战。

（二）埃及汇率风险较大

埃及汇率不稳定，出口企业面临外汇结汇的风险。自从 2011 年埃及“1・25”革命发生以来，埃镑已经累计贬值超过 10%，埃镑贬值使得埃及物价出现显著上涨，造成新的社会不稳定因素。为了维持币值的稳定，埃及政府动用了大量外汇储备，力图支撑埃镑与美元的汇率，但这一做法不仅收效甚微，还消耗了大量外汇储备。数据显示，埃及外汇储备从 2011 年年初的约 360 亿美元下降至目前的约 165 亿美元。2016 年 2 月末剩余 165 亿美元，国际货币基金组织表示，这一数字只够能覆盖 3 个多月的进口支付。[①]

旅游业是埃及外汇兑换的重要来源，但是在发生“阿拉伯之春”起义后陷入混乱。2015 年 10 月下旬，“伊斯兰国家”声称击落一架俄罗斯客机后，埃及的旅游业开始直线下滑，2015 年旅游收入下降了 15%。资本经济公司表示，这一数额 2016 年可能下降 35 亿美元，或占 GDP 的 1.3%。随着旅游收入减少而出现的是埃及外汇储备的减少以及汇率的不稳定。

与汇率风险较大的国家联系密切的企业，当这些国家一旦出现货币大幅贬值的时候，企业会受到一定影响。影响途径主要有两条：从单纯价的方面来看，外币贬值下的本币计价营收额与交货额的减少，会增加汇兑损失，减少利润。从量的方面来看，一旦所在国因货币贬值触发一定程度的经济危机或政局动荡，其国内需求萎缩会影响企业营收，同时企业在其投资项目的正常营运或受到影响，最终造成收入减少或前期投资搁浅。

以 2012 年 12 月埃及政府出台的外汇政策为例，埃及政府通过

① 《埃及经济极力挣扎复苏，外汇储备短缺成为最大短板》，载新浪财经，2016 年 2 月 2 日，http://finance.sina.com.cn/money/forex/hbfx/2016-02-02/doc-ifxnzanh0569538.shtml。

拍卖美元控制市场美元供应量，这一政策很快引起埃及货币汇率危机，短短几星期，埃镑对美元汇率下跌6%。在这种形势下，某些中国企业很可能会出现不能换美金支付外汇货款的情况。[①]

（三）部分中国商品的质量问题

随着中国在埃及的经济活动日趋活跃，中国商品、中国企业越来越多地走进埃及，一些由经济活动而引发的误解、摩擦也不可避免地出现。

北京外国语大学孙有中教授认为，产品与国家形象之间存在着密切的关系，并将这种关系的产生和发展分为三个阶段："在第一阶段，消费者对产品尚无'有意义的经验'，这时国家形象可以起到'光环'作用，它影响人们对一国产品普遍特征的信念，从而左右人们对某一品牌或产品的态度。在第二阶段，即购买行为之后，消费者的体验会改变他对产品品质的认知，从而改变他心目中该国原有的国家形象。在第三阶段，经过矫正后的国家形象再次形成消费者对产品品质的期待或信念。"从中我们可以看出，产品质量是影响消费者认知的核心因素。

埃及既是阿拉伯大国，也是非洲大国，其优越的地理位置使其成为中国产品重要的出口国和地区集散中心。《今日中国》阿文版副主编、埃及人伊斯梅尔·侯赛因在接受卡塔尔半岛电视台采访时表示："中国产品物美价廉，符合埃及广大民众的消费需求，特别是在通货膨胀加剧的当下，中国产品对埃及人民的生活至关重要。"但是，中国出口埃及的产品中不乏一些劣质产品，出现问题比较多的主要集中在日用产品中，如劣质的服装鞋帽、文具、小五金、小家电等。这些日用品在中埃贸易额中所占比重不大，但由于涉及面广，与埃及民众的日常生活息息相关，所以埃及民众对中国产品质量的怨言很多。此外，由于中国出口到埃及的很多商品对当地的初级产业造成了冲击，不少埃及企业和埃及人对中国商品本就有抵触心理，质

① 杨光：《中东发展报告 NO.17（2014～2015）：低油价及其对中东的影响》，北京，社会科学文献出版社，2015。

量问题的大面积出现则引发了他们对“中国制造”的疑问，要求限制中国商品的呼声在埃及有一定市场。对此，埃及政府要求中国海关对出口埃及的全部工业产品进行装运前检验、监装，确保出口埃及工业品的质量，防止假冒伪劣产品流入埃及。不过，仍然有不少企业通过转运、伪造检验证明的手段继续向埃及出口伪劣产品，影响中国制造的形象。[1]

在经济全球化时代，政府的影响力受到削弱，政府虽在塑造国家形象方面起着主导作用，但又往往处于被动地位。各种因素特别是企业开展的各类对外经济活动既可以提升一个国家的国家形象，但也可以直接对一国的国家形象产生负面的影响，中国在埃及的形象也由于部分经济活动而受到挑战。“中国制造”在一定程度上代表了中国企业的形象，如果中国出口至埃及的产品质量得不到保证，久而久之，埃及企业和埃及人对中国商品的抵触心理会越来越严重，这势必会对中埃之间的贸易往来造成严重的负面影响。

四、结语

无论是回顾过去还是展望未来，特别是随着习近平主席“一带一路”重大合作倡议的提出，埃及将在中埃经贸合作中发挥越来越重要的作用，成为整个“新丝绸之路经济带”以及“21 世纪海上丝绸之路”的重要枢纽。

经过 5 年的动荡，埃及民众普遍渴望安宁的生活，包括青年人在内的埃及民众普遍失去了对“革命”的热情，他们比以往任何时候都珍惜这来之不易的国家稳定和发展经济的机遇，政治稳定后的埃及将会迎来宝贵的经济发展机遇期。

尽管双方之间的经贸合作面临一系列的挑战，但站在新的历史起点上，中埃共建“一带一路”意愿强烈，加之双方间的经贸合作有着坚实的基础，在双方的共同努力下，势必会迎来广阔的合作前景。

---

① 刘欣路:《中阿关系发展中的中国软实力研究》，北京，光明日报出版社，2014。

人民币国际化在阿拉伯世界的现状与思考

张明生

【摘要】人民币国际化作为我国参与全球经济治理的重要战略性举措，与国家“一带一路”重大合作倡议相辅相成，不仅将大大增强我国在世界经济舞台上的话语权和影响力，而且还将改变长期以来美元“一家独大”的局面，完善全球货币体系和经济秩序。在阿拉伯世界推广人民币国际化，一方面有利于降低中阿双边贸易成本，便利双边贸易结算，在阿拉伯国家率先确立起人民币的国际主流结算货币的地位；另一方面能够为阿拉伯国家提供新的国际货币和货币风险管理机制，避免中阿双边贸易往来使用第三方货币所带来的相关风险，有效降低双边经贸往来成本，有力提升阿拉伯国家的整体竞争力。

【关键词】阿拉伯；人民币国际化；机遇与挑战

【作者简介】张明生，博士，就职于中国农业银行国际金融部，主要研究方向为阿拉伯社会文化。

一、在阿拉伯世界推进人民币国际化的机遇分析

截至2015年年末，中国已成为阿拉伯国家第二大贸易伙伴、九个阿拉伯国家的最大贸易伙伴；阿拉伯国家已成为中国最大的原油供应地、第七大贸易伙伴、重要的工程承包及海外投资市场[①]。新签

---

① 《中国副外长：阿拉伯国家是“一带一路”建设的天然和重要合作伙伴》，载新华网，2014年6月3日，http://news.xinhuanet.com/world/2014-06/03/c_126576643.htm。

对阿拉伯国家工程承包合同额 464 亿美元。中阿双方全方位的经济合作既为双方共建“一带一路”打下了坚实基础，同时也为人民币国际化在阿拉伯世界的推广带来了重大机遇。

（一）基础设施建设和产能转移助推人民币国际化进程

除沙特、阿联酋等海合会成员外，阿拉伯国家整体基础设施建设水平较为落后，各国通过改善基础设施提升人民生活水平的需求较为强烈。虽然国际石油价格自 2014 年年中起大幅下跌，但阿拉伯各主要产油国并未因此大幅削减基础设施建设领域的公共开支。据统计，阿拉伯国家基础设施建设规模接近全球 20% 左右，是全球最重要的基础设施建设市场之一。埃及提出“新开罗”建设计划，准备用时 5~7 年建成国家“新首都”；沙特的利雅得铁路、机场项目，阿联酋迪拜 2020 世博会建设项目等新设基建项目陆续进入项目实施阶段。2011 年起在埃及、突尼斯等国家爆发的“阿拉伯之春”运动，造成相关国家直接损失达 8337 亿美元，基础设施重建需投入 4610 亿美元。此外，伊拉克、利比亚等国战后重建工程预计也将推动本地区基础设施建设需求的快速增长。然而，在美元加息和海外美元加速回流美国本土的背景下，沙特、阿联酋等国都面临外汇储备缩水、银行间市场流动性紧张的难题，外界普遍对本地区国家支持基础设施建设项目的能力存疑。以沙特为例，截至 2015 年 11 月底，沙特外汇储备已降至 6355 亿美元，较 8 月的 7460 亿美元高峰值下降幅度达 15%，沙特政府不得不考虑通过向国际大银行借款，在国际市场发行政府债券以及推动沙特阿美石油公司上市等手段缓解本国政府财政危机。在这样的背景下，引入人民币作为本地区主流的结算融资货币，将大大有助于弥补美元留下的流动性缺口，缓解地区货币和财政困难，保证关乎国计民生的重大项目资金及时到位。另一方面，从阿拉伯国家工业化发展进程看，各国经济结构普遍比较单一，少数油气资源丰富国家经济以石油石化和天然气产业为支柱，其他油气资源贫乏国家则以旅游、农牧业为主要经济支柱，工业化基础普遍较为薄弱，这就为其承接国际优势产能提供了巨大的空间。同时，阿拉伯国家现有约 4 亿人口，其中 30 岁以下者超过人口总量的 60%，这一方面为阿拉伯国家经济发展提供了巨大的人口红利，为开展大规模工业化建设提供了必不可少的劳动力支持，另一方面也给各国带来严峻的就业压力。据预计，为满足本地区适龄人员就业需求，2020 年前阿拉伯国家需要创造 5000 多万个就业岗位，在现有政府部门和国有大型石化企业就业已趋于饱和的背景下，阿拉伯国家推进工业化进程的需求愈发显得迫切。

作为公认的“世界工厂”，中国制造业产出占世界总产出的比重超过 20%，连续多年保持世界第一大国的地位，完全有能力对外输出优势产能。同时，中国在轨道交通、电力、通信、港口等基础设施建设领域的设备技术水平、建设运营能力都有很强的国际竞争力。2015 年，我国共有 65 家企业入围国际承包商 250 强。中国与阿拉伯国家各自的经济特点使得双方成为了“天然和重要的合作伙伴”，双方在基础设施建设和产能转移领域合作潜力巨大。

基础设施建设和产能转移离不开金融支持，这为推动人民币国际化提供了难得的机遇。作为“一带一路”重大合作倡议的主要发起组织者和“一带一路”沿线经济体量最大的国家，我国已经具备了成为“一带一路”重大合作倡议主要资金融出方的能力和意愿。鉴于对外基础设施投资和产能转移项目普遍具有投资周期较长、风险较高的特点，我国在阿拉伯国家基础设施建设和产能转移项目中应主动选择人民币作为投融资基础货币。一方面，有效帮助我国企业规避在阿拉伯国家投资经营中面临的汇率风险。目前，阿拉伯国家各国货币除阿联酋迪拉姆外，均未实现与人民币直接挂牌兑换交易，交易成本和汇率风险较高。同时，部分阿拉伯国家社会持续动荡，汇率政策变动较大，客观上加大了中资企业在阿投资兴业面临的风险。例如，2016 年 3 月 15 日，埃及政府宣布埃镑与美元脱钩，埃镑当日兑美元汇率即大幅下跌，截至 4 月 19 日，埃镑兑美元汇率累计下跌 27%，对在埃中资企业的正常经营造成较大负面影响。另一方面，随着越来越多的人民币作为投融资基础货币流向阿拉伯国家，境外市场上的人民币资金池余额将逐步上升，有助于加速形成具有较大规模的离岸人民币资金市场，从而有效助推人民币国际化战略在阿拉伯国家的实施落地。从历史来看，英、美、日等国都是通过在输出资本的同时输出货币以及在国际贸易和资本流动中主动推行以本国货币计价，从而提高本国货币的国际化程度的[①]。

2015 年阿拉伯国家前十大经济体经济发展及对华合作情况一览表

国别	国内生产总值/亿美元	经济增长率/%	全球营商环境排名	对华经贸总额/亿美元	中国直接资/亿美元	中企承包工程新签合同额/亿美元
沙特	6320.7	3.43	82	700	1.84	94.7
阿联酋	3390.8	3	31	548	7.05	18.94
埃及	2864.4*	2.16*	131	116	1.63	13.93
卡塔尔	1920.8	4.7	68	106	0.36	7.97
阿尔及利亚	1750.8	3.01	163	87	6.66	97.51
伊拉克	1650.6	0.03	161	285	0.83	63.84
科威特	1232.3	1.17	101	134	1.62	10.16
摩洛哥	1030.8	4.87	75	35	0.11	2.13
苏丹	843.3	3.5	159	32	1.74	300
阿曼	601.8	4.36	70	259	0.15	3.33

注：* 埃及国内生产总值和经济增长率为 2014 年度数据，各国对华经贸总额、中国直接投资、中企承包工程新签合同额数据均为 2014 年当年流量数据。

（数据来源：世界银行：《2016 年营商环境报告》，商务部：《2015 年对外投资合作国别（地区）指南》）

（二）国际原油市场人民币计价结算

20 世纪 70 年代前，石油贸易结算货币先后历经多元货币，美元与英镑竞争，美元单一货币和储备货币篮子等阶段。1970 年，时任美国国务卿的基辛格成功说服沙特阿拉伯，达成了所谓的“不可动摇的协议”，即两国石油贸易以美元结算的共识。由于沙特阿拉伯是当时世界上最大的石油出口国，也是石油输出国组织的核心成员，因而石油贸易美元结算机制在该协议的推动下很快成为国际统一标

① 高波：《加强中阿金融合作，助力人民币国际化》，载《金融时报》，2015-10-12。

准，并延续至今。[①] 美元成为国际原油市场的计价和结算货币后，全球各主要石油市场上的即期、远期合约均使用美元进行计价。应该看到，第二次世界大战后美元在全球范围内的广泛流通和欧洲美元市场等离岸美元市场的发展，是奠定“石油美元”在国际原油市场的霸权地位的基础。[②] 作为布雷顿森林体系时代后第一个新增进入SDR篮子的货币，人民币实现国际化的进程应充分借鉴美元历史经验，争取在大宗商品计价结算领域取得突破，成为国际原油市场的计价结算货币。从这个角度看，“石油人民币”的构想与人民币国际化战略相辅相成，缺一不可。

阿拉伯国家，特别是以沙特、阿联酋等国为代表的海湾阿拉伯国家在世界石油市场上具有举足轻重的地位，其已探明石油储量占世界已探明石油储量的近三分之二，迪拜原油指数是国际三大原油指数之一，是国际油价的“风向标”。阿拉伯国家是人民币实现石油交易计价结算职能的理想合作伙伴。首先，中国庞大的原油进口量是双方合作的坚实基础。2015年，中国原油进口量达到3.4亿吨，上涨8.8%，进口量仅次于美国，居世界第二。中国进口的原油约一半来自阿拉伯地区，沙特、阿曼、阿联酋、科威特等国都是中国最重要的进口国。其次，国际石油价格下跌为双方合作提供了契机。2014年年中以来，全球经济疲软，石油需求不振，导致国际市场石油价格大幅下跌。同时，由于石油价格以美元计价，美元的大幅升值也很大程度上打压了石油价格。油价下跌使得阿拉伯各主要产油国的收入大幅缩水，公共财政面临较大压力。根据阿拉伯货币基金组织2016年4月9日发布的《阿拉伯经济展望报告》，2015年阿拉伯国家石油出口国石油收入同比下降了42%，阿拉伯国家整体预算赤字由2014年的2.8%上升至2015年的11.4%。由于美国2015年连续多次加息且2016年以及2017年美联储预计将继续维持加息政策不变，因此阿拉伯石油出口国将面临油价进一步下调的压力。在这样的背景下，以汇率相对稳定的人民币作为石油出口计价货币对阿拉伯产

① 王瑛、杨碧琴等：《国际石油贸易结算的解困之路》，载《国际商务论坛》，2013（12）。
② 高波：《加强中阿金融合作，助力人民币国际化》，载《金融时报》，2015-10-12。

油国而言无疑是“一剂良方”，将有力支持各国稳定石油市场价格，提高财政收入。

2015 年主要阿拉伯国家对华石油出口情况表

国别	出口量 / 万吨	增速 /%	份额 /%
沙特阿拉伯	5054.20	1.8	15.1
伊拉克	3211.41	12.4	9.6
阿曼	3206.42	7.8	9.6
科威特	1442.81	35.9	4.3
阿联酋	1256.97	7.9	3.7
也门	155.85	–37.7	0.5
埃及	142.07	50.2	0.4
苏丹	139.35	–21.4	0.4
阿尔及利亚	30.82	–65.7	0.1
卡塔尔	26.7	–26	0.1

（数据来源：田春荣：《2015 年中国石油进出口状况分析》，载《国际石油经济》，2016（3））

（三）自贸区和产业园区建设

自由贸易区战略是我国构建开放型经济新体制的重要战略举措，自提出以来得到较快发展。目前，我国已签署并实施 14 个自由贸易协定，涉及全球 22 个国家和地区。2004 年，中国和海合会决定启动中海自贸协定谈判，并于 2009 年就结束货物贸易框架下商品的市场准入问题达成一致。该协定将全面提升中国与海合会成员的经贸合作关系，进一步降低双边贸易和投资往来的门槛，促进双方资金、资源和人员流动，实现经济优势互补。协定的达成也将大大促进人民币在双边经济交往中的使用，助推人民币国际化进程。同时，作为中国与阿拉伯国家签订的首份自由贸易协定，中海自贸协定对中国与更多阿拉伯国家签署自由贸易协定具有较强的示范意义，有望在更大的范围推动人民币国际化的步伐。

境外经济贸易合作区是中资企业通过在境外设立的独立控股法人机构，投资建设的产业园区。境外经济贸易合作区一般基础设施完备，主导产业明确，公共服务功能健全，具有较强的集聚和辐射效应。作为中资企业“走出去”和落实“一带一路”重大合作倡议的重要模式，产业园区的投资、建设和经营都会提升所在国对人民币的接受程度，从而推动人民币国际化的快速推广。截至2013年，我国在全球共有71个境外园区，其中国家级的经贸合作区共有19个，总投资规模达600亿元人民币。2008年，中国政府批准的第二批国家级境外经贸合作区——中埃苏伊士经贸合作区启动建设，中国天津泰达投资控股有限公司在埃及成立的埃及泰达投资公司负责开发建设。经过数年发展，2015年年底，苏伊士经贸合作区共有制造型企业58家，总计吸引合同投资额6.1亿美元，其中绝大部分是中国“走出去”企业。① 中埃苏伊士经贸合作区项目的成功建设运营为中国与阿拉伯国家经济合作树立了良好的典范，未来预计将有更多的阿拉伯国家通过产业园区模式承接中资“走出去”企业落户，促进人民币国际化在阿拉伯国家的推广。

（四）跨境电子商务助推人民币计价结算

作为效率高、成本低的新兴贸易方式，跨境电子商务日益成为人民币国际化的新突破口，跨境电子支付也逐步发展成跨境人民币结算最重要的渠道之一。阿拉伯国家电子商务虽然尚处于起步阶段，但潜力巨大。2015年中东及北非地区电子商务规模约为180亿美元。据预测，未来5年该地区电子商务将迎来质的飞跃，预计到2020年，整个中东、北非地区电子商务市场规模将达到近2000亿美元。② 巨大的业务机会和阿拉伯国家相对薄弱的跨境电商、电子支付基础为我国跨境电子商务企业在阿拉伯国家的快速发展提供了广阔的发展空间。目前，阿里巴巴、兰亭集势等电子商务企业均已进入阿拉伯国家市场。宁夏银川被国家批准为跨境电子商务试点城市后，把面向阿拉伯国家的跨境电子商务作为发展重点，带动了一批区内电商企业的快速发展。在阿拉伯国家推进跨境电子商务，鼓励使用人民币标价，不

① 刘家宇：《中埃苏伊士经贸合作区成 “中阿丝绸之路”新平台》，中新社天津4月15日电，http://news.sina.com.cn/o/2016-04-15/doc-ifxriqqv5848843.shtml。

② 《中东北非地区2020年电子商务市场规模将增至2000亿美元》，商务部驻阿拉伯联合酋长国经商参处，2015年2月17日，http://www.mofcom.gov.cn/article/i/dxfw/gzzd/201502/20150200900714.shtml。

仅可以有效推动人民币计价结算功能的实现，而且还为实现线上人民币国际化创造了条件，从而全面推进人民币国际化的进程。

二、当前人民币在阿拉伯国家推广的程度及存在的问题

截至 2015 年年末，人民币已成为全球第 2 大贸易融资货币、第 5 大支付结算货币、第 6 大外汇交易货币，全球金融机构对人民币的接受度攀升到了近 40%。与此同时，人民币在阿拉伯世界的认可度也快速提升。2015 年，阿联酋同中国交易额中 74% 采用人民币结算，同比增长 52%；人民币在卡塔尔的支付比例为 60%，与 2014 年相比激增 247%[①]。这表明人民币已经成为部分阿拉伯国家最为活跃的货币之一。2014 年 11 月，中国人民银行与卡塔尔中央银行签署了规模为 350 亿元人民币 /208 亿元里亚尔的双边本币互换协议，同时签署了在多哈建立人民币清算安排的合作备忘录。2015 年 4 月，卡塔尔中央银行与中国工商银行共同宣布正式启动人民币清算行，提供人民币账户服务、清算服务、结算服务、资金业务、融资产品等，标志着中东地区首个人民币清算中心正式建立。2015 年 12 月，中国人民银行与阿联酋中央银行续签了双边本币互换协议，互换规模为 350 亿元人民币 /200 亿阿联酋迪拉姆，双方还签署了在阿联酋建立人民币清算安排的合作备忘录[②]，为下一步启动阿联酋人民币清算行奠定了基础。另一方面，随着“一带一路”建设在阿拉伯国家的推进和中资企业“走出去”的步伐不断加快，阿拉伯金融资本市场对人民币的认可度也不断提高。2014 年 9 月，中国农业银行迪拜分行成功在迪拜纳斯达克挂牌发行 10 亿元人民币的“酋长债”债券，为中资金融企业在阿拉伯国家发行的首笔人民币债券。来自中东地区投资人认购占比超过发行金额的 25%，显示了本地区国家投资者对人民币的较强信心。目前，中、农、工、建四大行均已在阿拉伯国家设立分支机构，能够有力支持双边经贸往来中人民币的使用，提

① 《人民币追踪》(RMB Tracker)，SWIFT 环球电讯组织，布鲁塞尔，2016 年 1 月。
② http://www.alarabiya.net/ar/aswaq/economy/2015/12/14.html.

供人民币计价的海外推广融资，并研发更多人民币计价的金融产品，为人民币的国际化在阿拉伯国家的发展提供金融支持。

中资商业银行在阿分支机构情况一览表

机构	分支机构名称	所在国家	机构类型	成立时间
工行	中国工商银行（中东）有限公司	阿联酋	离岸子行	2008 年
	迪拜分行	阿联酋	离岸分行	2013 年
	阿布扎比分行	阿联酋	在岸分行	2009 年
	利雅得分行	沙特	在岸分行	2015 年
	科威特分行	科威特	在岸分行	2014 年
	多哈分行	卡塔尔	在岸分行	2008 年
农行	迪拜国际金融中心分行	阿联酋	离岸分行	2013 年
中行	中国银行中东（迪拜）有限公司	阿联酋	离岸子行	2013 年
	阿布扎比分行	阿联酋	在岸分行	2014 年
	巴林代表处	巴林	代表处	2004 年
	摩洛哥代表处	摩洛哥	代表处	2015 年
建行	中国建设银行（迪拜）有限公司	阿联酋	离岸子行	2013 年
	迪拜国际金融中心分行	阿联酋	离岸分行	2015 年

（数据来源：根据各行 2015 年报整理）

虽然卡塔尔、阿联酋等国对人民币的认可程度近年来有了快速提升，但从阿拉伯国家整体情况来看，人民币国际化在阿拉伯国家尚处于起步阶段。截至 2016 年 2 月，在全球 1131 家已经使用人民币作为支付结算货币的银行中，来自中东地区的银行仅 74 家，占比不足 7%，同比 2014 年 2 月增长 12%，显著落后于世界平均水平。同期来自亚太地区的银行 557 家，同比增长 18%；来自欧洲的银行 376 家，同比增长 17%；来自美洲的银行 124 家，同比增长 31%。阿拉伯国家人民币国际化程度相对落后，有多方面的原因。

一是受中阿贸易结构影响。长期以来，中国主要从阿拉伯国家进口石油、天然气等能源，并向其出口工业制成品。以沙特为例，

2015 年 1—11 月，中沙进出口贸易额 476.6 亿美元，其中我国出口 197.5 亿美元，进口 279.1 亿美元。同期，我国自沙特进口原油 4609 万吨，占我国全球石油进口总量的 15%[①]。由于美元是国际石油市场通行的结算货币，因此阿拉伯产油国虽然对我国有大量外汇顺差，但都是以美元计价，未能形成人民币留存当地市场的贸易机制，阿拉伯金融市场上的离岸人民币资金池规模因而相对较小，阿拉伯贸易商缺乏使用人民币结算的意愿。

二是人民币国际化在阿拉伯国家缺乏有力推动者。目前，中资银行在阿拉伯国家分支机构主要集中在沙特、阿联酋、卡塔尔等海湾产油国，尚不能完全覆盖所有阿拉伯国家的业务。同时，中资银行业务结构主要是依托母行在中国境内的业务网络，以经营境内外联动业务为主，面向客户群体也主要是中资企业客户，对阿拉伯本地市场和客户的开拓营销力度不足，一定程度上制约了中资银行推动人民币国际化的力度。另一方面，中海自由贸易区尚处于谈判阶段，中埃苏伊士经贸合作区也尚在基础建设阶段，尚未形成规模效应。

三是受阿拉伯国家对外经济政策制约。除少数开放程度较高的经济体外，阿拉伯国家普遍奉行较为保守的对外经济政策，对外贸易、投资开放程度不高。以阿联酋为例，当地政府规定开往当地的银行保函必须以迪拉姆作为保函币种，这在很大程度上制约了人民币在当地的快速应用推广。另一方面，阿拉伯国家金融市场尚不十分发达，交易习惯偏于保守。当地银行在多年经营过程中习惯于选择当地货币或美元进行融资和交易活动，对于新兴的人民币项下各类交易、融资和衍生业务开展得较少。

三、相关建议

对中国而言，阿拉伯国家是推进人民币国际化的重要地区，下一步应着重从以下几个方面着手。

---

① http://www.gov.cn/xinwen/2016-01/20/content_5034716.htm.

（一）加强顶层设计，推进人民币在阿拉伯国家的推广使用

一是以中海自贸区谈判等双边经济合作谈判为契机，促进人民币与阿拉伯国家实现双边本币互换，探索开展人民币对阿联酋迪拉姆、沙特里亚尔、埃及埃镑等地区主流货币的直接挂牌交易。二是以人民币加入 SDR 篮子为契机，推介人民币成为阿拉伯各国央行储备货币，扩大阿拉伯市场上人民币资金池的规模。三是逐步将人民币合格境外机构投资者的范围推广到全部阿拉伯国家，吸引更多的阿拉伯国家机构投资者进入境内资本市场，提升其对人民币的接受度。四是鼓励引导上海自由贸易试验区和其他境内自贸区加大与阿拉伯国家金融中心联动，探索在双边机制下形成以人民币计价的能源期货市场，吸引阿拉伯主流投资机构参与市场交易，逐步确立人民币作为主流能源商品计价货币的地位。

（二）发挥开发性金融机构的优势，通过大型基础设施建设项目和承包工程推动人民币国际化进程

发挥国家开发银行、进出口银行、亚洲基础设施投资银行、丝路基金、中非发展基金等开发性金融机构在大型基建承包项目领域的优势，有选择地在部分稳定的阿拉伯国家重点推进“一带一路”项目建设，积极支持中资企业“走出去”战略项目。在提供贷款时主动选择人民币作为主要融资币种，增强对阿拉伯国家的人民币投资和资本输出，培育当地离岸人民币金融市场的形成和发展。

（三）引导商业银行完善在阿布局，开拓阿拉伯金融市场

加大对阿拉伯国别区域政策、金融市场和金融监管规定的研究力度，加强与阿拉伯银行金融监管机构的沟通交流，探索开展与阿拉伯国家有影响力的银行开展创新合作。鼓励有条件的中资金融机构扩大在阿拉伯国家的机构布局，为人民币国际化进程添砖加瓦。

对阿拉伯国家而言，积极引入人民币不仅可以在美元回流美国本土的背景下为本地区注入金融“活水”，缓解本地区货币流动性偏紧的局面，而且也将降低中阿双边贸易成本，进一步提升中阿经贸合作的广度和深度。下一步，阿拉伯国家应着重在以下几个方面取得突破：一是尽快就本地区各项未解决的纠纷问题达成和平解决方案，实现社会经济和平稳定发展；二是加快多元化经济产业体制建设，积极发展现代制造业、服务业和新兴产业，摆脱对石油收入的过度依赖；三是提高对外开放水平，特别是提升金融政策的透明度和金融市场的开放水平；四是以人民币在本地区推广为契机，积极增进与中国的经贸合作，实现互利共赢，促进本地区的经济稳定、快速增长。

社会文化篇

阿拉伯文学在中国

仲跻昆

【摘要】阿拉伯文学是世界上最古老、最有成就的文学之一。但由于种种历史原因，长期以来，我国对东方文学的译介、研究，特别是对阿拉伯文学的译介与研究远远不足。改革开放带来了阿拉伯文学的译介与研究在中国的新兴，一支研究阿拉伯文学的队伍逐渐形成并日益壮大。阿拉伯文学译作以及有关阿拉伯文学史的书籍相继问世并取得了较为丰硕的成果。

【关键词】阿拉伯文学；阿拉伯文学研究会；阿拉伯文学史

【作者简介】仲跻昆，教授、博士生导师，曾任北京大学东语系阿拉伯语教研室主任、希伯来语教研室主任。

阿拉伯文学源远流长。中古时期的阿拉伯文学在世界文学史上起了承先启后、连贯东西的作用，《悬诗》《一千零一夜》……举世闻名；近现代的阿拉伯文学则与世界文学同步，诸如纪伯伦、纳吉布·马哈福兹等文豪不仅是阿拉伯文坛的明星，也是世界文学的巨匠。

但由于种种历史原因，在我国，长期以来，不仅因受“欧洲中心论”的影响，对东方文学的译介、研究远不及对西方文学的译介、研究，而且，即使在东方文学中，对阿拉伯文学的译介、研究也远不及对日本、印度文学的译介研究。

回顾一下历史，前人在这一方面留给我们的遗产实在不多。从阿拉伯文译成中文的工作虽早在 19 世纪就已开始，但那时只是有些穆斯林学者出自宗教的目的翻译了《古兰经》部分章节和蒲绥里的《天方诗经》等。

中华人民共和国成立前，绝大多数的中国读者对阿拉伯文学的了解仅限于《一千零一夜》(《天方夜谭》) 的片断故事，那是部分学者在 20 世纪初从英文或日文译本转译过来的。中国著名的文学家茅盾先生于 1923 年从英文译的纪伯伦的几篇散文诗，冰心先生于 1932 年译的纪伯伦的《先知》(原著为英文)，是我国对近现代阿拉伯文学最早的译介。郑振铎先生主要依据英国学者约翰 · 德林克沃特的《文学纲要》编译而成的《文学大纲》(商务印书馆，1927 年)，全书上下两册，共约 2200 页，对阿拉伯文学的介绍只占 25 页，算是当时我国对阿拉伯文学最全面、系统的介绍了。

阿拉伯语教学，虽从 1946 年起开始进入我国高等院校的课堂，从而结束了历来这种语言多半只限于在经堂里教学的状况，但直至 20 世纪 80 年代改革开放，在当时设有阿拉伯语专业的七八所高等院校中，基本上只有语言教学，很少有关于文学的课程。北京大学阿拉伯语专业曾尝试开过一次"阿拉伯文学史"和"埃及现代文学史"课，所据的教材就是黎巴嫩学者汉纳 · 法胡里的《阿拉伯文学史》(郅溥浩译，人民文学出版社，1990 年) 与埃及著名学者绍基 · 戴伊夫的《阿拉伯埃及近代文学史》(李振中译，人民文学出版社，1980 年)。

20 世纪 50 年代末 60 年代初，阿拉伯各国人民的反帝国主义、反殖民主义的民族解放运动风起云涌。为了配合当时中东政治形势的发展，为了表示对兄弟的阿拉伯人民正义斗争的支持，当时在我国出现了介绍阿拉伯文学的第一次高潮，翻译出版了诸如《埃及短篇小说集》《黎巴嫩短篇小说集》《阿拉伯人民的呼声》《约旦和平战士诗歌选》《流亡诗集》等阿拉伯文学作品。但这些译作多半是从俄文转译的。直接从阿拉伯文译成中文的凤毛麟角，如纳训先生所译的《一千零一夜》、林兴华先生所译的《卡里来与笛木乃》等。

1959 年，高等教育出版社出版了北京师范大学中文系外国文学教研组编的《外国文学参考资料 · 东方部分》。该书分 9 编，第 6 编为"阿拉伯文学"，收 16 篇文章和论文，串联起来，约略可以显示从古代到当年的阿拉伯文学简史的轮廓。其中大部分资料转译自俄文，只有少数几篇译自阿拉伯文。

“文化大革命”期间，阿拉伯文学的翻译与研究基本处于停滞状态。

20 世纪 80 年代初开始的改革开放带来了阿拉伯文学译介与研究在中国的新兴。

为了打破“欧洲中心论”，自 20 世纪 80 年代初开始，我国的高等院校，特别是师范院校的中文系开设了“东方文学史”课（此前所设的“外国文学史”课则只讲西方文学，只在个别师范院校有“东方文学史”课）；1982 年举办了首届全国东方文学讲习班；1983 年成立了“东方文学研究会”。众所周知，阿拉伯文学是东方文学的重要组成部分，“东方文学史”课的开设，引起教的人和学的人对阿拉伯文学的浓厚兴趣，无疑，这在一定程度上促进了我国对阿拉伯文学的研究和译介。

为了扩大学生的知识面，培养学生对阿拉伯文学的审美情趣，提高毕业生的质量，自 20 世纪 80 年代开始，设有阿拉伯语专业的院校都相继开设了“阿拉伯文学史”和各种有关阿拉伯文学的课程。部分院校还肩负起培养阿拉伯文学专业研究生的任务。一些高校——北京大学、北京外国语大学、上海外国语大学等从事阿拉伯文学研究的研究生们，已有数十人获得了硕士、博士学位。他们论文的课题也多为对阿拉伯古今著名作家，如麦阿里、纳吉布·马哈福兹、纪伯伦、塔哈·侯赛因、曼法鲁蒂、哈纳·米纳、伊赫桑·阿卜杜·库杜斯、苏阿德·萨巴赫等及其作品的研究，或将其与中国作家、作品进行比较的研究。部分论文已以专著形式出版，如林丰民的《为爱而歌——科威特女诗人苏阿德·萨巴赫研究》（中国华侨出版社，2000 年）及张洪仪的《全球化语境下的阿拉伯诗歌——埃及诗人法鲁克·朱维戴研究》（北京语言大学出版社，2009 年）就是作者的博士论文。

应当指出的是，自 20 世纪 80 年代开始，在中国，一支研究阿拉伯文学的队伍已经形成并日益发展壮大，发挥了自己应有的作用。

1983 年 10 月，在北京举行了以《阿拉伯文学的今昔》为题的第一届阿拉伯文学研讨会并开始筹备成立阿拉伯文学研究会。会议收到冰心先生的来信，使与会者深受鼓舞。信中说："我希望懂得阿拉伯文的学者，多多翻译一些阿拉伯的文学名著，因为我感到我们东方人更能欣赏东方人的作品。"

1987 年 8 月举行的第二届阿拉伯文学研讨会讨论了《一千零一夜》与"纳吉布·马哈福兹及其创作"并正式宣布成立"中国外国文学学会阿拉伯文学研究会"。这支从事阿拉伯文学研究的队伍中既有专业人员，也有业余爱好者，既有高等院校的师生，也有工作在社会不同岗位上的同行，既有通过阿拉伯原文进行研究的，也有通过译文或借助其他文字进行研究的。

阿拉伯文学研究会自成立以来，举行了一系列不同规模的年会、学术研讨会、报告会、诗歌朗诵会、纪念活动等，其中有些活动是与一些阿拉伯驻华使馆、相关院校及中阿友协等单位联合举办的，如"阿拉伯文学翻译研讨会""诺贝尔文学奖得主、埃及著名作家纳吉布·马哈福兹及其创作报告会""纪念黎巴嫩伟大作家努埃曼诞生一百周年、逝世一周年文学研讨会""青年阿拉伯文学研究者成果研讨会""纪念阿拉伯伟大思想家塔哈·侯赛因与阿卡德诞生一百周年研讨会""阿拉伯文学与世界——继承与创新研讨会""阿拉伯文学在中国高校研讨会""阿拉伯文学与伊斯兰文化研讨会""阿拉伯文学中的妇女与阿拉伯妇女文学研讨会""再议《一千零一夜》研讨会""世纪之交的阿拉伯文学研讨会""阿拉伯文学——时间与空间""20 世纪的阿拉伯文学经典"等。

研究会利用阿拉伯国家作家代表团或著名作家、诗人访华的机会，组织与他们见面与座谈，还听取了一些阿拉伯国家的驻华大使、参赞、专家对阿拉伯文学现状的介绍。

令人感到欣慰的是，中国阿拉伯文学研究工作者这支年轻的队伍为打破"欧洲中心论"作了很大的努力，并已取得不菲的成绩。

我们做的大量工作首先是对阿拉伯文学的译介。据初步统计，迄今翻译成中文的阿拉伯文学作品已有二百多种，其中绝大部分是20世纪80年代后翻译出版的。其中有诺贝尔文学奖得主埃及作家纳吉布·马哈福兹的《宫间街》三部曲、《命运的戏弄》《拉杜媄姒》《忒拜之战》《新开罗》《梅达格胡同》《始与终》《汗·哈里里市场》《平民史诗》《我们街区的孩子们》《米儿玛拉公寓》《卡尔纳科咖啡馆》《贼与狗》《尊敬的阁下》《雨中的爱情》《千夜之夜》《自传的回声》以及《纳吉布·迈哈福兹短篇小说选粹》等20余部，还有塔哈·侯赛因的《日子》《鹬鸟声声》，陶菲格·哈基姆的《灵魂归来》《乡村检察官手记》《洞中人》，尤素福·伊德里斯的《罪孽》，尤素福·西巴伊的《回来吧，我的心》《废墟之间》《人生一瞬间》，伊赫桑·阿卜杜·库杜斯的《难中英杰》(《我家有个男子汉》)《罪恶的心》(《心思》)《天长日久》《绝路》《亲爱的，我们都是贼》《库杜斯短篇小说选》，谢尔卡维的《土地》，穆斯塔法·艾敏的《初恋的岁月》，伯哈·塔赫尔的《爱在流放地》，杰马勒·黑塔尼的《宰阿法拉尼区奇案》《落日的呼唤》，台木尔的《台木尔短篇小说选》，以及《埃及现代短篇小说选》；黎巴嫩的三种版本的纪伯伦全集和各种选集（包括《先知》《泪与笑》《折断的翅膀》《叛逆的灵魂》《大地的神祇》《纪伯伦书信集》等），努埃曼的《七十抒怀》《相会》《努埃曼短篇小说选》，陶菲格·阿瓦德的《大饼》，杰尔吉·宰丹的《古莱什少女》《萨拉丁》《加萨尼姑娘》《伊斯兰女王莎吉杜拉》，哈南·谢赫的《泽赫拉的故事》；叙利亚汉纳·米纳的《蓝灯》，阿卜杜勒·凯利姆·纳绥夫的《追寻太阳之路》，乌勒法特·伊德丽碧的《凄楚的微笑》，阿多尼斯的诗集《我的孤独是一座花园》《我们身上爱的森林》、散文集《时光的皱纹》；巴勒斯坦格桑·卡纳法尼的《阳光下的人们》《重返海法》，哈桑·哈米德的《女儿桥》；苏丹塔伊布·萨里赫的《向北方迁徙的季节》；阿尔及利亚伊本·海杜卡的《南风》；利比亚易卜拉欣·法格海的《一个女人照亮的隧道》三部曲、《昔日恋人》，易卜拉欣·库尼的《拜火教》《利比亚现代短篇小说选》；突尼斯沙比的诗选《生命之歌》；沙特阿拉伯的加齐·阿卜杜·拉赫曼·谷绥比的《花花公子》，赛义德·萨拉哈的《沙漠——我的天堂》，玛哈·穆罕默德·费萨尔的《欢痛》，哈立德·费萨尔的诗集《字符与色彩》；科威特的莱伊拉·奥斯曼的《沃斯米娅妖出大海》，苏阿德·萨巴赫的诗集《本来就是女性》；伊拉克福阿德·提克里利的《遥远的归途》；摩洛哥穆罕默德·舒克里的《光面包》；等等。此外，还翻译、出版了《世界短篇小说精品文库——阿拉伯卷》《阿拉伯国家经典散文》和以《四分之一个丈夫》为题名的《阿拉伯女作家作品选》，以及《悬诗》《阿拉伯古代诗文选》《阿拉伯古代诗歌选》《阿拉伯现代诗选》，当然还有《一千零一夜》(《天方夜谭》)各种全译和选译本等。

在一切冠有“世界文学”“外国文学”，特别是“东方文学”“亚非文学”的图书中，有关阿拉伯文学的介绍已不再是空白与点缀。例如，《中国大百科全书·外国文学卷》《外国文学名著辞典》《外国名作家大辞典》《外国妇女文学辞典》《世界诗学辞典》《世界名诗鉴赏辞典》《东方文学辞典》等，有关阿拉伯文学的内容都占有相当大的比重。

在一些有关外国文学、东方文学、比较文学、文学翻译等的学术会议上，已经经常可以听到阿拉伯文学研究者的声音；在一些有关文学研究的学术刊物（如《世界文学》《国外文学》《外国文学》《外国文学评论》《文艺报》《东方研究》《阿拉伯世界》等）上，也可经常见到有关阿拉伯文学研究的文章。这些研究涉及古今重要的文学流派、作家、诗人、作品以及阿拉伯文学与世界他国文学的影响与比较等。其中对作品《一千零一夜》、作家纳吉布·马哈福兹、纪伯伦的研究尤为集中。

对《一千零一夜》研究的专著有郅溥浩的《神话与现实——〈一千零一夜〉论》（社会科学文献出版社，1997年）。对纪伯伦研究的专著有伊宏的《东方冲击波——纪伯伦评传》（海南出版社，1993年）；马征的《文化间性视野中的纪伯伦研究》（社会科学出版社，2010年）；甘丽娟的《纪伯伦在中国》（中国社会科学出版社，2011年）。对纳吉布·马哈福兹的主要研究专著则是张洪仪、谢杨主编的论文集《大爱无边——埃及作家纳吉布·马哈福兹研究》（宁夏人民出版社，2008 年）。中阿比较文学方面的专著有林丰民等著的《中国文学与阿拉伯文学比较研究》（昆仑出版社，2011 年）。有关中阿文学交流的有孟昭毅的《丝路驿花——阿拉伯波斯作家与中国文化》（宁夏人民出版社，2002 年）。此外，专题专著还有李琛的《阿拉伯现代文学与神秘主义》（社会科学文献出版社，2000 年）；郅溥浩、丁淑红的《阿拉伯民间文学研究》（宁夏人民出版社，2010 年）；葛铁鹰的《天方书话——纵谈阿拉伯文学在中国》（首都师范大学出版社，2007 年）；林丰民的《文化转型中的阿拉伯现代文学》（北京大学出版社，2007 年）等。这些专著的问世，表明我国对阿拉伯文学的研究正在向纵深发展。

不仅如此，我们的阿拉伯文学研究者还多次应邀参加阿拉伯国家举行的有关阿拉伯文学、文化、翻译等的研讨会、诗歌节等，使得我们的影响——我们的身影，我们的声音传到国外去。

有关阿拉伯文学史的介绍，最早是从翻译引进开始的。1980 年，人民文学出版社先后出版了英国学者汉密尔顿·阿·基布著的《阿拉伯文学简史》（陆孝修和姚俊德译）与埃及著名学者绍基·戴夫的《阿拉伯埃及近代文学史》（李振中译）。前者着重评述了自伊斯兰教产生之前的“贾希利叶（蒙昧）时期”至 18 世纪拿破仑入侵埃及前的一千多年间的阿拉伯文学史，实际上是一部阿拉伯古代文学简史。后者虽只论述了 18 世纪末至 20 世纪前半叶的埃及近现代文学，但由于埃及在近现代阿拉伯文学史中的重要地位，故全书在相当大的程度上也反映了阿拉伯近代文学的发展历程。同年，外国文学出版社出版了译自苏联科学出版社 1973 年版的《非洲现代文学》上下两册（[苏]尼基福罗娃著，刘宗次、赵陵生译）。其中上册论述了地处北非和东北非的阿尔及利亚、摩洛哥、突尼斯、阿拉伯埃及共和国和苏丹文学近现代发展简况。1990 年，人民文学出版社出版了郅溥浩译的黎巴嫩汉纳·法胡里著的《阿拉伯文学史》。1993 年，上海文艺出版社出版了袁义芬和王文虎译，周顺贤校的埃及艾哈迈德·海卡尔的《埃及小说和戏剧文学》。两书原著虽都写于 20 世纪 50 年代，但作者都是在高校任教多年的著名教授、学者，论著资料翔实，论述缜密，在阿拉伯世界影响颇大。

这些译本一经推出，便成为高校阿拉伯语专业或高校相关专业的重要参考书，也是编著各种阿拉伯文学类著作的主要依据，如为张洪仪的《全球化语境下的阿拉伯诗歌：埃及诗人法鲁克·朱维戴研究》文学史类的编写提供了一定的参照。

20 世纪 80 年代开始编著的各种外国文学史，特别是东方文学史，如《外国文学简编——亚非部分》(朱维之、雷石榆、梁立基主编，中国人民大学出版社，1983 年)；《简明东方文学史》(季羡林主编，北京大学出版社，1987 年)；《新东方文学史》(梁潮、麦永雄、卢铁澎著，广西师范大学出版社，1990 年)；《东方现代文学史》(高慧勤、栾文华主编，海峡文艺出版社，1994 年)；《东方文学史》(季羡林主编，吉林教育出版社，1995 年)；《东方文学史》(郁龙余、孟昭毅主编，北京大学出版社，2001 年)；《世界文学发展比较史》(曹顺庆主编，北京师范大学出版社，2001 年)；《20 世纪外国文学史》(吴元迈主编，译林出版社 2004 年)；《简明东方文学史》(孟昭毅、黎跃进编著，北京大学出版社，2005 年)；《新编简明东方文学》(何乃英编著，中国人民大学出版社，2007 年) 等都有对阿拉伯文学专题章节的论述，阿拉伯文学是各书不可分割的有机组成部分。

应当指出的是，仲跻昆参与编写的《简明东方文学史》《东方文学史》，李琛、伊宏参与编写的《东方现代文学史》，郅溥浩参与编写的《20 世纪外国文学史》，由于写者多是研究阿拉伯文学的专家、学者，故他们撰写的有关阿拉伯文学的部分也多来自第一手资料。1994 年出版的《东方现代文学史》，对阿拉伯现代文学的来龙去脉、重要的流派及其代表作家、诗人都有专题论述。1995 年出版的《东方文学史》对古代的埃及文学、巴比伦文学、阿拉伯的古代文学都按历史时期和地区、国别，对重要的作家、作品作了较详尽的介绍。

阿拉伯文学史独立成书的，先后有 1993 年伊宏的《阿拉伯文学简史》(海南出版社,1993年);蔡伟良、周顺贤著的《阿拉伯文学史》(上海外语教育出版社,1998年);仲跻昆著的《阿拉伯现代文学史》(昆仑出版社,2004年)和《阿拉伯文学通史》(译林出版社,2010年)等。此外,还有薛庆国著的《阿拉伯文学大花园》(湖北教育出版社,2007年);郅溥浩著的《解读天方文学——郅溥浩阿拉伯文学论文集》(宁夏人民出版社,2007年)也都对阿拉伯古代各个历史时期与现代各个国家文学的渊源、流变、现状、重要的文学流派、作家、诗人及其代表作尽力作了详略有致的分析、介绍。其中《阿拉伯现代文学史》在空间方面涵盖了阿拉伯世界各地区、各个国家;在时间方面涵盖了通常所说的近代、现代与当代,直至当今现状。目前,包括阿拉伯世界在内,还没有这样一部对近20个阿拉伯国家的现代文学既有总体论述,又分国别论述的文学史,更没有一部时间跨度这样大,资料这样鲜活的阿拉伯现代文学史。该书因而于2006年获得第四届中国高校人文社会科学研究优秀成果奖一等奖;《阿拉伯文学通史》(上下册)则于2013年获得了第五届中国高校人文社会科学研究优秀成果奖二等奖。

回顾阿拉伯文学在新中国的历程,总结中国外国文学学会阿拉伯文学研究会20余年来的工作,检阅一下所取得的成果,我们感到,虽然是做了不少工作,取得了一定的成绩,但还是应当清醒地看到,我们对“阿拉伯文学”这一宝藏仍旧只是开始在采掘,在这块沃土上依然只是在开始耕耘。许多阿拉伯古典名著还有待我们去译介、研究,阿拉伯作协曾评出105部20世纪最佳中长篇小说,我们至今只翻译、出版了其中的四分之一。目前,我们翻译的数量和质量都还远不够理想。我们对阿拉伯文学的研究也需要进一步加强其深度与广度。中国阿拉伯文学的教学、译介、研究者肩负着重大的历史使命:必须尽力让有13亿人口的中国读者能更好、更全面地了解灿烂辉煌、丰富多彩的阿拉伯文学。中世纪的阿拉伯帝国曾横跨亚非欧三大洲,今天的阿拉伯世界有20多个国家。阿拉伯文学史上有千百个著名的诗人、作家,写下了成千上万部不朽的文学作品,要将这样博大精深的阿拉伯文学系统地、完整地介绍到中国来,绝非一件易事。

我们仍面临着不少困难：在主观方面，我国的阿拉伯文学教学译介、研究者的队伍仍很稚嫩，在数量上、质量上都很难满足需要；在客观方面，“欧洲中心论”的影响在我国仍很大，而出版事业则受市场经济规律的制约，加之版权也是一个问题，因此，阿拉伯文学在中国的进一步推广仍需时间和努力。

但是，事在人为。我们并不害怕困难，并深信，经过努力，在已经取得的成就的基础上，中国的阿拉伯文学教学、译介、研究这块园地必将更加繁花似锦、春色满园。

明清时期中阿交往与阿拉伯文化在中国

陈越洋

【摘要】中阿之间的友好交往历史悠久，源远流长。明清时期阿拉伯文化在中国的交流从唐宋时期的物质交流逐渐丰富到精神领域的交流。明清时期，中国穆斯林数量的增加以及国人对阿拉伯世界的关注度加深，一方面加强了对阿拉伯国家的史地研究，另一方面把中国传统的儒家意识形态与阿拉伯伊斯兰文化的意识形态有机结合起来，推动了融合与对话，阿拉伯伊斯兰文化与中国文化有了更深层次的交融。

【关键词】明清时期；中阿关系；中阿文化交流

【作者简介】陈越洋，博士，上海外国语大学东方语学院阿拉伯语系讲师，上海外国语大学政治学博士后科研流动站在站博士后。主要研究方向为中阿文化交流、阿拉伯青年问题。

中国与阿拉伯国家都有着悠久深远的文化底蕴。在独立起源的世界四大古文明中，历经五千年沧桑巨变而从未中断的，唯有中华文明；古代阿拉伯肥沃的新月地带培育出了埃及、伊拉克、叙利亚、黎巴嫩等文化根基深厚的阿拉伯国家。历史上，古代中国与阿拉伯世界通过使者互赠馈礼和商人贸易往来进行了文化间的沟通。伊斯兰教随着络绎而来并在中国定居的阿拉伯商人传入中国。历经了唐宋时期阿拉伯文化的初期繁荣与元朝时的繁荣，明清时期随着中国穆斯林数量的增加以及国人对阿拉伯世界的关注度加深，他们把中国传统的儒家意识形态与阿拉伯伊斯兰文化的意识形态有机结合起来，推动了双方的融合与对话。

一、明清时期中阿交往概述

明朝时期，政府实行“怀诸侯”“柔远人”的政策吸引了大量的阿拉伯使节来华。史籍记载，据不完全统计，仅明代，阿拉伯各国遣使中国超过40次[①]，天方（今沙特阿拉伯王国的麦加）、祖法尔（今阿曼苏丹国的佐法尔）、默德那（今沙特麦地那）、阿丹（今也门的亚丁）、埃及、木骨都束（今索马里摩加迪沙）等阿拉伯国家都曾派遣使臣，到中国贡方物、做买卖，受到明朝政府的热情接待。永乐年间，埃及布尔吉系马木鲁克王朝使者来中国访问，明成祖设宴招待，命五日一给酒馔果饵，所经地皆置宴。明英宗正统六年（1441年），埃及锁鲁檀（素丹）阿失剌福复遣使中国，明政府赠给素丹“彩币十，表里纱罗各三匹。白氎丝布、白将乐布各五匹，洗白布二十匹。王妻及使臣递减”。[②]

朱棣派郑和数次率庞大船队出访数十个国家，对于中阿交往起到了很大的促进作用。郑和远航的一个重要特点是，他一共访问了36个国家，其中大多信仰伊斯兰教。郑和船队到达的阿拉伯国家和地区有祖法尔、阿丹、天方、木骨都束、麻实吉（今阿曼的马斯喀特）、剌撒（今也门的依萨角）等地。郑和下西洋不仅将古代航海事业推至顶峰，带动了中阿经济交流与发展，还传播了中华文明，促进了中阿文化的双向交流和共同进步，同时更展现了亲仁善邻的现象，巩固和发展了中国与阿拉伯国家的友好关系。

郑和下西洋结束后，明朝政府再也没有组织大规模的出使西洋活动，转而采取“不务远略”的海禁政策，这对中阿交往产生了一定的负面影响。这种不利的局面到了清朝非但没有好转反而逐渐恶化，奉行“闭关自守”政策的清政府对外部世界一无所知，对迫在眉睫的侵略无动于衷，中阿之间的官方交往及贸易往来都有所萎缩。1840年英国发动侵略中国的鸦片战争，自此，其他殖民主义国家接踵而至，争相效尤，使中国从一个独立国家逐渐降为半殖民、半封

① 江淳、郭应德：《中阿关系史》，105页，北京，经济日报出版社，2001。
② 《明史·西域传》。

建国家。清政府穷于应对殖民主义国家的侵扰，再也难以顾及拓展与阿拉伯国家的关系。加之清政府实行闭关锁国政策，限制对外交往，更是影响了与阿拉伯国家关系的发展。从目前可查的材料来看，自鸦片战争至清朝被推翻，相互之间既未派驻常设的使领馆，也未见派遣临时使节来往。[①] 而阿拉伯世界，自 16 世纪起就不断遭到西方殖民主义者的侵略，这种情况到了 19 世纪末 20 世纪初依然十分恶劣严峻，英、法、德、俄等帝国瓜分奥斯曼帝国，争夺阿拉伯各国的斗争十分激烈，绝大多数阿拉伯国家又先后沦为列强的殖民地。因此，这一时期阿拉伯国家与中国的交往受到很大局限，一是由于殖民主义的统治导致阿拉伯国家的衰落，二是由于“奥斯曼王朝的腐败、欧洲殖民主义的复兴以及殖民主义者控制海路与陆路所致”。[②]

如果说明代的中阿官方关系延续了唐宋元以来中阿盛世的繁荣景象，是独立国家之间的平等友好关系，那么到了清代尤其是清末，中阿间的官方关系是不能独立自主的半，不仅阿拉伯国家无权参与其事，即使清朝政府也只能任人摆布。

二、明清国人对阿拉伯史地的关注与记述

郑和七下西洋，历经 29 年，可惜原始的航海记录早已遗失，幸好前后随郑和下西洋的马欢、费信、巩珍三人都将见闻记录著书，他们各自著的《瀛涯胜览》《星槎胜览》《西洋番国志》成为研究郑和以及明代中外交通历史的第一手资料。其中《瀛涯胜览》一书在 15 世纪初南洋各国和一些阿拉伯国家的国王、民俗、物产等方面记载详细，被各国学者公认为三部书中最重要的一部。

到了清朝，虽然政府的闭关锁国政策使得“中国官府全不知外国之政事，又不询问考求”[③]，但这并不代表阿拉伯世界就随之淡出了中国人的视线。鸦片战争之后，许多中国的有识之士意识到“开眼

① 江淳、郭应德：《中阿关系史》，186~187 页，北京，经济日报出版社，2001。
② 阿里·欧格莱·欧桑尔：《近现代中阿关系概述》，马义保译，《中国回族学》，第 3 卷，226 页，银川，宁夏人民出版社，2008。
③ 《澳门月报》，见《鸦片战争》，第 2 卷，526 页。

看世界”的必要性与急迫性，在洞察全球格局变幻的同时加强了对周边国家的研究，其中也注意到了阿拉伯地区，并多有记述。在这些记述中，包括林则徐的《四洲志》、魏源的《海国图志》、徐继畬的《瀛寰志略》。

林则徐被后人称为中国近代“第一个开眼看世界的人”，他的《四洲志》一书是中国近代第一部相对完整且比较系统的地界地理志书，叙述了五大洲30多个国家和地区的地理、历史和政治情况。书中涉及阿拉伯地区的章节有：第六节阿丹国（今中东和阿拉伯半岛地区）、第八节依揖国（今埃及）、第十一节阿未利加洲之北四国——北非地区（今摩洛哥、阿尔及利亚、利比亚、突尼斯）等。这些章节的记述涵盖了阿拉伯地区的地理位置、地势地貌、伊斯兰教的情况等，还特别提到阿拉伯地区在学术和文化方面的成就，“复又著辑论种类、论仇敌、论攻击、论游览、论女人，以至小说等书，近有小说一千零一夜，词虽粗俚，亦不能不谓之无才”。[①] 此外，林则徐还在书中第三十五节世界各教中写到伊斯兰教，记有“马哈默教万有两千人”。

在林则徐的影响下，一批研究外国史地的著作陆续问世。例如，林则徐的好友魏源在《四洲志》的基础上，增补大量资料，耗时十年，完成了《海国图志》百卷本的撰写。该书提出“师夷之长技以制夷”的命题，介绍了五大洲几十个国家的历史、地理、政治、经济、军事、文化和科技等情况。其中“西南洋”篇中的“阿丹国”及“小西洋”篇中三节“利末亚洲各国图志”“利末亚洲总说”“北阿未利加洲四国”皆有对阿拉伯地区的记述；除了收录林则徐辑《四洲志》的部分内容外，还辑录了《万国地理全图集》《地球图说》《地理备考》《外国史略》《每月统纪传》《职方外纪》《瀛寰志略》等书中的内容，不仅生动地展现了阿拉伯地区的自然风貌、地理物产、社风民情、婚丧习俗等，还追溯了中国自汉代以来与阿拉伯地区自的历史往来。此外，《海国图志》还专门记述了伊斯兰教的情况，分为“各国回教

① 李一兵：《清末国人对阿拉伯史地的记述》，载《吉首大学学报》（社会科学版），1999（2）。

总考”“天方教考”两章，通过《谛言篇》《民常篇》《居处篇》《冠服篇》《饮食篇》详述了伊斯兰教的创立、传播、信仰、教义、教法等。

1848 年刊行的徐继畲所著的《瀛寰志略》也是一部较早的世界地理志，此书在第三卷“亚细亚卷”及第八卷“阿非利加卷”中记述了阿拉伯，他将阿拉伯称作“回教初兴之国”。在书中，作者详细记述了伊斯兰教创始人摩哈麦（即穆罕默德）的生平、伊斯兰教基本情况、从四大哈里发时期、倭马亚王朝至阿拔斯王朝时期阿拉伯帝国的兴衰史。此外，他还特别提到了中国与阿拉伯的历史关系，尤其是明代双方之间的往来，如作者提到阿拉伯使节在明代多次通过西域的丝绸之路向中国进贡，而中国的穆斯林航海家郑和七下西洋，到访过几乎所有的阿拉伯国家。[①]

从 18 世纪起，不少中国宗教人士、学者和政界要员、海员、华侨等陆续访问非洲国家，途经阿拉伯国家或前往阿拉伯国家朝圣，并写下了大量的游记，为近代中阿友好关系留下了珍贵的历史记录。此外，为了清除殖民主义国家的侵略和欺凌给中国带来的深重灾难，中国知识分子开始思考救国之道，从世界上其他国家的历史发展轨迹中寻找可借鉴的经验教训。国人撰写或翻译了有关阿拉伯国家的著作，加强了对阿拉伯国家的史地研究。

这些资料分为三类：一为见闻，由于阿拉伯国家位于欧亚通道，地理位置特殊，不仅沟通红海与地中海，而且将大西洋、地中海与印度洋连接起来，苏伊士运河是他们前往欧洲的必经之路，在他们回国后所写的沿途游记或回忆录中，大都会提到阿拉伯国家的所见、所闻，兼及史事，或带议论。这些珍贵的记录使当时的中国社会了解到处于同一时代的阿拉伯国家的情况，如马德新的《朝觐途记》、郭连城的《西游笔略》、斌椿的《乘搓笔记》、张德彝的《航海述奇》《欧美环游记（再述奇）》《随使英俄记》、袁祖志的《瀛海采问纪实》、郭嵩焘的《使西纪程》、刘鸿锡的《英轺私记》、王韬的《漫游随录》、王芝的《海客日谭》、邹代钧的《西征纪程》、薛福成的《出使英法

① 李一兵：《清末国人对阿拉伯史地的记述》，载《吉首大学学报》（社会科学版），1999（2）。

义比四国日记》、戴鸿池的《出使九国日记》、康有为的《欧洲十一国游记二种》等。

马德新是我国著名的伊斯兰教学者和译著家，其所著的《朝觐途记》叙述了其于1841年至1848年两次前往麦加朝觐，游历今沙特阿拉伯、埃及、土耳其、塞浦路斯等地的所见所闻，这无疑有助于国人对阿拉伯的了解。1844年10月5日他首次抵埃时，对开罗这座城市描述道“谜思尔[①]（开罗），巨城也。……其国穆斯林甚众，朝堂（清真寺）百余所，其至伟丽者卓米尔阿兹偕（爱资哈尔）。”[②]他两度访问埃及期间正值穆罕默德·阿里的改革与治理，在他的书中对阿里的改革赞赏备至，评价他为“王大智大勇，善治理”。马德新所提供的阿里改革时期埃及的第一手资料，对于当时正面临西方列强侵略的中国有着极为重要的参考作用与借鉴作用。

曾于1859年至1860年到埃及的郭连城，写有《西游笔略》，内中这样描写他在今开罗的见闻：加以罗（即开罗）乃厄日多国（即埃及）京都。此处房屋高耸，树木差池。城外有河，名泥罗，可通亚立山（即亚历山大）府，为厄日多国之佳壤。本地人身中面白，衣服古怪。妇女皆以长巾幪面，惟留眼睛在外。地多驴驼，甚至乞丐亦有乘驴者。……加以罗城内，有最奇之古迹，状如塚，皆石为之，阔下而锐上。其最大者，即下之一隅量之，长约六十丈，高亦六十丈。内有古人之棺，不知何代所造。[③]

毕业于北京同文馆的张德彝，1866年曾以八品官的身份随斌椿游历法、英、比、俄等欧非十国，后长期在欧洲任外交官，因此数次途经阿拉伯国家，并在其数本著作中都有所提及。《航海述奇》中写到了埃及举世闻名的金字塔：后至一古埃及之王陵，其陵三尖形，周一百八十丈，高四十九丈，皆巨石叠起。相传前三千数百年建造，天下第一大工也，其次则属中国之万里长城矣。[④]

《欧美环游记（再述奇）》中写道：八月初五日，由马赛乘船抵

---

① Misr的音译，既可指埃及，又可指开罗。
② 马德新：《朝觐途记》，马安礼译，4页，银川，宁夏人民出版社，1988。
③ 艾周昌：《中非关系史文选》，30、35页，上海，华东师范大学出版社，1989。
④ 艾周昌：《中非关系史文选》，40页，上海，华东师范大学出版社，1989。

埃及的亚历山大，接着乘火车于次日抵苏伊士，仍坐前次回国所乘之船归国。船入红海，“隔窗眺望，水色深蓝，遥见断云横岭，云浸接天”。12日至亚丁，“上下货物，装运煤水，喧哗聒耳，通宵达旦”。[①]

1876年，他作为三等翻译官随郭嵩焘前往英国，此时苏伊士运河已经通航，他寻访旧镇，见“街道泥泞，土屋鄙陋，楼房亦不雅洁。入‘苏伊士’店，门牖扃闭，寂寞无人，非复从前繁盛。”[②]

驻英法使节郭嵩焘在1876年十一月二十一日的日记中，记述其到达苏伊士运河时，介绍苏伊士运河的开凿情况：卯刻，行五百一十三里，抵苏尔士湾口。地为亚细亚、阿非利加两洲一线相连处，广约三百里，介红海、地中海之间。同治三年，法人赖赛朴以机器开河通舟辑，广六丈，深不逾三丈。凡七年始成，费至七八千万，各国商人醵金为之；以地属埃及，蠲与三分之一。往来征船税，按成分收其利。同治十三年，埃及以千二百万金鬻之英人。于是英人合官民所出公费，约得全股之半。[③]

清末改良主义政论家王韬，在1867年至1870年，曾应英国传教士理雅各之邀赴英国译书，并游历英、法、俄等国，其间也曾游过埃及，在所写《漫游随录》卷一中，他写到埃及的古文字：西人以埃及所传为上古文字，曾经英法博学之士细为推究，而知其系象形为多，或间有同中国蝌蚪籀篆文者。可知原始造字之意，六者俱备，原无分于中外也。[④]

《西征纪程》是邹代钧于1886年随太常寺卿刘瑞芬出使英、俄等国的旅行日记，其中的第二十八至三十三节专门记述了阿拉伯地区。由于邹代钧是一名地理学家，因此他在书中详细介绍了阿拉伯地区的地理位置并引用了《宋史》《元史》《明史》等古籍中对阿拉伯地区的描述，此外他还详细叙述了阿拉伯帝国的兴衰史，如对历史上埃及的描述：周景王二十年（公元前525年），波斯王居鲁士抚有亚洲西域广土，遂并埃及而有之。显王三十九年（公元前330

① 张德彝：《欧美环游记（再述奇）》，228~229页，长沙，湖南人民出版社，1981。
② 刘锡鸿、张德彝：《英轺私记·随使英俄记》，298页，长沙，岳麓书社，1986。
③ 郭嵩焘：《使西纪程》，27页，沈阳，辽宁人民出版社，1994。
④ 马树德：《中外文化交流史》，320页，北京，北京语言大学出版社，2000。

年），马基顿王亚历山德灭波斯，埃及亦归马基顿……至汉成帝时，有女王姑娄巴多拉，建始三年为罗马所灭……东晋孝武太元二十一年（396年），罗马分东西，埃及属东罗马。唐贞观十四年（640年），为大食所掠取……延及前明景泰中，土耳其盛强，既灭阿拉伯，遂并埃及。国朝乾隆中，法兰西拿破仑以兵侵埃及，土军与之战不利……嘉庆六年（1801年），英吉利以兵逐法军，埃及乃复归土耳其……十六年，土王许阿里主埃及……[①]

二为专论（或述），概论当时亚非各国人文、史地、政治、经济、习俗等简况。作者多为当时主张对外开放的先驱人物，在致力介绍西方之时能够注意到阿拉伯国家，是非常有远见的。如康有为的《海程道经记》，作为我国最早的非洲问题专著，有着不可替代的历史价值；李光廷的《亚剌伯沿革考》，重点记述阿拉伯与中国历史上的往来；龚柴的《阿拉伯考略》，涵盖了对阿拉伯地区的地理、宗教、服饰、习性、饮食等各方面的介绍。

康有为在《海程道经记》中赞叹阿拉伯古老悠久的文明："而摩诃末之创业于麦加也，合并君师而一之，西并西班牙，东吞印度，南控北非，北尽里海，中据君士坦丁，交通中国，而开阿剌伯文明之业，恢恢乎二万里之大国，跨大海大陆而成新治教之大国盖兼印度、波斯、罗马、中国之文明而尽有之。盖大地古今之文明，至阿剌伯而尽集其大成，以组织新政教也，其后突厥、波斯分为二国二教，则波澜盖盛于斯土。今欧洲文明，泛滥全地球，则又自十字军以输于阿剌伯者。"（《欧洲十一国游记二种》）

龚柴在《阿拉伯考略》中如此描述阿拉伯人："人民之数约得三兆有六十余万人，其中游牧者半，庐居者亦半。人皆矮小，面黄体瘠。俗尚节俭，惟富者食米，贫苦之户食大麦等类，以加非壳浸水煮而饮之。菜饭皆调以骆驼乳，罕肉食，猪肉向干例禁，非谟罕默德创制也。土人衣长衫，腰缠白布以佩刀剑。布帽，无论寒暑必数层。妇女亦长衣，顶珠冠，垂缨络，耳佩金银宝环，手金宝镯钏。常蒙头掩面，与波斯人同俗，惟贫贱家稍宽其例。人民禀性悍勇，

① 艾周昌：《中非关系史文选》，116~118页，上海，华东师范大学出版社，1989。

各族屡相械斗，尤善骑射。凡出行，必佩刀剑，携鸟枪，往往终夜不眠，以备不虞。盖地方盗贼甚多，竟有防不胜防之势，不得不随在戒心也。”

此外，清末有关阿拉伯文化记述的出版物还有宣统二年（1910年）湖南公务所刊有王先谦编辑的《五洲地理志略》，该书的卷十（亚洲十三）专述阿拉伯国，并附有地图。全文约两万多字，其中记述阿拉伯历史部分6000余字；长篇方志《亚拉伯志》和《亚拉伯新志》于1907年由学部图书局印行，未署作者姓名。这两部阿拉伯志内容丰富，既有总体对整个阿拉伯地区的综述，又有分区介绍。清末还有中国学者对古代阿拉伯史地做过考证。丁谦在从事历代史书地理考证时所写的《元秘史地理考证》《元经世大典地图考证》《元刘郁西域传地理考证》就包括对古代阿拉伯史地的考证；洪钧写的《旧唐书大食传考证》等也有对大食历史的考证。[①]

三为评说，据事而论，有感而发，字里行间洋溢着对阿拉伯文化在世界文化发展史中重要地位的赞叹，同时也充满了对殖民主义者在此地区横行霸道的愤慨，流露出对非洲人民反压迫斗争的同情以及对今日之败落萧条的惋惜。这表明中阿间的官方往来虽然中断了，但仍互相关注国运民生。面对与中国有着相同遭遇的阿拉伯人民，许多民主进步人士、有识之士发表言论声援阿拉伯人民反抗殖民统治的斗争。例如，1908年摩洛哥人民进行英勇斗争，反抗法国殖民主义者及本国封建统治者时，孙中山在报上发表文章《论惧革命召瓜分者乃不识时务者也》，支持摩洛哥人民的英勇斗争，高度赞扬摩洛哥人民“不甘于孱王俱死，与主权同亡，仍发奋为雄，以拒外兵，以覆昏主。内外受敌，危险莫测，而摩民不畏也；惟有万众一心，死而后已”。[②] 中国近代维新派领导人之一的梁启超亦专门以《摩洛哥问题》为题撰文称赞摩洛哥人民不服法国将摩洛哥降为保护

---

① 李一兵：《清末国人对阿拉伯史地的记述》，载《吉首大学学报》（社会科学版），1999（2）。

② 艾周昌：《中非关系史文选（1500—1918）》，201页，上海，华东师范大学出版社，1989。

国而“抗敌累作”。[①]

由此可见，明清两代所留下的史地文献中既有对阿拉伯社会历史、自然风貌、风俗习惯的介绍，也不乏对国家政治、社情民情的评论，这些都增进了中国对阿拉伯世界的了解，为日后中国对阿拉伯文化的研究奠定了基石。尤其到了清朝末期，为了清除殖民主义国家的侵略和欺凌给中国带来的深重灾难，国人为寻求中华崛起，希望从其他国家的情况中获得经验与教训，包括关于阿拉伯各国人民反抗殖民主义，要求独立自主的英勇斗争。正是在这种背景下，许多中国人撰写或翻译了有关阿拉伯国家的著作，加强了对周边阿拉伯国家的史地研究，并对阿拉伯在世界文化发展史中的重要作用做了高度评价。因此，这一时期的中阿文化交流史是很值得研究的。

三、明清时期阿拉伯文化与中国传统文化之融合

明清时期中阿之间的官方交往在郑和下西洋之后逐渐走向低谷，一方面清朝政府开始实行“闭关锁国”政策，另一方面欧洲列强觊觎古代世界交通及贸易的要冲，对阿拉伯人民也发动了战争。在官方交往基本中断的情形下，阿拉伯文化在中国传播的使命自然落到了中国穆斯林学者身上。前文提到的我国著名的伊斯兰教学者和译著家马德新于1845年赴麦加朝觐后转赴爱资哈尔大学短期学习，成为中国近代史上有文字记载的第一位赴爱资哈尔大学的中国回族留学生后，进入20世纪，受海路开通和其他民族留学潮流的影响，中国回族穆斯林赴爱大留学人数逐渐增加。1901年，河南桑坡丁锡忍阿訇赴麦加朝觐，恰逢麦加地区局部战乱，天房不开放，在麦加短暂停留后，他转赴爱资哈尔大学求学。他对爱大的讨论式、启发式教学印象深刻，这是已知的第二位在爱大学习的中国回族留学生。[②]此外，清代有不少中国穆斯林不远万里去麦加朝觐，履行宗教义务，

① 艾周昌:《中非关系史文选（1500—1918）》，203页，上海，华东师范大学出版社，1989。

② 马博忠:《近现代中国留埃回族学生历史简述》，见《历程——民国留埃回族学生派遣史研究》，2页，银川，宁夏人民出版社，2011。

这些穆斯林不仅是传播宗教者，更成为了中国最早的回族学者，同时扮演了教旅与学旅的角色，推动了中国伊斯兰教的发展，促进了中国和阿拉伯的文化交流与融合。

因此，明末清初是中国伊斯兰教史上一个重要的历史转折时期。经过唐、宋、元三大朝代中阿文化的交流，随着定居在中国的阿拉伯人世代繁衍以及伊斯兰教在中国的普传和中国信仰伊斯兰教民族的形成，阿拉伯文化与中国传统文化得以有机融合。这一时期最能体现这一趋势的文化活动即汉文译著、经堂教育及苏非主义的传播。关于这三大活动的著述已有很多[①]，如对于汉文译著活动，从明末算起，汉文译著活动分为两个阶段，明末清初是一个阶段，咸同年间是一个阶段。这一时期的汉文著述较多，范围也比较广泛，举凡伊斯兰教的哲学思想、历史、人物传记、典礼制度、民常习俗、语言文字等方面的内容都有所涉及。比较重要的作品有王岱舆的《清真大学》《正教真诠》《希真正答》，张中的《归真总义》，伍遵契的《归真要道》《修真蒙引》，马注的《清真指南》，刘智的《天方性理》《天方典礼择要解》《天方至圣实录》，马德新的《宝命真经直解》《四典要会》《大化总归》，马联元的《孩听译解》等。这些著述的作者，一般都是“怀西方（指伊斯兰教）之学问，习东土之儒书”的“回儒”，甚至是儒、释、道、回“四教兼通”的宗教学者。[②]他们没有机械地照搬《古兰经》中平铺直叙的肯定和赞词，也没有满足于重复伊斯兰教传统教义中那些简单的善恶伦理、道德说教。他们用儒家的思想、儒家的语言系统地研究、整理伊斯兰教教义，使之进一步系统化、理论化，从而使这些教义愈趋具体、完备并更富于哲理性，带有中国哲学的风格和特色。[③]汉文译著活动不仅促进了中阿文化交流，更丰富了中华民族的思想文化宝库，将中国传统儒家思想与伊斯兰教有机结合，这无疑也是中国穆斯林对于世界伊斯兰教文化一种极

---

① 杨怀中等的《伊斯兰与中国文化》、李兴华等的《中国伊斯兰教史》、金宜久的《苏非主义在中国》、丁俊的《中国阿拉伯语教育史纲》等。

② 冯今源：《从中国伊斯兰教汉文译著看儒家思想对中国伊斯兰教的影响和渗透》，见《伊斯兰教在中国》，255~256 页，银川，宁夏人民出版社，1982。

③ 冯今源：《从中国伊斯兰教汉文译著看儒家思想对中国伊斯兰教的影响和渗透》，见《伊斯兰教在中国》，276 页，银川，宁夏人民出版社，1982。

宝贵的贡献。

在经堂教育方面，大约是在明末16世纪在中国内地兴起的，首创者为陕西咸阳渭城人胡登洲。他目睹当时陕西伊斯兰教“经文匮乏，学人寥落，既传译之不明，复阐扬之无自”的状况，慨然立志兴学，在家中招收弟子，传习经典，栽培学人，后来发展为在各地清真寺内兴办经学。到清初，经堂教育已发展到全国各地，有大学、小学之分，其课本有“十三本经”之说。汉文布道的出现及经堂教育的创设，使伊斯兰教的宣传教育有适宜的制度，有较好的汉文教材，传教可以就地培养，教学内容不再神秘，改变了过去口传心授的陈旧方式。这为清末新式学堂体制的兴起奠定了基础，是中国穆斯林教育史上的一个创举。

苏非主义在中国的传播与汉文译著活动与经堂教育是有着直接联系的。经堂教育虽然以传授宗教知识，培训阿訇为目的，但仍以“性理之学”为高级课程。在著名经师舍起灵的经堂中，《默格索特》《米而撒德》《勒默阿忒》《母噶麻忒》等都是苏非主义著作。因此苏非主义与汉文译著、经堂教育间有着互为推动的关系，经堂教育的发展推动了苏非主义在各地的广泛传播，而源自经堂教育需要而发展起来的汉文著译活动使苏非主义的传播突破了经堂的范围，产生了更加广泛和深远的影响。

这三大活动之所以在明末清初倡兴，并与中国传统文化有机融合，是有着其鲜明的时代特征和民族特色的。

一是伊斯兰教在中国发展的必然结果。

从唐代伊斯兰教传入中国迄至明代中叶，“即从七世纪到十五世纪，这八百年间伊斯兰教在中国教义不明，教名未定，不见典籍及著作，亦无汉文译著，是个侨民的宗教，或外来民族的宗教。”到了明中叶以后，经过唐宋元及明前期八百年左右与回族、维吾尔族等民族及其先民的交互作用，伊斯兰教在中国的土地上生根、传播、发展，在回族、维吾尔族、哈萨克族、柯尔克孜族、塔吉克族、塔塔尔族、乌孜别克族、东乡族、撒拉族、保安族等十个少数民族中有着广泛的影响，并逐渐形成为中国封建社会上层建筑的一个组成部分。因此，它必然会受到当时中国社会经济生活、政治生活的制约，受到传统的中国文化的影响和渗透，从而烙上中国传统文化的风格和特点。这是伊斯兰教在中国发展的必然。

明末清初，伊斯兰教在中国进入了一个快速发展的新时期，信众数量大增，因此出现了穆斯林大众普遍使用汉语，不能直接阅读阿拉伯文、波斯文典籍的情况。如果说在15世纪初叶，在中国的土地上还随时可以找到“通译番书”的翻译人才，如随郑和出使海外的穆斯林翻译马欢、郭崇礼和西安礼拜寺的掌教哈三以及1430年中途从古里国派往天方国的七位不知名的“通事”等；又如比这稍早些时候的“素习本音，兼通华语”的翻译家们如海达儿、阿答兀丁、马沙亦黑、马哈麻等，那么到了16世纪初情况就不同了，那时回民已经形成了一个新的民族，有了自己聚集的居住区域，经济形态，共同心理和语言文字，而宗教经典文字——阿拉伯文、波斯文基本上回到寺院内，成为宗教家们专门使用的文字。因此，穆斯林中间的中上层人士深感要将阿拉伯文、波斯文典籍译成汉文的必要性，兴办学校传经授教的迫切性，不得不打破不用汉文译经的传统习惯，甘冒“难合正教之规”及“强以不可解解之”的矛盾心理，来从事伊斯兰教经典的翻译和著述。

二是与明清政府的海禁闭关政策有关。

明中叶之后，封建王朝采取“片板不许下海”的锁国政策，西北的陆路交通也因故而关闭。在此种情况下，无论是把外国穆斯林学者请进来，还是把中国穆斯林派出去，都遇到了极大的困难。可这时穆斯林、清真寺的数量都在急剧增加，最需要宗教师来带领穆斯林从事宗教活动，来解决因波斯语、阿拉伯语开始成为“夷音”，而汉语已成为回族的共同语言所带来的一系列问题。宗教人才不仅数量严重不足，而且大多既缺乏宗教知识，又缺乏汉语和儒学知识的基本训练。况不少忙于利禄，无心宗教，难得众望。这促成了穆斯林学者自寻出路，自我创新，兴办教育。此外，海禁政策必然导致中阿之间航海贸易的萧条乃至完全停顿，穆斯林商人们自然不再能够以经商为生，他们开始由商业转向农业，从事耕田、屯垦、畜牧等务农工作。他们的身份也不再是客居中国的侨民，而是在中国定居的穆斯林同胞，与各族人民共同生产劳动，嫁娶婚配。随着入教皈依的民众一代代增多，他们成为中国民族大家庭的重要组成部分，自然便有了发扬自己文化的要求。

三是与当时中国伊斯兰教面临的客观境遇有关。

元末明初，信仰伊斯兰教的回族就已经在中国形成，明政府对伊斯兰教虽较宽容，但仍限制其发展。《明律》中规定："凡蒙古色目人，听与中国人为婚姻，不许本类自相嫁娶。违者，杖八十，男女入宫为奴。"到了清代，信仰伊斯兰教的各民族，虽可读书习武，应举入仕，但受到的歧视、压制，较之明代更甚。在这种形势下，穆斯林学者迫切需要将儒家思想与伊斯兰教教义结合起来，用儒家思想阐发伊斯兰教教理，也用伊斯兰思想发挥儒家天人性命之说。[①]

明清时期的经堂教育与汉文译著活动是早期的中国伊斯兰学术活动，也可以说是中国穆斯林首次尝试的、系统性的宗教学术活动与意识形态的建设工作。这些活动旨在阐扬以伊斯兰教义、教律为核心的伊斯兰教义学、哲学、伦理道德等方面的思想，属于意识形态层面的深层思考。此外，回儒之间的融合与对话消除了伊斯兰教与阿拉伯文化在普通群众心中的神秘感与外来感，对各族人民的团结起到了极大的作用。

四、小结

综上所述，中阿之间的友好交往历史悠久，源远流长。两大民族间延续至今的外交、经贸、文化往来早在古时就已奠定了坚实的基础。与唐宋元时期相比，明清时期阿拉伯文化在中国的交流已从物质逐渐丰富到精神领域。阿拉伯伊斯兰文化与中国文化有了更深层次的交融。虽然从 16 世纪开始西方殖民势力东扩，阿拉伯各国先后沦为欧洲的殖民地，中国也成为西方列强角逐其势力的半殖民地，

① 吴贻业：《从王岱舆到刘智的启示和反思》，见《中国回族研究》（第一辑），68~82 页，银川，宁夏人民出版社，1991。

清朝后期中国政府实行的“闭关锁国”政策使得中国吸收异质文化精华的大门被迫关上，中阿之间的官方往来一度受到影响。但是，中国的穆斯林自觉承担起了传播阿拉伯伊斯兰文化的任务，带来了中国传统文化与其的有机融合。民间的文明交往，商旅、教旅和文化交流，通过各种渠道，时多时少，断断续续地在中国和阿拉伯地区之间进行。这种文明交往的深度和广度，大大超越了国家间的政治交往。所有这些，同源远流长的古代文明交往一道，成为日后中国与阿拉伯各国平等、友好、合作的历史基础。

中阿妇女之间友好联系回眸

刘光敏

【摘要】我国与阿拉伯国家正式建交始于1956年，但双方妇女届的联系却可追溯到更早。本文以埃及为主线回忆、梳理了我国妇女代表团出访埃及、突尼斯、摩洛哥等阿拉伯国家的情况以及在埃及举办的一次大型国际会议。以科威特为主线介绍了海湾国家妇女社会文化协会等妇女组织状况，指出阿拉伯妇女为争取妇女权利所做的努力。中阿间的友好联系让我们见证了对方妇女运动的发展，从而也将推动妇女运动研究的深入。

【关键词】中阿关系；妇女；妇女运动；妇女组织

【作者简介】刘光敏，毕业于北京大学东方语言系阿拉伯语专业，曾任国家体委援外司、全国妇联国际司阿文干部，负责对阿拉伯国家妇女界的交流工作。

2016年，在我国与阿拉伯国家的交往历史进程中，是非常值得纪念的一年，值中埃建交60周年，也是中阿携手的“一带一路”建设日渐深入的时候。回顾往事，展望未来，我们祝愿中阿友谊不断加深，相互合作的前景更加广阔。

新中国成立后，1956年埃及即与我国建立外交关系，成为第一个与我国建立外交关系的阿拉伯国家，至其后的1966年，有10个阿拉伯国家与我国建交，再后，即20世纪70年代后，其余的阿拉伯国家也相继与我国建立了外交关系 。

一

在妇女界，与建立外交关系同步或更早，相互间来往即已经开始。早在1954年，当时的全国妇联就已经邀请过埃及与黎巴嫩等国的妇女代表团来我国访问，1961年1月在开罗召开了亚非妇女会议，有36个妇女代表团与会，我国也派代表团出席，结识了诸多国家的妇女组织的代表。1962年、1983年，我国妇女代表团两次访问阿尔及利亚，分别对其革命事业表示声援与支持，对其建设事业表示赞赏，并进行相互间的妇女工作经验交流。两次访问都受到阿尔及利亚方面高规格的接待。阿尔及利亚方面热情评价我代表团的访问："你们总是在我们困难的时候来看望我们，帮助我们，你们的支持是最有力的。"

其间与随后，一些西亚的、海湾地区的妇女运动蓬勃发展，官方的妇女机构与民间的妇女组织相继建立，我国适时地与其建立了友好联系，互相交流有关妇女工作的经验等。

60年，一个甲子的历史进程，一个不短的时间跨度，而阿拉伯国家众多，双边妇女界来来往往的事情也已经很多很多了，岂是一篇短文所能涵盖得了的。

二

我们以埃及作为主线进行回顾，以我国的妇女代表团出访埃及等国以及在埃及举办的一次大型国际会议作为中心议题，再推而广之。

"文化大革命"，我国与北非各阿拉伯国妇女组织之间的友好联系中断10多年，即使是对于"文化大革命"之前双方妇女界来往较多的埃及，从1965年中断联系起，至1982年我国的妇女代表团再度赴访，双方中断联系也已达17年之久 。

1980年前后，全国妇联与西亚、非洲的妇女组织恢复友好往来的工作提上日程，同时这些国家的妇女组织也纷纷表现了与我方恢复友好联系的热忱。1981年4月，当时的突尼斯总统布尔吉巴的夫人、突尼斯妇联名誉主席瓦西拉·布尔吉巴在访华时，邀请我国妇女代表团访问突尼斯，随后，摩洛哥全国妇联主席法蒂玛公主、埃及民族民主党也分别邀请了我国妇女代表团去访问。

于是，1982 年 5 月 27 日至 6 月 20 日，全国妇联就组织了中国妇女代表团访问了突尼斯（5 月 27 日—6 月 3 日）、埃及（6 月 3—10 日）与摩洛哥（6 月 10—20 日）三国，团长为当时的全国妇联副主席黄甘英，团员包括了我国著名的从事试管婴儿方面研究的专家张丽珠等。

此次是一次高规格的访问，有着高规格的礼遇。

突尼斯，代表团先后访问了突尼斯城、斯法克斯、加贝斯与莫纳斯蒂尔几个城市，有突尼斯总统布尔吉巴夫妇的接见；突尼斯总理姆扎利夫妇的家宴（突尼斯妇联主席为总理姆扎利夫人），并与代表团进行了工作会谈，其妇联 30 多人参加，成为突尼斯妇女界的一次盛会，为相互间交流各自的情况提供了良好的机会。

在埃及，代表团访问了开罗、亚历山大与坦塔省。由埃及民族民主党邀请与接待代表团。埃及民族民主党妇女书记处总书记苏海尔·盖勒玛维、已故总统萨达特的夫人吉汉·萨达特、埃及社会事务部女部长阿玛勒·欧斯曼等会见了我代表团。

在摩洛哥，所访问的城市有拉希德省、梅克奈斯、非斯、丹吉尔与首都拉巴特等地。摩洛哥全国妇联主席法蒂玛公主亲自全程陪同代表团，接待工作非常隆重。

（一）代表团访问的突出印象

突尼斯妇联成立于 1956 年，其经费有政府资助、会员会费、社会捐款、义卖收入等。

突尼斯妇女事业的发展以及其妇联的工作都是出色的。突尼斯女性的就学、就业状况都较好。女性多在教育、医务、法律、纺织、食品加工等行业就职，议会中也有不少女性议员，说明其女性的社会地位已比之前大有提高。

早在 1957 年，突尼斯就立法倡导实行一夫一妻制，这在阿拉伯国家是很突出的。1957 年突尼斯《个人地位法》规定男女平等、实行一夫一妻制，违法者会受到追究等规定突破其原来允许娶 4 个妻子的习俗。当时突尼斯人口 650 万，人口问题原来并不是其社会问题，但是他们也从其他的国家因为人口大幅度增长带来的社会问题中吸取教训，防患于未然，及早重视起计划生育的工作来，并取得显著成效。妇联与计划生育委员会合作，把计划生育的重点放在农村，免费提供计划生育用品、具体做计划生育的解释工作，鼓励妇女间隔生育时间，生两个到三个孩子等。此外，突尼斯妇联还配合政府做了很多有关妇女的工作，比如组织妇女进行职业培训、组织妇女参加扫盲与文化教育活动、向农村妇女普及卫生保健知识等。妇联的工作是有声有色的。当然，突尼斯妇女也还面临一些不尽如人意的事情。例如，突尼斯妇联的一位执行委员玛斯姆迪夫人就说过："不少男女平等的条文还停留在纸上，没有变成现实，妇女文化低于男性，就业难于男性，社会地位低于男性。"以至于在当时母亲没有监护权，即使离婚后，母亲对自己抚养的孩子也没有监护权，孩子遇到事情，也要由离了婚的父亲断决。

埃及的妇女组织在阿拉伯国家的妇女组织中占有重要地位。在20世纪四五十年代，埃及的妇女运动就发展起来，其妇女运动的先行者曾致力于阿拉伯妇女的团结与联合工作，与一些阿拉伯国家的妇女组织联合，组成阿拉伯妇女联合会。但是后来，由于阿拉伯国家的分歧波及其妇女组织，阿拉伯妇女联合会的总部也从开罗迁出，原来在阿拉伯世界，乃至在国际上都盛有影响的埃及妇联此时的影响有限了，原来的埃及妇联主席、国际妇联副主席西萨·纳巴拉奥薇此时虽然仍为埃及妇联的主席，但已经年届85岁，实际上也不能承担太多的社会工作，代表团此次在埃及见到了西萨的侄女、民族民主党开罗市一个区的负责人克里玛夫人，互相做了简短的工作交流。

当时的埃及，妇女组织众多，除执政的民族民主党有妇女书记处外，其他政党也设有妇女部门。政府系统的妇女工作由埃及社会事务部统一负责，非政府的妇女组织则分别以慈善救济、职业培训、幼儿照顾等为其工作重点。非政府组织的成立只需到社会事务部注册登记即可，此时注册登记的妇女组织大大小小就约达一千个。

以已故总统萨达特的夫人为主席的“忠诚与希望协会”是一个1972年建立的社会福利机构，在开罗郊区，分别建有残疾人中心与儿童村。当时的残疾人中心拥有400个床位的医院以及诊疗所与职业培训中心。一方面为残疾人治病，一方面对他们进行职业培训，以期让其学会一种谋生手段。儿童村则专门负责收养孤儿。孩子们在儿童村住宿，在普通学校就读。萨达特夫人多年从事慈善事业，有一定社会影响，受人敬重。

埃及的人口增长较快，年增长率为3%，即每年增长120万人。因而子女教育问题、老人赡养问题都是需要社会关注的重要问题。

摩洛哥，同样是一个文明古国，保存有浓厚的伊斯兰教的传统习俗，现代文明、古老的传统习俗在这里交织。传统的妇女身着蒙头遮面的黑色衣袍，现代派的女士则会身穿欧化的西装；公路上有着现代的时髦轿车，同时也不时会出现运输货物的驴子和骆驼；城市里，现代高楼大厦与几个世纪前建造的老房屋并存。人们对于法蒂玛公主，有着对于王室成员的敬意，也有着对于为妇女做好事的妇女运动领导人的感恩。

摩洛哥的妇联切实为基层妇女做了很多工作，诸如扫盲、组织乡村妇女参加生产劳动和社会活动、组织妇女参加各种职业培训，组织妇女合作社（有绘画、刺绣、裁剪、缝纫、编制、烹调等），兴办幼儿园、托儿所，为辍学女生开办补习班等。

官方主管妇女工作的机构是摩洛哥的社会事务部，妇联组织与其进行密切合作。

摩洛哥还存在着一夫多妻的习俗，早婚与近亲结婚现象严重。

（二）代表团此次访问的积极意义

代表团接触面宽，从其国家上层人物至普通的妇女群众。促进了相互了解，恢复了一度中断的友好联系，加强了与这些国家妇女界的友好合作。

这次访问已经过去了很多年，岁月流逝、事态更迭、物是人非，但是这毕竟是历史的一页，依旧为我们留下了美好的回忆。它是一种衔接，前接一度中断的过去，后连着中国与阿拉伯国家妇女界友好交往更加深入发展的未来。

三

以埃及为主线，接下来谈开罗国际人口与发展会议。

1994 年 9 月 5 日至 13 日，国际人口与发展会议在开罗召开，会议甚为壮观，一个发展中的国家举办如此规模的国际会议，埃及方面做出的努力是可想而知的，良好的会场设施，大量的安保人员与随处可见的志愿者，让与会者感到方便与亲切。

有 182 个国家的 3500 名代表与会，我国出席大会的政府代表团团长为时任国务委员兼国家计划生育委员会主任彭佩云。大会同期举行了以人口与发展为主题的非政府组织论坛，各个国家的不同的非政府组织约有 6000 名代表参加了这一论坛。我国参加非政府组织论坛的有全国妇联等 17 个单位的 38 名代表，参加了其中的 8 场论坛的发言，在人口与发展以及妇女与保健等诸多相关领域与各国的代表们交换了意见，宣传了我们自己，也了解到国际上对此类问题的研究状况。同时，锻炼了我们的队伍，为 1995 年第四次世界妇女大会在北京召开创造了一些有利的条件，也向我国妇女界普及了国际上有关非政府组织的相关知识。

（一）大会背景

1994 年，世界人口约为 56.6 亿，回忆一下人口增长速度，人们感到触目惊心：1804 年世界人口仅仅为 10 亿，1927 年为 20 亿，1960 年为 30 亿，1974 年为 40 亿，1987 年为 50 亿，1994 年为 56.6 亿。可以看到，每增长 10 亿人口，所用的时间分别是 123 年、33 年、14 年、13 年等。人口增长的速度越来越快，其中非洲人口的年增长率最快，亚洲次之，欧洲较缓慢（但却面临着人口老龄化的问题）。

那次会议分析当时所面临的状况：“不断增长的人口对粮食、住房、用水、卫生医疗、教育、社会服务等方面的需要日趋增多，社会将会越来越严重地消耗地球上有限的自然资源，如果生存状态面临危机，就会迫使人们乱加砍伐森林，从而造成了水土流失，影响生态环境。而为了争取获得工业发展的最大利润，又无暇顾及对于环境的污染。粮食短缺与营养不良首先威胁到妇女，进而会影响到下一代。人类正面临着人口增长所带来的挑战。”

（二）大会简况

1974 年与 1984 年，曾分别在布加勒斯特与墨西哥召开过第一次与第二次人口与发展会议，此次开罗会议是上述两次会议的继续，目的是讨论人口增长与经济的可持续发展以及妇女教育与经济地位的提高的可行性措施，大会的“行动纲领”提出了需控制人口的出生率，为了人类未来更好地生存，希望在 2015 年将人口控制在 79 亿，在 2025 年将人口控制在 85 亿。但是，由于各国的宗教信仰，法律体系，风俗习惯都有不同，对于控制人口相关的避孕与人工流产等计划生育措施的看法也就不同，意见不一。各种论坛就提供了众多的相互交流看法的机会，以争取最大程度地达成共识，控制人口增长的积极主张为多数人所认可。即加强宣传教育，制定计划生育措施，提供有效避孕工具；积极发展经济，大量投资基础教育与基础设施。相信在经济发展与教育水平不断提高的社会里，人口增长率会自然下降，这在发达的欧洲国家以至于在发展过程中的东亚以及拉美的一些国家皆得到了印证。

大会就人口与发展问题进行了充分的讨论与激烈的辩论，最后通过了开罗人口与发展问题的《行动纲领》，论证了人口与发展问题的辩证关系；提出控制人口增长的具体目标及办法；提出在未来 20 年内各国在改善妇女健康状况以及降低产妇与婴幼儿死亡率方面的努力方向；提出继续致力于加强妇女教育与促进男女平等；强调加强国际合作以及加强政府与非政府组织之间的合作。与大会同期举行的非政府组织论坛是围绕《行动纲领》所涉及的议题进行分组的细化讨论交流，主要议题为：社会经济发展与人口关系；人口增长与人口结构；妇女与家庭；卫生保健与环境保护；人类生殖状况与死亡率；人口在国境内分布以及在国际间的迁移等诸多领域。

论坛分别在19个大小不同的会场同期分别举行，大型会场3个，皆可以容纳千人，有同声传译等；中小会场16个，供一般性讨论，可以容纳二三百人，同一时刻举行的讨论有十多场，供与会者自由选择参加。各抒己见，气氛热烈。

（三）我国代表团与会情况

国务委员兼国家计生委主任彭佩云率我国政府代表团参会。另，妇联，总工会，计划生育协会，人口福利基金会，教育国际交流协会以及一些高校人口研究所等17个单位的38名代表参加了大会的非政府组织论坛。

彭佩云团长在大会发言中阐述了中国政府的主张，谈及人口问题本质上是发展问题，实施计划生育方案，减轻人口增长速度是解决发展中国家人口问题的有效措施，各国经济发展水平、文化背景与历史传统等国情不同，不可能形成统一的模式来解决人口问题。但是，提高妇女地位，改善妇女受教育条件，促进妇女参政与参与经济发展，保障妇女权益，实现男女平等，对于稳定人口增长，实现可持续发展是具有重要意义的。她还强调了要加强国际的合作。

我国的非政府组织代表积极参加了论坛的各个专题的讨论，主要议题有：计划生育状况，环境保护状况，女工的卫生保健，青春期的性教育研究，性疾病的防治等。

全国妇联的代表在会上介绍了我国为1995年在北京召开的第四次世界妇女大会的筹备情况，不少国家的代表询问具体进展状况，期待1995年在北京相会。

与会者一致感谢会议的东道主埃及政府与埃及人民，如此规模的盛会，他们安排得有条不紊，他们付出的巨大的努力可想而知。

如今，回忆起来，这真是一件十分有意义的事情，2015年已过，世界人口已经超过这个希望了。而我们这一代人，是目睹者。以我国为例，思前想后，是经历了人口迅速增长的过程的。抗战时，周小燕女士唱“长城谣”，唱的是4万万（4亿）同胞；新中国成立的时候，我们唱的歌，就是 4 万万 5 千万（4 亿 5 千万）了，而后来是 6 亿、7 亿、8 亿，如今我们已经有 13 亿同胞，同样也面临着人口老龄化的问题了。可见前瞻性的战略设计是多么的重要，我们经历着人口不断增长的过程，我国也在不断调整着人口政策，从只生一个好到如今的提倡生两个等。探讨人口与发展这一主题，是任何时候任何国家都要认真对待的。

四

关于海湾国家的妇女与妇女组织 ，情况是比较相似的，以科威特为主来谈谈吧。

关于科威特妇女社会文化协会主席鲁鲁娃·库塔米的介绍如下。

1963 年，鲁鲁娃参与创建科威特妇女社会文化协会，她本职是科威特大学的女教师，后来当了科威特大学的女校校长。在科威特大学，女生还比男生多，因为男孩子可以到外国去学习，而女孩子，上个大学也就不容易了，更多的女孩子还在家里面呢。鲁鲁娃渴望男女平等：平等受教育，平等参加政治经济生活。她一直在为科威特妇女发展事业奔走呼号，积极努力。她从事妇女事业是业余工作，她所参与创建的科威特妇女社会文化协会是一个非政府组织，经费是自筹的。

我与科威特女性的接触是早在 1973 年，那时候我还没有认识鲁鲁娃，我当时是陪同中国体操队访问科威特的，在一所女校进行表演，我们体操队的女队员，穿着体操服，做着各种高难度动作，英姿飒爽，而科威特的女孩子们，穿着黑色长袍，有的戴着面纱，争相来看中国体操队的表演，她们高兴，羡慕，兴奋。以至于中国体操队已经表演完毕，准备乘车返回驻地，一些科威特的女孩子们还跟在体操队的后面走着，形成一道独特的风景线。

我与鲁鲁娃的接触是在 20 世纪 80 年代，前后十几年，先是我们在参加国际会议中碰面，相识了，后来她两度率科威特妇女代表团访华，我均参与接待，而我所参与的中国妇女代表团访问科威特，也是由她接待。一来二往，我们也就成了好朋友。她始终致力于科威特妇女的解放与发展事业，为争取妇女获得选举权，为普及女性的受教育水平，为提高妇女的参政以及参与经济发展事业而努力奋斗，虽经过挫折，但一直坚持不懈。每次见面，她都向我们描述她所做的事情，有一次，她闯入了议会，去与议员们辩论：为什么科威特的女性就没有选举权？她和她的同伴们几经努力，向社会做宣传，向议员们做宣传，不断组织妇女参与各种活动，启发妇女自我意识的觉醒。但是，在20世纪60年代，科威特还是存在着男女隔离政策，科威特大学向女性开放时，仍是男女分开教学。鲁鲁娃一直活跃在20世纪七八十年代的科威特妇女解放事业的舞台，她有时穿科威特的传统服装，有时也会穿着西式套裙，她是科威特妇女解放事业的引领者。在与科威特妇女界的交流活动中，一些小故事让我至今难忘。比如科威特妇女代表团两次访华，分别与我国云南省以及内蒙古自治区的回族妇女进行了妇女状况的交流，还两次都向当地的妇女群众提供了资助，第一次是参观云南的一个清真寺，看到女性卫生间设备简陋，她们竟然现场解囊，当场掏出钱来，希望改善一下环境。她们第二次访华时，在呼和浩特参观了一个清真寺，见到一位教名为法蒂玛的女士，她不认识阿拉伯文，但却会背诵《古兰经》，她说：她背诵的《古兰经》是一代代口口相传下来的，她自己连一个阿文字母都不认识。这让鲁鲁娃大为感动，说道：还是能听得明白的。她赞扬了我国的宗教信仰自由。此后，又参观了一个内蒙古的女子学校，看到电脑设备不足，她便说道："用电脑进行教学是最方便的事情。我们是一个妇女组织，自己的活动经费还是需要自筹的，但是我们仍然愿意为这里的女孩子们做一点事情，我们准备赠送这个学校10台电脑。"那个时候，电脑还是比较稀罕的物件，而科威特妇女代表团回国后，又值科威特发生巨大变化，即被伊拉克占领，我们也因此有好长一段时间没有得到鲁鲁娃的消息。大约一年后，使馆转来一封信，说是科威特妇女协会赠送的电脑到货。无论外界条件如何，鲁鲁娃不忘承诺，我对此很感动。

2005年5月，鲁鲁娃们长期致力于妇女获得选举权的努力有了结果。科威特通过了赋予妇女选举权与被选举权的法案。我从网上得到了消息：2005 年 5 月科威特政府宣布妇女可以参加议会选举，并且任命两位市政女议员，市政议员是负责科威特市相关事宜的，计 16 名，其中 10 名是通过选举产生，6 名任命的议员中包括上述两位女性 。2006 年 6 月 29 日，议会换届，科威特妇女首次参加议会选举，她们前往设在全国 25 个选区的投票站，参加新一届议会选举。当时，新华社的报道说：“各处专为女性设立了投票点，投票点妇女十分踊跃，其中不乏老人以及行走不便的残疾人。等待投票的妇女排起了长长的队伍，工作人员则为每位妇女送上一枝鲜花。”

有知识的科威特妇女渐渐成长起来了，她们不断地参与到社会与经济生活的各个方面，比如参与经商，她们组织的女商人代表团，甚至来我国访问了，到 北京 ，到上海 ，到西安，与我国的商业界洽谈生意等。

后来，我就没有见到鲁鲁娃了。从 1994 年我去埃及开会，1995 年去约旦开会，同年第四次世界妇女大会在北京召开，以至于其后我参加的在阿拉伯的或者其他国家举行的有关妇女的会议或出访，再也没有见到过她，21 世纪，我退休了，鲁鲁娃的年纪更大一些，就更难于相互联系了。

五、小结

阿拉伯国家众多，在整个阿拉伯世界，埃及的妇女运动起步较早，一般地讲，看埃及妇女运动的情况，就会对阿拉伯妇女运动有个概貌的了解；看科威特妇女运动的情况，就会对海湾地区妇女运动有个概貌的了解。所以，本文对于这两个国家着墨较多。随着时间的推移，我国也基本上同各个阿拉伯国家的妇女界都建立了友好联系，对方有的是官方负责妇女事务的部门，有的是民间的妇女组织，有的则是由其总统夫人亲自过问的机构。相互间友好联系让我们见证了对方妇女运动的发展，从而也将对其妇女运动的研究推向深入，在 1992 年出版的《阿拉伯：一千零二夜》一书中，我曾参与写作了《阿拉伯妇女的传统与现代化进程》一文，对其传统的习俗与现实的社会生活中妇女的状况进行了介绍，此处不再叙述。在1994年出版的《当代中国妇女》一书中，我参与了第六编的编撰，简介了相互间的友好联系。

我本人1965年从北京大学的阿拉伯语专业毕业，被分配到全国妇联国际联络部，在我国与阿拉伯国家妇女之间的友好联系工作中，做具体联络工作，2002年退休。

如今，对往事进行回顾，是一件愉快的事情。

阿拉伯文化面临的挑战、发展趋势

唐宝才

【摘要】阿拉伯文化是世界文化的重要组成部分，曾在中世纪大放异彩，但由于受阿富汗战争、“阿拉伯之春”等影响，阿拉伯国家面临着来自各个方面的挑战，阿拉伯文化也面临着来自外部和内部的双重考验。阿拉伯文化未来的发展趋势将受阿拉伯国家的经济发展和经济改革成果，阿拉伯国家领导人和精英层唤起民众进一步觉醒的程度，阿拉伯国家推进阿拉伯文化发展的决心和政策措施，美国对阿拉伯国家施加压力的大小四方面因素影响。

【关键词】阿拉伯文化；挑战；发展趋势

【作者简介】唐宝才，中国社会科学院西亚非洲所研究员，中国中东学会理事，长期从事阿拉伯历史和海湾问题研究。

阿拉伯文化在中世纪的几百年时间里放射出耀眼的光芒，为世界做出了重要贡献。但在近、现代，由于多种原因，阿拉伯文化暗淡了些，但仍有潜力，人们期待它的再度辉煌。

一、阿拉伯文化面临的挑战

2001 年“9 · 11”事件后一个月美国发动的阿富汗战争和 2003 年 3 月 20 日美国发动的伊拉克战争改变了中东地区格局。从 2010 年年底起，在突尼斯、埃及等中东国家爆发的群众示威游行（有的称为“阿拉伯之春”）引发的政权更迭与局势动荡从整体上影响了这些国家的发展。阿拉伯国家面临着来自各个方面的空前挑战，其中阿拉伯文化也面临着来自外部和内部两个方面的空前挑战。来自外部的挑战主要体现在以下几个方面。

一是经济全球化给阿拉伯文化带来了负面影响。20 世纪末，经济全球化趋势进一步加剧，这是资本主义生产方式在世界范围内的扩张，这次扩张是以信息技术传播和贸易、金融自由化方式来推行的。全球化给阿拉伯文化的发展提供了机遇，但同时也带来了挑战。全球化给阿拉伯文化带来的负面影响就是全球化帮助西方文化侵蚀阿拉伯文化。全球化通过各种传媒和通信工具，传播不同的道德观念、生活方式和价值观，互联网的资源良莠难辨，它给人们带来了方便，但也给人们带来了精神毒品，还会成为搞政治文化颠覆活动、煽动鼓惑人心、制造假情报和谣言谎言的绝佳媒体。这在埃及 2011 年及之后几年的社会动荡里得到了充分的印证。西方文化尤其是那些肮脏和颓废的东西的入侵和泛滥，使本土文化岌岌可危，一些国家的本土文化如不采取有效政策与措施，就很有可能消亡，或被西方文化所取代。2015 年 1 月巴林大学社会学教授巴格尔·纳加尔在《阿拉伯未来》（黎巴嫩出版，阿文，第 431 期）杂志上发表了一篇论文《海湾六国面临的挑战、社会现实、变化和问题》，其中谈道：过去，人们认为是石油促使海湾六国发生了变化和发展；现在，我们懂得了通信技术、互联网、社交网络技术、数字化技术是促使海湾六国发生变化和发展的重要原因，这些新的情况形成了对我们的挑战，这就要求我们要去面对它？承认它并建立与它相适应的工作机制。从突尼斯开始的席卷中东地区的抗议浪潮在一段时间内使社会失去平衡、不稳定了；过去的几年时间里，家庭的规模有所缩小，家庭成员倾向经济上独立和有独立的住房；男、女离婚率上升；商业机会和使用现代通信工具的增多，已经打破了过去男女关系方面的许多禁忌等。

二是美国民主改造中东影响到阿拉伯文化的发展。“9·11”事件促使美国政界高层人士、专家等乃至民众进行了深层次的反思，为什么世界上一些人憎恨美国甚至使用自杀式爆炸对付美国。布什总统认为，美国几十年来为寻求稳定而原谅和包容极权统治只能导致不公正、不稳定和产生悲剧。布什认为，中东地区的独裁专制政体和伊斯兰激进主义思潮是滋生恐怖主义的温床，因此美国需要对中东国家进行“民主化改造”。

布什在 2004 年的国情咨文中说，在中东地区，只要仍存在暴政、绝望和怨恨，就将继续产生威胁美国及其盟友安全的活动。在这种思想的指导下，美国通过军事手段在阿富汗、伊拉克建立起亲美政权，力图把它们改造成“民主样板”，同时表示要加大在中东扩展自由与民主的力度，认为这样才可以根除对美国造成威胁的国际恐怖主义。

2004 年 6 月 8—10 日，第 30 届八国首脑会议在美国举行。布什在会议上提出了一个新的包括建立未来大中东论坛、组建大中东民主援助团、大中东民主基金、组织大中东少青团、开展跨国集团微观财政试验项目等内容的更具体的大中东计划。美国非常关注中东国家的一些非政府组织、民间团体和新闻媒体的作用。鉴于美国布什政府中新保守主义势力占据上风和在布什政府眼中一些国家内宗教决策层对美深怀敌意，布什政府寄希望通过“民主化”浪潮推翻中东国家政权，对中东国家进行民主改造，以便为美国的全球、地区战略利益服务，这已经而且继续会对阿拉伯文化的发展产生消极影响。

阿拉伯文化面临来自内部的挑战主要体现在以下几个方面。一是相当一部分阿拉伯国家的民主、法制进程与经济、社会发展不相适应。阿拉伯国家中仍有一些实行君主制、君主立宪制，即使在实行共和制的阿拉伯国家里，也存在着民主、法制进程与经济、社会发展不相适应的问题，国家对文化领域的关注也比较有限。相对地讲，相当多的阿拉伯国家的文化教育事业比较落后。有的阿拉伯国家的首都基本上没有供人们娱乐的电影院、歌厅、剧院、网吧等娱乐文化场所，青年男女正常交往的场所奇缺，这与 21 世纪飞速发展的时代是极不相称的，引起了相当多的青年人的不满。二是某些传统成分阻碍了人们的创造性与革新。阿拉伯文化曾有过辉煌的历史，为欧洲文艺复兴、世界文明的发展做出过重大贡献，而且至今还在发挥它的影响和作用。科威特大学的阿里·埃斯阿德·瓦特法博士认为，阿拉伯思想跟不上先进社会的步伐，阿拉伯文化危机就在于人们的思想僵化，传统阻碍革新，守旧攻击创新。其主要特点有：宗教和国家没有按照宗教属于安拉、祖国属于大家的原则分离，不存在构成创新基础的个性，阿拉伯世界缺少理念上和实践上的人权和民主。①“9・11”事件以来，许多阿拉伯知识分子大声疾呼：观念与心态的落伍是社会落后的主要原因，现在应该是深刻反思、革故鼎新的时候了，阿拉伯民族迫切需要在已有的思想文化土壤上建设合理、健康、适应时代要求的新文化。②

二、阿拉伯文化发展趋势

在作者看来，在可预见的未来，阿拉伯文化发展趋势主要取决于以下几个因素：一是阿拉伯国家的经济发展和经济改革成果；二是阿拉伯国家的领导人和精英层唤起民众进一步觉醒的程度；三是阿拉伯国家推进阿拉伯文化发展的决心和政策措施；四是美国对阿拉伯国家施加压力的大小。

在可预见的将来，阿拉伯文化发展的趋势首先取决于目前阿拉伯国家发展经济和推进经济改革所取得的成果。经济是基础，只有发展经济才能增强国家的综合实力，才能给阿拉伯文化的发展提供足够的经济动力。要发展好经济还涉及要正确认识经济全球化，它犹如一把“双刃剑”，对广大的阿拉伯国家来说是有利也有弊的，既带来了发展的机遇，也面临着风险。这就需要阿拉伯国家转变观念，根据具体情况参与经济全球化进程，趋利避害，努力发展经济和推进经济改革。

世界石油价格的变动会直接、间接影响到阿拉伯国家经济的发展。例如，2003年3月前后，由于人们担心伊拉克战争爆发和持续及金融、投机等因素影响而引发石油价格上涨，到2006年年初，油价已接近每桶60美元大关，2007年每桶八九十美元，直至2008年

① 阿里・埃斯阿德・瓦特法：《时间问题与阿拉伯文化的困境》，载《阿拉伯人》，2002，12（529）。

② 薛庆国：《当代阿拉伯人的文化心态透视》，载《阿拉伯世界》，2003（2）。

年初突破 100 美元大关，而 7 月则超过每桶 140 美元的历史最高纪录。阿拉伯石油出口国收入大增，经济增长较快，就连石油并不太丰富的埃及也因油价上涨而带动了本国经济发展。此外，沙特阿拉伯、阿联酋等海湾产油国在改变单一经济和致力于经济多元化方面也取得了新的进展，对这些国家的文化教育事业发展起到了推动作用。但阿拉伯国家中的一些非产油国，由于石油价格上涨，增加了进口石油的财政支出，影响了经济建设的规模和速度，因国家财力不足减少了对文化教育事业发展的投入。

而从 2010 年年底起的一段时间内，在突尼斯、埃及、阿尔及利亚等国爆发的大规模群众示威游行从整体上影响了这些阿拉伯国家的发展。

其次，阿拉伯文化发展未来走向还取决于阿拉伯国家领导人和精英层在多大程度上能唤起民众的觉醒。“9・11”事件后，阿拉伯国家意识到所面临的挑战。例如，2001 年 11 月举行的阿拉伯思想家大会公告呼吁阿拉伯政府、各国文化机构，充分利用通信、信息变化带来的传输的飞跃，利用这一变革挫败对阿拉伯文化的进攻……[①] 2002 年 4 月，阿拉伯国家举行了阿拉伯新闻论坛，阿盟秘书长穆萨在会上说，我们的文化、思想，甚至阿拉伯的人格正受到攻击，阿拉伯人只有证明自己的清白才能免遭指责。2003 年 12 月，阿拉伯作家协会在开罗召开题为“阿拉伯文化与前景”的会议，探讨应对美国反对阿拉伯文化的图谋，研究阿拉伯知识分子同政权和社会的关系，与会者呼吁对文化入侵进行革命（张宏）。阿拉伯国家的领导人、领袖及精英层对阿拉伯文化应对面临挑战及唤起民众方面做了不少工作，但也还有不足，还有许多的事情要做。

再次，阿拉伯文化未来发展还取决于阿拉伯国家领导人、领袖对推动阿拉伯文化发展的决心和政策措施。“9・11”事件后，阿拉伯国家领导人、领袖对推动阿拉伯文化发展日益重视，并采取了相应的政策措施。例如，2001 年 12 月 29—31 日伊斯兰会议组织在卡

① 阿拉伯国家联盟驻华代表处：《阿拉伯人之家》，2011（41）。

塔尔首都多哈举行第三届文化部长会议。卡塔尔埃米尔、伊斯兰会议组织第九届伊斯兰会议主席谢赫艾哈迈德·本·哈利法·萨尼殿下在会议开幕时发言提出，应加速实施伊斯兰世界的文化战略并将这种战略摆在最高优先地位。

又如，2003 年 10 月 16—18 日第十届伊斯兰国家首脑会议在马来西亚的普特拉贾亚召开，10 月 18 日会议发表了《普特拉贾亚宣言》。各国领导人在《宣言》中表达了文明对话的紧迫希望，伊斯兰国家应当积极与其他的文化，如西方文化，开展交流和对话，以便互相了解，在共同关心的国际问题上合作，如世界反恐。《宣言》说，各国领导人一致同意制定伊斯兰国家十二点内容的“行动规划”，为加强伊斯兰世界的团结和加强政治、经济和文化合作拟定战略性步骤。①

再如，2005 年 12 月 7—8 日第三届伊斯兰特别首脑会议在沙特阿拉伯的麦加举行，12 月 8 日会议发表了《闭幕声明》《麦加声明》和《十点工作计划》。麦加声明强调必须面对这些挑战，这需要用战略眼光去规划伊斯兰世界的未来，跟上国际上发生的一系列变化及其发展，以开创未来的前景，使伊斯兰世界能够应对在 21 世纪所面临的各种挑战。

《闭幕声明》和《十点工作计划》都谈到要致力于传播正确的思想，以加强穆斯林间的团结，反对极端主义，致力于传播阿拉伯伊斯兰文化。《十点工作计划》还呼吁使用多种宣传手段（包括卫星频道），以培养具有多样性、多元化的性格和维护伊斯兰世界价值观及其利益的穆斯林。② 看来，阿拉伯国家的领导人、领袖对推动阿拉伯文化的发展已有了相当高的认识和决心，但具体的政策措施尚显不足。

最后，阿拉伯文化发展的趋势还取决于美国对阿拉伯国家施加压力的大小。“9·11”事件后，美国政府认为只有建立起美国标准的自由、开放和民主的政治制度，才能釜底抽薪，铲除滋生伊斯兰

---

① http:/[illegible]m.com/readarticle/htm/25/2003-10-24。
② [illegible]rislam.com/readarticle/htm/25/2003-10-24。

极端主义和恐怖主义的土壤，从而从根本上改善美国的国际安全环境，避免以后针对美国的恐怖事件的发生。正是基于这种认识，美国分别于2001年10月、2003年3月发动了阿富汗战争和伊拉克战争，推翻了阿富汗的塔利班政权和伊拉克的萨达姆政权，在这两个国家建立了亲美政权。

2004年2月初，布什总统又向全世界宣布了美国的“大中东民主计划”，力图把美国式的民主、自由推广到中东、中亚、东南亚乃至世界各地。但是美国在中东等地区推行民主遇到了困难和挑战。例如，埃及最先对美国计划提出批评，旗帜鲜明地反对任何国家打着“改革”的旗号，“将外部世界的意志和方案强加于他人”。中东地区不可能在一夜之间实现民主，中东国家不会接受由外部世界制定的改革方案。面对来自各个方面的困难和压力，美国对其僵硬地在中东推行民主的做法进行了适当调整，在推行的部署节奏上放慢了一些，但美国仍将利用机会继续对阿拉伯国家施加压力，推行美国式的民主、自由和文化。

2010年12月，突尼斯一青年因抗议城管粗暴执法在城市广场自焚死亡而引发大规模群众游行。不久，声势浩大的群众游行蔓延至埃及、阿尔及利亚、利比亚、约旦、也门、阿曼、巴林及伊拉克和伊朗等，其群众参加之多，波及国家之广，是自20世纪中东地区民族解放运动以来未曾见到的。简而言之，长期掌握国家政权的强人集团在经济建设、社会发展等方面没有太多建树，人民生活长期未得到改善，失业率高，通货膨胀率高，这些都是此次动荡的内部因素。但不可否认，此次中东动荡背后的西方特别是美国的因素不能视而不见。自1981年穆巴拉克任埃及总统到2011年下台，美国把埃及作为它在中东除以色列外的最重要的盟友，每年向埃及提供13亿美元的军援，对埃及施加影响，其目的就是让埃及与以色列一起维护美国在中东的战略利益和经济利益。美国并不关心埃及的社会经济改革与人民生活水平的提高。埃及、突尼斯、约旦等温和国家长期发展缓慢与美国的中东政策不能说没有关系。

多年来，美国在中东国家推行西方式民主，未能取得突破性进展，但也在这些国家的年轻人中产生了较深的影响，客观上为此次中东动荡起了铺垫作用，“推特”等社交网站在组织群众游行中起了相当重要的作用。

另外，美国的金融危机与“量化宽松”的货币政策也起了推波助澜的作用。2010 年 11 月，美国实施第二轮“量化宽松”的货币政策并发行 6000 亿美元，引起包括粮食在内的各种国际大宗商品的价格的新一轮暴涨，这是美国转嫁危机的具体体现。这对相当倚重旅游业的突尼斯、埃及等国来说，很容易威胁到其社会稳定，成为政局动荡的导火索。

综上所述，在可预见的将来，阿拉伯文化发展趋势主要取决于阿拉伯国家的经济发展和经济改革成果、阿拉伯国家领导人和精英层唤起民众进一步觉醒的程度、阿拉伯国家推进阿拉伯文化发展的决心和政策措施以及美国对阿拉伯国家施加压力的大小这四个因素，阿拉伯文化可能会有一定程度发展，但也是相当艰难的。

族群关系在当代埃及小说中的文学呈现①

尤　梅

【摘要】在现当代埃及，两大族群——穆斯林和基督徒双方的关系由于各种因素的介入变得愈加复杂，这一话题也成为许多埃及文学家、艺术家所关注的对象，他们通过丰富多样的作品呈现和表达自己对这一问题的思考，在小说、诗歌、戏剧、影视、音乐和美术等领域的相关作品不可胜数，其中不乏直面宗教和社会禁忌的经典力作。本文对书写族群和宗教关系的作家群体进行重点研究，同时对涉及族群和宗教关系的小说作品进行梳理，从其主要内容、反映的时代背景等方面进行深入分析。

【关键词】族群关系；当代埃及小说、文学

【作者简介】尤梅，博士，北京外国语大学阿拉伯学院讲师，研究方向为现当代阿拉伯文学与社会文化

自公元7世纪伊斯兰教传入埃及后，信仰伊斯兰教的穆斯林和信仰基督教的基督徒（也称“科普特人”）一直是埃及社会最大的两个族群。埃及在之后的历史长河中，历经外族统治、拿破仑入侵、英国殖民时期和共和国时期。两大族群在漫长的历史进程当中，携手共度难关，抵御外族侵略，保护民族属性，同时共建文明大厦，创造了丰富多元的埃及文化。而在现当代埃及，穆斯林和基督徒双方的关系由于各种因素的介入而变得愈加复杂，这一话题也成为许多埃及文学家、艺术家所关注的对象，他们通过丰富多样的作品呈

① 本文受北京外国语大学基本科研业务费资助。

现和表达自己对这一问题的思考，在小说、诗歌、戏剧、影视、音乐和美术等领域的相关作品不可胜数。

在《神学与文学：十二位德语著名作家谈宗教和文学》一书中，作者 K. J · 库舍尔在开篇即点明宗教和文学的紧密关联："在文学领域实际上可以发现一块独创性的语言练习、创造性的想象和勇于反省的绿洲，这片绿洲将为那些古老的宗教问题注入新的时代活力"，"宗教——不管是基督教、还是非基督教，不管是被肯定的、还是有争议的宗教——都一再成为文学创作的一个永不枯竭的源泉"。[①] 无疑，文学和世界之间存在双向的、动态的、交互的对话性关系。优秀的文学作品意蕴深刻，解析这些作品能够让我们走进人物丰富的内心世界，深刻认识社会、文化、宗教的状况。同时，文学作品也会为人们认识包括宗教问题在内的各种社会问题提供不同角度，潜移默化地影响大众的认知和行为。因此，尽管埃及的宗教和族群议题异常敏感，但文学仍在持续不懈地反映和探索此类议题，试图唤醒人们不要集体逃避问题，任其发展，更不能偏激以对，推波助澜。

一

在埃及，长期存在按照族群和宗教来划分文学的说法，出现了诸如"伊斯兰文学"（الأدب الإسلامي）、"科普特文学"（الأدب القبطي）、"努比亚文学"（الأدب النوبي）等术语。然而，许多作家并不支持这样的划分方式，认为文学应该按照艺术创作的标准与特点进行分门别类，尽量避免涉及族群或宗教的概念，尤其是在敏感的社会氛围中，任何过分重视宗教的举动都有可能造成不必要的矛盾。[②] 笔者对这一见解表示赞同，文学是一种精神追求，其意义在于感染、感化和鼓舞读者，正视社会问题并探索解决方案，而不是漠然视之无所作为，更不应划定狭隘的界限，制造更多的问题。但凡具有一定艺

① ［德］汉斯·昆、伯尔等：《神学与当代文艺思想》，徐菲、刁承俊译，第 55 页，上海，上海三联书店，1995 年第 1 版。

② يوسف القعيد:" الأقباط يكتبون رواياتهم"، مجلة وجهات نظر فى الثقافة والسياسة والفكر، العدد السادس والعشرون، مارس 2001، ص 66-71.

术特质和达到一定艺术境界的作品，都能在其中看到文学理想，显示了作家高尚的创作情怀，这也是文学创作的灵魂所在。

当代埃及小说中涉及族群和宗教关系这一话题的作品不胜枚举，有些以此作为整部作品的主题，有些虽对此着墨不多，但也颇具影射意味。在如何选择作家和作品进行研究这一关键问题上，笔者的考量如下：第一，由于论文篇幅和写作时间有限，不可能将所有涉及族群和宗教关系的作品纳入研究范围，只能选择部分具有代表性的作品；第二，主要研究以族群和宗教关系为主题或者至少是主题之一的作品，且作品要具备一定的文学性和艺术性，作家与作品在当代埃及文学史中有一定地位；第三，所涉作家与作品对族群和宗教关系的探讨较为公允、客观，而且具有一定深度；第四，所选作品涵盖埃及近代以来各个历史阶段，力求能够反映族群和宗教关系发展演变的过程，并且体现不同阶段的主要特点；第五，不能遗漏有关这一题材的重要代表作品。笔者在埃及访学期间，曾与多位埃及作家和学者反复商讨，进行综合考量后，现将相关重要作品列表如下。①

<table>
<tr><th>出版年份</th><th>作品类型</th><th>作品</th><th>作家信仰②</th><th>作家</th></tr>
<tr><td>1955</td><td>短篇</td><td>《主就是爱》
（الله محبة）</td><td rowspan="3">穆斯林</td><td rowspan="3">伊赫桑·阿卜杜·库杜斯
（إحسان عبد القدوس）
（1919–1990）</td></tr>
<tr><td>?</td><td>短篇</td><td>《宗教》
（?）</td></tr>
<tr><td>?</td><td>短篇</td><td>《唯有主在》③
（لا إله إلا الله）</td></tr>
</table>

① 表格大致按照作品出版年份的先后顺序排列。同一作家如有多部作品，则按照先出版的作品年份排列。

② 此处为家族信仰（الدين الور اثي）。目前，埃及身份证都须注明“信仰”信息，主要有穆斯林和基督徒两个身份。当然，作家对于信仰的真实态度不好把握，笔者搜集了大量素材，或亲自采访和接触作家本人，综合所得信息给予基本判断。

③ 在这部短篇中，لا إله إلا الله并不是单纯的伊斯兰教清真言“万物非主，唯有真主”。作者伊赫桑·阿卜杜·库杜斯认为“上帝”和“真主”是同一个神性存在。故此处将该标题译成“唯有主在”。

续表

<table>
<tr><th>出版年份</th><th>作品类型</th><th colspan="2">作品</th><th>作家信仰</th><th>作家</th></tr>
<tr><td>1970</td><td>短篇</td><td colspan="2">《谢赫穆萨的石磨》
（طاحونة الشيخ موسى）</td><td>穆斯林</td><td>叶海亚·塔希尔·阿卜杜拉
（يحيى الطاهر عبد الله）
（1938–1981）</td></tr>
<tr><td>1982</td><td>短篇</td><td colspan="2">《马赫迪》
（المهدي）</td><td>穆斯林</td><td>阿卜杜·哈基姆·高西姆
（عبد الحكيم قاسم）
（1935–1990）</td></tr>
<tr><td>1979</td><td>长篇</td><td>《拉玛和龙》
（رامة والتنين）</td><td rowspan="3">三部曲</td><td rowspan="4">基督徒</td><td rowspan="4">爱德华·赫拉特
（إدوار الخراط）
（1926– ）</td></tr>
<tr><td>1985</td><td>长篇</td><td>《别的时光》
（الزمن الآخر）</td></tr>
<tr><td>1996</td><td>长篇</td><td>《饥渴的确信》
（يقين العطش）</td></tr>
<tr><td>1989</td><td>长篇</td><td colspan="2">《我的亚历山大——番红花之城》
（إسكندريتي – ترابها زعفران）
（英译本：City of Saffron）</td></tr>
<tr><td>1986</td><td>长篇</td><td colspan="2">《舒卜拉的姑娘》
（بنت من شبرا）</td><td>穆斯林</td><td>法塔希·加尼姆
（فتحي غانم）
（1924–1999）</td></tr>
<tr><td>1991</td><td>长篇</td><td colspan="2">《我的姨妈苏菲娅和修道院》
（خالتي صفية والدير）</td><td>穆斯林</td><td>巴哈·塔希尔
（رهبهاء طا）
（1935– ）</td></tr>
<tr><td>1996</td><td>短篇</td><td colspan="2">《造雨的女人》
（صانعة المطر）</td><td rowspan="2">基督徒</td><td rowspan="2">拉乌夫·穆斯阿德
（رؤوف مسعد）
（1937– ）</td></tr>
<tr><td>2005</td><td>长篇</td><td colspan="2">《鳄鱼的习性》
（مزاج التماسيح）</td></tr>
</table>

续表

<table>
<tr><th>出版
年份</th><th>作品
类型</th><th colspan="2">作品</th><th>作家
信仰</th><th>作家</th></tr>
<tr><td>1996</td><td>长篇</td><td colspan="2">《尼罗河西岸的村庄》
（قرية غرب النيل）</td><td>基督徒</td><td>约翰·古勒塔神父
（الأنبا يوحنا قلتة）
（1937– ）</td></tr>
<tr><td>1996</td><td>长篇</td><td>《亚历山大无人入眠》
（لا أحد ينام في الإسكندرية）</td><td rowspan="3">三
部
曲</td><td rowspan="3">穆斯林</td><td rowspan="3">易卜拉欣·阿卜杜·
马吉德
（إبراهيم عبد المجيد）
（1946– ）</td></tr>
<tr><td>2002</td><td>长篇</td><td>《琥珀鸟》
（طيور العنبر）</td></tr>
<tr><td>2011</td><td>长篇</td><td>《阴翳中的亚历山大》
（الإسكندرية في غيمة）</td></tr>
<tr><td>1997</td><td>长篇</td><td colspan="2">《荣誉》
（شرف）</td><td>穆斯林</td><td>苏那欧拉·易卜拉欣
（صنع الله إبراهيم）
（1937– ）</td></tr>
<tr><td>1998
2000</td><td>长篇</td><td colspan="2">《白士穆雷人》（2卷）
（البشموري）</td><td>穆斯林</td><td>塞勒娃·巴克尔
（سلوى بكر）
（1949– ）</td></tr>
<tr><td>2000</td><td>长篇</td><td colspan="2">《破碎石板上的训诫》
（وصايا اللوح المكسور）</td><td>基督徒</td><td>加百利·宰基·
加百利
（غبريال زكي غبريال）
（1945– ）</td></tr>
<tr><td>1980
（完成）
2000
（出版）</td><td>长篇</td><td colspan="2">《南方的列车》
（قطار الصعيد）</td><td rowspan="2">穆斯林</td><td rowspan="2">优素福·盖伊德
（يوسف القعيد）
（1944– ）</td></tr>
<tr><td>2004</td><td>长篇</td><td colspan="2">《债务分摊》
（قسمة الغرماء）</td></tr>
<tr><td>2000</td><td>长篇</td><td colspan="2">《舒卜拉》
（شبرا）</td><td rowspan="2">基督徒</td><td rowspan="2">纳伊姆·萨布里
（نعيم صبري）
（1946– ）</td></tr>
<tr><td>2001</td><td>长篇</td><td colspan="2">《第七区》
（الحي السابع）</td></tr>
</table>

续表

出版年份	作品类型	作品	作家信仰	作家
2001	长篇	《圣特蕾莎教堂》（سانت تريزا）	穆斯林	巴哈·阿卜杜·马吉德（بهاء عبد المجيد）（1967– ）
2010	长篇	《伊斯塔西亚》（اسطاسية）	穆斯林	赫伊里·沙莱比（خيرى شلبى）（1938–2011）
2014	长篇	《捕捉天使的人》（صياد الملائكة）	基督徒	海德拉·吉尔吉斯（هدرا جرجس）（1980– ）

二

涉及族群和宗教关系的作家群体有以下几个特点：

首先，代表了对宗教信仰持不同态度的群体：有些作家是虔诚的穆斯林或基督徒，同时对不同宗教比较温和包容，例如，穆斯林作家优素福·盖伊德、基督徒作家约翰·古勒塔神父和海德拉·吉尔吉斯；有些则淡化自己的宗教信仰，更强调作为作家的职业身份，例如，穆斯林作家巴哈·塔希尔、易卜拉欣·阿卜杜·马吉德、巴哈·阿卜杜·马吉德，基督徒作家纳伊姆·萨布里还为了妻子改信伊斯兰教；还有些具有明显的世俗主义倾向，如拉乌夫·穆斯阿德公开表明自己不信仰任何宗教。

其次，这些都是埃及当代优秀的严肃作家，他们把笔触伸向现实，以揭露社会问题、启发民众思考为己任。不少穆斯林作家公开对基督徒群体表示同情和支持，例如，阿卜杜·哈基姆·高西姆在作品中指责伊斯兰极端分子针对基督徒的暴行，曾任军警的哈姆迪·巴特兰在接受采访时表示“基督徒作为埃及社会的一部分，绝对不能被忽视。他们面临着特殊的困难，经常默默承受痛苦。我们不能假装没有看到这一切，应该把他们当成同伴”。[①]

最后，这些作家涵盖了各个年龄层，这在一定程度上反映族群关系是广受作家群体关注的重要话题。目前来看，“六十年代辈”作家群体仍是主力，包括阿卜杜·哈基姆·高西姆、巴哈·塔希尔、苏那欧拉·易卜拉欣、叶海亚·塔希尔·阿卜杜拉、赫伊里·沙莱比、优素福·盖伊德等人。青年作家逐渐崭露头角，如巴哈·阿卜杜·马吉德和“80后”作家海德拉·吉尔吉斯。作家们的写作手法丰富多元，包括现实主义、象征主义、表现主义、意识流等多种流派，而且不同作家因背景或经历不同，多有其擅长创作的题材。例如，阿卜杜·哈基姆·高西姆、叶海亚·塔希尔·阿卜杜拉和优素福·盖伊德擅长写农村题材，纳伊姆·萨布里精于刻画中产阶层生活。

涉及族群和宗教关系的作品数量繁多，其中不乏直面宗教和社会禁忌的经典力作，尤其是上述列表中的作品，在埃及社会甚至阿拉伯世界均有不俗反响。从作品内容来看，大致分为以下几类：

第一，呈现矛盾与冲突，通过悲剧性结局抛出尖锐问题引发读者思考。例如，伊赫桑·阿卜杜·库杜斯的两部短篇小说《主就是爱》和《宗教》中，跨族群、跨宗教婚恋的故事均以殉情结局，也许作者希望通过这种震撼的悲剧性结局带给读者思想冲击，警示宗教差异产生的隔阂危害巨大。阿卜杜·哈基姆·高西姆在《马赫迪》中塑造了一个被穆兄会强迫改信伊斯兰教导致其抑郁病亡的穷苦基督徒形象，呼吁从基本的人道主义角度思考如何对待和关怀他者。海德拉·吉尔吉斯的《捕捉天使的人》中，基督徒酒保在穆斯林同事的介绍下与一名穆斯林妓女相会，后被穆斯林邻居痛打并送进监狱，市内教堂也被烧毁，一起“招妓”事件竟然演变成族群和宗教的暴力冲突，社会宗教神经之敏感程度可见一斑。优素福·盖伊德通过《债务分摊》警示读者，一个国家人民之间的争斗只会阻碍社会发展，最终对彼此均无裨益，呼吁国人停止内耗。

① أحمد سراج، " حمدي البطران: طفَت على السطح مئات الروايات الميتة"، جريدة الحياة، 2015/01/27.

第二，呈现或营造友好和谐的氛围，感化和引导读者接纳他者。爱德华·赫拉特在其自传体小说《番红花之城》中，生动展现了其童年时代在亚历山大城区中目睹穆斯林和基督徒互为邻里、和睦相处的景象。纳伊姆·萨布里在《舒卜拉》中，以儿时居住的开罗舒卜拉区为背景，详细记录了一座居民楼里不同族群的多个家庭融洽的日常生活。短篇小说《唯有主在》中，主人公易卜拉欣的穆斯林父亲和基督徒母亲相互尊重对方信仰，共同庆祝对方的宗教节日。《我的姨妈苏菲娅和修道院》《尼罗河西岸的村庄》《白士穆雷人》《圣特蕾莎教堂》中都描述了穆斯林和基督徒人物之间的深厚友谊。

第三，基督徒作为埃及社会的一个少数群体，常出现在文学家的笔下。一些作品反映基督徒作为埃及公民所经历的社会变迁，大部分时候他们承受着与穆斯林同样的苦难，这实际上是全体埃及人苦难的缩影。此类主题在马哈福兹的《甘露街》、优素福·伊德里斯的《罪恶》等经典名作中已有体现。《伊斯塔西亚》以基督徒寡妇“伊斯塔西亚”为主人公，诉说以她为代表的农村穷困阶层的悲惨遭遇。另一些作品反映基督徒作为少数族群所面临的困境，例如穆斯林作家苏那欧拉·易卜拉欣在《荣誉》中，通过一名基督徒人物之口道出基督徒群体对社会的诸多不满。同时，基督徒作家也书写本族群的困惑和思考，加百利·宰基·加百利在《破碎石板上的训诫》中细致刻画了基督徒无力被动、小心谨慎的心理状态。爱德华·赫拉特在其“拉玛”三部曲中，探讨了埃及基督徒知识分子的身份认同。

总体而言，涉及这一主题的严肃作家们都希望通过自己的良心之作，从多层面、多角度激发读者对埃及的族群和宗教关系进行反思，并在字里行间传达和呼吁宽容、对话、和谐的积极信息，他们至今仍在坚守着这一宗旨。2011年，在阿拉伯变局后的混乱形势下，埃及作协召开主题为“埃及文学中的国家团结”的会议，哲迈勒·黑托尼（جمال الغيطاني）、巴哈·塔希尔、优素福·沙鲁尼（يوسف الشاروني）、贾比尔·阿斯弗尔（جابر عصفور）等当今埃及文化界主力作家悉数到场，纷纷强调作家应为凝聚社会团结尽一己之力。[①]

从作品反映的时代背景来看，几乎涉及埃及从古至今各个重要的历史阶段。历史小说《白士穆雷人》以公元 832 年阿拔斯王朝哈里发麦蒙时期的科普特农民起义为背景，探讨埃及的族群关系和民族属性问题。《番红花之城》记录了上世纪三、四十年代宁静安逸的亚历山大。《亚历山大无人入眠》则展现了这座城市在二战期间多宗教、多种族和谐共存的景象。《舒卜拉》描写五、六十年代友好和睦的开罗街区。《琥珀鸟》再现了 1956 年苏伊士运河战争后外籍人士陆续撤离、亚历山大逐渐“埃及化”的场景。70 年代萨达特时期，伊斯兰极端思潮兴起，进步思潮在政治高压下受到沉重打击，反映这一时期的作品有《马赫迪》《南方列车》《阴霾中的亚历山大》等。《第七区》重点反映八、九十年代族群关系每况愈下。有些作品的时间跨度比较大，例如，《舒卜拉的姑娘》书写二战前后到七、八十年代祖孙两代人的信仰和爱情故事。《圣特蕾莎教堂》则从 60 年代延续到 80 年代，涉及埃以“消耗战”[②]、十月六日战争、学生运动、“红角”族群冲突等历史事件。《荣誉》由四个部分组成，其中第三部分展现了纳赛尔、萨达特和穆巴拉克三个时期埃及社会历经的重大转折。还有一些作品在内容上并没有给出清晰的时代标志，比如，伊赫桑·阿卜杜·库杜斯的三部短篇小说《主就是爱》《宗教》和《唯有主在》，都涉及跨宗教婚恋的阻碍，这也许是作者有意为之，重在反映族群关系中长期存在的、较少受时代影响的普遍问题。

稍作观察，我们不难发现，以 70 到 90 年代为背景的作品数量相对偏多，这段时期的族群和宗教问题更加突出，同时各种社会问题错综复杂，文学反映了族群和宗教关系在政治社会变革的大背景下所经历的种种变化。另外，作品创作和发表的年份一般比其所反映的时代滞后，这有可能是因为话题敏感，面对当时当局的严格审查，不能及时公开发表。但更为重要的原因，正如英国作家 A. S. 拜

---

① هالة مرعي: مؤتمر "الوحدة الوطنية في الأدب المصري" باتحاد الكتاب، http://ahramdigital.org.eg/articles.aspx?Serial=413301&eid=856（访问时间2016-10-31）.

② 埃以消耗战争：1967 年至 1970 年埃及与以色列之间的有限战争。

厄特所言："文学总是滞后于现实的，你无法在事件发生后立刻得到关于它的优秀的文学作品。文学作品变得伟大之前需要经过塑造，经得住时间的考验。"① 特别是长篇小说，创作出版需要一个较长的周期，与其反映的事件自然会有滞后。最为明显的例子是，2011 年埃及变局以来族群关系一度非常紧张，但截至目前以此为题材的成熟作品还未问世。令人欣喜的是，作家们已经开始行动了。海德拉·吉尔吉斯正着手以 2011 年 10 月埃及广播电视大楼前的大规模冲突为蓝本创作一部小说，为了纪念逝去的生命，同时提醒人们不要忘记这次惨案的教训。② 还有一点需要指出，大多数以族群和宗教关系为主题的作品，其故事发生的地点主要集中在开罗、亚历山大和南方，这三个地方也是现实中族群问题频发的场所。

三

值得一提的是，在与文学密切相关的影视领域，不少涉及族群和宗教关系的经典文学作品被改编成电视剧或电影，如法塔希·加尼姆的《舒卜拉的姑娘》和巴哈·塔希尔的《我的姨妈苏菲娅和修道院》均为广受欢迎的热门电视剧。同时，族群和宗教关系也是影视原创的主题之一。和文学作品相比，影视作品更加直观通俗，受众更加广泛，也更容易引起争论。1952年，穆斯林导演侯赛因·萨德格（حسين صدقى）的《谢赫哈桑》（الشيخ حسن）是埃及共和国时期以来第一部以跨族群婚恋为主题的影片，穆斯林青年哈桑与基督徒女孩露易莎相恋并结婚，遭到双方家庭强烈反对，最终女方悲痛离世。影片上映后立即引发抗议，被迫下线，两年后才得以再次公映。2000年，埃及南方库什哈村发生激烈族群冲突后，导演瓦希德·哈米德（وحيد حامد）着手创作电视剧《玫瑰时分》（أوان الورد），展现一

① "拜厄特：文学作品变得伟大之前需要经过塑造"，2013/07/16, http://www.lifeweek.com.cn/2013/0716/41528.shtml。

② 采访基督徒作家赫德拉·吉尔吉斯，录音资料，2014/05/16，开罗歌剧院（Cairo Opera House）。

名穆斯林男子和一名基督徒女子的婚姻故事，旨在向观众传达和谐相处的积极讯息，希望修补双方关系中出现的裂痕。该剧于斋月播出期间引起广泛争议，基督徒反映更加强烈，认为该剧有怂恿基督徒女子嫁给穆斯林男子之嫌。2008年，在埃及造成轰动的影片《哈桑与马可》（حسن ومرقص）讲述神父“布里斯”因对抗极端基督徒而遭到恐吓，穆斯林“马哈茂德”因其兄弟曾加入伊斯兰极端组织而遭受牵连，为了躲避危险，警方建议布里斯暂时改名为“哈桑”（常用穆斯林名字），建议马哈茂德暂时改名为“马可”（常用基督徒名字）。在更名换姓的“逃亡”期间两人相处融洽，产生友谊。影片在探讨族群关系的同时，也指出埃及社会流行的“极端文化”之害：对立的双方排斥他者，拒绝宽容，而结果往往是双方都成为受害者。2011年和2012年，分别有两部影片《走出开罗》（الخروج من القاهرة）和《一个正确的人》（واحد صحيح）涉及族群关系，亦是可圈可点。2014年，青年导演阿姆鲁·赛莱迈（عمرو سلامة）的卖座影片《别介意》（لا مؤاخذة）中，一名基督徒少年在父亲去世后被迫从私立国际学校转入以穆斯林师生为主的公立学校，因恐惧不能融入新环境，谎称自己是穆斯林，随后发生了一系列啼笑皆非、耐人寻味的故事。在革命后异常敏感的政治气氛中，影片将矛头直指伊斯兰教保守主义倾向，同时呼吁不同族群接纳对方，和谐共处，展示了电影人的巨大勇气和社会良心，获得广泛好评。

在当代，埃及社会不时受到宗教和族群冲突的严重挑战，穆斯林和基督徒两大族群之间的分歧曾一度使国家几乎濒临内战边缘。然而，即便如此，迄今为止埃及仍然没有发生过任何内战。这当然与政治强人和集权统治不无关系，但同时也表明，这个国家不同信仰的族群之间仍然存在着某种神奇的凝聚力，以至彼此虽历经波折，至今依然相对稳定地相互依存。

英国历史学家波科克曾说：“小说的真实是一种超越简单真实的真实。这种真实可能包含或是超越了比日常生活所能体现的更多真实。”[1] 在当代埃及小说中，我们看到当代埃及族群和宗教关系的真实画面，穆斯林和基督徒共处长达十四世纪之久，双方关系一直比较复杂，既存在摩擦又相互需要，矛盾冲突与融洽和睦并存。文学作品生动细致地记录了埃及族群关系随着时代变迁所经历的各种变化，反映二者相处并存的现状，同时又超越了日常生活的真实，不断反思二者应该如何相处，激发读者去寻找那种神奇的凝聚力。

① ［英］迈克·克朗：《文化地理学》，杨淑华、宋慧敏译，第 41 页，南京，南京大学出版社，2003 年。

沙特中篇小说《欢痛》的创作动机分析

崔林杰

【摘要】 以玛哈·穆罕默德·费萨尔为代表的海湾作家，其创作的作品为研究文学作品的创作动机提供了丰富的文本案例。研究玛哈的作品，有助于拓宽中国阿拉伯文学研究的视角，更好地理解阿拉伯伊斯兰世界群众文化心理，发掘中华民族和阿拉伯民族的心理共性，从而促进中国和阿拉伯世界的文明交往和沟通。

【关键词】《欢痛》；玛哈·穆罕默德·费萨尔；创作动机

【作者简介】 崔林杰，南京大学金陵学院外国语学院讲师，主要研究方向为阿拉伯社会文化。

一、引言

玛哈·穆罕默德·费萨尔是沙特著名作家和社会活动家，也是已故沙特国王费萨尔的嫡孙女。她的文学创作以儿童文学为主，已出版十余部阿拉伯语、英语和法语的儿童故事集。《欢痛》是玛哈小说创作的转折点。这部历史题材的小说整体风格凝重，凸显了阿拉伯民族的悠久历史和灿烂文化，是一部颇具代表性的沙特现代小说。作者以女性视角出发，辅以伊斯兰、阿拉伯、王室、海湾等多重元素对小说进行处理，使得整篇小说处于一缕淡淡的忧伤气氛之中，并将事实、哲理和诗歌巧妙地结合在一起，别具韵致。由于具有突出的文学创作能力，玛哈的《欢痛》可以为我们提供丰富的文学心理学研究范本，通过对其进行文本分析，从而凝练出玛哈公主的文学创作精华，为两国文学交流提供更广泛的样本和实例，丰富中国读者的阿拉伯文学书架，最终更好地服务中阿文学和文化交流。

创作动机分为创作潜动机和创作显动机两种。创作潜动机是文学家在从事创作时内心的某种无意识的驱动力量，且具有驱动性和潜在性两种特征；而创作显动机则是作家从事创作的直接心理驱力。在生活中，艺术家因各种物象、事件的触发，常常发生心理波动，造成心理失衡，并引发适当强度的情感变化。

本文力图通过对玛哈公主的中篇小说《欢痛》进行创作动机的文本分析，从而为海湾地区阿拉伯语文学作品的文学心理学研究做一点积累和探索。

二、追求幸福生活的幻觉式创作潜动机分析

卡尔·古斯塔夫·荣格是与弗洛伊德齐名的当代心理学家。他在许多方面修正、丰富和发展了弗洛伊德的理论，奠定了精神分析在现代西方文化中的突出地位。[①]

集体无意识被认为是荣格分析心理学中最重要也是最基本的假设模型，这一模型贯穿了荣格的全部心理学理论。按照荣格的观点，集体无意识是无意识的深层结构，它是先天的、普遍一致的。“如果用海岛作比喻，那么露出水面之上的部分代表意识，而在水面之下的由于潮汐运动等原因时不时露出水面的部分为个人无意识，剩下的大部分深藏在水面之下的作为海岛的基础的部分，就是集体无意识”。[②]

创作动机是创作主体心理机制发挥效用的重要方面，它是推动、驱使艺术家进行创作的动力机制。“动机是在需要刺激下直接推动人进行活动的内部动力”。[③]

---

① 卡尔·古斯塔夫·荣格：《心理学与文学》，冯川、苏克译，1页，南京，译林出版社，2011。
② 卡尔·古斯塔夫·荣格：《心理学与文学》，冯川、苏克译，2页，南京，译林出版社，2011。
③ 高玉祥：《个性心理学概论》，32页，西安，陕西人民教育出版社，1985。

（一）奇异梦境对幸福渴望的映射

在《欢痛》中，我们可以看见大量的潜意识在不知不觉中引发的创作潜动机，而这些创作潜动机往往隐匿于主人公奇幻的梦境之中。

كان ذلك منذ ما يزيد على سبعين عاما مضت كأنها اليوم حيث يحتلط في خاطري أصداء الصراخ هناك، وترايتم التلبية هنا. عرفت فيما بعد أن سبب تغيبهما رجل من البدو قتلهما، سلب متاعهما بعد أن اجتث أعمارهما، أخذ منهما دنياهما وولي.[①]

70 多年过去了，往事历历在目，以致当年惊叫的回声和当下朝觐者呼唤真主的声音，在我的脑海里恍惚交错。我事后知道，是一个贝都因人杀死了父母，让我再也见不到他们。[②]

这一段是作者以第一人称的笔触在为读者进行故事背景的铺陈，可以看出作者对主人公年龄的界定，更重要的是其虔诚的穆斯林身份以及在朝觐期间对于过往经历的心态。这种心境是经由其丰富的阅历和苦难的身世所共同磨砺而成的。

作品中主人公乌姆·萨德和阿拔斯公主、哈里发加迪尔·比拉的女儿都经历了人生中的大喜和大悲，在生活的漫长旅途中历经艰辛，却始终心怀对未来的憧憬和对幸福的渴求，这种人类共有的潜意识始终支配着作者。七十余年的往事一件一件涌上心头，这种生活的磨砺和岁月的捶打使得小说的主人公对幸福的渴求更加强烈，对于幼时往事的惊悚回忆和婚姻生活的不堪追溯，使得主人公在梦中被惊醒，脑海中回荡着尖叫声和呼唤真主的声音，回响声更加映衬了主人公对过往生活的痛苦回顾和对幸福生活的追求向往。

乌姆·萨德是一位有两个孩子的母亲，却因为丈夫常年在外征战，家道不济，被吝啬且贪婪的哥哥强迫改嫁，心中却始终牵挂着自己的丈夫和两个儿子。后来她逃离魔掌，逃出自己从小长大的城市，先后在游牧的贝都因人部落、巴格达以及开罗等城市过着颠沛流离、寄人篱下的生活。而另外一位故事的叙述者——这篇小说的

---

① مها محمد فيصل. طرب. المؤسسة العربية للدراسات والنشر، 2010. ص.5.

② 玛哈·穆罕默德·费萨尔:《欢痛》，葛铁鹰译，1 页，银川，宁夏人民出版社，2011。

双主人公之一——尊贵的阿拔斯公主则因为父兄的悲惨遭遇而听任布韦希人和塞尔柱人的欺侮和驱使，却不能承担起振兴祖国、保卫家园的重任，心中明明有喜欢的英雄，却迟迟不能表白，更奢谈婚嫁。

在我们看到的上面这一段文字中，女主人公常常在梦中被呼喊惊醒，这种由梦境或者是受到刺激的心理来源引发的幻觉，往往会成为文学创作中最常见的隐性动机。

按照前面我们对文学创作的潜动机所作的定义，即文学家在从事创作时内心的某种无意识的驱动力量，且具有驱动性和潜在性两种特征。事实上，荣格认为这种潜在性或者称为无意识，其出发点不是笛卡尔的“我思”，而是更接近存在主义和人本主义的“我在”。

因此，从这一角度来看，潜意识更具有某种强烈的自发性和积累性，不易产生剧烈的变化。心理学家们认为，潜意识可以分为集体潜意识、个人本能潜意识和创伤性潜意识。集体潜意识是人在长期的自然和社会演化中逐渐积累并通过内在机制保留下来的心理形成物；个人本能潜意识则相对简单一些，可以反映为个体潜在的饥渴、性、生死等本能欲望；而创伤性潜意识则发生的概率偏小，可以因为时间的久远或者某种外力冲击下的暂时性无意识，导致这些记忆痕迹转为受压与意识阈限之下的某种意识。

在上面的这一段文字中，女主人公乌姆·萨德在自己内心的深处始终埋藏着对爱情、对幸福生活的渴求，这种强烈的追求产生的内心呐喊和震颤并没有透过激烈的文字表达出来，反而转化成通过记录穆斯林一年一度的朝觐场景和对漫漫 70 年人生长路的历久弥新的记忆，淡淡地表露出对幸福生活的憧憬。这种由作品主人公的身世折射出的作家创作中的潜意识成分，能够衬托出作家本人对自身阅历和生活过往的追忆和感叹。

同样是梦境，下面的一段“解梦”的文字将读者拉近到主人公的身边，与主人公一道审视生离死别，探究爱情到底有多远：

فكم موجة لجية سيّرتني برفق من فوق بحر الأوهام؟ ! وكم سراب تراءى لي يتلألأ بعافية النيل فحين أدركته أذابه عجاج الخسران؟ ! وكم حلقت بخفة في فضاء أحلامي أخفق بجناحي النشوة

والشاب إلى أن تكسرا رجما بنصال الأقدار ...؟ ! ترى ما يكون مفرق الأحباب هذا كي ننسب إليه أو ينسب إلينا؟ !أينا صنيعة الآخر؟ ! نصنعه أم يصنعنا؟ !وهل فراق بين الأحبة؟ !وما يغيب الحبيب الزمن أم الزيف؟ ![①]

有多少浪花在幻觉的海上轻柔地推动我前行！有多少蜃景为我闪耀收获的光芒，可当我追赶上去它却被失去的惊涛融化！多少次我舞动着陶醉与青春的翅膀，在梦想的天空轻盈地翱翔，直至命运的利刃将那翅膀打碎！情人生离死别的路口属于我们，我们也属于它，但它究竟是什么呢？情人间的离别带给我们的又是什么呢？时间无法使情人消失，这是事实还是假象？情人的出现并不需要时间，尽管现在也是时间……[②]

梦境的启发是激发创作潜动机的一种重要形式。梦是一种思维形式，是指在睡眠时，人的意识的潜沉。人在睡梦中，潜意识往往比较活跃，脑海中会在短时间内聚集各种光怪陆离的形象和五光十色的日常生活图景，他们在变化、碰撞、综合中形成某种顺其自然的想象，在梦中形成的创作冲动其实正是梦的下意识发挥效用的征兆。在梦中，人的内心世界会向外界敞开，没有任何控制，因而会有意想不到的情形出现，但同时也是一种积极的生理、心理过程，而在梦境中出现创作动机就成了创作主体即作家的重要创作激发因素。

上面这段文字中，小说的两位主人公首次相遇，身为哈里发胞妹的阿拔斯公主向另一位主人公乌姆·萨德讲述自己饱含辛酸的经历之前，向读者展示了一段奇异的梦境，这段梦境亦真亦幻地映射出主人公对爱情的渴求和对恋人的思念。

“浪花”“蜃景”“青春”“梦想”“翱翔”，这些美丽的词汇全部出现在主人公的梦境中，与现实中的“命运的利刃”“生离死别”这些痛苦的词汇相映衬，将现实与梦想的距离刻画得如此清晰，为读者呈现出一幅充满美与丑、生与死、爱与恨的活脱脱的人生图卷。这些映射式的写作技巧，将作者对人生困境的理解和感触，真实地铺展在这篇历史题材小说中。

① مها محمد فيصل. طرب. المؤسسة العربية للدراسات والنشر، 2010. ص.21.

② 玛哈·穆罕默德·费萨尔：《欢痛》，葛铁鹰译，10、11 页，银川，宁夏人民出版社，2011。

玛哈公主的小说在历史现实与奇幻梦境之间，以其独特的沙特王室女性成员的视角，为读者描绘了一幅勾勒幸福生活的想象图卷。

（二）幻觉体验对痛苦人生的补偿

相对于梦境，幻觉显得更为表象，并且相对简单。但是幻觉能够在最短的时间里将作者对某种内心深处积蓄的潜动机转化为体验模式，令读者更为容易接受。

在涉及艺术创作的心理模式时，作家往往会反复询问自己，这些素材包括什么内容、意味着什么？然而一旦作品触及艺术创作的幻觉模式，这一问题就会浮出水面。例如，当我们感到惊讶、迟疑、困惑、警觉甚至厌恶时，我们要求对此作出评论和解释。它不是使我们回忆起任何人类日常生活有关的东西，而是使我们回忆起梦、夜间的恐惧和心灵深处的黑暗——这些我们有时半信半疑地感觉到的东西。的确，除非它生硬可感，否则绝大多数读者是不欢迎这类作品的，甚至文学批评家也对它感到为难。在玛哈公主的这篇小说中，主人公常常会产生一些能够反映其生活际遇的幻觉，这些幻觉要么折射出国王生活的种种不堪，要么是对自身一直追求的幸福的孜孜不倦的向往。

مرت علينا الأعياد، وتتابعت علينا الموالد، حتى أنني حسبت أيام هده الدولة كلها أفراحا، لم أكن أخرج من القاهرة إلى الفسطاط أو القطائع إلا في تلك المرة التي وصلت فيها مشهد السيدة نفيسة رضي الله عنها وأرضلها①

在开罗时，喜庆节日一个接着一个，以致我觉得这个国家一年到头都在欢庆。我没有出过开罗到福斯塔特或别的地方去，唯一的例外就是那次见到了圣裔纳菲赛陵园。②

这段文字是小说的双主人公之一的乌姆·萨德在同另一位主人公阿拔斯公主讲述自己离家之后的经历，她一路辗转来到当时阿拉伯世界的另外一个强国——定都于开罗的法蒂玛王朝。与巴格达的萧条和混乱不同，此时的法蒂玛王朝一派欣欣向荣之景。这样的对

① سها محمد فيصل. طرب. المؤسسة العربية للدراسات والنشر، 2010. ص 69

② 玛哈·穆罕默德·费萨尔著：《欢痛》，葛铁鹰译，41页，银川，宁夏人民出版社，2011。

比凸显了在经历无比繁华之后，老态龙钟的阿拉伯帝国已经四分五裂，尽管详尽描写开罗的繁华，但是在玛哈公主的潜意识里面，这种纸面上的繁华也仅仅只是对过往的追忆，更触及当下阿拉伯世界的动荡现状，令人不禁扼腕叹息。

提及幻觉式创作的材料来源，那种隐约晦涩是让人最难捉摸的东西，这些来源又明显与我们在创作的心理模式中学习的那些东西有所区别，因此荣格甚至怀疑这种隐约晦涩是否是有意造成的。哲学家们很自然地倾向于假定——弗洛伊德心理学也鼓励后辈们这样假定——在这奇异的隐约晦涩之下隐藏着某些高度个人化的经验。学者们这样解释不很明朗的奇怪的窥测，懂得为什么有时候看上去仿佛作家是在有意地向人们隐藏他的基本生活经验。这篇小说中乌姆·萨德，对于开罗的节日印象深刻，以至于觉得在开罗，“喜庆节日一个接一个”“一年到头都在欢庆”，相较之下，她在故乡的生活要显得乏味得多，这也证实了她在故乡生活的种种不幸，而这种新的生活，从表面来看，似乎就要对主人公的人生轨迹产生重要的影响，例如，忘记过往的不幸，弥合家庭生活的创伤，但是这些也仅仅是幻想罢了。很快，主人公乌姆·萨德又重新陷入不幸之中。所以，这些幻觉体验也只能从精神上为主人公带来短暂的补偿，仅此而已。

如果需要举例说明，这种看问题的方式，可以认为面对的是一种病理学和神经症的艺术，两者之间的距离仅仅一步之遥。就幻觉式创作的素材显示出某些我们在精神病患者的幻想中发现的特征而言，这一步之差是有道理的。反之亦然。因为我们常常在精神病患者的精神作品中，发现我们本应期望从天才们的作品中才能找到的丰富内涵。认同弗洛伊德的心理学家们当然会倾向于把交付讨论的作品当作病理学问题来研究。他们假定在我们所说的“原始幻觉”即一种不能被意识理解和接受的经验下面，隐藏着一种亲昵的个人经验；他们试图通过把这些原始幻象称为隐藏性形象，假定它们旨在有意掩盖基本经验，这样来解释和说明这些奇异的幻觉意象。按照他们的看法，这很可能是一种恋爱经验，这种经验在道德上或审美上与整个人格，或至少是与自觉意识中的某些想法不相容。因此，为了使诗人能够以他的“自我”压抑这一经验，使其无法辨认即成为无意识，全部储藏着的病理幻想就都被调动起来了。此外，由于这种以虚构代替现实的尝试始终不能令人满意，所以也就不得不在一系列创作体现的过程中反复出现。这就解释了一切可怕的、怪诞的、反常的想象形式所以剧增的缘故。“一方面，它们是那种难以接受的经验的代用品；另一方面，它们又帮助把这一经验隐藏起来。”①

我们对这种近乎精神病的幻觉艺术创作的考察，可以帮助我们辨清乌姆·萨德在丈夫失踪、自己被迫改嫁之后的幻觉是内心独白。而乌姆·萨德的悲惨际遇、离奇身世以及辗转各地的所见所闻在其失意的内心深处留有清晰的痕迹。

ابتسمت وأجابت فرحة بسؤالي: في أيام النيل بنبت نبات جميل يعرف بالبشنين، هذا النبات له ساق طويلة وزهرة تشبه اللينوفر، إذا أشرقت الشمس انفتح فصار منظرا أنيقا، وإذا غربت الشمس انضم. ويذكر أن نوعا من العاصفير الصغيرة يجلس داخل زهرته، فإذا أقبل الليل انضمت عليه وغطست في الماء، فيبات في جوفها آمنا إلى أن تشرق الشمس، فينفتح فيطير عصفور البشنينة، وهذا البشنين يصنع من زهره دهان يعالج به②

她笑了，很开心地回答我的问题：

“尼罗河在涨水期会长出一种美丽的植物，它叫睡莲。这种植物的叶子有长长的柄，开出的花像荷花一样。太阳升起来，它就开花，样子好看极了；太阳落下去，它就合起来了。人们传说有一种特别小的鸟儿坐在睡莲里面，夜晚降临，花合起来浸入水中，鸟儿就在花中踏踏实实地睡觉，太阳出来了，花开了，睡莲鸟也欢欢喜喜地飞走了。这种睡莲的花儿可以做成药膏给人治病。”③

这一段话出自乌姆·哈里姆之口，她是乌姆·萨德的女伴，是乌姆·萨德辗转开罗后认识的御衣府的女工，出身于贫苦人家，对尼罗河河畔的生态环境非常熟悉。乌姆·萨德因一次机缘巧合，与原来自家府上的管家“罗锅”赛利姆相遇，她从赛利姆口中得知自己的丈夫并没有战死，重燃对生活的希望。然而当赛利姆告诉她，

---

① 卡尔·古斯塔夫·荣格：《心理学与文学》，冯川、苏克译，95页，南京，译林出版社，2011。

② مها محمد فيصل، طرب، المؤسسة العربية للدراسات والنشر، 2010، ص90.

③ 玛哈·穆罕默德·费萨尔：《欢痛》，葛铁鹰译，55页，银川，宁夏人民出版社，2011。

她的丈夫已经被战争折磨得没有人样，并从歹毒的哥哥那里听到了乌姆·萨德弃他而去、与情人私奔的谎言，他精神崩溃，成了疯子，乌姆·萨德知道这些后再也经受不起生活的百般折磨，病倒了。沉睡了十多天之后，乌姆·萨德醒来，面对眼前这个对生活心灰意冷的病人，乌姆·哈里姆使用了上文引用的这样一段描述，意图为乌姆·萨德重新打开紧闭的心扉，让她点燃对生活的希望，丢弃那些沉痛而心酸的过往，面对未来充满荆棘的旅途。这种幻觉式的体验无疑是对主人公痛苦的人生经历的一种补偿。

乌姆·萨德的“夫离子散”之痛对于每一个女人来说，都是痛不欲生的体验，尽管辗转各地，一边寻找自己意念中仍然健在的丈夫，一边依靠替人做工维持生计，在岁月的延续中消弭精神创伤带来的痛苦，但是对于美好和幸福的事物的追求和向往，使得乌姆·萨德常常产生奇异的镜像式的幻觉。例如，在上面这一段文字中，睡莲依尼罗河河水而生，它的芬芳和美丽吸引了睡莲鸟前来驻足，时间久了，睡莲鸟就在花中安下了家，可爱的鸟儿配上美丽的花儿，让人艳羡，这种生活让主人公似乎觉得自己就生活其中，幸福感油然而生，在短时间内忘却了所有的不幸和悲哀。

三、渴望民族复兴的抗争式创作显动机分析

创作显动机是从事创作的直接心理驱力。在生活中，艺术家因各种物象、事件的触发，常常产生心理波动，造成心理失衡，并引发适当强度的情感变化。在这种情况下，宣泄情感以恢复心理平衡就是显动机的主要内容。

显动机不等于意图，它有指向性但相对模糊。如果能明确觉察冲动的内容、本质，并借助意志为之服务，它就不是动机而是意图。

（一）民族复兴的迫切性：身份迥异的双主人公共同的悲惨命运

每一个富于创造性的人，都是两种或多种双重倾向的统一体。一方面，他是一个过着个人生活的人类成员，另一方面又是一个无个性的创作过程。因此作为一个人，他可能是健全的或病态的，我

们必须注意他的心理结构，以便发现其人格的决定因素。但是我又只有通过注意他的创作成就，才能理解他的艺术才能。如果我们试图依据个人因素来解释一个沙特王族，一个埃及官员或一个印尼大阿訇的生活模式，我们必然会犯一种可悲的错误。王室成员、官员和伊斯兰教职人员都是作为无个性的角色进行活动的，他们的心理结构都具有一种特殊的客观性，我们必须承认文学家并不行使官吏的职能——以这种极端的对立为例更便于说明真相，然而他在某一方面又类似于我所列举的这几种类型。因为某种特殊的艺术气质负载着一种对于个人的、集体精神生活的重荷。文学创作是一种天赋的动力，它抓住一个人，使他成为它的工具。文学家不是拥有自由意志，寻找实现其个人目的的人，而是一个允许艺术通过他实现文学创作目的的人。他作为个人可能有喜怒哀乐、个人意志和个人目的，然而作为文学家他却是更高意义上的人，即“集体的人”，是一个负荷并造就人类无意识精神生活的人。为了行使这一艰难的使命，他有时牺牲个人幸福，牺牲普通人认为使生活值得一过的一切事物。

既然如此，文学家成为心理学家运用分析法加以研究的有趣对象，也就不足为奇了。文学家的生活不可能不充满矛盾冲突，因为他身上有两种力量在相互斗争：一方面是普通人对于幸福、满足和安定生活的渴望，另一方面则是残酷无情的，甚至发展到践踏一切个人欲望的创作激情。文学家的生活即便不说是悲剧性的，至少也是高度不幸的。这倒不是因为他们不幸的天命，而是因为他们在个人生活方面的低能。一个人必须为创作激情的神圣天赋付出巨大的代价，这一规律几乎很少有任何例外。这就好比我们每个人生来就被赋予一定的心理能量，而我们心理结构中最强大的势力将会夺取甚至垄断这种能量，使它不可能再去生产出任何有价值的东西。创造力像这样汲取一个人的全部冲动，以至一个人的自我为了维持生命的火花不被全部耗尽，就不得不形成各种各样的不良品行——残忍、自私和虚荣(即所谓“自恋”)——甚至于各种罪恶。文学家的自恋，类似于私生和缺少爱抚的孩子一样，这些孩子从年幼娇弱的年代起就必须保护自己，免遭那些对他们毫无爱恋的人的作践蹂躏；他们因此而发展出各种不良品行，后来则保持一种不可克服的自我中心主义，或者终生幼稚无能，或者肆无忌惮地冒犯道德准则和法规。我们怎能怀疑，可以用来解释说明艺术家的，不是他个人生活中的冲突和缺陷，而只能是他的艺术呢？个人生活中的冲突和缺陷，不过是一种令人遗憾的结局而已。事实则是：他是一个文学艺术家，也就是说，从出生那一天起，他就被召唤着去完成一种较之普通人更伟大的使命。特殊的才能需要在特殊的方向上耗费巨大精力，其结果也就是生命在另一方面的相应枯竭。

许多文学家在创作过程中，或多或少地会在作品中呈现出截然不同的两种冲突性的情节发展或者不同的人物性格。玛哈公主在《欢痛》中，采用了一种独具特色的双线并行的叙事风格，两位主人公分别刻录自己的人生轨迹，交代命运发展的悲惨经历。下面两段引文正是这两位主人公在不同语境下的口述，我们可以从中品味作者在创作过程中的创作显动机。

جربت الجنون وعرفته، فإذا به أهون من الخزي. كم من رسائل كتبت لعبد الله ولم ترسل، وكم من مرة لملمها من حولي ولدي سعد كي يعطيها سليما البواب..؟. ليبعث بها إلى حيث أبوه، إلى حيث هو في كل مكان.. وكم ناجيته وكم بكيت كأن قصد الكلام، حكايات تروى لغير الأنام أحاديث سمر بين أحزان؟.①

我难受到疯狂的程度，那种滋味仿佛是人间最大的羞辱。我给阿卜杜拉写了多少封信啊，但都没有投递出去。儿子萨德多少次从我身边将这些信聚拢起来，然后将它交给门房萨利姆，希望他不知身在何处的父亲能够读到这些信。我只能以泪洗面，在心里向丈夫诉说自己的悲伤。有时自己也不知道在说些什么，说的是不是人类能够明白的语言，但只要在说就行。②

在这里，作家的语言明显带有预期的目的。生活的悲观带给女主人公乌姆·萨德生不如死的痛感体验，对生命的认识和对幸福的理解常常能够左右主人公的一言一行。丈夫的失踪对于一位家庭主妇而言，就像失去了自己拥有的一切。此时此刻，任何言语和行为上的变化，都通过作家对无常世事的悲情哭诉和深刻揭露折射出作

① مها محمد فيصل. طرب. المؤسسة العربية للدراسات والنشر، 2010. ص.9.

② 玛哈·穆罕默德·费萨尔：《欢痛》，葛铁鹰译，4页，银川，宁夏人民出版社，2011。

者痛苦的内心挣扎。“疯狂”“羞辱”“以泪洗面”，激烈的词语让读者很轻易就能够捕捉到女主人公乌姆·萨德内心所充斥的不满情绪和对亲人的思念，但是这些都无法宣泄，只能通过一封封家信来表达。然而，这些信函是否能够寄出，寄出了又是否能够顺利送达丈夫的手中，乌姆·萨德不得而知，她只能依靠眼泪来掩饰内心更加无助的慌张，没有他法，只能不断地等待，不断地写信，岁月的流逝没有减少任何痛苦，却不断地增加对生活的恐惧和对未来的失望。这种命运太不公平，主人公渐渐对未来的世界产生了愤恨，而这所有的一切，必须要拜时代“所赐”，整个民族都在遭受厄运。

在玛哈公主的《欢痛》中，一方面，乌姆·萨德经历着生不如死的夫离子散的痛苦。另一方面，另外一位主人公阿拔斯公主也正经历着国破家亡的人生际遇，另一种不同的经历，但都是时代的创伤、民族的不幸。下面一段文字，便是阿拔斯公主的口述：

وما كان بعد ذلك بقليل حتى دخل عسكر مسعود الغزنوي البلاد وقتل ما لا يحصى من العباد.①

此后不久，麦斯欧德·加萨尼威人的军队便打了进来，他们杀人如麻，国家血流成河。②

与乌姆·萨德不同，小说的另外一位女主人公的身份是哈里发的胞妹——阿拔斯公主，身为巴格达王室的成员，不仅要谋定自己的幸福，更要着眼国家大局。国家的兴衰关系到公主的荣辱，玛哈公主在小说中借阿拔斯公主之口表达了她对阿拉伯民族复兴的渴望。麦斯欧德·加萨尼威人并非阿拉伯人血统，而是来自东方的波斯人和突厥人，他们的文明水平，要比阿拔斯人的阿拉伯帝国低，一旦进入巴格达城，面对眼前富丽堂皇的城市建筑以及令人陶醉的文化底蕴，加萨尼威人自然不可能立即消化，从而只能够采用暴力手段来压制，身为王室宗亲的阿拔斯公主，面对加萨尼威人的淫威束手无策，徒发对民族未来的嗟叹，只能祈祷民族的未来能够重现光明。

---

① مها محمد فيصل. طرب. المؤسسة العربية للدراسات والنشر، 2010. ص.21.

② 玛哈·穆罕默德·费萨尔：《欢痛》，葛铁鹰译，11页，银川，宁夏人民出版社，2011。

（二）激烈抗争的具象性：充满呐喊的诗歌式书写中的情感宣泄

与许多阿拉伯文学家一样，玛哈公主擅长使用诗歌式书写来宣泄直观的情感。在《欢痛》中，她或自行创作，或引述借用，通过诗歌的宣泄式表达，书写了双主人公对生活和命运的激烈抗争。

هنا توقفت العباسية عن الكتابة وقالت: ما أمر الشماتة وما أقصى كيد العدا تعرفين أنه آلمني ما وصفت من فرح المستنصر، وذكرت حالنا وقتها ـ فساءني ذلك، وما أتعس أرضا نسبت إلى طبالة.

كان الكندري يقول:

مضيت والشامت المقبور يتبعني

كل لكأس المنايا شارب حاسي

وأقول أنا،

مضيت والشامت المقبور يتبعني

كل لكأس البلايا شارب حاسي[①]

这时，阿拔斯公主停止记录，说道：

“他们有什么可幸灾乐祸的，还不都是搞阴谋诡计才得逞的。要知道你讲的这些穆斯坦希尔的高兴事让我很难受。回首当年，苦不堪言，将采邑赐给一个女鼓手是多么不幸的事啊。肯代利曾这样吟道：

幸灾乐祸者，
出坟将我跟；
死亡酒一杯，
迟早都要饮。”[②]

在这一段乌姆·萨德记载的阿拔斯公主的口述中，我们可以看到她对突厥强盗拜萨西里的深恶痛绝，但是恶人当道，这种痛恨却无从发泄，主人公借用王朝早期肯代利的诗歌来表达心中的诅咒。这种直抒胸臆的情感宣泄很好地映射出主人公在宫廷生活中种种不幸的遭遇。

---

① مها محمد فيصل. طرب. المؤسسة العربية للدراسات والنشر، 2010. ص.74.

② 玛哈·穆罕默德·费萨尔：《欢痛》，葛铁鹰译，43页，银川，宁夏人民出版社，2011。

人的情感如水，或静默如湖，或流淌如溪，或汹涌如海。但是无论是一种什么样的状态，人的情感总是不稳定的，有时短暂的静止也只是一种无声的潜伏。在这种时候，一旦有外力触动，或者压抑，人都要寻找一种释放的方式，这种方式可以将波动的情绪随着流动的艺术手段带出人的体魄。这样一来，许多风格各异的艺术手段应运而生。在多数情况下，诗歌往往比音乐和绘画更能够直接地表达内心的情感冲动，而这篇小说的作者也一定是经历了这些情感的冲动，才能够创作出这么多诗情激越的诗歌。

أجابت: نعم، والذي قال فيه المتنبي:

مالي أكتّم حبّا قد برى جسدي

وتدّعى حبّ سيف الدّولة الأمم؟①

是的，穆泰奈比曾在诗中提到他的叔父：

爱已刺入我的身体，

如何能够将它藏起？

像对赛夫·道莱一样，各族爱戴谁可遮蔽？②

同前一首不同，我们在这里给出的第二个例子是一首和博爱相关的诗歌。穆泰奈比是阿拉伯中世纪最著名的诗人之一，以哲理诗和描写战争场面的诗歌见长。而赛夫·道莱则是阿拉伯历史上哈姆丹王朝最为杰出的国王，他生活的背景是10世纪前后阿拉伯帝国同拜占庭帝国鏖战正酣的年代。上面引文中的这段诗是阿拔斯公主借用穆泰奈比的诗歌，称赞赛夫·道莱是一位深受人民爱戴的杰出领袖。作为一位率领臣民同拜占庭军队交战并大获全胜的君主，赛夫·道莱博得了众多的颂扬，玛哈公主在这里借用名家手笔称誉民族英雄，在激烈且复杂的斗争环境中大力宣扬正义的民族精神，表达了对民族复兴的渴望。

情感是人类生活中最活跃的因子，不能把个人情感视为仅仅是与社会无关的小事，因为只有亿万人情感的千姿百态，相吸相斥，

---

① مها محمد فيصل. طرب. المؤسسة العربية للدراسات والنشر، 2010. ص.40.

② 玛哈·穆罕默德·费萨尔：《欢痛》，葛铁鹰译，23页，银川，宁夏人民出版社，2011。

左右浮沉，才能使整个世界绚丽多彩，使个人活出味道，这种创作的根基为诗人提供了无尽的创作源泉。情感可以用喜怒哀乐来概括，但却不是单一的，是可以重复的，完全相同的情感是不存在的，古今中外，不可能有完全一样的诗歌来描写人的情感。上面这个例子中，我们看到了诗人穆泰奈比对他的叔父赛夫·道莱的毫不掩饰的爱戴和敬佩。

四、结语

《欢痛》是一部成功的文学作品。作家玛哈·穆罕默德·费萨尔以其熟悉的宫廷生活作为背景，结合历史记载，将阿拔斯王朝历史上最为黑暗的一段历史进行艺术的创作，并使之成为一部感染国人的优秀作品。整部小说弥漫着忧伤的气氛，作者在叙事上，融合史实、哲理和诗歌，是一部展现阿拉伯民族悠久历史和文化的优秀作品。

在创作动机上，一方面，作者以第一人称的笔触在为读者讲述了两位颇具传奇经历的女性人物在大起大落的人生际遇中，以勇敢的态度面对纷繁复杂又饱含不幸的沧桑世事。在充满悲痛的场面中满怀憧憬和希望，这种心境是经由其丰富的阅历和苦难的身世共同磨砺而成的。作品中两位主人公乌姆·萨德和阿拔斯公主都经历了人生中的大喜和大悲，在生活的漫长旅途中历经艰辛，却始终心怀对未来的憧憬和对幸福的渴求，这种人类共有的潜意识始终支配着作者。另一方面，作家的语言明显带有预期的目的，任何言语和行为上的变化，都能够折射出作家清晰的创作动机。

巴勒斯坦诗人达尔维什诗中的民族身份建构①

唐 珺

【摘要】当今巴勒斯坦民族，除了基本的生存权遭受侵犯和至今未建立国家实体之外，还遭遇民族身份危机。如何坚守、增强、更新自己的民族身份，对于巴勒斯坦民族而言颇为迫切。马哈茂德·达尔维什被誉为“巴勒斯坦民族代言人”，是巴勒斯坦抵抗诗歌流派的代表人物。他对巴以冲突下巴勒斯坦民族的身份危机早有觉知，并通过大量的诗歌创作实践，对本民族文化身份属性进行了动态化的诗意建构，为凝聚、维护、扩展民族身份，记录、传承文化遗产做出了自己的贡献。本文试从达尔维什诗歌中体现的身份危机的觉知、多元民族身份的建构、捍卫民族身份的策略三个方面，透视达尔维什对民族身份危机的审视，展现诗人对于诗歌参与和助推民族文化身份塑造的信仰。达尔维什以诗性话语，为记录、拓展和捍卫巴勒斯坦人多维度的真实的民族身份属性，做出了可贵努力。

【关键词】达尔维什；民族身份建构

【作者简介】唐珺，博士，北京外国语大学阿拉伯学院讲师，主要从事当代阿拉伯诗歌研究。

一、引言

全球化语境下的民族身份建构是后殖民主义理论思潮中一个越发引人关注的课题，主要诉诸揭示文学和文化研究中的民族属性本

① 本文得到了中央高校基本科研业务费资助。

质和民族文化特征。在旷日持久的巴以冲突的影响下，当今巴勒斯坦民族，除了基本的生存权遭受侵犯和至今未建立国家实体之外，还遭遇着另一种危机：巴勒斯坦人与生俱来的民族身份属性正被日渐消解与遗忘，而趋于失真和片面化。因此，民族身份问题也日益成为当今巴勒斯坦学者重点审视的问题。巴勒斯坦大诗人马哈茂德·达尔维什被誉为“巴勒斯坦民族代言人”，是巴勒斯坦抵抗诗歌流派的代表人物，在阿拉伯现当代文学史上也具有举足轻重的地位。他对本民族的身份危机早有觉知，并通过大量的诗歌创作实践，对本民族身份属性进行了动态化的诗意建构，为凝聚、维护民族身份，记录、传承文化遗产做出了自己的贡献。

二、“身份的伤口”——身份危机的觉知

巴以冲突是20世纪中东地区冲突的热点，表现为巴勒斯坦与以色列两大民族对同一块土地提出了排他性的主权要求。受犹太复国主义驱动，犹太民族历经1917年《贝尔福宣言》的发表、19世纪末20世纪上半叶的犹太移民潮、1947年联合国决议直至1948年以色列建国，最终完成在巴勒斯坦土地建立家园的历史进程。巴勒斯坦民族为保护家园，在巴勒斯坦阿拉伯民族主义的引领下，自20世纪20年代起开始对犹太复国主义进行艰苦卓绝的抗争。1948年以后，巴勒斯坦民族的境遇发生巨变，沦为这片土地上的次要存在。在短短几十年里，许多蕴含巴勒斯坦文化历史的身份标志，被刻意掩盖、颠覆甚至抹杀。

巴勒斯坦人在本土被迫归属或受制于以色列的国籍身份，被犹太复国主义文化侵蚀；在国外则是背井离乡、遭遇异质文化殖民的流亡者。达尔维什本人就亲历了家园被毁、数次入狱、流亡多国、建国无望的一生，饱受身份被质疑、排斥的困惑和苦楚。诗人1941年出生于巴勒斯坦北部山村，1948年村庄被以军彻底占领、烧毁，他和亲人被迫多次辗转异地，原本的土地上兴建起以色列定居点和农场。因“思想激进”，他长期受到以色列当局的监视，三次遭到逮

捕和关押。1970年，达尔维什被剥夺以色列公民资格前往莫斯科，后流亡于埃及、黎巴嫩、叙利亚、突尼斯、约旦等国，并在法国巴黎客居十年。1995年，他结束长达25年的流亡生活，回到巴勒斯坦定居拉姆安拉，专心于诗文创作，后于2008年病逝。达尔维什是1948年巴勒斯坦战争、1982年黎以战争、20世纪90年代巴以和谈等重大历史事件的亲历者，他的诗作大多围绕巴勒斯坦展开。在近半个世纪的创作生涯中，他共出版了24部诗集和多部散文、杂文集。可以说，其诗堪称巴勒斯坦浓缩的史诗，其人堪称民族的精神符号。达尔维什的诗铿锵有力、隽永抒情，倡导人文情怀，呼吁爱与希望、美与自由。他不仅通过诗歌向世人讲述巴勒斯坦人土地被占、流离失所的苦难，号召人民抵抗占领，为独立、建国而斗争，更致力于弘扬民族文化遗产和建构民族身份属性。

巴勒斯坦人的身份危机首先体现在身份证明的窘境上。身份证及其他有关身份的证明对于每个国家、地区的人们而言，从申请、获取到使用都是很平常的易事。对于巴勒斯坦难民而言，身份证明却为他们造成极大的苦恼与羞辱。在达尔维什的诗歌里，身份证明文件也成为他揭示巴勒斯坦人身份危机的重要标志。在巴勒斯坦被占领地区，巴勒斯坦人在生活、工作的各方面都沦为次等公民，他们随时面临各种检查，并时常遭遇以色列军警的不公对待和暴力行为。至于流亡在外的人，出于政治原因，他们证件上的国籍不能是巴勒斯坦，而是其他国家。而在阿拉伯国家，他们虽归属阿拉伯人，却必须持有难民证或其他特殊证件，以有别于真正拥有国家实体的阿拉伯人，并时不时遭受歧视。达尔维什最初的名作《身份证》就反映了这一情形：

记下来/我是阿拉伯人/我是一个没有头衔的名字/在一个个国家里忍耐一切/在激怒他人中求生

另一首诗《护照》反映的是国籍的缺失给辗转于多国的巴勒斯坦流亡者造成的困境：

他们并没认出我/在吸去护照上我的颜色的微光下/他们眼里，我的伤痛像一个展览/向喜爱收集图片的游人开放/……所有飞到

遥远的机场大门 / 追随我手掌的飞鸟 / 所有麦田 / 所有监狱 / 所有白色的坟墓 / 所有边界 / 所有飘扬的纱巾 / 所有眼睛 / 都与我同在，但他们 / 却把这些从护照中消除！

飞鸟、麦田、坟墓、边界、纱巾、眼睛及其他诗句里的树木、雨中歌谣等，都象征了巴勒斯坦人继承的丰富的文化与社会属性，然而这些属性却因国籍的缺失而被他者生硬地“消除”、忽略、漠视。在达尔维什的诗歌里，身份证、护照等一份份证明文件成为象征被剥夺的、缺席的身份的重要意象，浓缩了由国家归属感的缺失引发的群体悲痛。

此外，世人对巴勒斯坦民族的认知带有某种程式化的负面倾向，映射出的是外界对于巴勒斯坦内部的未必真实且更不全面的他者化想象，而巴勒斯坦民族真正的属性特质正遭遇遗忘危机，正如达尔维什在《我们的祖国有着》中所写：

我们的祖国有着 /——她离名词的特征很远——/ 缺席的地图；/ 我们的祖国有着 /——她像芝麻粒一样微小——/ 一片天际……一个潜藏的深渊；/ 我们的祖国有着 /——她像沙鸡翅一样瘦瘠——/ 一些圣书……身份中的一个伤口

远离名词特征、缺席的地图、沙鸡翅般的瘦瘠、身份的伤口……一个个关于祖国的消极定义表达出诗人强烈的挫败感。在《护照》一诗中，他描绘的“没有姓名，没有属性的赤裸”；在《没了流亡地，我们是谁》一诗中哀叹“我们变轻了，/ 就像我们远风中的家园。我们变成 / 云中怪物之友……我们变得 / 脱离了身份土地的引力”，无一不是流离失所、漂泊无根的巴勒斯坦难民心理苦难的写照。

达尔维什还意识到，导致巴勒斯坦人身份属性危机的原因来自两个方面。一方面，以色列建国后对巴勒斯坦占领区大举实施了文化殖民行动。巴勒斯坦人的文化传统面临威胁，母语被遗忘，文化在流失，价值观念潜移默化地遭遇渗透、改变。另一方面，西方国家基于意识形态、政治博弈、资源争夺等因素的考量，从巴以冲突发生之初就在一定程度上误导、干扰着国际社会对巴勒斯坦文化和阿拉伯伊斯兰文化身份的认知。在以色列和西方国家的文化围堵中，占领区的巴勒斯坦人作出的反应往往极易走向悲情宣泄和暴力排他的极端。换而言之，无论是外部世界还是巴勒斯坦人自身，都对巴勒斯坦民族身份的认知出现了偏差和误解。

三、“身份向多元畅怀”——多元身份的建构

面对巴勒斯坦民族的身份危机，达尔维什的诗歌除了书写对现实苦难的控诉和对抗，也致力于发掘巴勒斯坦民族身份的多元化，以此抵抗以色列针对巴勒斯坦人的文化抹杀企图，抵抗世人对巴勒斯坦民族的片面认知，更旨在抵抗巴勒斯坦人正在退化和扭曲的文化自觉。

他的努力首先表现为对巴勒斯坦人难民身份和流亡处境的记录与超越。众所周知，1948 年以色列建国并对巴勒斯坦地区实施占领，大批巴勒斯坦人民被迫成为流离失所的难民。巴勒斯坦难民是全世界最大的难民群体，这一群体背井离乡，流亡（或离散）至生活境遇、语言文化环境各异的世界不同地区。经过 60 多年的变迁，巴勒斯坦人的建国权、自决权等民族政治权利依旧受到漠视，巴勒斯坦难民的身份逐渐演变为一种解决无望、长期存在的身份标签，他们的生存境遇也愈发窘困。达尔维什在许多诗作中，运用各式各样的意象来表现巴勒斯坦难民的流亡感受。例如，在诗人挚友、巴勒斯坦裔著名文学批评家爱德华·萨义德逝世后，达尔维什以《对位——致爱德华·萨义德》为题作诗缅怀。诗歌描述了萨义德在美国的生活境遇，叩问携带边缘化身份的流亡者身处他者主流文化的困惑，亦反映出流亡在外或坚守故土的巴勒斯坦人的心境：

他说：我来自彼方我来自此处／我既非彼方，也非此处／我的两个名字相交相离／我有两种语言，却忘了哪种／为我所梦，／我使用英语写作，／用词得心应手，／我还使用的一种语言，采自上天／同圣城的对语，它有着银质的音调，／却并不顺从于我的想象！

巴勒斯坦人引以为豪的文化传统，却“无法顺从他们的想象”，以色列的殖民文化、西方外围文化加剧着巴勒斯坦文化内部的身份

冲突。但诗人笔锋一转写道：

身份呢？我问 / 他答：就是捍卫自我……/ 身份虽是诞生的产女，但她 / 终究是携带者的创造，而非 / 对过去的承继。我就是多元。/ 我的内里有着源源焕新的外在……此处一个边缘在前进。或一个中心在倒退 / 东方不全是东方 / 西方不全是西方 / 因为身份向多元敞怀 / 而不向碉堡战壕开放。

“身份向多元敞怀”的觉知表明，多元事物交融为一体或许正是新的意义和变体诞生的平台。“依照德里达的解构延异观，身份认同是一个旧身份不断分裂、新身份不断形成的去中心过程。”（陶家俊）达尔维什诗歌中的身份建构观，也表现出了原本的自我 / 他者二元模式也逐渐由对抗性向包容性、多样性衍变。由此，在抒发流亡感受的基础之上，达尔维什在流亡中逐渐产生了“积极流亡”的觉知，其诗表现出萨义德所推崇的“流亡的愉悦”。他致力于为巴勒斯坦民族声讨“在场的”生存权利，由此重新定义和改造难民身份。萨义德认为，作为流亡者的知识分子，应当积极地看待流亡，“在那里你可以看到许多人通常情况下看不到的东西”。（王宁）达尔维什也获取了源自流亡境遇的创造力，20 世纪八九十年代，他在法国的旅居生活为他打开了一扇从他者世界反观本土的窗口，并激励他通过诗歌尝试突破种族、情境、环境导致的身份限制与禁锢，将之融入一种充满生机且更加强大的跨越边界的视野。这种尝试包括了诗人创作中体现的两方面努力：一是流亡者对自我的重新定义；二是流亡者对流亡地的再改造。他在《若我可以做别人》中写道：

假若路途中的我可以做别人，/ 我会将风暴藏在背包里，/ 好让自己的诗篇变得水灵、透明、白皙、/ 抽象和轻盈……让它强大过记忆，/ 却又比露珠更娇柔，我会说：/ 我的身份乃是这般境界！ / 假若路途中的我可以做别人，/ 我会对吉他说：再增加一根弦来训练我！ / 家园愈发遥远，归家的路途却愈发美丽——/ 这就是我崭新的歌谣将说的话语——/ 每当路途延长，意义将会翻新，我会在路途中 / 成为我……与非我的二元！

在这首诗里，达尔维什原本“迷惘的路途”逐渐有了方向，通过在流亡之途中拓展、丰富自己的身份——诗人本人尝试的是通过诗歌的言说提升自我的身份——“路途”可以变得“愈发美丽”，人生的意义可以不断“翻新”。在身份认同过程中，人的身份可具有固有身份和变化身份两种“矢量”：固有身份保持了与过去关联的稳固性和连续性，变化身份则可创造更新换代的差异性变化。巴勒斯坦人应将重心放于后者，虽无法改变民族命运，但至少可以努力改变自身的和某个群体的命运，使自我及其周遭存在变得有意义，并获取他人的认同。除此诗以外，达尔维什在《流亡者的方向》里写道“他说：自由人便是选择流亡地的人 / 那么，在某个意义上 / 我就是自由人 / 我前行……于是方向变得清晰”；在《圣日耳曼大街 》里写道：“流亡地？旅行者向往的地方 / 因为那是鸟儿的一段旅程，/ 没有人会问鸟儿：你叫什么？想要干什么？”这些诗句，都表现出诗人对于流亡者与流亡地认知的积极趋向。这种将流亡视为愉悦与自由旅程的豁达，是达尔维什曾经充满绝望流亡观的诗作里所未见的，体现了诗人晚年达到的一种内省的升华。他逐渐将最初的痛苦转化为自我释怀、追寻心灵自由的精神体验，如同许多诗人一样，他将诗歌创作的精神体验视作最理想的流亡地。同时，他也向巴勒斯坦民众传达了一份面对生命的积极态度：生活于巴勒斯坦境内或流亡在外的巴勒斯坦人都应做个“自由人”，摆脱因难民身份而产生的负面影响，努力改变自身的命运，去创造自我多面而丰富的个体身份。

除去流亡难民身份的“愉悦化”，达尔维什致力于从个体和民族两个层面书写巴勒斯坦的民族身份。一方面，他刻画巴勒斯坦人个体的多样性，围绕他们的外貌、性格特征、生活场所、个人经历和情感波动等不同角度展开叙事。以个体经验为基础的私人叙事和以群体经验为基础的宏大叙事，构成相互契合的对应关系。其中，他以自身的经历为基础重点选取了父子、母亲、爷爷、村民等人物，描写他们的真性情和平凡生活，塑造他们的独立人格。这些普通人物形象虽为个例却具有普遍意义，他们展现了家庭层面内每一个成员面对灾难做出的或积极或消极的反应和抉择，折射出巴勒斯坦民族内部平民阶层的群体性身份特质，以“私人叙事”的丰富改变“宏大叙事”的单薄，从而更易激发世人对于巴勒斯坦普通人命运和身份的关注。达尔维什将个人体验作为民族体验描述并扩展为历史的、集体的记忆，并实现了个体与群体间的双向切换。

另一方面，达尔维什还通过丰富的历史人文意象，致力于向世人展示巴勒斯坦承载的厚重的文化积淀和具有多重身份的民族属性。从20世纪80年代中后期起，达尔维什逐渐步入“书写民族史诗”的创作期。在这一阶段，他开始运用大量与民族、历史、神话相关的意象，深入挖掘巴勒斯坦民族的历史文化遗产，旨在突出巴勒斯坦阿拉伯人在历史更迭里的存在，展现巴勒斯坦民族在历史长河里继承的多元文化。达尔维什擅长运用巴勒斯坦的古文明史，通过具有本土性特征的神话去凸显巴勒斯坦的民族属性。亚述神话里的凤凰，苏美尔史诗英雄吉尔伽美什，巴比伦农神塔穆斯、自然与丰收女神伊什塔尔，古希腊神话中的海伦、俄狄浦斯等角色都被召唤到达尔维什诗中，起源各异的文化形象被精心编缀，形成诗人书写当下巴勒斯坦民族悲剧的重要角色，化为一部部富有多元文化色彩的巴勒斯坦史诗，突出以“我”为代表的族群生存在巴勒斯坦土地的历史在场感。

此外，达尔维什也将阿拉伯伊斯兰文化遗产的经典用作意象，以突出巴勒斯坦人的阿拉伯属性。达尔维什常常在诗中引经据典，这些经典既涉及伊斯兰教和《古兰经》经典，也涵括大量犹太教和《旧约》经典的内容。达尔维什认为，除了伊斯兰文化之外，犹太教及其他先于伊斯兰教出现于迦南地区的古老宗教，也是巴勒斯坦文化遗产中不可忽略的重要构成，是融于巴勒斯坦民族属性里的本土性要素。因此，在达尔维什的诗歌里，伊斯兰教并不与犹太教构成对峙性冲突。面对当下的他族以宗教之名对巴勒斯坦人民施行暴力的现实，达尔维什在重视阿拉伯语言文化的同时，也致力于书写伊斯兰文化在巴勒斯坦文化遗产中所具有的历史价值，以颠覆他者妄图建构的主流宗教话语。达尔维什的诗歌表现出他的一种努力：巴勒斯坦穆斯林的宗教身份是他们的重要身份，但不是唯一身份，不应以宗教为名形成对一个种族群体的单调而狭隘的认知，更不应单凭一个人的宗教身份武断推定其思想与行为。他使用《古兰经》中的人物阿丹与好娃（基督教里的亚当与夏娃）和优素福（约瑟）、伊斯玛仪（以实玛利）、阿尤布（约伯）等先知的典故，来映衬当今人民遭遇的苦难，也借用先知们的经历鼓舞民众坚韧、勇敢。他以亲人信仰伊斯兰教的虔诚，来表现巴勒斯坦人民的纯真与质朴。除了语言文化与宗教文化，达尔维什还通过书写巴勒斯坦民俗文化以突出巴勒斯坦人的阿拉伯属性，描绘出一幅幅来自文化内部的多彩画面。对于民间文化的充满细节的追忆散见于达尔维什诗歌的字里行间，展现出巴勒斯坦民俗文化的丰富与独特。

实质上，达尔维什努力发掘的是巴勒斯坦民族身份的多元化：从难民政治身份到个体身份，从阿拉伯属性民族身份到本土属性历史身份，都是民族身份的重要组成。他旨在向世人展示巴勒斯坦的厚重文化积淀和多样的身份属性，这不仅推进了巴勒斯坦民族内部的文化记录与传承，具有深远的启迪意义，也对外部的单向而片面的权力话语进行了有力的抵抗。在天马行空的囊括神话、历史、宗教、文化遗产的诗歌视野里，达尔维什超越民族国家的限定，完成了巴勒斯坦民族身份本土意义的建构、扩展的过程。

四、“鲜活遗产的书写”——捍卫身份的策略

在记录、展现身份的同时，如何坚守、捍卫身份也是一个不容无视的重要话题。达尔维什在诗中写道：“鲜活的遗产是今天和明天要写下的。”强调“遗产”的“鲜活性”和“书写”的“当下与未来”，实质上反映了民族身份的动态构建趋势，也表现出诗人在身份问题上秉持的积极、主动的态度和采取的在传承中创新的策略。对此，达尔维什立足于自我、他者、人道三个维度，在诗歌中为捍卫民族

身份实践了以下策略。

（一）发出自我之音，增加话语权

显而易见，巴以双方自始至终处于一种不对等的关系之中，双方实力悬殊，是不平等的对话者。尽管受到这一客观现实的制约，但作为"受殖者"一方，沉浸于民族主义的狂热不是理想出路，开启对话、进入他者的文化空间是打破僵局、消解对立、寻求共生的必要步骤。我们看到，达尔维什逐渐展现出试图进入他者话语空间的觉知。从他《关于祖国的事》《为了遗忘的记忆》等回忆录式的散文、杂文作品中，我们可以读出诗人在现实政治生活中对此付出的努力。例如，他在不同文章中反复呼吁和强调巴以双方作家从孤立独白到开启对话的必要，"我要求的不过是互相了解、见面、对话，彼此聆听对方的声音。"尽管达尔维什涉及自我与他者的部分诗歌表达出一股强烈的失落与挫败感，但无论如何，弱势者发声十分重要，它证明了弱势者的在场感和存在感，失语、丧失话语权比对话的失衡更加可怕。

达尔维什深谙话语权的重要性，尤其是一个民族在人文领域的"发声"，正如他诗中所言，是一股可以引发"侵略者对记忆的恐惧""压迫者对歌声的恐惧"的力量。对此，他也表示："我们需要改进方式来表达我们公共与私生活中各个人文领域，通过拓展诗歌之美、文学的文学性，掌握这一高难度的职业，以公认的艺术标准，而不以巴勒斯坦这一前提的特殊性为准则，这是国家的，也是诗歌的要务。只有这样，我们的诗歌才能抵达与世界对话创作的平台。我们高超的创作技能获得承认，是引发他人关注这一创作的发源地的重要途径。有多少我们知之甚少却又喜爱的国家，正是因为我们爱上了它的文学……而我们也更不会忘记诗歌对于一个为身份而战的民族所能发挥的凝聚其文化属性的独特作用。"诗人意识到，在正确认识本民族个人和集体身份的多元属性的基础上，增加话语权，是巴勒斯坦民族身份建构的历史使命。因此，达尔维什致力于创作独具丰富美学内涵的抵抗诗歌，诗歌成为他为民族争夺话语权和彰显存在感的利器，也是他构建巴勒斯坦民族身份的平台。

在令人窒息的现实压力下，超越身份、创造一个语言中的诗性祖国，坚持诗歌里的文化领土主权，是一种化解精神危机的途径，也是民族群体走向新的精神复活的途径。于是诗人在《我们像人们一样旅行》里宣布："我们有一个言说的祖国/快说快说，让我们知道这旅行的极限。"突破"旅行的极限"与流亡的命运，超越难民和流亡者的身份，通过"言说"，即通过诗歌的创作为民族、自我争取话语的权利，描绘新的生活愿景和希望，源源不断地带给民众精神的鼓舞力量，是达尔维什作为诗人所付出的努力做出的行动。从后殖民语境来看，这些努力可被视作达尔维什所发挥的"主体性"，"在后殖民话语理论中，主体性是一个非常重要的概念，其主要定义是：个人或群体自由、自主、自动地发起行为、发表言说、行使权力的能力……后殖民地本土人主体性的真正的、主要的表现形式并非他们在西方殖民者侵犯时所发起的他动的、被动的抵制或反抗行为，而是他们在未受西方殖民者干预的情况下自动、自主、自觉地发起行为和言说的能力"（罗世平）。毫无疑问，阿拉伯本土诗人的发声，一方面体现了他们努力介入第一世界话语中心的尝试，旨在抵制第一世界（对于巴勒斯坦而言，则为以色列和西方世界）的文化帝国主义霸权话语，推动平等对话，建构多元、宽松、互融的文化语境。而达尔维什的话语立于这一基础之上，但已不再是以色列、西方国家等他者的刺激和作用下产生的被动行为和单纯的抵制行为，而是通过诗歌发展自主、自动构建能力的主体性行为。达尔维什对"诗意祖国"的构建便能说明这一点，它所体现的理念不再是诗人被动地去抵制什么，而是应主动地去构建什么，从而将诗人的使命能力提升至一个更为深远的维度。这种尝试对于巴勒斯坦本土诗人而言无疑更具挑战，也更为必要。

（二）承认他者，正视民族主义

作为巴勒斯坦抵抗诗人的先锋，达尔维什对于犹太人、以色列，对于敌人的认知秉持着一种独特的人文立场，展现出他对于捍卫民族身份的理性态度。在其个人经历中，他的第一位希伯来语老师是犹太人，初恋对象是犹太姑娘，第一位送他入狱的法官也是犹太人。犹太人、犹太民族对他而言不能单纯地以敌人，以愤恨憎恶的情感来简单概述。他在诗文中对犹太复国主义、种族主义，对以色列蓄意犯下的侵略、占领、摧毁、驱逐与屠杀行径作出了强烈的批判。但另一方面，即便亲历战争、牢狱、杀戮，他也努力不去否定以色列犹太民族，试图规避排他的暴力意识和狭隘民族中心论的倾向，我们可以从他的诗歌中感受到对于渲染悲情的克制，也可以从他的诗歌创作历程中读出诗人努力舒缓二元对立和消解对峙僵局的远见及胸襟。

对于巴以冲突，达尔维什认为，战争来自于不同意识形态的冲突，来自不同文化差异间的摩擦，本质上是对异质文化的漠视和对他者生命的不敬。在许多诗作中，他将对方称作“陌生人”，流露出无尽的无奈和哀婉。即便亲历战争，他也并未否定以色列犹太民族，而是试图规避排他的暴力意识和狭隘民族中心论的倾向。尤其在描绘巴以双方的个体、平民的诗歌叙事中，诗人从未采用势不两立的敌对立场，他记录双方的战争之殇，尝试走入他者的心理世界，理解、揣摩对方的心态，站在人性的高处审视战争的残酷和悲哀。

由此可见，在巴勒斯坦弥漫的“悲情教育”之中，诗人对于这一问题具有深刻而清醒的认识：他的诗并没有纵情得以至于损害到对现实的认知，他理解人民复仇的呐喊，却知晓绝不可盲目仇恨；他知道诗人应秉持的社会责任，却又应以辨证的态度来面对历史的使命，同时，他也对他者行使的话语霸权十分警醒，并努力通过对话、互渗实现自己的话语权力。因此，他的诗作在巴勒斯坦人民乃至其他民族的读者间唤起了一种深刻的认同，在世界范围内产生了重要影响，也获得了“他者”的尊敬。诗人在以色列也拥有众多读者，2000 年，以色列教育部部长曾决定将达尔维什的部分诗作纳入学校的选读课文，虽因激起以色列鹰派的强烈反对而未果，但他的诗作仍然博得了许多以色列民众的同情。审视、反思自我与他者，对本民族的“发声”和理性地捍卫民族身份起到助推作用。

（三）在多元书写中拓展人道精神

达尔维什的诗歌创作，还逐步完成了从政治、革命等题材到爱情、生死、希望等人本题材的转向，这种转向丰富了诗歌抵抗的意义，赋予了巴勒斯坦抵抗诗歌从人道主义的内涵。进入21世纪后，诗人创作题材的多样化，令每一首诗都成为一次全新的、颇具风险的尝试。由于诗作远离了巴勒斯坦抵抗的主题，遭受到不少来自阿拉伯地区，尤其是巴勒斯坦评论者和民众的非议，2005年出版的《宛若杏花亦更深》，更是一度遭受到猛烈的抨击。有人指责他放弃了“抵抗诗歌”“已从抵抗过渡到妥协”。事实上，这部诗集并没有脱离巴勒斯坦这一主题，由诗集之名也可推断诗人将心目中的理想祖国喻为洁白、轻透的杏花，或是比之为更为深邃崇高的圣物，闪亮于巴勒斯坦大地。在此部诗集中，许多诗篇描写了巴勒斯坦人的爱恋，这让巴勒斯坦的民族身份回归于人本身，人性之美构建出民族属性的精髓。达尔维什表示：“要我说，我的诗深化了体验。情诗代表的是文化抵抗视野里个体的那部分，我们有能力书写爱情、存在、死亡和形而上的内容，就是对我们民族价值和身份的深化。我们不是一场演讲、一份宣言。正如我反复强调：巴勒斯坦人不是一个职业，他是为捍卫土地与权利而斗争着的人。”（沃兹因）诗人生前出版的最后一部诗集《蝶之痕》，也秉承了相同的态度，他号召人民享受爱情、热爱生活、不惧死亡、满怀希望地面对当下和未来，以丰富纯美的意象和隽永大气的诗风书写真情。我们可以从达尔维什的诗文中读到，在抵御外界强权入侵的同时，当今的巴勒斯坦人亟须抵抗的，是源自自我的将本体视为可悲而空洞生命之存在的消极意识。达尔维什对人性之美的不懈讴歌，对人的情感和尊严的坦诚书写，对梦想与未来的积极追求，将捍卫民族身份属性和创造“鲜活遗产”的使命提升至一个开阔宏远的人文高度。关注个体命运、人性本质，栖落于人道精神和人文情怀，也是达尔维什身份建构意识的归所。

五、结语

纵观达尔维什的诗歌，读者可发现，达尔维什逐渐从痛斥他者对自我身份的剥夺，转换为自我对身份的主观重构。他的后期诗歌在巴勒斯坦主题的基础上，更多地纳入了对个体的审视和对命运、人性、生死、反战等永恒主题的深思，为身份的构建拉伸出一个更为宽广的天地，正如他在诗作《从现在起，你不再是你》里写道："身份不是继承了什么，/而是留下了什么；/不是铭记了什么，而是创造了什么。……身份就是镜子的腐朽，/一旦镜像合我们心意，/且砸碎它！"打破陈规、书写具有多元内涵的新身份，重构一个翱翔于人文主义天际的民族身份，是达尔维什后期诗歌的重要内容。

在多元化社会中，诗歌具有参与塑造民族文化身份的力量，能够抵御他者对这一身份的冲击，抗拒剥夺民族表达自我特性的消极势力。达尔维什写道："我并不羞于自己的身份，/因为它尚在编撰之中。"这表明，民族身份是一个不断漂移和变迁的历史过程，不断增强、更新自己的民族身份，对于尚未拥有国家实体的巴勒斯坦民族而言更为迫切。达尔维什以诗性话语，为记录、拓展和捍卫巴勒斯坦人多维度的真实的民族身份属性，做出了可贵努力。

中东变局中的阿拉伯人及其身份认同的影响因素

王　玥

【摘要】在阿拉伯世界，种族、语言、宗教等族群认同的存在决定了阿拉伯国家的国家认同深受族群认同的困扰，其国家身份的建构受到了多重压力与困扰，使得当今阿拉伯国家不同程度面临着族裔群体自治乃至独立的压力与挑战。同时，受到全球化、西方民主双重标准、新兴媒体的冲击等等因素的影响，阿拉伯人的身份认同问题愈加复杂。

【关键词】中东变局；阿拉伯人；身份认同；影响因素

【作者简介】王玥，硕士，南京大学金陵学院外国语学院讲师。

一、引言

身份认同是社会学研究的基本概念之一，关于身份认同的内涵，学者们众说纷纭、见仁见智。一般认为，认同具有身份、同一性、一致、特性等含义。从社会建构的角度看，身份认同实质上指的是个体对于所属群体的一种忠诚和归属感。认同本质上是多维度的，影响认同的因素有语言、宗教、种族、民族国家、文化等多种因素。不过，从身份认同涵盖的地域范围上讲，可以将身份认同大致划分为超国家认同、次国家认同与国家认同。

但在阿拉伯世界，民族认同与国家认同的关系却远非西方经典民族主义理论所能概括。因为阿拉伯世界存在着族群认同（ethnic identity）、国家认同（identity of state）、民族认同（national identity）、宗教认同（religion identity）等多元认同。当今世界的阿拉伯民族建立了22个阿拉伯国家，这种民族与国家的关系在世界上都是独一无二的。在阿拉伯世界，族群、国家、民族、宗教多元认同的存在决定了阿拉伯国家的国家认同处在多元认同交织旋涡的中心。

在阿拉伯世界，种族、语言、宗教等族群认同的存在决定了阿拉伯国家的国家认同深受族群认同的困扰，其国家身份的建构受到了多重压力与困扰，使得现存的阿拉伯国家不同程度面临着族裔群体自治乃至独立的压力与挑战。族群认同与国家认同的冲突使阿拉伯国家的民族国家建构遭遇了挫折乃至失败，并成为影响阿拉伯国家内部冲突的主要社会文化因素。从族裔认同与民族国家认同之间的关系审视阿拉伯国家的国内冲突，其典型的冲突类型主要包括：权力分割族裔化而引发的国内冲突、权力垄断族裔化而引发的国内冲突、主体民族与少数民族族裔群体的冲突、跨界族群寻求自治与独立引发的冲突。因此，如何协调族裔认同与国家认同的矛盾，塑造出有利于国家统一与完整的国民认同，以维护和巩固国家政治合法性的社会文化基础，依然是阿拉伯国家面临的一大政治课题。

中东变局既具有突发性和持久性等特点，也具有内生性的发生根源，学界对于相关课题的研究尚处于零散状态，尽管许多学者在不同的研究领域都多少有所涉及，但是始终处于“游击”状态。“认同”这一话题在国际学界拥有极高的重视度，几乎与人文社会相关的研究领域都会多多少少提及“认同”这一概念。研究阿拉伯世界的身份认同，尤其是放在当前中东变局的背景下进行研究，具有十分重要的意义。

二、动荡的中东局势与阿拉伯人

半个多世纪以来，中东地区一直是整个世界的焦点，无论是国际关系学界、宗教学界、民族学界，抑或是政治学界，动荡中的中东局势都是学者们关注的中心。

中东问题中，最为复杂、持续最久的问题当属巴以问题，或称阿以问题。作为第二次世界大战后全世界范围内影响最为深远，持续时间最长，覆盖范围最广的冲突之一，阿以冲突时至今日仍在持续发酵，还没有任何一方能够找到有效的解决办法。和平进程的构想依然是一纸空文。

围绕阿以问题的解决，相关当事方在第二次世界大战后的半个多世纪中，一共进行过四次中东战争，还有以色列入侵黎巴嫩的战争。这其中涉事方面既有中东地区的国家如以色列和巴勒斯坦、埃及、叙利亚、约旦、黎巴嫩等，也有背后的全球性强权国家如美国、苏联、英国、法国等。

我们在研究阿拉伯人在中东变局中的身份认同问题时，无可避免地将阿拉伯人的身份认同问题与该地区复杂的宗教、民族关系密切地联系在一起。

除此之外，在第二次世界大战结束之后的一段时间内，正是第三世界国家的民族民主运动蓬勃兴起的时代，西亚和北非一系列殖民地国家发起了轰轰烈烈的反帝、反殖、反封建的民族独立运动，包括苏丹、索马里、毛里塔尼亚等国在内的非洲阿拉伯国家也经历了坎坷的身份认同的确认过程。

中东各阿拉伯国家的身份认同状况就其自身而言，各具特征。但又在总体上受到民族主义和泛阿拉伯主义或者伊斯兰主义的双重挤压，因而具有一些不稳定性和脆弱性。因为即便是在这些国家的精英群体中，他们所表现出来的国家民族主义与全社会性质的共同利益在根本上也不是完全相同的。我们需要逐一分析各国的实际情况。

（一）埃及人的身份认同

埃及是中东地区首屈一指的大国，也是古老的法老文明的发祥地。埃及人有着与生俱来的民族自豪感和优越感。埃及人既以自身的阿拉伯—伊斯兰的文化属性而骄傲，同时更以自己浓厚的古埃及文明底蕴区别于阿拉伯世界的其他国家而自豪。1798 年拿破仑乘军舰于亚历山大港登陆埃及，引起了阿拉伯世界的恐慌，这一事件普遍被认为是埃及近代史的开端，具有极其重要的里程碑意义。穆罕默德·阿里之后，埃及逐渐沦为英国的市场和半殖民地。1879 年成立的“祖国党”有力地推动了埃及的民族解放运动。祖国党的领袖艾哈迈德·奥拉比提出的“埃及是埃及人的埃及”从一个侧面验证了埃及人的国家认同及民族认同有别于同时代的泛阿拉伯主义思想。此后，萨阿德·柴鲁尔领导的华夫脱运动为埃及摆脱英国殖民主义的控制赢得了国际舆论的普遍同情和支持。但是此时在埃及国内，英国殖民主义者名义上同意埃及独立，暗地里却通过扶植腐朽的法鲁克王朝来控制埃及的经济和苏伊士运河。1952 年，埃及爆发了由自由军官组织发动的七月革命，废除了法鲁克王朝的君主立宪政体，于次年宣布成立阿拉伯埃及共和国。在这以后，由纳赛尔领导的埃及建设过程一直以泛阿拉伯主义为主线，唤醒了埃及的民族主义意识，纳赛尔一直倡导的以阿拉伯—伊斯兰文化认同为基础的民族认同超越了国家的范畴，在此后的一段时间内发展较快，但仍旧是自上而下的。在埃及，以埃及人为主体的埃及的民族国家认同仍旧占据主导地位，这一认同有别于泛阿拉伯主义。卓有成效的国家建设和在国际舞台风生水起的突出表现，使埃及人的民族自豪感在这一时期尤为突出。然而，随着 1967 年第三次中东战争的爆发和埃及最终的惨败，埃及人的身份认同再一次陷入紊乱状态。埃及人一直以来坚守的民族认同在失败的那一时期显得尤为突出，悲伤的基调蔓延整个国家。而国家认同感在这一时期开始逐渐清晰化。

（二）沙姆地区阿拉伯人的身份认同

在伊斯兰教诞生以前，沙姆地区一直是拜占庭和波斯帝国竞相争夺的富庶地带。636 年，阿拉伯穆斯林第一次占领该地区，从此该地区开始了阿拉伯—伊斯兰化的历程，不久便成为伍麦叶人经营的根据地，成为阿拉伯—伊斯兰文明的核心区域之一。

沙姆地区走出了一批伊斯兰思想理论大家，各种伊斯兰教派思想在这里交汇，并使该地区成为这些理论的试验场。

1948 年以后出现在沙姆地区的巴以问题主导了 20 世纪后半叶乃至 21 世纪初的中东，使得沙姆地区备受世人瞩目。

正是由于受到巴以冲突问题的影响，在该地区，阿拉伯民族认同问题是阿拉伯人身份认同的核心。

沙姆地区自古以来生活着许多不同的民族和操不同语言的族群，但是在伊斯兰扩张初期，阿拉伯帝国获得了打通前往西方的路上途径。而在此之前，希腊文化也对这一地区产生了一系列积极影响。因此，沙姆地区在文化归属感上也许不存在更可观的回应。

另外，巴勒斯坦问题一直是全世界关心的焦点。部分阿拉伯人生活在以色列境内，这些以色列阿拉伯人生活条件艰苦，并且在归属感和安全感两方面，都与其他阿拉伯国家有着明显不同。

2011 年以来，叙利亚陷入持续的内战之中。执政的巴沙尔家族和以美国为首的西方国家支持的叙反对派以及 ISIS 极端恐怖主义势力在叙利亚展开了难分伯仲的军事角力，难民问题持续困扰欧洲国家。叙利亚人的身份认同受到宗教、政治等因素的多重影响，叙利亚正成为该地区动荡局势的主要策源地。

（三）非洲地区阿拉伯人的身份认同

阿拉伯世界的非洲地区包括埃及、马格里布地区以及苏丹、索马里、科摩罗、毛里塔尼亚等。狭义上的阿拉伯非洲特指苏丹、索马里、毛里塔尼亚和科摩罗四个民族关系较为复杂的国家。上述四个国家在对自身的阿拉伯国家身份认同的同时，也十分重视其非洲国家身份。

首先，在民族构成上，这几个国家的阿拉伯人不占绝对多数，其次，阿拉伯—伊斯兰文化也不占绝对支配地位。以 2011 年分裂为南北两部分的苏丹为例，南苏丹人口的绝大多数为隶属于南部非洲黑色族群的非洲人，而不属于白色人种的阿拉伯人。随着这些国家对地缘政治重视程度的增加，可以预见，阿拉伯人的民族认同在这四个国家会持续弱化。

上述客观存在的现实，造成非洲阿拉伯国家在认同感上采取双重态度：一方面，参与阿拉伯国家事务，加入阿拉伯国家联盟；另一方面，上述非洲阿拉伯国家更倾向于积极参加非洲事务，融入非洲大家庭。在过去的几十年中，这几个非洲阿拉伯国家在上述问题中表现并不积极。缺乏与非洲其他国家的联系，造成多个国家处于危险边缘。最突出的例子就是南、北苏丹的分裂。

（四）海外各国阿拉伯人的身份认同

19 世纪，阿拉伯半岛仍旧处于原始的游牧部落状态，随着瓦哈比运动与沙特家族的崛起，才逐渐出现半岛重归统一的迹象。

进入 20 世纪后半叶以来，随着石油的开采和国家经济的腾飞，沙特王室以及其他几个君主国的王室采用一种以宗教先行、以阿拉伯民族统一为目标，重点维护民族国家的利益为主的复杂的认同关系。这样一种复杂的认同主张使得海湾国家在重要地区事务上采取较为保守的路线。

阿拉伯半岛是伊斯兰教的发源地，更是整个伊斯兰世界的中心地带。浓厚的宗教氛围和泛伊斯兰主义思想的深入人心使得人们在身份认同问题上采取的措施相对较为单一。

首先，半岛大多数国家都是君主制，宗教认同氛围浓烈。

其次，石油美元的滚滚流入使得先富起来的国家面临着沉重的接济穷国的任务，这属于民族认同的范畴。

另外，靠近海湾的东海岸地区还住着相当数量的什叶派居民，他们与逊尼派的王室成员有着明显的认同差异。

三、中东变局中阿拉伯人身份认同的影响因素

（一）全球化对阿拉伯人身份认同的挑战

全球化是一个产生人类交往本性且符合历史客观发展的必然趋势。但是全球化也会有它自身的两面性。就阿拉伯人而言，恰恰受全球化的负面影响所累，但究其根本原因，问题仍出在阿拉伯人自身。

单就身份认同而言，阿拉伯人在全球化过程中面临着经济、政治、文化等几乎所有领域的认同危机。

冷战结束后的二十多年里，全球化的快速发展对阿拉伯人的身份认同造成了越来越大的冲击和影响，阿拉伯人的民族认同、宗教认同、国家认同和文化认同受到多方位的挑战，各阿拉伯国家作为现代民族国家已经遭遇越来越多的冲击，在全球化的浪潮中越来越受制于国际性规则的束缚。原本自第二次世界大战结束之后兴起的反殖民运动，趋向世俗观念的民族主义思潮在一定程度上承担了凝聚人心和建设国家的重任，从精神层面讲，这种民族主义思潮就是构建“想象的共同体”的基础。但是，经历了历次中东战争的挫败和动荡之后，依赖于在冷战中依靠国家机器的力量暂时领先于伊斯兰主义或者泛阿拉伯主义的国家民族主义，却因为伊斯兰教在阿拉伯世界各国广泛的群众基础和根深蒂固的文化浸染，加之阿拉伯世界各民族国家由于各种内外因素结合而造成的先天不足，综合起来使得阿拉伯民族国家认同无法在根本上取代伊斯兰宗教认同和文化认同。现在看来，经历了中东剧变之后，全球化冲击带来的阿拉伯社会的日益强大的伊斯兰认同正变得明晰起来。

（二）西方民主双重标准的影响

西方世界为了维护自身利益，在民主道路的认定上采取双重标准。

在中东剧变的过程中，对于突尼斯、埃及、也门、利比亚以及叙利亚这几个国家，美国在权衡考量当局的政治前景以及民众诉求之后，最终采取支持反政府政治派别的立场，而对沙特和巴林两个海湾国家，美国则明显持相反立场，绝对保护执政当局的利益。这与美国在中东的利益以及其整个中东政策息息相关。

以巴林为例，美国在这次动荡中采取了双重标准的立场。据《华尔街日报》报道：“美前防长盖茨和国务卿希拉里敦促美政府加大对巴林国王的支持，同时要求巴林实施让街头示威者相信的改革计划。”奥巴马政府并未在中东变局中支持要求巴林国王下台的呼声，而是建议巴林示威者与巴林王室坐下来谈判，以求达到就关心的问题实施重大改革的目的。

相反，在利比亚，因为卡扎菲政权曾经是“反美急先锋”，美国政府采取借势推翻的政策，最终实现了目标；在叙利亚，也是因为阿萨德家族的反美传统，美国及西方世界从一开始就大张旗鼓地宣称要推翻叙政府。

探其原因，都与美国的实际国家利益相关。叙政权、利政权在国际事务和意识形态等立场上，旗帜鲜明地站在美国的对立面上，而巴林则有美国重要的战略利益，巴林是美国在中东的长期盟友，也是美国海军在海湾最重要的军事基地。正因为如此，美国对巴林的动乱明显采取了与中东其他动乱国家不同的政策。例如，联合国时任秘书长潘基文在致电巴林国王哈马德时，对其武力镇压示威者进行了警告，而奥巴马则只是在对哈马德国王的电函中表达了对局势的“深切关注”。

以美国为首的西方世界对阿拉伯剧变采取双重标准，导致阿拉伯世界的政治走势和文化构建遭遇严重的外力干扰，产生一系列负面效应，也迫使阿拉伯人在身份认同的选择上产生了诸多不确定因素。

（三）新兴媒体的影响

2010 年年底至 2011 年年初阿拉伯世界爆发持续动荡以来，以脸谱网和推特为代表的新兴网络交互式平台以及以半岛电视台为代表的阿拉伯新兴媒体对阿拉伯人的身份认同起到了独特的作用。这些新兴媒体作为信息技术革命的杰出成就，主要有以下两点表现:第一，以手机作为载体，对公众言论呈开放式包容状态，这使得变局中的政府主要反对派别和政治示威有“悄无声息”的特点，这对执政当局防范这些示威活动提出了极高的要求，使当局难以捕获信息并采取压制行动。第二，卫星电视的大范围普及和自媒体的迅速发展，使得早先爆发革命运动的突尼斯和埃及的抗议群众示威画面清晰无障碍地传遍中东乃至整个世界，从而迅速激起阿拉伯世界民众的抗议和国际舆论的压力，束缚住了动乱国家执政当局采取对策的手脚。因此，有人认为这次震荡是一场“信息化时代的民众运动”。[①]

但是，也应该看到，在这次变局之中，因为信息化时代的飞速发展而引发的改革也凸显出私人空间的缩小和个人隐私的缺失。各种门户网站和信息机构因个人用户注册时提供的信息而掌握大量的个人隐私，这种情况就像一枚定时炸弹，随时有可能引爆。而近来爆发的“维基解密”事件恰巧是这种信息化时代隐性危机的一次爆发。

半岛电视台是卡塔尔埃米尔出资于1996年创办的阿拉伯电视媒体。成立十多年来，半岛电视台秉持新闻报道的客观性立场和时事新闻的速效性，多次对中东热点问题抛出爆炸性新闻，迅速走热。在2010年年底肇始的中东剧变中，半岛电视台再一次充当了“民主急先锋的鼓号手”的角色，利用娴熟的政治新闻技法和无处不在的新闻嗅觉，一次又一次走在了全世界新闻媒体的前列。但是，我们可以看到，半岛台对新闻的视角也并非他们所宣称的公平、中立，而是带有明显的两面性。例如，在报道突尼斯、利比亚、埃及、叙利亚等国变革过程的新闻时，半岛台是绝对无条件地偏向反政府、反威权的立场，到了沙特和巴林发生群体性抗议运动时，半岛台则选择了沉默。

同时，我们也观察到，所有中东剧变的事发国家，几乎都是半开放国家，意即这些政府都选择对网络言论进行钳制，正是这样的管制带来了更大规模的抗议的爆发。互联网和手机的大范围普及，使得微博、手机短信、SNS社交平台成为新媒体的代表，这些新媒体平台演变成民众捕获信息和交流信息的最重要途径。例如，在突尼斯，失业的大学生水果小贩布瓦吉吉自焚的照片以及“维基解密”关于总统本·阿里一家的奢侈生活的解密文件通过互联网迅速传播，激化了本就尖锐的民众与政府的矛盾，最终成为中东剧变的直接导火索。而脸谱网和推特网这些新兴的社交平台也是民众发泄不满情绪的互动平台。BBC电视台制作的专题电视节目，记者对群众游行组织者进行的采访表明，大规模的“地下”沟通和组织活动正是通

① 黄民兴：《世纪震荡：阿拉伯世界政治动荡的原因和前景》，载《回族研究》，2011（3）。

过上述两家网络媒体付诸实施的。

新技术在中东剧变中的运用，帮助阿拉伯的青年一代更快更方便地获取信息，参与政治活动，间接地推动了阿拉伯人在革命中了解、熟悉和接受西方民主政治模式，但是同时，由于对世俗政权的不信任，相当一部分阿拉伯人转而支持以穆斯林兄弟会为代表的伊斯兰政治派别。

四、结语

中东地区阿拉伯各国在民族认同的建构方面有两种模型，即民族同化模型和认同多元化模型。

基本上黎巴嫩等极少数国家属于认同多元化模型，而伊拉克、沙特阿拉伯、巴林等国长期采取民族压制性的同化政策。后者往往强调主体民族或者主要宗教的利益。例如，沙特阿拉伯和巴林王室往往采取压制什叶派穆斯林的政策，这在中东动荡中表现尤为突出。

以民族同化模型而言，这些采取主体民族压制政策的国家在根本上较为重视本主体民族的文化包容力和民族硬实力，却往往忽视了少数族裔对主体民族的抗拒性，因而不断引发国内的民族矛盾，久久不能解决民族间的差异导致的纷争，这使得这些民族国家在构建国家层面的同质性文化时遇到了巨大的阻力。就历史与现实来看，多民族国家的构建一般都会遇到这些问题。

同时，受到全球化、西方民主双重标准、新兴媒体的冲击等因素的影响，阿拉伯人的身份认同问题越来越复杂。由于身份认同的多样性，阿拉伯国家也不可避免地需要面对身份认同困境带来的挑战。现在中东整个阿拉伯国家仍旧身陷动荡的旋涡之中无法脱身，但是对于这些国家的建构者以及领袖们而言，要处理好这些相互交织且有可能相互排斥的身份认同因素，思路是再清晰不过的，但道路是漫长且艰巨的。首先，培养公民主要是青年群体的国家认同感，又要合理搭配好国家内认同各要素的互动关系，使这两者形成有效的联动。其次，努力消除民族认同对国家认同的负面影响，着力实现各阶层、各身份之间的良性互动。一般认为，良性的国家认同需要有建立在合法性基础之上的强硬的政治外壳做保障，同时要有富于凝聚力的柔软的文化内核。这样的国家实体才是富有生命力和正能量的社会。但是要实现这样的架构，阿拉伯世界各国有太长的路要走。

穆罕默德·阿比德·贾比里对“遗产”解读的批判与革新

李世峻

【摘要】被视为当代阿拉伯世界最重要的思想家、哲学家和批评家之一的穆罕默德·阿比德·贾比里，摩洛哥自1952年独立以来首位获得哲学博士学位的学者。曾撰写了《阿拉伯思维批评》(丛书)、《我们与遗产》《遗产与现代性》等多部有关阿拉伯伊斯兰思想、哲学遗产的著作。在系统地对“遗产”做出界定的基础上，他对阿拉伯世界“遗产”解读领域以往出现的三类基本立场一一展开批评，并提出面对新形势、新问题的阿拉伯人在认识自身的文化遗产时所应遵循的三项基本原则。本文以作者的“批评”与“革新”为切入点，旨在分析与阐释作者眼中阿拉伯人对待自身“遗产”的正确方式，借以管窥其有关阿拉伯伊斯兰文化深邃而独到的思想和见解，为更加全面地了解当代阿拉伯伊斯兰理性主义思想提供新的角度。

【关键词】穆罕默德·阿比德·贾比里；阿拉伯伊斯兰“遗产”；赛莱菲耶自由主义；左翼思想

【作者简介】李世俊，北京外国语大学阿拉伯学院2013级硕士研究生，研究方向为阿拉伯社会文化与当代阿拉伯思想。

阿拉伯伊斯兰思想、哲学遗产有着灿烂而悠久的历史。进入近现代，面对殖民主义的进犯和欧洲文明的崛起，尽管有关复兴阿拉伯伊斯兰思想与哲学的尝试和努力屡见不鲜，却难以阻挡“质疑”和“抛弃”的论调在青年人中蔓延。另一方面，随着西方价值观与阿拉伯伊斯兰本土价值观的不断碰撞与冲突，一部分“遵古”“复古”“一切还原经典”的论调开始扩散，普通信众内心的矛盾、知识分子的身份认同危机也应势而生。这一时期的阿拉伯世界，从各类学术论坛到学府课堂，“究竟怎样解读自身的‘遗产’（Turath）”时常被作为焦点问题抛出，因其关乎阿拉伯人应选择什么样的发展道路这一重要课题。

一、对以往立场的批评

贾比里认为，阿拉伯世界“遗产”解读领域的现有主张均没有做到正确处理自身特色的传统文化，其基本解读立场仍然是意识形态的传统论调。具体而言，可将其总结为“赛莱菲耶”“自由主义”和“左翼思想”三种解读立场。

（一）赛莱菲耶的解读

“赛莱菲耶”源于阿拉伯文“السلفية”一词，其在阿拉伯语中的基本含义为“祖先”，源于中世纪的“赛莱菲耶主义”指坚持奉行伊斯兰教原初教义和信仰的宗教思潮，主张穆斯林应恪守《古兰经》和“圣训”，远离外来思想的侵蚀。[①] 现代赛莱菲耶主义兴起于20世纪50年代，并陆续以“宣教赛莱菲耶”“政治赛莱菲耶”“圣战赛莱菲耶”等流派形式发挥自身的影响。

贾比里教授笔下针对阿拉伯伊斯兰“遗产”的“赛莱菲耶”式解读，正是指以“赛莱菲耶”思想为基本立场的一类解读。这类解读兼具三种赛莱菲耶流派的思想内核，并且在当前的中东形势下更加倾向于“政治赛莱菲耶”的改革思想和“圣战赛莱菲耶”的激进思想。持有这一立场的学者奉阿拉伯古代“遗产”为神圣，排斥和抵制外来文化，视一切违背《古兰经》的文化为罪恶，认为当代阿拉伯政治和思想领域诸多问题的答案均存在于伊斯兰教的经典当中，应该通过实现经典所记录的文字来实现阿拉伯伊斯兰文化的真正

---

① 包澄章:《中东变局与萨拉菲主义的新发展》,《中东地区发展报告（2013年卷）》，北京，时事出版社，2014。

“独立”，经典所记录的一切能够解决当下所面临的一切问题，帮助穆斯林应对西方现代性带来的挑战，实现阿拉伯民族的复兴。

以“赛莱菲耶”为立场解读阿拉伯伊斯兰遗产的人不在少数。究其原因，贾比里认为除了所接受的传统教育和相对保守的成长环境以外，更重要的在于西方以“启蒙”和“殖民”的双重形象出现在他们眼中，而其“殖民性”又超越了“启蒙性”，迫使一部分阿拉伯人更加关注自身的根源性，在“维护自我”的道路上走向激进，开始盲目排斥一切与外来有关的思想。进而，贾比里对这一立场予以驳斥。首先，“赛莱菲耶”主义者眼中的“复兴”实则“复活过去的东西”（遗产），并非“创造新的东西”。贾比里指出，这一部分人所号召的“回归‘遗产’”，其本质是一种对“遗产”的“遗产式理解”，他们单纯以宗教的眼光看待历史，是一种意识形态的解读而非历史的解读。其次，“赛莱菲耶”的立场并不能引领当代阿拉伯人以积极、客观的方式解读“遗产”，也不会使“遗产”在分析当下阿拉伯思想所面临的问题时具有话语权。“遗产并不是在历史之外被一次性生产的货物，它是历史的一部分，是在我们的发展历程中出现的思想活动以及各种各样的期望”。在作者看来，“赛莱菲耶”使过去包括了未来，而非未来含有过去。因此，对待“遗产”科学的方法应该建立在两个层面：“先正确理解，再使其发挥作用。”[①] 只有这样，才能走出“赛莱菲耶”者们将过去与未来本末倒置的误区。

不可否认，“赛莱菲耶”的立场对于重振阿拉伯民族的自尊与自信有所推动。然而，和历史上的其他文明古国一样，阿拉伯民族今天的境遇又一次在提醒我们：灿烂的“遗产”（或曰历史、传统、过去）既可能成为后代取之不尽的财富，也可能成为他们实现现代复兴的包袱[②]。自中东变局发生以来，广泛分布于多个阿拉伯国家的赛莱菲耶主义力量迅速崛起，也导致中东的教派矛盾不断激化，令伊斯兰世界与西方的对立进一步扩大，激进思想传播迅速。而贾比里对于“赛莱菲耶”立场的批评至今仍然可以成为我们回应保守主义

① 穆罕默德·阿比德·贾比里：《我们与遗产》，47页，贝鲁特，阿拉伯统一研究出版社，2006。

② 薛庆国：《当代阿拉伯人的文化心态透视》，载《阿拉伯世界》，2003（2）。

和极端主义、激进主义等思想的有力武器，同时也让我国的广大穆斯林众认清各类与“赛莱菲耶”有关的宗教思想并不能够引领伊斯兰教成为真正为人类文明所接纳的中正和谐之思想。

（二）“自由主义”的解读

自由主义是一种以自由作为主要政治价值的一系列思想流派的集合。贾比里认为，在“遗产解读”领域，一些阿拉伯知识分子和学者受到当代自由主义思潮、“西方中心”论的影响，视欧洲思想为阿拉伯复兴的“救命稻草”，主张不加区别地、机械地吸收西方文化的形式和内容。以这类立场出发解读“遗产”的学者往往有两个基本点：以当代欧洲文化为中心的现在和以古希腊文化为中心的过去；与以“过去”为出发点审视当下的“赛莱菲耶”者截然相反，“自由主义者以本身所处的当下为镜看待‘遗产’，这种当下是西方的、欧洲的当下，于是他们以欧洲人的视角解读自己的‘遗产’，看到的也只有欧洲而没有其他”[①]。贾比里教授不无深刻地提出：“对于欧洲思想，应将其重新作整体解读。我们为什么不解读欧洲人的思维？并不是站在‘阿拉伯伊斯兰中心’论的视角上去解读，而应该在脱离‘欧洲中心’论的基础上对其思维进行批评的解读，这是我们每一个人都应该去做的。”[②]

贾比里教授的这一论述，十分有力地回应了“自由和民主是引领阿拉伯世界走向复兴的金钥匙”等言论。在阿拉伯世界，“民主是解决之道”一说近年来颇为盛行，这种说法在具有自由主义倾向的知识分子中尤其有市场。[③] 而贾比里教授则极为深刻地点破此类观点的本质与“赛莱菲耶”殊途同归，均是一种机械、教条而不切实际的“模仿”。

显然，“自由主义”思想在作者看来也并非“遗产”解读的正确立场。

---

① 穆罕默德·阿比德·贾比里：《我们与遗产》，9页，贝鲁特，阿拉伯统一研究出版社，2006。

② 阿卜杜拉·依莱希·巴勒卡齐兹：《伊斯兰与现代性与政治社会》，26页，贝鲁特，阿拉伯统一研究出版社，2004。

③ 薛庆国：《转型阿拉伯国家的社会文化思潮》，见《中东地区发展报告（2013年卷）》，北京，时事出版社，2014。

（三）“左翼思想”的解读

阿拉伯人了解马克思主义，开始于19世纪末20世纪初。当时，有不少阿拉伯知识分子抵达英国、法国等欧洲国家留学，在了解欧洲各类思潮的同时也了解到马克思主义学说。然而，他们对马克思主义的认识仍停留在非常初级的水平上。[①] 20世纪中期以后，出于对资产阶级生活方式的厌恶、对社会现实的不满，一部分阿拉伯知识分子到马克思主义中去寻找出路，也使马克思主义学说在阿拉伯世界得到广泛传播。[②] 所以，这一时期出现了一批用历史唯物主义原理研究哲学史（遗产）的学者，他们主张将历史唯物主义方法论运用到认识阿拉伯伊斯兰遗产、处理“遗产”与“现代性”关系中代表人物有叙利亚的塔伊布·提赞尼、摩洛哥的阿卜杜勒·阿拉维等。然而，由于脱离阿拉伯现实、拘泥于僵化的意识形态，“马克思主义阿拉伯化”的美好希冀并没有得以实现。

“阿拉伯左翼”思想的误区在于他们忽略了这些欧洲的马克思主义者是在努力解读欧洲人自己的历史和文化[③]，而“阿拉伯左翼”学者们则只是机械地模仿和教条地运用，并没有从阿拉伯伊斯兰文化的实际情况出发。应该看到，贾比里教授并不曾对“历史唯物主义”本身进行批评，其批评的焦点在于这一科学方法论在阿拉伯思想界被实践的过程和方式。借用摩洛哥当代学者穆罕默德·马斯巴赫的话说，是“将欧洲的唯物主义思想强制粘贴在不同于欧洲的政治与文化历史上”。[④] 同时，马斯巴赫也认为，“贾比里并不反对历史唯物主义的启发性，也不否认将哲学史视为理性主义与非理性主义的斗争史的正确性；贾比里想要做的，是在发展中使这一科学方法论与阿拉伯伊斯兰文化的历史特点相适应”。[⑤]

---

① 蔡德贵：《当代伊斯兰—阿拉伯哲学研究》，北京，人民出版社，2001。
② 蔡德贵：《当代伊斯兰阿拉伯社会思潮评析》，载《北京大学学报》，1998（1）。
③ 穆罕默德·达希：《遗产与现代性——穆罕默德·阿比德·贾比里思想体系研究》，94页，贝鲁特，阿拉伯统一出版社，2012。
④ 卡迈勒·阿卜杜勒·拉提夫：《遗产与复兴》，184页，贝鲁特，阿拉伯统一研究出版社，2005。
⑤ 卡迈勒·阿卜杜勒·拉提夫：《遗产与复兴》，184页，贝鲁特，阿拉伯统一研究出版社，2005。

如蔡德贵先生在其《当代伊斯兰阿拉伯哲学研究》中认为：“马克思主义之所以被接受（在阿拉伯世界），不是以传统的马克思主义政党的形式，而是作为理解和估价社会过渡的新途径和方法被接受，他们不大注意用归纳法和在实地搜集以经验为根据的证据来分析其社会和经济的结构，他们依靠辩证唯物主义笼统的演绎的假设前提。”①

在贾比里教授看来，无论“赛莱菲耶”“自由主义”或“阿拉伯的左翼思想”对“遗产”的解读，其本质都是一种“赛莱菲耶式”的解读：他 们均试图依靠已有的文字和理论解决早已“时移世易”的现实问题，妄图在自身或外来的思想文化中找寻并机械、教条地照搬一些现成的“答案”或“方法”来解决自身的问题。这些解读立场都不足以引领当代阿拉伯人实现阿拉伯现代化和民族的复兴。

二、对革新原则的阐释

（一）摆脱对“遗产”的“遗产式理解”

贾比里认为，在当代阿拉伯思想的范畴下解读阿拉伯伊斯兰遗产，首要原则是摆脱对“遗产”的“遗产式理解”，即“在解读‘遗产’的过程中脱身于‘遗产’的泥沙”②。在贾比里教授眼中，这些“泥沙”中最难以被摆脱的，正是“类比”的思维方式。无论“赛莱菲耶”还是“自由主义”等，其思维方式的实质均为一种机械、僵硬的“类比”，尤其表现在忽略其时代背景和具体环境及对前人制定的标准、框架进行教条式的套用。这类没有跳出“遗产”本身，旨在对业已存在的方法和模式进行“模仿”的解读均可被称为“遗产式解读”。贾比里认为，当代阿拉伯思想所仍然存在的“类比”机制和思维方法将导致“时间”和“发展”的缺失，时间在这里以一种静止的状态呈现于“遗产”面前，进而导致解读“遗产”的主体与“遗

① 蔡德贵：《当代伊斯兰—阿拉伯哲学研究》，北京，人民出版社，2001。
② 穆罕默德·阿比德·贾比里：《我们与遗产》，21页，贝鲁特，阿拉伯统一研究出版社，2006。

产”本身（客体）难以区别，本末倒置。这是一种非历史的和毫不具备客观性的思维方式。

在认识论层面，为何说“遗产式理解”可以被摆脱？贾比里适时将“认识论的断裂”理论[①]引入“遗产”解读，将这种“脱离”形容为“认识论的脱离”。他认为，在当代阿拉伯思想中运用“认识论的断裂”理论解读“遗产”，与那些号召将“遗产”丢弃于博物馆并与之断绝往来的学说绝不相同。这种机械的“断绝”是一种非科学、非历史的立场，其本身就属于“遗产泥沙”的一部分。“认识论的断裂”强调“理性”的作用，以产生新的认识为目的。在某一知识领域内，知识本身可以不变，但对待这门知识的方法以及思维工具却可以变化和发展。当这种变化不断深入，乃至达到一种“不可逆转”的节点（即无法回到过去老路的程度），就与“遗产”发生“认识论的断裂”[②]。作者解释说：“与‘遗产’的断裂绝不是与其本身断绝关系，而是改变我们与‘遗产’间的传统关系，使我们由‘遗产的支配物’转变为‘遗产的支配者’”。所以，贾比里教授所提倡的与“遗产”“认识论断裂”并非通常意义上的“脱离”，而是一种以全新的、理性的思维方式为工具，以实现由“被‘遗产’支配”到“支配‘遗产’”的上升为目的，以提出新的理论解决新的问题为宗旨的“断层”和“脱离”。

（二）“读物”与“读者”的分离

贾比里所提出的“遗产”解读第二项原则是“读者”与“读物”（指“遗产”）的分离，即在“客观”的前提下在“批评”中解读“遗产”。

首先，多数作为“读者”的阿拉伯人自出生以来就把“遗产”作为只言片语、理念、思维、科学乃至真理等进行接收，所有这些都与“批评的精神”相去甚远。他们通过“遗产”本身并用“遗产”方式进行思考，以求从中获益。于是，这样的“思考”实则蜕变成

① 由法国哲学家巴什拉创立的哲学原理，后被哲学家阿尔都塞进一步发展。

② 穆罕默德·阿比德·贾比里：《我们与遗产》，20页，贝鲁特，阿拉伯统一研究出版社，2006。

为一种“回忆”[①]。作者的言下之意，是以“赛莱菲耶”主义者为代表的阿拉伯读者们对“遗产”的传统解读方式缺乏质疑和批评的声音，以至于他们在思考时除了求助于“遗产”本身并无其他方法。这实质上是“回忆”的思维方式并不是真正的探究和理解。“这类读者在阅读经典时只搜寻那些对自己有用的言语，看到了部分却忽略了其他；他们又将部分从整体中割裂开来，使其脱离了原本的历史背景；他们所做的是在经典中找寻自己的利益，而非真正对经典的解读[②]”。

笔者认为，不应将作者笔下的“读物”单纯地理解为阿拉伯伊斯兰遗产，其指代的是一切可以被研究、被认识的思想和文化。例如，同时被视为“济世良方”和“洪水猛兽”的西方思想也是“读物”的一部分，正如贾比里在其《阿拉伯当代思想问题》一书中所指出的：“与西方思想和文化相分离，其实质应为‘批评地对待’，即把它放在西方自身的历史背景下进行对待，了解它得以进步的基础，努力使其能在我们的文化土壤中生根发芽。在今天看来，其‘进步’的基础正是‘理性’和‘批评的精神’。”[③]

（三）“读者”与“读物”的联系

“读物”与“读者”的分离并不是解读“遗产”的最终目的。在贾比里看来，在实现“分离”的基础上，“读者”与“读物”的联系成为可能，也成为“读者”对“遗产”的解读由“感性认识”上升为“理性认识”不可或缺的关键。

作者在《我们与遗产》中作出了解释，“遗产”并不仅仅是历史和社会的产物，它也是许多投身社会的人们共同付出的结果。而他们之所以能取得成果，恰恰是因为摆脱了历史和社会的束缚。然而，这些“成果”并不会自动、直接地向前推进——来自社会物质和精

① 穆罕默德·阿比德·贾比里：《我们与遗产》，22页，贝鲁特，阿拉伯统一研究出版社，2006。

② 穆罕默德·阿比德·贾比里：《我们与遗产》，22、23页，贝鲁特，阿拉伯统一研究出版社，2006。

③ 穆罕默德·阿比德·贾比里：《阿拉伯当代思想问题》，44页，贝鲁特，阿拉伯统一研究出版社，2010。

神两个层面的“审查”使那些带有自由、反叛色彩的预期性、前瞻性的“成果”无法直接、全面地进行自我认知，从而导致它们始终在固有的表达方式和思维方法中原地运动①。这里，作者揭示了“读者”之所以能够与“读物”联系的两个内在原因，即“遗产”本身也是由人创造的，而人往往只有在突破社会和历史禁锢的前提下才能取得堪为历史所记录的成果；但是，在社会历史前进的过程中，原有的“成果”不可避免地陷入社会和历史的牢笼，它很难依靠自己取得新的突破，只有在原地停留，在发挥作用的同时等待被重新发掘、重新创造，从而使自身在不断向前发展的同时也持续地为社会历史的前进做出贡献。

那么，“遗产”中什么样的“成果”符合作者笔下带有“预期性”“前瞻性”的标准？换言之，什么样的“读物”值得“读者”与其再联系，值得在今天的时代背景下使其再度发挥功效？在作者看来，“理性”和“批评的精神”是这类“成果”的共同标签。贾比里在重新审视和研读阿拉伯伊斯兰哲学史的基础上，对阿拉伯伊斯兰哲学“遗产”进行了系统的归类。其中，作者对中世纪数位古代阿拉伯哲学家思想的再解读使其读者们将关注的眼光从西方现代性移回自身的“遗产”。作者在其多部著作中以及各类场合下都反复提到：“那些对阿拉伯人的今天和未来有益，并且应该重新发挥功效的‘读物’，正是哲学和历史范畴内伊本·路世德的‘理性主义’以及伊本·赫勒敦的‘现实主义’哲学”。“阿拉伯伊斯兰遗产中得以延续至今并能够与我们在今天的时代共处的代表只有‘路世德主义’”；“路世德主义”之于当代，恰如古希腊哲学思想之于伊本·路世德所处的中世纪。作者认为，“路世德主义”最为显著的特点，在于其运用“批评的理性”超脱了“以缺席者衡量亲历者”的固有思维方法，并对宗教和哲学进行了融合。

① 穆罕默德·阿比德·贾比里：《我们与遗产》，25页，贝鲁特，阿拉伯统一研究出版社，2006。

三、结语

在贾比里看来，当代阿拉伯世界对“遗产”业已存在的三种解读立场（“赛莱菲耶”的解读、“自由主义”的解读、“左翼思想”的解读）均属于“赛莱菲耶”模式的解读。其共同点，在于建立在同一种思维模式的基础上——“以缺席者衡量亲历者[①]”，即以“前人”的标准评判今天的人和事，以“先辈”的方法解决今天的困难和问题。它们均没有跳出意识形态和利益的束缚，没有把“遗产”解读真正放在认识论的框架内进行研究和讨论。

贾比里所提出的“摆脱对‘遗产’的遗产式理解”是在“认识论的断裂”基础上对“遗产”进行“解构”（分离）和“重构”（联系）的前提。“分离”并不是与“遗产”本身断绝往来，而是以新的思维方式代替旧的思维模型，在解读“遗产”的过程中激发真正的“革新”，找回阿拉伯人在中世纪就曾拥有却在“中衰”时代以后极为欠缺的“批评的精神”，其目的是使当代阿拉伯人在思想、政治以及日常生活中将“遗产”去权威化。“读者”与“读物”的联系，是“分离”的真正目的。以“路世德主义”为代表的阿拉伯伊斯兰中世纪哲学思想瑰宝充分证明“遗产”的宝库中藏有值得当代阿拉伯“读者”与其联系的“读物”，这种联系自然应该建立在“批评的理性”的基础上。联系的实质是让“读者”在理性的基础上实现对“遗产”的再权威化，让“读者”真正成为“遗产”的支配人，真正实现“自我”的独立。可见，对当代阿拉伯读者而言，客观与理性以及批评的精神是建立民族自信，汲取发展经验，避免走向极端的关键所在。

---

① 穆罕默德·阿比德·贾比里：《我们与遗产》，17页，贝鲁特，阿拉伯统一研究出版社，2006。

埃及总统塞西公开演讲词中的人称指示语语用分析

——以第 70 届联合国大会一般性辩论讲话为例

孟炳君

【摘要】指示语是语用学研究中的一个重要课题。本文以 2015 年埃及总统塞西在第 70 届联合国大会一般性辩论上发表的政治演讲语篇为例依据语用学对人称指示语的分类，探讨各类指示语的主要话语形式，揭示其指示信息和指示意义，并结合具体语境总结和分析语篇中人称指示语的使用特征，揭示其演讲意图和言语交际目的。

【关键词】指示语；人称；特征

【作者简介】孟炳君，北京外国语大学阿拉伯学院 2013 级博士研究生，北京扎耶德阿拉伯语与伊斯兰文化研究中心助理研究员，主要研究方向为阿拉伯语语言学。

一、引言

指示语是语用学研究中的一个重要课题。依据交际中的所指信息，指示语分为人称指示语、时间指示语、地点/空间指示语、话语指示语和社交指示语。[①] 指示语的选择、使用和理解离不开言语行为发生的具体语境，阐释指示现象以及具体语境条件下的指示功能。

政治人物的公众演讲是一种典型的政治语篇，具有政治观点明

---

① 冉永平：《指示语选择的语用视点、语用移情与离情》，载《外语教学与研究》，2007（5）。

确、劝服性、多目的性等特点[①]，演讲者通常针对“国家内政事务和对外关系，表明立场、阐明观点、宣传主张”。[②]在言语交际中，即政治演讲实际发生的过程中，演讲者处于主导地位，大多数情况下为单方面的语言输出。为了更加顺利地实现交际目的，达到与演讲受众之间的沟通和交流，使其接受演讲者的思想和观点，达到期望的劝服性目的，演讲者需要根据演讲场合、主题、目的的不同而细心选择语言的组织和表达方式，人称指示语的选择和使用便是其中的一项主要内容。在政治演讲语篇中，人称指示语的指示对象是不确定的，是会随时发生改变的，需要听话人结合语境，在理解话语时对人称指示语做出相应的变换，这样才能准确理解说话人的意图，抓住语篇的“弦外之音”。

2015年9月28日，埃及总统塞西在第70届联合国大会一般性辩论上发表讲话。该讲话以现实关切导向为行文脉络，语篇以重申新苏伊士运河开通的重要意义起始？过渡到语篇的核心议题——极端势力问题，阐释了极端势力的邪恶本质？对地区局势的危害和埃及做出的努力以及如何消除极端势力；最后指出，实现国家稳定和全面发展的目标，不仅需要消除极端势力，同时，埃及正在进行的变革和复兴也是该目标实现的必要条件。

本文以该政治演讲语篇为例，依据语用学对人称指示语的分类，探讨各类指示语的主要话语形式，揭示其指示信息和指示意义，并结合具体语境总结和分析语篇中人称指示语的使用特征，揭示其演讲意图和言语交际目的。

二、演讲语篇人称指示语的分类研究

人称指示语在政治人物的公开演讲词中有着重要的作用。它的使用在一定程度上反映了人际关系的亲疏，体现了演讲人的地位、身份等客观因素。根据语境和交际目的的不同，演讲人可以选择并

① 汪少华：《美国政治语篇的隐喻学分析——以布什和奥巴马的演讲为例》，载《外语与外语教学》，2011（4）。
② 李元授、邹昆山：《演讲学》，29页，武汉，华中科技大学出版社，2003。

使用不同的人称指示语，维持或改变语用距离，最终实现演讲人的演讲意图。

语用学认为，人称指示语是指在具体的言语交际中用来表示说话人、听话人或第三者的词语或话语结构[①]。语法上的人称代词是最基本、最常用的人称指示语，一般情况下，人称代词指示的对象以及指称关系是确定的，如“我”指说话人，“你们”指听话人，且复指多个听话人。这种情况下，人称代词作为人称指示语其词汇语义和语用含义基本重合，属于人称指示语的常规用法。但在具体的语境中，我们看到更多的则是人称指示语的非常规选择和由此产生的不同语用含义和语用功能。其具体表现在例如人称代词之间的换称，用“我们”指示说话人“我”或使用“你”表示任何人，即在场或不在场的听话人，所指具有一定模糊性。这种情况下，指示语和各自所指之间的现实对应关系，并没有遵守一定量（单数或复数）和质（性别、人或非人）的准则，这就是人称指示语的非常规用法。[②]除此之外，充当人称指示语的绝不局限在人称代词上，在特定的语境中，专有名词、称谓语、名词性短语、非正式用语等各种话语结构都可以直接或间接地表现出其包含的指示信息，具有相应的语用指示功能。

人称指示语可分为三类：第一人称指示语、第二人称指示语、第三人称指示语。[③]本节将分别讨论各类指示语的主要话语形式，揭示其指示信息和指示意义，讨论具体语境下指示语的语用功能。

（一）第一人称指示语

在政治演讲语篇中，第一人称指示语使用广泛，其指示对象通常是不确定的、多变的，既可以只表示说话人一方（不包括谈话对方），也可以包括谈话对方。指示对象的变换并非仅受语法、句法规定的制约，也取决于具体的语境条件和言语交际意图。

语篇中，第一人称指示语共出现35次，其中单指指示语“我”12

① 何自然、冉永平：《新编语用学概论》，33页，北京，北京大学出版社，2010。
② 杜小红：《人称指示语的非常规选择及其语用探析》，载《山东外语教学》，2003（2）。
③ 何自然，冉永平：《新编语用学概论》，32~33页，北京，北京大学出版社，2010。

次，复指指示语“我们”23次。从语言表现形式来看，有独立主格人称代词，如نحن；属格结尾人称代词，如إنّني，مسؤوليتنا；内含人称代词，如نأمل，أعلن，均属于直接指示形式。不同的语用结构会造成不同的语用功能，在分析各自的语用功能和交际目的时，需要结合语言语境即语言结构的使用搭配和非语言语境如说话人的身份、交际场合等共同解读。

语篇中，单指指示语“我”的指示对象确定，为说话人本人，即总统塞西。指示语搭配的多为现在式动词，包括“我强调”，“我相信”，“我宣布”，“我认为”，“我提醒”，“我指出”等。可以看出，这些动词的使用是符合说话人“我”作为国家元首，即一个国家在实质上或形式上的对内对外最高代表的身份和地位的，体现了其在国际会议或重要的外交场合中，行使发布、宣传等权利，以此展现国家形象，介绍国家理念，阐述国家立场。

复指指示语“我们”在语篇中的所指对象则是不断变换的，可总结为三种：

“我们”指代说话人和在场所有听话人，如：

...نتوقف عنده هو مغزى ما تحقق على أرض مصر...

译文：我们要（谈论）的是埃及土地上实现的这些成就（主要指新苏伊士运河的开通）（所体现）的深刻含义。

“我们”表示全世界的人民，如：

...إنما نحارب نفس العدوّ...ونواجه ذات الخطر.

译文：我们对抗同一个敌人，我们面临相同的危险。

“我们”指示埃及政府，如：

...فإننا عازمون على استكمالها رغم ما نواجهه من عقبات...

译文：无论面临怎样的障碍，我们都决心走完这条路（实现现代化国家的漫长征程）。

或：

...أن نسعى إلى اجتذاب طاقات الشباب الخلاقة بعيدا عن المتطرفين وأفكارهم...

译文：我们努力吸纳青年们的创造能力，让他们远离极端分子和极端思想。

比较上述三种指示对象，可以发现，使用“我们”指代埃及政府或埃及当局的情况较多，并同表示愿望、责任、义务等词汇或话语结构连用。从说话人角度来看，总统塞西使用“我们”，表明其将自己作为政府行政机构中的一员，并在国际场合代表政府发声，做出承诺，也彰显了他愿意同政府一道承担责任，共同履行义务的决心，体现了演讲人的情感倾向。指示词“我们”的使用也符合总统作为政府行政部门的主管和政府对外代表的身份要求。从听话人的角度出发，总统塞西使用“我们”向公众介绍埃及政府的发展规划和承诺，展现了一个有决心、能担当的政府形象，其言论和行为也更具说服力和公信力。

（二）第二人称指示语

第二人称指示语是用以表示听话人的话语形式，是说话人希望与之交流的对象，是信息传递的所指对象，听话人可以不在场，或不一定存在。① 但在演讲这类言语交际行为中，更多的是现场指示，即听话人在场，且所指范围明确。

在该语篇中，第二人称指示语的使用情况如下：

原文	译文	出现次数
السيدات والسادة	女士们，先生们	7
لعلكم (تتّفقون معي) ②	也许你们（会同意我）	2
(أثق) أنّكم (تدركونها)	（我相信）你们（都明白）	1
اسمحوا (لي)	请你们允许（我）	1
(إنّ) ثقتَكم	你们的信心	1

语篇中，第二人称指示语出现 12 次，指示对象确定，均为在场听众，即现场所指。从指示语的语言形式来看，有称谓名词、属格

① 何自然、冉永平：《新编语用学概论》，35 页，北京，北京大学出版社，2010。

② 动词تتفقون和تدركونها中分别内含了第二人称代词复指，即你们，这是语法对动词使用需要有性数变化要求的具体体现。由于两个动词前已出现其他明确指示人称的语言结构，故不再重复计数。

③ 具体论述请参看窦卫霖：《中美官方话语的比较研究》，119~121 页，上海，上海外语教育出版社，2011。

接尾人称代词、内含人称代词三种。若进一步归类，可分为间接指示形式（称谓名词）和直接指示形式（属格接尾人称代词、内含人称代词）。

使用称谓语“女士们、先生们”来指示在场听话人，这是正式场合中的惯常做法，一方面以示对听众的尊重，另一方面唤起听众的注意力，倾听说话人即将表达的内容。窦卫霖教授发现，中方领导人的演讲中，会使用“女士们、先生们”等称谓语作为语篇主要话题的分割。[③]在总统塞西的这篇演讲中，我们同样也发现了称谓语在语篇结构中的这个作用。语篇中共使用了 7 次称谓语，其后接入的话题分别是开通新苏伊士运河的意义、极端势力的本质、极端势力对利比亚和叙利亚局势的影响、极端势力对其他地区问题的消极影响、遏制极端势力必须首先和平解决巴勒斯坦问题、实现国家稳定和发展还需要其他必要条件、回顾埃及历史及重申决心。可以说，称谓语在语篇中起到了开启新话题的作用，并依据话题的重要程度，会适时插入称谓语，以引起听众的重视。例如，讨论极端势力对地区的危害时，使用称谓语将该话题分成极端势力对利比亚和叙利亚局势的危害，极端势力对也门、伊拉克、难民危机的消极影响两个分话题，凸显了利比亚和叙利亚危机的严重性和解决该难题的紧迫性和重要性，这也符合埃及的利益关切。

（三）第三人称指示语

第三人称指示语用来指代除说话人和听话人以外所涉及的第三者。关于第三人称指示语的研究，一般集中在指示语的非常规选择上，如使用第三人称代词或专有名词、称谓语等借指说话人或听话人。[①]

语篇中，第三人称指示语的使用频率最高，共出现56次，均指代除说话人和听话人以外的不在场的第三者，但指示对象不一。例如，其中指代极端分子（المتطرفون）的指示语共有27个，指示埃及人

① 何自然、冉永平：《新编语用学概论》，38~39 页，北京，北京大学出版社，2010。

民（المصريون）的共有8个，指示穆斯林（مسلمون）、难民（اللاجئون）、青年（الشباب）的分别为6个、3个、3个。通过判断指示对象及其指示语出现的频率高低，可以在一定程度上推断语篇中的内容倾向和话题侧重。在该演讲词中，指示极端分子的指示语出现的数量明显多于其他指示对象，属于高频词，是语篇的核心词汇之一，与其相关的内容正是总统塞西这篇公开演讲的重点议题。

由于篇幅有限，我们仅分析指示极端分子的指示语的语言形式、使用特征和指示功能。指示极端分子的第三人称指示词共出现27次，语言形式多样，包括独立主格人称代词هؤلاء；属格接尾人称代词，如أغراضهم，إنكارهم；关系代词，如من，الذين；内含人称代词，如يروجون，يتناسون。值得一提的是，还选用了其他名词性词组来指代同一个对象，如使用القلة القليلة（极少数人）以及同其形式上性数一致的人称代词هي，属格接尾人称代词ها来指示极端分子。从指示语的语言形式上看，直接表现形式如属格接尾人称代词，或内含人称代词仍占多数，如：

...من شأنها أن تهدم كل دعاوى المتطرفين على اختلاف دياناتهم ومذاهبهم...لا سيما هؤلاء الذين يدعون أنهم وحدهم من يملكون الحق في تفسير الإسلام...ويتناسون أن ما يروجون له ليس إلا تفسيرهم المغرض للدين الذي لا يمكن أن يكون هو الإسلام بسماحته وعدله ورحمته...

译文：它（这个真理）足以摧毁各派别极端分子的言之凿凿，特别是那些佯称他们自己是唯一有权阐释伊斯兰教的人们，他们假意忘记，他们鼓吹的，不过是对宗教偏颇的解释，只有具备了宽容、公正、仁爱，才是真正的伊斯兰教。

上述语句中连续出现了以属格接尾人称代词第三人称复数هم和内含人称代词为主的指代极端分子的指示语。一系列“他们”的使用，强化了“他们”与“我们”之间的差异，即两个相区别、相异的群体。通常来说，人类会将自己以外的人或世界范畴化，以自己及自己所拥有的、具备的品质作为划分不同群体的标准，形成“我们”和“他们”的二分认知模式。Lakoff曾指出，“从认知的角度看，‘we’是在发布‘消息’，而第三人称指示语‘they’则在‘宣传蛊惑’中使用比较频繁”。① 塞西的演讲中，反复出现指示词“他们”并结合对“他们”的特征、属性的描述。这样的表达方式，首先将自己代表的埃及以及其他穆斯林国家穆斯林同“他们”做了分离，表明“我们”同“他们”是不同的群体，不具备任何相同的或相似的属性，突出“他们”的相异性。其次，这种描述的目的还在于进一步揭露极端分子的真实面目和其行为的邪恶之处，让在场或不在场的听话人了解事实真相，同时利用指示词的重复，不断强化听话人对“他们”的形象认知，起到了宣传作用。

三、演讲词中人称指示语的使用特征

（一）较多使用第三人称和第一人称指示语

该演讲语篇中较多地使用了第三人称指示语和第一人称指示语。第三人称指示语使用频繁，表明该演讲语篇是以分析现象和阐释问题为基本内容，以期完成介绍和宣传的目的，唤起听话人的关注和认同。该演讲目的的确立，同埃及面临的国内外局势及其在地区和国际事务中的地位和身份相一致。埃及作为地区性大国，其在国际性的外交场合中，有责任和义务代表地区国家、代表伊斯兰国家发声，透过自己的阐述，进一步消除因极端势力和恐怖主义给埃及以及整个地区乃至伊斯兰教带来的误解，不断恢复国家和地区的本来面貌，揭露极端势力的本质，呼吁国际社会了解真相，寻求更广泛的理解和支持。

同时，语篇中也较多地使用了第一人称指示语。在一般的政治演讲语篇中，演讲人通常都要表达自己的主张、观点和见解，完成宣传的目的，该演讲语篇也不例外。从国家自身发展来看，埃及正在进行一系列的改革和发展措施，积极谋求社会稳定和国家的振兴。总统塞西使用第一人称指示语，不仅介绍埃及已经取得的各方面成

① 谢华、张琳:《第一人称指示语的使用及其语用分析——以希拉里和奥巴马的演讲词为例》，载《南昌航空大学学报》（社会科学版），2012（3）。

就和进步，更积极承诺政府即将采取的发展规划，展现了一个积极行动、不断前行的政府形象，为听众展现了埃及未来发展的无限可能，提振国际社会对埃的信心。

（二）人称指示对象的转换有较为明确的语言标示

该特征主要体现在指示对象和指示信息较为复杂的第一人称指示语复指“我们”和第三人称指示语复指“他们”上。阿拉伯语语法要求，相邻语境中，若同一个名词第二次出现，可以使用与其性数一致的人称代词替代。这种形式上的前后一致，可以让我们在上下文中找到人称代词所指示的具体对象，准确把握语义。同时，在一些情况下，指示语出现的语言语境中，存在较为明确的语言结构或语言提示，可以帮助我们理解指示语在该语境条件下的所指信息。

例如：

...حتى يقتنع العالم أننا جميعا...مسلمين وغير مسلمين...إنما نحارب نفس العدوّ...ونواجه ذات الخطر.

译文：……才能让世界相信，我们所有人，穆斯林和非穆斯林，我们对抗同一个敌人，我们面临相同的危险。

“穆斯林和非穆斯林”的表达出现在人称指示语“我们”之后，其作用是更具体、更清晰的解释指示语的含义和所指。从语义上看，这里的“我们”由两部分群体构成，其划分的依据为是否信仰伊斯兰教；从语用角度看，说话人利用这一表达实则指代世界上的所有人，并暗示“我们”之间是平等的，“我们”是一个整体，“我们”要共同打击的对象是蔓延全球的极端势力和恐怖主义。总统塞西特别以是否信仰伊斯兰教为划分人群的标准，正是由于世界上的很多国家和人民，将穆斯林与极端势力和恐怖主义画上等号，错误地将穆斯林和极端势力共同作为打击的对象，极大地损坏了伊斯兰教、伊斯兰教国家和全球穆斯林的声誉与形象。因此，将穆斯林和非穆斯林并列，以重申穆斯林同样也是极端势力和恐怖主义的受害者，消除对阿拉伯民族和伊斯兰教的误解。同时，塞西在该语句中首先强调了具有整体性的“我们”，其次才对该已知信息做出解释，这表明其有意模糊以宗教信仰来划分人类群体的意识形态。在上述例句中，说话人连用两个内含了人称代词“我们”的现在式动词，听话人结合语境，可以很容易地确定这里的“我们”所指示的仍然为全世界人民，理解并接受说话人所传达的信息，即抗击极端势力、面对极端势力，应该成为所有国家和人民的共同责任。

（三）善用语用移情策略

政治演讲具有较强的目的性，演讲人通过演讲表达真情实感，或阐明一个事理，从而影响或感染受众，完成有效的交际行为。为了实现这个目的，演讲人会调动各种积极有效的语言的或非语言的演讲策略，语用移情就属于语言策略的一种。语用移情指的是，在特定的语境条件下，交际双方中的说话人需要从对方的视角考虑问题，或从对方的心理或情感需要角度出发，理解并满足对方的要求，其目的在于实现交际双方的情感趋同，缩短彼此的心理距离，实现所期待的交际效果。①

语篇中，实现语用移情的手段主要有两种，集中在第一人称指示语的使用和理解上。第一种是将听话人引入说话人一方的语境中，如“也许你们会同意我（的观点）……”“我相信你们都会明白……”“请你们允许我……”。这些表达的共同点是，说话人主动在“我”和“你们”之间确立了某种关联，邀请听话人参与到说话人存在的或创建的话语语境中。这种表达不仅强化了听话人的参与感，增强了说话人和听话人的直接对话意识和效用，也拉近了双方的心理距离，增加了交际过程的亲切感，更易于听话人对说话人表达的信息和观点的接受，达成共识。第二种是演讲者将自己和听众，同时引入同一个语境中。例如，总统塞西使用“我们”来指代全世界的人民，将说话人、在场或不在场的听话人同时拉入一个关切所有人利益的语境中，共同了解极端势力升级地区矛盾、引发地区危机的本质，强调世界各国协力抗击极端势力的重要性。

① 冉永平：《指示语选择的语用视点、语用移情与离情》，载《外语教学与研究》，2007（5）。

四、结语

本文以埃及总统塞西第70届联合国大会一般性辩论讲话为例，依据语用学对人称指示语的分析方法，分别探讨了第一人称指示语、第二人称指示语、第三人称指示语三类指示语的主要话语形式，揭示其指示对象和指示信息，讨论了具体语境条件下各类指示语的语用功能；并在此分析的基础上，总结了语篇中人称指示语使用的三个特征，分别为较多使用第三人称和第一人称指示语、人称指示对象的转换有较为明确的语言标示、善用语用移情策略，阐释了特征形成的原因以及实现的言语交际目的。通过上文的分析，我们可以发现，很多语言结构或语言形式都涉及字面以外的指示信息，具有一定的指示功能，这说明“指示及指示性是自然语言固有的、不可避免的特性”[①]。人称指示语不仅体现了交际各方之间的人际关系，也涉及了说话人的态度、观点和话语意图，准确把握这些内容，才能够实现完整的、顺畅的交际行为。

① 何自然、冉永平:《新编语用学概论》，北京，北京大学出版社，2010。

记忆的余韵

——中阿影视交流60年

陆孝修

【摘要】中阿建交60年以来，双边的影视交流随着外交关系的不断开展而逐渐深入。为促进中国与阿拉伯国家的影视交流，我们互办电影周，放映并引进阿拉伯国家不同题材的优秀影视作品；在五大洲设立电影代表处和参加电影节；和演员交流互访等方式。同时，我国也向阿拉伯国家输出了《金太郎的幸福生活》《媳妇的美好时代》《父母爱情》等反应当代中国生活的影视作品，受到阿拉伯观众的广泛好评。

【关键词】影视交流；埃及电影；电影节

【作者简介】陆孝修，曾任中国电影集团公司译审，研究方向为阿拉伯文学。

2016年正值中埃建交一甲子，也是中国和阿拉伯各国开展外交关系六十周年，六十年来中阿之间的影视交流也是随着外交关系的不断开展而走向深入。1951年成立的全国性的中国电影发行放映公司（“文化大革命”后更名为中国电影发行放映输出输入公司、中影集团电影进出口分公司）并承担了国内的发行放映和国际性的电影文化交流活动以及进出口工作。

一、与长期以来代表阿拉伯电影的埃及电影的交流

为了打破当时以美国为首的西方国家对新中国文化上的敌视和封锁，我们采取的反制方针是互办电影周进行交流和在五大洲设立

电影代表处。

自1953年开始，中影公司和苏联、捷克斯洛伐克、波兰、匈牙利、埃及、朝鲜等十多个国家多次互办电影周。

1956年中埃刚一建交，双方文化部便商定翌年9月16日到22日在各自境内的三个城市举办电影周。这是中国第一次在非洲地区举办电影周。开罗、亚历山大等地的6家影院放映了中国故事片《祝福》《渡江侦察记》《天仙配》《沙漠的赞歌》等6部故事片；加映《尼罗河畔》《神笔》《桂林山水》等6部短片；另有观摩影片《女篮5号》。结束后，埃方购买了我方3部故事片。

同年9月，北京、上海、天津的38家影院举办埃及电影周，映出《我们美好的日子》《山谷中的战斗》《生与死》《七月的风云》4部故事片；加映《英军撤退节》《开罗——世界的母亲》《早期的伊斯兰》《真主是伟大的》等9部短片；观摩影片《生活中的妇女》《我决不哭泣》等6部。我方也同意购买除年前已买的《我们美好的日子》外的《山谷中的战斗》《生与死》和《七月的风云》。

1956年埃及电影周埃方选送和电影周后我们购买的4部影片都是第二次世界大战后埃及新一轮创作思潮的代表作。

我们都知道，第二次世界大战时埃及没有像欧洲国家那样受到纳粹德国的占领，也没有像美国那样正式参战，连盟军激战“沙漠之狐”的利比亚战役和虚拟的卡萨布兰卡地下谍报战都没沾上边。尽管大战也给埃及社会带来失业和饥饿，但却给这个时期的埃及电影提供了一个绝好的发展机会。战后，埃及电影出现了一次畸形的大发展，短短六年间的影片产量等于过去影片总和的3倍，上映的节目从1939—1945年的106部上升到1946—1951年的364部。对这一时期的“大发展”，电影史学家有截然不同的两种评论：大多数认为革命前这段时期的电影是无定向的，形式主义倾向占统治地位，题材破碎乏味，非主流倾向严重，最后导致题材狭隘，只服从于眼前利益。大战已造就出一批以财力强加审美品位的新贵以及相对的因物价高、生活不稳定而使大部分中产阶级沦为社会底层的贫苦阶层。后者对英法占领埃及的立场不是谈判而是抵抗；工人游行的革命浪潮日益高涨，最后1948年巴勒斯坦反对犹太复国主义的战争起了决定性的作用，埃及的电影工作者找到了一种新的表现形式，以便向观众“讲述”他们想表达的渴求。这是一种表现为构建具有民族特色的、民众喜闻乐见的、摒弃了先锋主义表现风格的电影模式——战后的意大利新现实主义。

1952年的七月革命，被英国异化的埃及的最后一个封建王朝覆灭了。革命后的阿拉伯埃及共和国的政治、经济和文化都发生了根本性的变化。新政体的影响很快在电影工业中表现出来。可以说，1952年不仅是革命的、全社会生活变化的一年，更是埃及电影社会性发展的决定性的一年。

由电影周和20世纪五六十年代进口的埃及故事片，可以发现，革命的到来给部分勇敢地描写社会问题的电影增添了有影响力的因素。其创作倾向可分为四类。

第一，描写埃及社会和平民生活，着眼社会中“小人物”悲欢离合的真实故事。哈勒米·哈里姆执导的《我们美好的日子》(1955)是个最好的例子。影片描写三个大学生同时爱上了一个贫苦的女同学，当发现她和母亲同时患病又无力医治时，三人一致放弃前嫌，打工帮她克服了困难。影片艺术性地表现了社会的真相，勇敢地欢呼用幸福来替代贫苦，用真诚来克服倾轧。卡玛尔·西科执导的《生或死》(1954)描写一名药剂师配错了药，误将有毒的药水给了一个父亲病重的女孩，发现后不分日夜地寻找，最后在千钧一发之际找到了孩子，避免了一场事故。这里最值得一提的是伊泽丁·祖勒菲卡勒（女星法婷·哈玛玛的前夫）1953年拍摄的《忠诚》曾在我国引起长时间的轰动。《忠诚》描述一个年轻的医生救了路边一个贫病交加的姑娘。后两人相爱，但因门户之见只得去外地结婚。后来医生跌伤腿，在家休养，生活拮据，妻子外出给一个盲人当私人护理，挣钱补贴家用。这时有人挑拨，医生心存芥蒂，把妻子轰出家门。后来盲人在国外治愈了眼疾，回国得知了姑娘的遭遇，赶在医生订婚那天赶去解释了两人过去的关系，证明了姑娘的正直与忠诚。医生万分的自责与惭愧，两人终又破镜重圆。

第二，批判旧制度，揭露法鲁克统治时期农村中的封建势力和农民受剥削的状况。《禽兽》(1954)是埃及现实主义三剑客之一的萨拉赫·艾布·赛伊夫从影第二阶段的作品。影片改编自埃及诺贝尔文学奖得主纳吉布·马哈福兹的同名小说。故事录自1930年上埃及农村一则真实的案件。主人公阿卜杜·萨布尔以前是上埃及一个贫苦农民，后来成了"抢匪"，那就是向小农强买土地，不从者立即被害。后来，他和恶霸地主沆瀣一气投靠了一个政党后更是无恶不作，接二连三杀害了几个敢于反抗的农民，最后在村里长老的协助下破了案。电影周的另一部影片《山谷里的战斗》(1954)是国际名导、埃及现实主义三剑客优素福·夏欣的力作。影片描述一个毕业后当了工程师的大学生回乡帮乡亲们修公路，但横遭当地地主的反对。地主儿子买通官方设计陷害。工程师在狱中继续斗争，最后在地主女儿和朋友帮助下洗清了冤屈，也同时赢得了姑娘的芳心。影片中，夏欣运用他"以摄影机画画"的技术，在跌宕起伏的剧情中，让每个镜头简洁明了，热烈紧凑。夏欣运用类似惊险画面的模式接着拍了《阿尔及利亚姑娘》(1958)，也深受中国观众欢迎。

第三，描写反法鲁克统治的革命运动，歌颂纳赛尔领导的七月革命。

电影周映出的《七月风云》(1953)是尼亚齐·穆斯塔法的力作。这位精力充沛的导演1953年起31年内拍了70多部影片，能在动作、惊悚、喜剧、音乐等类型片中游刃有余地来回穿梭。《七月风云》原名《勇士的土地》，表现的是一个爱国军官从1948年的巴勒斯坦战争到1952年的七月革命这一动荡时期里走上革命的故事。作品通过主人公的成长，历数了法鲁克政府的腐败，表现了1948年和以色列战争中的爱国精神。《家里的男子汉》(1961)是亨利·巴拉卡特改编自库杜斯的同名小说，描写一个不问政治的家庭收容了一个从事地下工作的大学生，从而唤醒了爱国主义思想，参加了革命运动。

第四，反帝反侵略题材的影片主要出现在英法侵略战争之后，数量较多，最受欢迎的有《阿尔及利亚姑娘》、《萨拉丁》(1963)、《敞开的大门》(1963)。《阿尔及利亚姑娘》描写一个阿尔及利亚女游击队员被法国侵略军俘虏后，受严刑拷打，英勇不屈，最后牺牲的故事；《萨拉丁》是优素福·夏欣在20世纪60年代电影国有化期间利用电影局的资助拍摄的宽银幕彩色故事片。影片描写13世纪阿拉伯联军在萨拉丁的领导下，成功抗击欧洲天主教发动的战争，影片成功地多次运用战争的大场面，烘托出埃及电影史上最辉煌的战争史诗片的历史背景； 亨利·巴拉卡特的《敞开的大门》描写一个受封建家庭压迫的少女在中学时因参加反英游行，遭到父亲的痛打，继而把她许配给一个思想顽固、面目可憎的大学教授的故事。即将举行婚礼时英法侵略苏伊士运河的战争爆发。姑娘决心离开家庭和一心相爱的人一起远走高飞，参加塞得港战役。

20世纪70年代的埃及是个动荡的年代也是个雄起的年代。1970年9月纳赛尔总统病逝，萨达特接任。随着领导人的更迭，政治路线出现转折。政治电影、社会批判电影和青年电影先后登场。1971年，萨达特总统对内清算了国家内部权力中心集团，发动了“5·15”纠正运动，推行新经济政策，对外废除《埃苏友好互助条约》，收复了西奈半岛。随着电影总局的撤销，埃及的独立制片人得到了银行的直接贷款，新老电影工作者得以同时发展，埃及电影出现新一波的浪潮。

1980年，中埃又成功举办了一次埃及电影周，映出了这一波浪潮中有代表性的三部电影：《卡尔纳克咖啡馆》《走向深渊》《征服黑暗的人》。

《卡尔纳克咖啡馆》（1976）为阿里·巴德尔汗的力作，它和《在太阳后面》《麻雀》等17部政治电影构成了60年代末到70年代鞭挞政权，揭发时弊的政治电影的中心。这类题材充分揭露了“权力中心”之间企图通过扼杀自由来达到控制整个国家命运的明争暗斗。影片以中东战争为背景，以三个大学生多次横遭逮捕，惨遭酷刑的故事，揭开了“权力中心”处心积虑地对付那些为了祖国利益，一心探求真理的人们。影片自1976年1月下旬在开罗公开上映起连映六个星期，场场客满。一家影院推出高于普通票价8倍的黑市价，竟也一票难求。当局天天出动警察维持秩序。《走向深渊》(1976)是阿以冲突题材中最为出色的一部。描写以色列情报机关利诱埃及留学生阿布莱出卖祖国的军事机密，最后被埃及保密局一举侦破的故事。影片在埃及上映3年，盛况不衰。获1979年最佳制片、导演、女主角等五项大奖。阿梯夫·萨利姆改编自埃及诺贝尔文学奖得主纳吉布·马哈福兹同名小说的《征服黑暗的人》，是这个时期最有影响的青年教育电影。影片生动地表现了阿拉伯一代文豪塔哈·侯赛因不朽的一生。塔哈自幼双目失明，但他刻苦攻读，争得公费出国留学。法国姑娘苏珊钦佩他的抱负给予细心照顾。最后塔哈获得博士学位，两人婚后一起回国，塔哈后来当上了教育部长。影片被定为埃及的传统教育片。

二、在五大洲建立电影代表处和参加电影节

为什么要建立代表处？一句话，这是历史条件决定的。当时西方国家对中国采取敌视和封锁政策，中国对外交往很不方便，设代表处就是设了桥头堡和前哨阵地。我们第一个电影代表处设在布拉格(1956)，以后陆续在印度(1956)、埃及(1958)、阿尔及利亚(1963)、古巴(1965)等地续建。代表处除了考察当地和周边国家的电影外还举办商品展、电影周。在阿尔及利亚的代表处就搞过这类一举两得的联展，映出影片《五朵金花》《小铃铛》，国内还派了谢添和杨丽坤组团参加活动。埃及的代表处主要负责选片和撒哈拉以南非洲电影输出业务。各大洲的代表处是特殊时期开展电影进出口业务、人员出入的一种方式，到20世纪70年代以后，随着形势的好转这种建制便撤销了，改成在美国和法国各建立一个“子公司”。进入新千年后，随着经济飞速发展，国力不断加强，随着体制改革，现在中影集团公司相应的分公司接手了过去中影公司各科室承担的进出口、制片、合拍、全国放映等业务。

再说说电影节。参加电影节是了解发起国的电影文化，对进行影片交流和发展本国电影工业十分有效。

1972年成立埃及电影作家和评论家协会无疑是20世纪70年代埃及电影界的一件大事。协会办了两件大事：拒绝文化部若干审查条例的施行，为不少影片的开禁和捍卫70年代电影工作者的自由尽了很大的努力；促使文化部向国际影评家联盟提出申请举办开罗国际电影节。1976年8月16日，由协会主办的第一届开罗国际电影节正式开幕。1984年为了扩大影响由文化部和协会合办，电影节也成为独立的组织。1990年，开罗国际电影节已经在世界三大非竞赛电影节中被评为第二位，仅次于伦敦电影节，高于斯德哥尔摩电影节。到1992年（第16届），开罗国际电影节终于成功转型为有竞赛、可以颁奖的世界九大A级电影节之一。

我国从第2届（1977）开始就向开罗国际电影节送片，有《南征北战》《二泉映月》《三个和尚》《珍珍的发屋》《老井》《芙蓉镇》等10部，几乎每届一部。到第16届（1992）上，上影厂最年轻的导演胡雪杨执导的《留守女士》首获大奖，女主角修晶双获最佳女演员奖。之后，几近两三年就获一次奖：1998年第22届上的《红色恋人》获评委会大奖(叶大鹰)和最佳女主角奖(梅婷)；2000年第24届上冯小刚的《一声叹息》获四项奖：最佳影片、最佳编剧(冯小刚)、最佳男主角(张国立)、最佳女主角(徐帆)；2003年第27届上《父亲》获最佳导演（梁山）和最佳女主角（宋国锋）两项奖；2006年第30届上章家瑞的《芳香之旅》获最佳影片、最佳女演员(张静初)、特别表演奖(范伟)；2008年第32届上的《一缕阳光》获特别表演奖(李惠美)；2012年第36届上导演张艺谋获终身成就奖。

这里特别要提到的是，在世界11个A级国际电影节主办国中，只有中国和埃及是发展中国家。2001年6月12日下午，也正是这两个有几千年历史的文明古国的上海国际电影节和开罗国际电影节在上海举行了合作签字仪式。其实，早在1993年这两个国际电影节的交流就已经开始了。今后，双方更将在办电影节的经验、在影片的交流、在人才的流动上相互切磋，互帮互学，共同发展。

三、和演员们交朋友和互访

（一）家访“电影皇后”法婷·哈玛玛

记得是2015年1月中旬某天早上，我照常拿过《北京青年报》，习惯先浏览一遍大标题。文体版下端“埃及著名女影星法婷·哈玛玛去世……”这个中号黑体标题着实把我吓了一大跳。我来回读了几遍报道，再加上一通翻找，在尘封的一堆笔记本中找到了1991年的工作笔记，眼前也立时定格在20多年前的一张动人的、略带羞涩的浅笑的脸庞上……

1991年12月12日晚上9点多，飞机准点降落在开罗国际机场，我和中影公司副总经理陈晓林一起赶来利用参加第16届开罗国际电影节的机会设展台开展电影进出口业务。报到时，老朋友、电影节秘书长萨阿德博士为我们介绍了他身边一位裹着黑大衣的女士。明亮的灯光下最先让人感到她和一般埃及名媛最大的不同之处是薄施粉黛和不见大堆的金饰及数不清的臂钏。听完介绍原来她就是闻名而未见过面的法婷·哈玛玛。因时间已晚，哈玛玛，热情邀请我们5天后去她家。

埃及的泽马利克区是个高档的富人区。19号和大部分家庭一样，站在大门口完全无法判断其主人的身份和财力，只有走完过道进入客厅才得以领略到主人的实力。哈玛玛被誉为“埃及影后”，7岁首次出演《幸福的一天》后被新月杂志评为“埃及的秀兰·邓波儿”。

我们身处的长方形客厅的墙全是用金黄色的绸料装修的，约50平方米，尽头是一排大玻璃柜，分几层错落有序地摆满了世界电影节的奖杯和奖状。宾主再次落座后，双方交换了一点小礼物，女主人拿出一陶罐柠檬水和一壶热咖啡。

我们告诉她中国人民早在20世纪50年代就已经认识她了。中埃建交后第一次埃及电影周上放映的4部故事片中的2部（《我们美好的日子》《山谷中的战斗》）她都是女主角。我们的陈副总也提到了60年代的《忠诚》在全国轰动的情况。

我一听到《忠诚》，便知道唯独这部影片哈玛玛没有参与，而且上映时她刚和这部影片的导演祖尔菲卡尔离婚，不久便和蜚声阿拉伯影坛的国际影星、《山谷中的战斗》的男主角欧默尔·谢里夫双双堕入爱河，欧默尔还为此改宗信仰伊斯兰教。然而这首动人的爱情歌曲，随着欧默尔去了美国走上国际影坛而曲终人散。这时我怕她尴尬，正在想法扯些别的事儿，不料哈玛玛快人快语自己接过话题，往下说了些我也不知道的事。

记得她先举了个例子，《忠诚》的结尾是盲人赶在医生要订婚前去解释他和姑娘的关系，证明姑娘的正直和忠诚，医生悔悟了，两人终于破镜重圆。哈玛玛笑着说："祖尔菲卡尔和我离开后，一点没有妨碍他跟我和新婚丈夫谢里夫的合作。1960 年的《爱河》就是在这种情况下诞生的，尽管《爱河》描写的正是一场婚姻破裂，妻子投入别人的怀抱。

我抓住时机告诉她，她退隐多年后 1984 年重新出山的第 100 部故事片《法蒂玛被捕之夜》已报批。听到这里，她右手贴胸，默默地向我们俩致了一个颔首礼，脸上浮出一丝动人的、略带羞涩的浅笑。

（二）"人民演员"努尔·谢里夫

就在访问哈玛玛的第二天，努尔·谢里夫不知怎么听说了，一早便来展台找我们，说后天他就要率领公司人员出去拍片，要求我和陈副总去他们家小聚，要为 1980 年他和妻子布西以及埃及电影代表团去北京参加埃及电影周时受邀访问北京、上海、杭州还一个情。拗不过他和夫人布西的盛情，我们坐上他的车很快就到了他的家。穆亨迪西区也是一个富裕的区，听说很多演员都在这里安的家。大半天在努尔家过得很是悠闲，谢里夫把他从小到大在贫民区的有趣事儿都抖了出来，边讲边模仿人物的动作，常逗得我们开怀大笑。中学时期努尔对具有煽情情节的感情戏情有独钟，在戏剧爱好者的帮助和指导下，常常为街区的孩子表演。高中毕业后顺利考上了电影表演学院。

努尔·谢里夫从20世纪60年代至今已主演近180多部影片，被誉为埃及近半个世纪电影史上的“绝对主角”。在我国受欢迎的他主演的《咖啡馆》《仅有爱情是不够的》等都是埃及电影史上的经典之作，入选埃及百年百部优秀影片。

谢里夫的妻子布西也是埃及著名影星，两人共同拍摄了多部影片。

四、和北非地区国家的影视交流

（一）马格里布地区

北非的阿尔及利亚、突尼斯、摩洛哥三国在地域上统称“马格里布”（意为“伊斯兰最西部的地方”），19世纪沦为法国保护地。由于长期在法国文化熏陶下，上层建筑领域无不具有浓厚的法国特色。三国电影业与法国有着密不可分的联系。例如，摩洛哥电影中心的干部十有八九毕业于法国电影学院，成名演员长期住在法国；影院里只放法国影片；先进的制片厂里的后期制作必定在法国进行。独立后三国在文教方面开始致力于阿拉伯化，地区电影出现三种倾向：阿尔及利亚是鼓动新兴的民族电影（“圣战者电影”和“新电影”）；突尼斯不像一般独立后的国家，不实行国有化的电影工业；摩洛哥则是制片国有化和发行私有化。下面按国别分别进行叙述。

早在1954年，独立前的阿尔及利亚民族解放军就已拍出长纪录片并在解放区成立了电影局。1958年中阿就已建交。1962年，阿尔及利亚赢得了独立。民族解放战争给电影工作者在意识形态方面以决定性的推动，揭露殖民者残暴和人民遭受奴役痛苦的事实都被搬上了银幕，并被称之为“圣战者电影”。1964—1974年，阿尔及利亚拍摄了10部“圣战者电影”。我们购买放映了代表作《奥雷斯之风》（哈米纳）及《受难者的黎明》（拉西迪，1966）。无可违言，圣战者电影的题材、艺术风格在第三世界进步电影中独树一帜，但从美学手法和描写上看还有待提高。这种声音加上下一代的评论，第二代电影工作者很快又借土改和农业合作化的“革命”，进入了一个新的发展阶段——“吉迪特电影”（新电影）阶段。我们购买了二代代表作《烧炭人》（穆罕默德·布阿马里，1972），《阿里在幻想的国度》（艾哈迈德·拉希迪）和《黑汗珠》（阿里·马泽福，1971）。阿尔及利亚电影一共只有20多年，生产了50多部故事片、200多部短片和10多部合拍片，和我们交流的部门就一个——电影资料馆，交流手段——互换（后来是互购）。

突尼斯是北非最小的国家，人口只有埃及的1/4，也没有阿尔及利亚轰轰烈烈的革命斗争。在发展电影工业上走的是一条结合本国实际的路。首先，合作拍片的同时发展民族电影的基础工业——制片、洗印厂；其次，根据本国的开放政策不搞国有化，允许美国和法国大公司存在；再次，大力发展民间电影文化活动，培养电影人才；最后，把迦太基国际电影节办成和埃及的开罗国际电影节、布基纳法索的瓦加杜古电影节并列的非洲三大电影节。根据这样的脉络，突尼斯的民族电影在独立后稳步发展，每隔两年一届的迦太基电影节成为突尼斯电影进出口的主渠道。中突1964年建交，但由于“文化大革命”，我们从1980年第八届才开始参加。

参加1980年11月15—23日突尼斯第8届迦太基电影节期间，和突电影生产和发展公司（SATPEC）签订合同，输出《庐山恋》《小花》《小字辈》《红牡丹》《阿诗玛》《美在运动中》等14部长短片。有意思的是，在电影市场上，从不播放武打片也不接受使馆“赠送”的突电视台一下子要了5部动作片。我们也购买了《阿齐泽》（突）和《围墙上的灰烬》（摩）。参加1982年10月的第9届迦太基电影节，选购突片《悔恨的眼泪》《漂泊》和《马穆鲁克的故事》。在1984年11月的第10届电影节上主要是和电视台有交流。双方互购长短片30多部。参加1988年10月的第12届电影节。我们选送了《红高粱》《盗马贼》《老井》《买买提外传》《黑侠喋血记》等7部影片参加中国电影回顾。放映场场爆满。《红高粱》成了大热门，破例先放2场，再加2场还是不够，又加了2场。

摩洛哥电影和突尼斯有许多相似之处，如同在殖民条件下成立电影中心；独立后以独立制片人为主，国家公司资助独立制片人合作拍片；多以和外国合拍片为发展民族电影的开始；都没有将电影国有化，由本国的私人和外国共同控制电影发行；都没有电影演员，由话剧演员参加电影演出。1958 年中摩建交。电影交流起自我们参加开罗和迦太基电影节后的顺访以及互办电影周开始的。1988 年摩方先举办了中国电影周，放映了《红高粱》《黑侠喋血记》《绞索下的交易》《日出》《我和我的同学们》5 部影片，场场满座。特别是《红高粱》，电影中心总经理本・巴拉卡下午单独看了一遍，晚上和大家又看了一场。在电影周期间，双方就互购影片、合作配音、电视播出、代表团互访等问题签订了合作议定书；也选定了本・巴拉卡反映个体手工业者生活的《一千零一只手》，还有《石油战没有发生》《杀人狂》《流血的婚礼》。

（二）苏丹

1956 年苏丹独立。1959 年 2 月，中国和苏丹建交，但直至 1983 年 10 月，中影业务组在参加了第 2 届摩加迪沙泛非电影节后顺访苏丹并参加苏丹举办的中国电影周，才开始正式有了影视交流。

电影周放映苏丹方面选定的 4 部故事片：《庐山恋》《他们在相爱》《阿凡提》《艾力甫和赛乃姆》。市场反映比苏联、东欧片要受欢迎。所以在之后的业务洽谈会上苏丹国家电影公司要求我们年供 6 部影片。而总统办公的友谊宫则要求年供 8 部。

五、和西亚及海湾地区的影视交流

从电影史上说，叙利亚电影仅落后埃及一年便生产出第一部故事片，但一般都认为 1963 年复兴党执政后成立了电影总组织才开始电影制片、发行和出口，所以中叙的电影交流只能起始于 70 年代末。1979 年，中国携片《小花》和《飞燕曲》参加了第 1 届大马士革国际电影节，会后叙方以《残存的形象》和《陷阱》和我们互换了发行权。电视台也购买了《三个和尚》等 6 部短片的播映权。《残存的形象》是被称为叙利亚当代电影拓荒者纳比勒·马勒赫的力作，电影成功塑造了倔强勇敢的山区农民的形象，获多项大奖。

相似的情况在1983年第3届大马士革电影节上得以继续，我方同样以《孔雀公主》和《白莲花》交换了《分阶段的斗争》和另一部待定片。

1958年7月费萨尔王朝被推翻，8月中伊建交。1960年成立国家电影戏剧组织（后改为广播电影电视局），标志着独立制片业退出舞台。1980年3月，我们参加第四届巴勒斯坦国际电影节，会后，和电影电视局签订了出口《小花》《长城》等长短片10部及进口《另一天》和3部长纪录片的合同。《另一天》是20世纪70年代导演萨希布·哈达德的处女作，故事反映了费萨尔王朝被推翻前农村中地主对农民的欺压。在80年代，中方还购买了苏克里·吉米勒的《高墙》、埃及导演萨拉赫·艾布·赛伊夫协拍的史诗片《血战卡迪西亚》和《追风马》；伊方也选了《红高粱》《黄土地》等8部故事片。

科威特是海湾地区电影发轫最早的国家，1961年独立后到1983年就已生产了11部长短故事片和大量纪录片。1971年3月中科建交，80年代两国影视代表团互访中多有收获。10年来，科电视台节目部主任萨利姆等应邀来华访问，亲自选定了2部故事片和15部短片；中影参加亚非电影节的团队也多次顺访开展业务，购买了《残酷的海》（西迪克，1972）。科电视制作和播映在海湾地区均首屈一指，曾被评为海湾地区电视播映质量第一名。我们也曾和海鸥影视公司探讨过合作拍摄多集电视片《一千零一夜》的可能性。

时光进入90年代中，我已“超龄服役”退了下来。中国已进入改革开放的新时期。国内电影体制有了调整，主要是每部电影的版权回归所属各制片单位，此后不再由中影统一收购；各地成立院线负责地区的发行；成立海外推广公司负责海外地区的影视发行；鼓励民营企业大力参与。收到极好效果。

自2013年开始，中埃影视合作进入一个崭新的时期。中国数字电视运营商四达时代积极拓展非洲市场，提供先进的数字电视技术设备服务，已在30个非洲国家注册成立公司，用户超过700万。

据报道，2013 年，以《媳妇的美好时代》为代表的 10 多部阿语版中国当代题材的影视剧陆续在一些阿拉伯国家播出，埃及国家电视台 2 套也播出过阿语版的《金太狼的幸福生活》和《媳妇的美好时代》，分别创下了 2.8% 和 3.2% 的收视率。阿语版的《父母爱情》在埃及首播恰逢中国国家主席习近平对埃及进行国事访问，观众好评如潮，收视率达 3.8%，观众人数多达 400 万。连出租车司机见到中国人也会兴致勃勃地聊起剧情。

2015 年的中国—阿拉伯国家广播电视合作论坛上，中国国际广播电台和埃及国家广播电视联盟签订协议，在埃及国家电视台合作开办固定栏目“中国剧场”，45 集的《父母爱情》就是这样连续播出的。现在正在译制的还有电视剧《医者仁心》《北京青年》《辣妈正传》，电影《逃出生天》《杜拉拉升职记》，动画片《小鲤鱼历险记》等。

2016 年是中埃建交 60 周年，又是中埃文化年，双方签署了 10 多个双边合作计划。中埃合作使许多文化元素深入双方民众生活，拉近心灵的距离，更是共建“一带一路”的民意保障。

中埃建交 60 周年以来中国高校的阿拉伯语教学

叶良英

【摘要】中埃建交 60 周年以来，中国高校的阿拉伯语专业在办学规模、学科建设、师资队伍、教学资源、教学管理、学术研究、对外交流等方面都取得了卓著成就。本文试图通过对中国高校阿拉伯语教育发展状况与特点的梳理，服务中国高校阿语人才的培养与学术研究的发展，服务中阿在教育领域的交流与合作，同时也为今后中国高校的阿拉伯语教育如何进一步促进中阿交往，增进中阿人民的传统友谊与互利合作发挥更加积极的作用提供参考。

【关键词】中埃建交；阿拉伯语；教学

【作者简介】叶良英，博士，副教授，北京外国语大学阿拉伯学院副院长，研究方向为阿拉伯语语言学。

阿拉伯语属闪含语系闪米特语族中的西南语支，最初是居住在阿拉伯半岛的古代阿拉伯人——闪米特贝都因人的语言。如今，阿拉伯语是西亚和北非地区 22 个阿拉伯国家的官方语言，全世界 15 亿穆斯林的宗教用语，同时也是联合国的六大工作语言之一。据考证，有文字可考的标准阿拉伯语距今已有 1500 多年的历史。在漫长的发展历程中，阿拉伯语不断丰富、完善自己，同时也记录着阿拉伯民族的历史变迁，保存、传播、创造着阿拉伯文化，反映着阿拉伯民族的特性。中国的阿拉伯语教学历史悠久，形式多样，特别是自中埃建交以来的 60 年间，取得了卓著成就。

一、中国阿拉伯语教学的历史回顾

最早有文字记载的阿拉伯语教学，是元朝政府于 1289 年设立的专门培养“译史”的高级官学——回回国子学[①]，用于教授阿拉伯语和波斯语。然而，中国历史上真正的阿拉伯语教学是穆斯林在民间进行的。陕西穆斯林教育家胡登洲（1522—1597）被誉为“中国伊斯兰教经堂教育的创始人”[②]，他将阿拉伯传统的清真寺教学模式与中国传统的私塾教学方式相结合，主要用汉语讲授阿拉伯文和波斯文的伊斯兰教经典。在教学过程中，他在教学结构、课程设置、授课方式、学习考察等方面初步形成了一套制度，从而奠定了中国伊斯兰教经堂教育的基础。[③] 以胡登洲为榜样，宁夏、云南、北京、山东等地的穆斯林有识之士也积极兴办经堂教学，并在不断的实践摸索中形成了比较系统的教学体系和相对稳定的教学模式，创设了一套讲习阿拉伯语语法、修辞及伊斯兰教教法的特殊经堂用语，培养了不少颇有造诣的经师，同时也大大提高了中国穆斯林子弟的文化水平和综合素质。

20 世纪初，伴随着中国社会的巨大变革，阿拉伯语教育实现了从经堂到学校课堂的历史性转变。课堂新式教育更加注重提高学生的语言运用能力和综合文化素养，注重培养学生的社会服务意识。他们中许多人经远赴埃及留学深造后，成为我国高等学校阿语专业的开创者。

1943 年，从埃及爱资哈尔大学学成归国的纳忠先生，首次在中国高校重庆中央大学，讲授阿拉伯文化、阿拉伯历史等课程。1946 年，北京大学聘任从爱资哈尔大学学成归国的马坚先生执教，并委托其在东方语言系设立阿拉伯语专业。自此，纳忠、马坚两位先生“一南一北，正式在我国高校招生设座，使阿拉伯史和阿拉伯语专业终于登堂入室，跻身于一流高等学府”[④]。阿拉伯语教学在中国实现了

① 丁俊:《中国阿拉伯语教育史纲》，3 页，北京，中国社会科学出版社，2006。
② 王正伟:《中华回族爱国英才》，184 页，银川，宁夏人民出版社，2010。
③ 丁俊:《中国阿拉伯语教育史纲》，185 页，北京，中国社会科学出版社，2006。
④ 朱威烈:《穆圣后裔》，再版序，昆明，云南人民出版社，2004。

巨大飞跃，被正式纳入了国家的高等教育体系。

二、中埃建交后至21世纪前中国的阿拉伯语教学

1956年5月30日，我国与埃及建立大使级外交关系。埃及也因此成为第一个与新中国建交的阿拉伯国家和非洲国家，在我国同广大阿拉伯国家和非洲国家发展关系的历史进程中发挥了独特而重要的作用。中埃两国还于1956年正式签署文化合作协定，双方的教育合作迎来了新的发展时期，互派留学生不断增加。

中埃建交后，为满足国家建设和对外交往的需要，继北京大学、北京对外贸易学院（1954）后，外交学院（1958）、上海外国语学院（1960）、解放军外国语学院（1960）、北京外国语学院（1961）、北京语言学院（1964）、北京第二外国语学院（1964）等高等院校相继开设阿拉伯语专业。阿语专业迎来了发展的第一次高潮，呈现出了生机勃勃的景象：教师队伍壮大，学生人数增加，专业基本建设有了一定基础，教学质量不断提高。各院校的阿语教师们，在马坚、刘麟瑞、纳忠、林仲明、马宏毅等一大批穆斯林学者的开拓带领下，积极投身阿语教学事业，规范课程设置，编撰教材，强调启发式教学，并在实践中逐渐摸索出了听说领先，读写跟上，精讲多练，听、说、读、写、译全面发展的教学新模式。

1978年开始实行的改革开放政策为阿拉伯语教育带来了新的历史发展机遇，各高校的阿语专业迅速走出“文化大革命”时期的低谷，在教学理念、培养目标、课程设置、教材编写、学术研究等方面迎来了全新的发展时代。同时，包括埃及在内的广大阿拉伯国家，也为中国的阿语教学提供教学材料、图书资料等方面的支持。

20世纪80年代后，各主要高校的阿语专业纷纷独立建系，其他一些院校也纷纷开设阿语专业，扩大招生规模，提升教学层次，北外、北大、上外等院校的阿语专业相继被批准为阿拉伯语言文学硕士点和博士点。另外，各校不断改善办学条件，扩大对外交流，加强学科建设。例如，在课程设置方面，阿语专业一方面科学地调

整原有的语言、文学方向的课程，拓宽专业方向，增设经贸、外交、新闻、国际政治、对象国研究等课程，同时强化第二外语教学，以开拓学生视野，更好地适应对外交往的需要。在教材建设方面，各校陆续推出一系列各具特色的阿拉伯语教材。从 1982 年到 2000 年，阿语专业教师出版各级（包括研究生教学）各类教材 49 种。[①] 其中部分教材还荣获省部级以上奖励。例如，北外纳忠教授主编的《阿拉伯语》（10 册）和余章荣教授主编的《基础阿拉伯语》（4 册）分别于 1987 年与 1994 年获北京市哲学社会科学优秀成果一等奖。

为进一步规范阿语专业的本科教学，使之建立在更加科学的基础上，经教育部高教司批准，阿语专业的专家们于 2000 年出版了《高等学校阿拉伯语教学大纲》，对我国高校阿语专业的教学对象、教学目标、教学原则、教学内容、教学要求、测试评估等各个方面做了量化和细化要求。《大纲》的制定，既是对 20 世纪我国阿语教育的历史性总结，也是对今后阿语专业本科教学的有效规范，是各校开展教学活动的指导性文件。

三、21 世纪中国的阿拉伯语教学

1999 年，中埃双方联合发布了《中国和埃及关于建立战略合作关系的联合公报》。2014 年，中埃两国元首共同签署了《中埃关于建立全面战略伙伴关系的联合声明》，推动两国关系步入发展快车道。中国的阿拉伯语教学乘着中埃关系全面发展的东风，取得了巨大的成就，主要表现在以下几个方面。

（一）专业规模不断扩大

阿语专业规模的扩大，主要表现在两个方面：一是开设阿语专业的院校增多；二是学生人数增加。根据高考志愿填报参考系统所得数据，截至 2016 年年初，全国开设阿拉伯语言文学本科专业的共有 40 所院校。这些院校中，既有“985 高校”如北京大学、中山大学，

① 国少华：《国少华选集》，349 页，北京，外语教学与研究出版社，2011。

也有“211高校”如北京外国语大学、上海外国语大学、对外经济贸易大学、宁夏大学、石河子大学、新疆大学等。这个数目与20世纪70年代前的7所（外交学院阿语专业于1961年并入北外），20世纪末的9所（加上1997年开设阿语专业的西北民族大学和1998年开设阿语专业的云南大学[①]）相比有了很大的飞跃。开设应用阿拉伯语专业，且在教育部行业职业教育教学指导委员会注册备案的有11所院校。根据中国研究生招收信息网2016年硕士专业目录查询所得数据，加上本人所掌握的信息，截至2016年全国招收阿拉伯语专业硕士研究生的院校为13所。

进入21世纪前，开设阿语专业的院校数目有限，且每个教学班一般只有10～18名学生，有些院校还不是每年都招生。21世纪伊始，高校就迎来了扩招的浪潮，各高校开设阿语专业的班级数量以及每个教学班的人数均呈上升趋势。例如，2014年招生规模最大的是西北民族大学、浙江越秀外国语学院、宁夏大学和西安外国语大学，分别招收本科生118名、94名、79名和60名。其他招收两个班级约40～50名本科生的有北外、上外、北语、北二外、大外、西外、天外等。2015年，招生规模最大的是宁夏大学、西北民族大学、浙江越秀外国语学院、四川外国语大学成都学院，分别招收本科生125名、96名、66名、61名；四川外国语大学和西安外国语大学各招收60名。其他招收两个班级约40～55名本科生的有北外、上外、北二外、天外、大外、浙外、南京大学金陵学院等。其他院校均招收一个班级，人数在15～30名。据估算，2015年全国阿拉伯语专业本科招生人数超过1200人。

2014年，全国共招收阿语专业硕士研究生63人，博士研究生12人。2015年全国共招收阿语专业硕士研究生80人，博士研究生10人，招生规模比较稳定。

在教学点增加，学生人数增多的情况下保持并提高学生培养质量，是中国高校阿语专业面临的一个严峻考验。

---

① 云南大学的阿语专业于2006年暂时停办。

（二）教学层次稳步提升

改革开放后高校阿语专业最突出的发展之一是提升教学层次，开办研究生教育。1980 年，北外阿语系被批准为我国第一个阿拉伯语言文学硕士学位授予单位。随后，北大、上外相继在 1983 年和 1986 年被批准为阿拉伯语言文学硕士学位授予单位。1986 年，北外阿语系被批准为我国第一个阿拉伯语言文学博士学位授予单位。之后，北大、上外也相继于 1993 年和 1998 年被批准为阿拉伯语言文学博士学位授予单位。进入 21 世纪后，经贸大（2003）、军外（2003）、二外（2004）、北语（2006）、西外（2007）、大外（2011）、广外（2011）、黑龙江大学（2013）等院校先后被批准为阿拉伯语言文学硕士学位授予单位。

教学层次的提升，一方面可以满足新开阿语专业院校对师资的需求，另一方面也从客观上提高了开展研究生教育院校教师的专业能力和学术水平，促进了阿语专业的学科发展。因为研究生教育不仅要求教师有过硬的外语功底、广博的专业知识、理论水平，有丰富的教学经验、科学的教学方法，也要求教师在学术上有见解独到的思想，在科研上有特色鲜明的成果。较早开设研究生教育的院校，教师们分别选择在阿拉伯语语言、翻译、文学、文化、中东问题研究等领域开展课题研究，取得了丰硕成果。这些成果又反哺教学，转化为研究生教学资源，实现了教学与科研的良性循环。高校阿语教学不再囿于单纯的语言技能训练，开始向着教学与科研并重的方向发展。

在教学层次得以提升后，各高校为研究生培养质量的提高进行了不懈的探索。在研究生教学中，生源质量、管理机制、导师队伍、学术氛围、研究生科研创新能力的培养是教育质量的关键。为招收到素质全面的好苗子，阿语专业首先完善研究生招生选拔机制。例如，北外阿拉伯学院改革硕士生入学考试模式，由原先的一份阿语基础试题加一份阿语应用试题改为一份阿语基础与应用试题加一份阿语、汉语综合试题。改革后的试题除考察学生的阿语能力外，还注重考察学生的知识积累、知识运用、汉语水平、概括总结能力和处理信息的能力。北外阿拉伯学院还通过分学科方向，以三名硕士生指导教师为一个团队的方式指导学生，这种以集体智慧指导学生的方式能跟学生碰撞出更多创新的火花。上外阿语专业则确立了硕博导师例会制度和研究生参与教师科研报告会制度，以创造更浓厚的学术氛围。2014年，上外阿语专业还全方位修订了硕士和博士培养方案，增加了两个硕士招生方向：阿汉互译理论与实践、阿拉伯历史与国别研究；增加了一个博士招生方向：阿拉伯历史与国别研究。博士培养方案中设置了课程清单，即导师根据自己的研究积累，开出足量的课程，供博士生在入学后经与导师沟通，选择感兴趣课程；同时细分课程内涵，即同一课程亦根据导师研究方向的不同而呈现差别化。这些举措的实施必将为提升阿语专业研究生教学质量起到切实有效的作用。

另外，自2013年以来，北京大学连续举办了三届全国高校阿语专业研究生论坛。论坛以“阿拉伯语言”“阿拉伯文化”“阿拉伯文学”和“中东研究”为主题，致力于全方位提高阿语专业研究生学术水平，为他们搭建学术交流的平台。论坛邀请各相关研究领域颇有建树的教授做点评，就研究生的论文选题、学术规范、行文风格、话语方式、理论与材料的切合等基本学术问题提出意见，就如何深入挖掘主题给出精辟建议，激发研究生的创新意识，开阔他们的学术视野。

（三）培养模式与时俱进

进入21世纪后，全球化的时代特征和国家工作重点的转移对外语人才提出了新的要求。纯语言型外语人才受到时代的挑战，而外语与其他学科相结合的复合型人才广受欢迎。在这种新形势下，中国各高校阿语专业也开始致力于培养具有扎实的阿语基本功、较强的跨文化意识、宽广的知识面、一定的专业知识、较强的应用能力、较好的人文素质、浓厚的创新意识、较强综合竞争力的人才。为实现这一目标，阿语各专业点根据各自的教学传统、生源特点、师资力量、地区需求，采用了不同的模式，主要有“阿语+专业”的双学位模式，“阿语 + 辅修”的主辅修模式，“阿语 + 专业方向”和“阿语 + 专业知识”等模式。采用双学位模式的如北大阿语专业，学生在考评合格获取阿拉伯语言文学的学位外，还可以在通过其他专业规定课程的考试后，拿到相应的学位。主辅修模式如北外阿语专业的学生在主修完阿语专业的课程外，还可以辅修英语、经贸、外交、新闻等专业，并在考试合格后获取这些专业的大专文凭。“阿语 + 专业方向”模式如上外和经贸大的阿语专业，除阿语专业课程外，学生还可以选择“阿语 + 经贸方向”，系统地学习经贸知识。除此以外，更多的院校采取的是“阿语 + 专业知识”的模式，在提高学生阿语运用能力的同时，在口语、听力、写作、口笔译等课程中增加时政、外交、经贸、文化等内容，学生既熟悉了专业知识，又提高了语言能力，为他们应对就业市场的竞争、知识更新，打下良好基础。

培养模式的转变要求我们在保证阿语核心地位的同时，对课程设置和教学内容作相应的改革，提高语言训练效益，加强课程整合及体系优化。

在课程体系改革方面，各院校阿语专业基本都改变了传统外语教学只开设语言基础课和技能课的课程设置，增设了语言文化课、社会国情课和专业倾向课，在强化语言训练的同时，帮助学生扩大知识面，深入了解阿拉伯伊斯兰文化和政治、经济、文化等领域的专业知识。这类课程如阿拉伯国情、阿拉伯社会文化、伊斯兰教与古兰经、阿拉伯历史、阿拉伯政治外交、阿拉伯经贸、阿拉伯文学简史、阿拉伯艺术、时事热点选读、阿拉伯方言等，使学生对相关专业知识有较全面的了解，同时通过研读、讨论、撰写课程小论文等方式培养他们的自学能力、研究能力和解决问题的能力。

教学内容的改革需要依托新教材的编写。进入 21 世纪后，阿语专业的教师们遵照高校外语专业指导委员会《关于外语专业面向 21 世纪本科教育改革的若干意见》对外语专业教材提出的要求，编写出版了系列教材、教学参考书。其中传播范围最广、影响最大、使用院校最多的是由北外国少华教授主编的《新编阿拉伯语》（1～6）册及与之配套的教师用书。这套教材在注重学生语言实际运用能力培养的基础上，注意处理好专业知识、语言训练间的关系，注重学生学习能力、思维能力、鉴赏批评能力和创新能力的培养。在素材的选择上增加了有助于培养学生思想道德素质、文化素质和心理素质的内容，加大了社会文化知识和基本科学常识的篇幅，基本做到了结构合理、内容丰富、实用性强、具有时代气息和文化内涵，被列为北京市高等教育精品教材立项项目。由上外陆培勇教授任总主编的“新世纪高等学校阿拉伯语专业本科生系列教材”体系完备、品种齐全，基本涵盖了教学大纲规定的所有培养要求。这套教材从加强学生的语言基本功、语言知识、语言技能入手，以培养和提高学生的语言交际能力和听说读写译五项技能为目标，全面提高学生实际运用语言的综合能力，被教育部列入“普通高等教育十一五国家级规划教材”。由经贸大杨言洪教授和丁隆教授编写的《阿拉伯语经贸文选》，通过引导学生研读大量的阿拉伯语经贸文章，使其掌握阿拉伯语经贸术语与习惯表达方法，并从中了解阿拉伯国家的经济贸易活动。该教材2004年被遴选为北京市高等教育精品教材。由北外张宏等编写的教材《阿拉伯政治外交与中阿关系》（上下册），包括政治外交的基本知识、阿拉伯国家的政治情况、著名的阿拉伯区域组织、阿拉伯国家与各大国的关系、中阿关系、外交文书的写作与翻译等内容，切实有利于提高学生的语言技能和外交、外事工作能力，提高他们分析问题和解决问题的能力，于2004年被评为北京市教育教学成果（高等教育）一等奖。由张宏、国少华编写的教材《阿拉伯语写作》，分为基础写作和论文写作两大部分。教材结合阿拉伯语的写作特点配备大量阿拉伯语实例，对于学生规范写作格式、掌握写作技巧、提高写作能力有切实的帮助，并于2004年被评为北京市高等教育精品教材。

教学内容的改革也体现在具体的教学过程中，如基础阶段的教学中，阿语专业的教师们坚持把语言知识的传授和语言技能的获取放在最重要的位置，同时也把社会、国情、文化、科技等知识融入其中；高年级教学则注重语言运用能力的提高与专业倾向知识的结合，既注重语言知识和技能的内容，也关注政治外交、经济贸易、社会文化、时事热点等方面的内容。

培养模式的改变还需要创新教学方法。新模式下的教师不仅需要向学生传授知识，更要想方设法激发学生的求知欲，开发其学习潜能。如低年级的教学中，教师更加注重学生课下自主进行的预习、复习，课堂突出精讲多练的原则，采用引导点拨的方式传授知识，揭示语言规律；通过组织现场的朗读、叙述、交流、翻译等教学活动，发现问题，进行有针对性的、提纲挈领式的讲解，帮助学生将课内所学语言知识和技能在实际交际场合加以运用、检验和夯实，提高学生的语言基本功和实际语言运用能力，提高心理素质，激发学习积极性和荣誉感，并为他们拥有较高的发展潜质打下基础。

高年级教学则更加注重语言知识与专业知识、通识的融会贯通，教学过程中注意语言技能训练与社会文化解读、调研的结合，专业倾向的概论课和其他知识型课程采用“教师开列书单，提出具体要求，学生课外自主研读，课堂以小组方式展示学习成果，师生共同讨论，教师进行画龙点睛式讲解、点评、补遗，学生撰写小论文”的方式进行教学。语言文学类课程在引导学生欣赏阿拉伯语的丰富、优美、表现力的同时，更加注重引领学生领略其思想性，帮助学生从中了解阿拉伯民族的性格特征、思维特征及价值取向，为日后顺利实现跨文化交际打下基础。

另外，各高校阿语专业也积极利用多媒体教学手段和网络资源辅助教学，让学生认识到，除了学会课堂所学知识外，需要查阅更多、更新的相关内容和资料，以此教会学生“学习”，为学生能力的发挥提供更大的空间。

由于教学方法与手段、教学内容等方面的大胆改革与实践，经贸大杨言洪教授主持建设的课程“阿拉伯语经贸谈判与口译”于2005年被评选为北京市精品课程，2007年被评选为国家级精品课程；北外的“阿拉伯文化与中阿文化交流”课程和“基础阿拉伯语——精读”课程分别于2004年和2006年被评为北京市精品课程。

（四）对外交流成绩显著

我国高校阿语专业的对外交流主要表现在争取阿拉伯国家对阿

语专业建设的支持、校际合作、学术交流等层面。

阿拉伯国家对我国阿语专业建设给予了大力支持。例如，进入21世纪前，阿联酋前总统扎耶德·本·苏尔坦·阿勒纳哈扬殿下在首次访问中国之际，向北外慷慨捐款，建立了阿联酋阿拉伯语与伊斯兰研究中心。1994年，中心建成启用。2007年4月，阿联酋外长阿卜杜拉殿下在访问北外后，以总统谢赫哈利法殿下的名义向阿联酋中心捐款100万美元，用以支持中心的教学和科研工作。2009年，阿布扎比王储穆罕默德·本·扎耶德·阿勒纳哈扬殿下访华时又捐赠280万美元对中心进行全面修缮，并将其更名为“扎耶德阿拉伯语与伊斯兰研究中心”。2012年3月，焕然一新的扎耶德中心重新投入使用。

2007年，北大与阿曼签署卡布斯苏丹阿拉伯研究讲席项目。该项目旨在促进中国高校阿拉伯语言、文学的教学与研究，鼓励中国与阿拉伯国家在教育、文化领域开展卓有成效的交流与合作。

2012年1月，北京大学与沙特阿拉伯阿卜杜勒·阿齐兹国王公共图书馆签署了《关于在北京大学建立、运行、管理阿卜杜勒·阿齐兹国王公共图书馆分馆的协议》。分馆建成后，双方将共同进行馆藏建设，开展阿拉伯文献收藏，提供阅览服务，举办讲座及学术会议，推进中沙两国文化、学术、学者交流，增进中国与沙特、中国与阿拉伯世界更为广泛的文化与教育合作。

还有一些阿拉伯国家驻华使馆、学术机构和阿拉伯语传播机构不定期向中国高校阿语专业赠送图书资料，支持阿语教学、科研。

中国高校与许多阿拉伯国家的大学建立了校际交流合作关系，进行了互访、互赠图书和教学资料等交流活动。如北外阿拉伯学院就与阿拉伯教科文组织签订了文化合作协议，并与开罗美国大学、叙利亚大马士革大学、约旦耶尔穆克大学、巴林大学、阿曼苏丹卡布斯大学、苏丹喀土穆国际阿拉伯语学院、也门亚丁和萨那大学、突尼斯布尔吉巴大学等近20所大学建立了校际交流和文化合作关系。

应沙特方面的邀请，近年有数批中国高校的阿拉伯语教师到沙特参加一年一度的杰纳迪利亚国际文化节，为增进海湾阿拉伯国家人民，特别是沙特人民对中国悠久历史文化的了解做出了贡献。中国高校的一些教师还应邀到阿拉伯国家的大学讲学，有的还被聘为一些阿拉伯国家学术机构的通信院士，如上海外国语大学的朱威烈教授和北京外国语大学的国少华教授。

近年，也有不少教师应邀出席国外举办的国际学术研讨会，并在会上宣读论文，向阿拉伯国家和世界其他各国的专家学者介绍我国在阿拉伯语教学、阿拉伯语言文学、社会文化、中东问题等研究领域取得的成就。以北外阿语专业为例，自 2010 年至今，共有教师 20 余人次赴阿拉伯国家或西方国家参加学术会议。

阿语专业院校也参加接待阿拉伯国家来访的高级代表团，邀请阿拉伯国家最杰出的诗人、作家、思想家、学者来中国讲学，参加国际学术研讨会。以北外阿语专业为例，自 2010 年至今，共接待 40 余个来访的阿拉伯代表团，邀请 10 余人次阿拉伯专家来学院讲学。

此外，阿拉伯国家的相关阿拉伯语传播与推广机构还与中国的阿语教学机构联合举办大型比赛，推动阿语著作的汉译等活动。如 2013 年，沙特阿卜杜拉·本·阿卜杜勒·阿齐兹国王阿拉伯语国际服务中心把阿拉伯语月全球年度巡回活动的第一站选在北京，活动期间，该中心的阿语专家分别前往北语、北外、广外、西北民族大学进行专题讲座，并与北语合作举办中国高校首届阿拉伯语书法比赛、第三届阿拉伯语演讲比赛、“首届中沙阿拉伯语教育论坛”等活动，取得了良好的效果。

2013 年 6 月，由西安外国语大学与卡塔尔谢赫萨尼阿卜杜拉人文服务基金会共同举办了“千部阿拉伯语著作翻译项目”启动仪式。该项目为期十年，预计将完成近千部阿拉伯语经典著作的汉译，涉及阿拉伯语言、文学、政治、经济、文化、艺术、思想、宗教等各个领域。该项目为我国高校广大阿拉伯语专业师生提供了广阔的学术合作与交流平台，如能按期完成，必将进一步密切中阿文化关系，为中阿文化交流乃至世界文化的交往发挥积极影响。

另外，目前共有 9 个阿拉伯国家开设了 11 所孔子学院和 3 所孔子课堂，5 所开设有阿语专业的高校承担了部分孔子学院的管理与教学任务，如北京大学、北京外国语大学、上海外国语大学、宁夏大学和北京第二外国语学院。

（五）科研领域硕果累累

21世纪以来，我国高校的阿拉伯语学术研究取得了丰硕的成果，编著出版了一批高质量的教材、专著、论文、译作和辞书。

2000年至2004年年初，阿语专业有校级、省（部）级、国家级立项项目80项（包括教材），其中省（部）级23项，国家级5项，共获资助219.9万元。这些项目中，已完成专著25部，教材12套，译著26部，发表学术论文260篇。[①]2004年以来，阿语教育界没有对科研成果作过全面统计，但可以想见，教学层次的提升和培养模式的转变必然强化教师的科研意识，促使他们选定专业方向，开展学术研究，提升学术水平。据了解到的信息，近几年，阿语专业在争取立项资助、以项目带动科研、培养人才、出版成果等方面均比21世纪的前5年有明显进步。

更可喜的是，进入21世纪以来，阿语专业教师的科研成果多次荣获国家和省部级奖励。如北外纳忠教授的《阿拉伯通史》（上下卷）于2000年获北京市哲学社会科学优秀成果一等奖；北大仲跻昆教授的《现代阿拉伯文学史》获2006年教育部第四届高校人文社会科学研究优秀成果一等奖；北外国少华教授的《阿拉伯语词汇学》获2001年北京市第六届哲学社会科学优秀成果二等奖；经贸大学杨言洪教授的《阿拉伯语汉语句法比较研究》获2006年北京市第九届哲学社会科学优秀成果二等奖。

鉴于中国高校阿语教师在阿拉伯语教学、科研领域做出的杰出贡献，有多人多次荣获阿拉伯国家嘉奖。例如，2001年，联合国教科文组织授予北外纳忠教授首届“沙迦阿拉伯文化奖”，以表彰他对阿拉伯语言与文化的广博知识，肯定他在阿拉伯文化研究，特别是阿拉伯历史研究领域的非凡成就。北大仲跻昆教授也多次荣获阿拉伯国家表彰，如2005年，他获得了由埃及高等教育部部长签署的特

① 戴炜栋、胡文仲:《中国外语教育发展研究（1949—2009）》，401页，上海，上海外语教育出版社，2009。

别表彰奖；2011 年 3 月，荣获“谢赫·扎耶德图书奖——第五届文化人物年度奖”，以表彰他为阿拉伯语教学、科研和为中阿文化交流做出的重大贡献；同年 10 月，仲跻昆教授荣获沙特国王阿卜杜拉·本·阿卜杜勒·阿齐兹国际翻译奖的荣誉奖项，以表彰他在阿拉伯文学翻译、研究领域的突出贡献。2006 年埃及文化部、埃及文化最高委员会授予上外朱威烈教授“翻译表彰奖”，以表彰他为传播阿拉伯文化所做出的杰出贡献；2008 年海湾合作委员会成员国驻华使节委员会授予朱威烈教授“海湾合作委员会奖”，以表彰他在阿拉伯问题和中东问题研究领域取得的成就，以及为增进中国与阿拉伯世界，特别是中国与海合会成员国之间的友谊所做的贡献。

为加强中国的区域和国别研究，为国家制定发展战略、政策措施提供智力支持、决策咨询、理论探讨和实践分析，2011 年 11 月，教育部决定在部分高校和研究机构启动区域和国别研究基地。2012 年 1 月，北京语言大学、北京第二外国语学院、宁夏大学被批准为首批教育部阿拉伯研究中心培育基地。这一举措必将加强这几所院校师资队伍的科研能力，推动其深入开展针对阿拉伯国家政治、经济、文化、教育等方面的研究，打造阿拉伯社情调研信息基地、阿拉伯问题研究数据库，成为服务于国家外交战略和经济建设的思想库。

自中埃建交 60 周年以来，中国高校的阿拉伯语专业在学科建设、师资队伍、教学资源、教学管理、学术研究、对外交流等各方面都取得了稳步的发展。当今世界，阿拉伯国家的重要性日益凸显，中阿友好合作关系全面深入发展的大好局势和潜力巨大、前景广阔的未来趋势，为阿语专业的发展带来了良好的机遇。高校阿语专业在转变教学观念、加强师资队伍建设、促进各专业点均衡发展等方面都大有可为。

阿尔及利亚中文教学发展情况研究

潘雷　闵敏

【摘要】阿尔及利亚是北非重要的阿拉伯国家，目前，中国国家汉办已经在该国的君士坦丁、安纳巴、奥兰、阿尔及尔都建立了中文教学点，并派遣了对外汉语教师。除此之外，在特莱姆森、塞提夫、巴特那的大学里也有中文培训班，由阿尔及利亚人授课。但是该国还没有孔子学院或是孔子课堂，因为阿尔及利亚政府将开设类似语言文化中心的机构和国家安全挂钩，这导致孔子学院和孔子课堂长期无法在该国开设。阿尔及利亚有的大学希望建立中文语言文化系，但是学校短期内很难满足开办的条件，所以在一段时间内阿尔及利亚的中文教学还要依靠中国国家汉办的支持。由于中国的国际影响力越来越强，中资企业在阿尔及利亚能够提供高薪就业机会，基于这些原因，中文教学在阿尔及利亚的前景是广阔的、光明的，但同时也存在着诸多问题和挑战。

【关键词】阿尔及利亚；孔子学院；中文教学

【作者简介】潘雷，硕士，四川外国语大学东方语学院讲师。闵敏，硕士，四川外国语大学东方语学院讲师。

一、阿尔及利亚各中文教学点情况

到 2016 年 5 月为止，阿尔及利亚还没有孔子学院或是孔子课堂，但是中国国家汉办已经在阿尔及利亚多所大学建立了中文教学点。

阿尔及利亚目前有中文教学点6个，分布在该国四个城市：君士坦丁（第三大城市，位于东北部）；安纳巴（第四大城市，靠近突尼斯的东北部城市）；奥兰（第二大城市，位于西北部）；阿尔及尔（第一大城市，首都）。

君士坦丁中文教学点是国家汉办在阿尔及利亚建立的第一个中文教学点。2011 年 9 月 20 日，中国驻阿尔及利亚大使馆文化参赞与阿高教科研部国际合作司司长分别代表中国国家汉办和阿高教科研部在阿签署了《中国国家汉办与阿尔及利亚高教科研部关于派遣汉语教师谅解备忘录》。合作单位是君士坦丁大学，中文教学工作就开始于这一年。从这一年开始，国家汉办开始向君士坦丁大学派驻对外汉语教师，这也是国家汉办第一次向阿尔及利亚派驻对外汉语教师。国家汉办派遣到阿尔及利亚的对外汉语教师每两年更换一次。到 2016 年为止，在君士坦丁工作的已经是第三批汉语教师了。第一批从 2011 年至 2013 年，第二批从 2013 年到 2015 年，第三批从 2015 年至今。该教学点国家汉办只配备一位汉语教师。

阿尔及利亚第二个建立的中文教学点在安纳巴，建立的时间是 2012 年，合作单位是安纳巴大学。2012 年 12 月 4 日，中国驻阿尔及利亚大使馆文化参赞代表国家汉办，分别与阿高教科研部所属的安纳巴大学代表和奥兰大学代表在阿尔及尔签署了《中国国家汉办与阿尔及利亚安纳巴大学关于派遣汉语教师谅解备忘录》和《中国国家汉办与阿尔及利亚奥兰大学关于派遣汉语教师谅解备忘录》。到 2016 年为止先后有两批汉语教师在那里工作，第一批从 2012 年到 2014 年，第二批从 2015 年至今。该教学点国家汉办只配备一位汉语教师。

第三个建立的中文教学点是在奥兰，建立时间为 2012 年，合作单位是奥兰大学。到 2016 年为止先后有两批汉语教师在那里工作，第一批从 2012 年到 2014 年，第二批从 2014 年至今。该教学点国家汉办只配备一位汉语教师。

第四个建立的中文教学点是首都阿尔及尔，建立时间为 2013 年，合作单位是阿尔及尔第二大学。2013 年 9 月 26 日，中国驻阿尔及利亚大使馆文化参赞代表国家汉办，与阿尔及尔第二大学校长在阿尔及尔签署了《中国国家汉办与阿尔及利亚高教科研部阿尔及尔第二大学关于派遣汉语教师谅解备忘录》。到2016年为止先后有两批汉语教师在那里工作，第一批从2013年到2015年，第二批从2015年至今。该教学点国家汉办配备两位汉语教师。

第五个建立的中文教学点是在奥兰，建立时间是2014年，合作单位是奥兰科技大学。到2016年为止只有第一批老师，在这里教授中文的和在奥兰大学教授中文的是同一位老师。奥兰本来只有一个教学点——奥兰大学，当第二批汉语教师到达奥兰之后，奥兰的第二个教学点奥兰科技大学又发展了起来，但是国家汉办和奥兰科技大学还没有官方的备忘录。

第六个建立的汉语教学点是在首都阿尔及尔，建立时间为2015年，合作单位是军事翻译学院，到2016年为止只有第一批老师，该教学点国家汉办配备有三名对外汉语教师。该教学点和其他教学点不同，其他教学点都是面向全社会招生，但这个教学点只负责培训阿尔及利亚军人的中文，不面向外界招生。接受培训的军人来自阿全国各地，由军队指定某名军人来学习中文。现有培训军人15人，全天都上中文课。

除了国家汉办支持建立的6家中文教学点，在阿尔及利亚还有三个城市的大学中开设有中文培训班，在那里教授中文的老师都是以前在中国留过学的阿尔及利亚人。西北部城市特莱姆森的特莱姆森大学里，有一位曾经在中国武汉留学的阿尔及利亚人在教授汉语；离首都三小时车程的中部城市塞提夫的塞提夫大学里，有一位曾经在天津学习英语的阿尔及利亚人在教授汉语；在东部沙漠边缘的城市巴特那的巴特那大学里，有一位曾经在中国山东学习生物的阿尔及利亚人在教授汉语，此人还向中国大使馆表示希望国家汉办在巴特那大学也建立中文教学点。2015年，在首都举办的“汉语桥”阿尔及利亚预赛中，这三所大学也派出选手来参加了比赛。而这三所大学也有可能成为新的中文教学点潜在的发展对象。

阿尔及利亚至今没有建立HSK考点，想要参加考试的阿尔及利亚人只能去突尼斯或摩洛哥参加。而考点的建立对于汉语在该国的发展至关重要，因为 HSK 考试是外国人来中国留学并获取奖学金的有效途径，尤其是对于那些经济条件不足以负担自费留学费用的学生来说。

二、阿尔及利亚大学对于中文教学的构想和规划

以阿尔及尔第二大学为例，阿尔及尔第二大学的领导希望建立中国语言文化系，该系的学生既学习汉语语言，又学习中国历史和文化，也就是建立阿方学校主导的中文教学，而不是依赖于中国国家汉办的中文教学。根据该国新的高等教育制度，本科为三年，硕士为两年，新的制度目前已经执行。中国语言文化系本科为三年，学校的构想是一年级 70% 的课程由阿尔及利亚教师用阿拉伯语教授中国历史文化知识，30% 的课程由中国教师用中文教授汉语语言知识；二年级 50% 的课程由阿尔及利亚教师用阿拉伯语教授中国历史文化知识，50% 的课程由中国教师用中文教授汉语语言知识和中国历史文化知识；三年级 30% 的课程由阿尔及利亚教师用阿拉伯语教授中国历史文化知识，70% 的课程由中国教师用中文教授汉语语言知识和中国历史文化知识。

基于这种构想，阿尔及尔第二大学希望汉办派来更多的对外汉语教师。目前在阿尔及尔第二大学教书的有两位对外汉语教师。当中国语言文化系建系后，第一年保持 2 位汉语教师，第二年增加至 3 人，第三年增加至 4 人。但是阿尔及利亚规定，如果要开设汉语语言文化系，必须至少要有两位有汉语语言文学硕士学位或以上的阿尔及利亚人教师。如果不满足这一条，汉语语言文化系就无法开办。如何能找到这两个人是一个巨大的问题。阿尔及利亚国内没有大学开设汉语语言文化系，所以，要想找有这种文凭的人就得在来中国的留学生里面寻找，但现实的情况是来中国留学的阿尔及利亚人里几乎没有学习汉语语言文学的，他们都或多或少地会说中文，但他们学习的都是其他学科，几乎没有人有汉语文学硕士学位。就算能找到这个人，他是否愿意回国任教也是一个问题，因为阿尔及

利亚大学教师的待遇并不算高。如果阿尔及尔第二大学为了培养自己的汉语教师在2016年派遣留学生来中国学习汉语，读完本科和硕士也要七年的时间，也就是说当留学生拿到硕士学位满足建系条件的时候已经是2023年了。所以，在短期内，至少在5年内，阿尔及利亚的大学想建立中文系的构想是不切实际、很难实现的。所以在以后较长的一段时期内，阿尔及利亚的中文教学还要依靠国家汉办派出的汉语教师。

三、阿尔及利亚政府对于汉语教学和建立孔子学院的态度

从2011年在君士坦丁建立第一个中文教学点开始，到2016年已经5个年头了。每一年在阿尔及利亚都至少有一个新的中文教学点建立。这一点加上阿尔及利亚高教部和中国国家汉办签署的文件，都可以证明阿政府是支持发展中文教学的。但是到现在为止阿尔及利亚还没有一家孔子学院，阿尔及利亚官方的态度对于孔子学院能否成功建立有着直接的影响。

四、阿尔及利亚的中文教学

以阿尔及尔第二大学中文教学点为例。阿尔及利亚的首都阿尔及尔是全国人口最多的城市，全国大约10%的人口生活在这里。这个教学点的学生也是阿各教学点中人数最多的一个，从2013年到2015年，这里累计教过200名学生。阿尔及利亚的中文教学点一般都设在大学的语言强化中心，该中心对外教授多种语言，比如阿尔及尔第二大学的语言中心就设有汉语、阿拉伯语、法语、英语、德语、西班牙语、瑞典语、波斯语、土耳其语、日语、朝鲜语，该国的所有民众以及在该国的外籍人士均可报名参加培训。不过收费略有不同，在校大学生收2000阿尔及利亚第纳尔，政府职员和政府大中小学员工收2500阿尔及利亚第纳尔，其他人等收5500阿尔及

利亚第纳尔。培训是以学期为单位进行的，一年有两个学期，第一学期一般从 10 月到 3 月，第二学期一般从 3 月到 6 月，寒假、春假和暑假不开班。一学期结束后学员参加考试，考试由任课教师自主命题，自主阅卷。考试合格者会得到语言中心颁发的证书。上课时间为一堂课三小时，每周一次课或两次课，课程多被安排在周六，因为休息日更多的人都可以来上课。例如，中文课程就被安排在周六，一共三节课，8:00—11:00、11:00—14:00、14:00—17:00，如果一个老师来上的话，吃午饭的时间都没有，而且这一天的上课强度很大。这一天的课程一般是由两位老师分担，一位老师上 8:00—11:00 和 14:00—17:00，另一位老师上 11:00—14:00。由于一个星期只有一次到两次课，学员的中文水平很难在短时期内有很大的提高。所以，到 2016 年为止，虽然中文教学点在阿尔及尔第二大学已开办接近三年，但是学生的汉语水平还都很低，汉语水平发展缓慢。不光是学生的汉语水平低，学生的流失率也很高。例如，2013 年到 2014 年，第一学期共有学员 93 人，全部为零起点；第二学期共有学员 76 人，其中零起点学员 49 人，一期留下的学员 27 人，也就是说只有 29% 的学员坚持学了两个学期。2014 年到 2015 年第一学期，三年级 18 人，学员保留率为 67%。年级越高，流失率越低，而年级越低，流失率则越高。

五、阿尔及利亚人学习中文的一些问题

第一，汉语本身的难度。汉语拼音中的一些发音对于阿尔及利亚人来说很难发，比如 e、z、c、s、zhi、chi、shi、r，还因为他们受法语影响，发 ang，eng，ong ，iang，ing，iong，uang，ueng 这几个音的时候，最后都会发出“呢”的音，就变成“ang 呢”、“eng 呢”、“ong 呢”……汉语的四声音调对他们来说也是非常困难的，尤其是二声和三声，他们难以分辨两者的差别。写汉字他们认为很有意思，并不难。但是要求他们按照笔画顺序写汉字就会很难。

第二，希望速成的心理和课时安排量少之间的矛盾。很多来学

习汉语的学生都抱着速成的心态，希望在尽可能短的时间里学会汉语，但是当他们发现每星期只上一两次课，短时期内无法掌握汉语的时候，就会选择退出。这个问题现在无法解决，因为课时量的安排由语言中心负责，语言中心安排的就是每星期一至两次课。

第三，汉语课和学员的个人活动时间冲突。学员利用空余时间来上汉语课，一旦汉语课的时间和他的个人事务在时间上发生了冲突，比如汉语课的时间和学生的专业课时间冲突，比如汉语课的时间和学员单位的工作时间冲突……那么学员就会放弃汉语课的学习。现阶段解决这个问题的办法只能是任课教师多奉献。例如，一个班10个学员，周六上课，8个学员可以来，2个学员来不了，任课教师只能另找时间给2个学员补课，如果2个学员的时间统一不了，不能在一起补课，那就得补两次课，如果来不了的学员很多，那工作量就会增加很多倍。但是补课是没有课时费的，所以说只能依靠任课教师的觉悟和奉献精神。

六、阿尔及利亚人学习汉语的动机

第一，中国在改革开放以来突飞猛进的发展，吸引了世界上越来越多的国家的关注，特别是发展中国家。阿尔及利亚也有很多人对中国很好奇，有很多人想通过汉语的学习对以及和中国老师的交流，更深入地了解中国。

第二，学习汉语可以为阿尔及利亚人带来工作机会，提高他们的生活水平。现在，在阿尔及利亚的中国企业都在搞属地化进程，也就是多雇用当地人，减少中国员工的雇用比例。在阿尔及利亚的中资企业比如中建、中铁建、华为、中兴等，都在不同程度地进行着属地化的改革。中国企业为什么这么做呢？第一个原因是降低成本。中国人的工资高，阿尔及利亚当地人的工资低。例如，在中建阿尔及利亚大清真寺项目中，一个中国工人的月工资是7000~8000元人民币，而一个阿尔及利亚工人的月工资是三万到四万第纳尔，大约2000元人民币。第二个原因是为了中资企业在当地的可持续发展。第三个原因是阿尔及利亚本身就是一个失业率颇高的国家，而高失业率会造成社会的不安和动荡，阿政府要求在阿的外籍企业雇用一定比例的阿籍员工。阿尔及利亚人在中资企业这样的外企工作，工资要比当地企业高，所以当地人渴望在外企工作。如果会说中文，他们进入中资企业工作的机会就会变大。

第三，除了就业提高收入这一目的外，阿尔及利亚人学习汉语的另一个目的是改变自己的命运。例如，很多大学生学习汉语的目的是想去中国留学，如果能够去中国留学，那么他们的命运很可能由此而改变。

七、中文教学点未来发展展望

从 2011 年第一家中文教学点在阿尔及利亚成立以来，中文教学点以每年至少一家的增长速度在阿尔及利亚发展着。

如果按照这个趋势发展，以后每年在阿尔及利亚都将至少增加一个中文教学点。但事实会按照预料的那样发展吗？事实上，政府的推动是中文教学点发展的重要原因。2011 年，中国在这一年推动了阿尔及利亚第一家中文教学点的建立。2012 年到 2015 年，文化处大力推动了两国文化交流和中文教学点的建设，邀请了众多中国文化艺术团体访问阿尔及利亚。以 2014 年为例：1 月，少林寺武僧来阿尔及利亚表演少林功夫；8 月 12 日，中国“唐朝”乐队参加“迪瓦那”音乐节；9 月 16—24 日，中国黑龙江交响乐团赴阿尔及利亚参加第六届交响乐国际文化节；11 月，上海戏剧学院舞蹈团来阿尔及利亚参加现代舞蹈国际文化节；12 月 3—9 日，青海省民族歌舞团访问阿尔及利亚；12 月 20 日，中国“聆听中国”民乐团来阿参加第九届安达卢西亚国际民族音乐节开幕式演出。除此之外，时任文化处官员还重新启动了停滞多年的中国留学生留学阿尔及利亚项目。

2015 年，文化处进行了交接，今后会更加大力推动两国文化交流和中文教学点的建设，中文教学点也会继续稳步增长和持续发展。

埃及语言教育政策变迁背景分析

李　宁

【摘要】埃及语言教育政策主要经历了三个发展模式：殖民时期以英语为核心的语言教育政策、独立初期以标准阿拉伯语为核心的语言教育政策和发展时期多元化语言教育政策，不同时期的变迁凸显了埃及语言教育政策的价值观取向，背后隐含着历史、政治、经济和文化等多种因素的交织与互动。本文通过分析埃及语言教育政策的发展历程，探讨了驱动埃及语言教育政策变迁的背景因素及其所面临的挑战。

【关键词】埃及；语言教育政策；英语；标准阿拉伯语

【作者简介】李宁，博士，北京第二外国语学院阿拉伯学院副教授。

“语言教育政策是政府为实现语言教育的目的而颁布的法令、法规及政策指导性文件，它包括政府以书面形式颁布的法律、法案、文书、文件、通告及国家领导人在公共场合所发表的言论、通知、通告等。”[①] 一方面语言教育政策的制定取决于政府的语言价值观取向，同时受国家政治、经济和文化等发展因素的制约；另一方面，语言教育政策在其实施过程中又会服务和影响国家的各项发展。自19世纪末起，埃及在争取民族独立和国家发展的道路上经历了各种变革与挑战，其语言教育政策也随之发生变化。

① 孔颂华：《当代马来西亚语言教育政策发展研究》，华南师范大学硕士论文，2007。

一、埃及语言教育政策变迁历程及其原因

（一）殖民时期：以英语为核心的殖民语言教育政策

英国殖民统治埃及长达 70 年，在此期间英国采取的语言政策是：强行推广英语，积极扶持埃及土语，竭力遏制标准阿拉伯语。由此，英语上升为埃及教育体系的核心语言，标准阿拉伯语被边缘化。

为了确立英语为教学语言，英国先是以埃及正在转向欧式科学发展模式为借口于 1888 年宣布所有学校的教学语言是英语、法语或其他外语。[①] 此后，英国在埃及建立了 18 所英语学校，将小学至高中课程的教学语言改为英语，力图在埃及根植英语使其取代一切语言包括法语。[②] 此外，英国试图通过扶持埃及方言来削弱和限制标准阿拉伯语的地位与使用，因为对于英国来说，标准阿拉伯语和埃及方言在实际使用中的并存和对立是一个难以限制和理解的“双语现象”，另一个重要的原因是当时标准阿拉伯语遭到一些人士包括阿拉伯学者的诟病，如埃及著名记者萨拉曼·穆萨曾猛烈抨击标准阿拉伯语是“一个死板、墨守成规的语言”。[③] 于是，英国利用这一“名正言顺”的理由试图推崇埃及方言，排挤标准阿拉伯语。为此，英国特使洛德·戴弗瑞在给英国政府提交的一份关于埃及的报告中特意就提升和扩大埃及方言的使用进行了论述。[④] 尽管英国的这一计划未能实施，但在很大程度上揭示了当时标准阿拉伯语所遭受的压制与排挤。 值得一提的是，英国强制推行的殖民语言教育政策严重阻碍了当时埃及在教育体系中对科学课程的“阿拉伯化”进程，埃及的现代科学教育起始于 19 世纪阿拉伯现代文化科学振兴运动之初，尽管遭到国内外一些人士的质疑和反对，1827 年建立的医学学校自

① Reem Bassiouney, *Arabic Sociolinguistics*, Edinburgh University Press , 2009, p.237.

② Mohamed A.Yacoub, *Diglossic Stitusation in Arabic Language in Egypt: A Low variety Planned to get Standard*? Intertational Journal of Social Science and Humanities Research, Vol.3. No.1, Junanry 2015, p.384.

③ J. Brugman, *An Introduction to the History of Modern Arabic Literature in Egypt*, BRILL, 1984, p.397.

④ Reem Bassiouney., *Arabic Sociolinguistics*, Edinburgh University Press 2009, p.238.

成立之日起坚持使用标准阿拉伯语作为教学语言，后来建立的一些学校包括护理学校、医药学校和人文学校等都使用标准阿拉伯语授课。1887 年英国强行将这些学校的教学语言改为英语，只保留了临床教学使用阿拉伯语，但持续了一段时间后也逐渐改为用英语教授。

面对英国强制推行的殖民语言政策，随着 20 世纪初争取自由和民族独立运动的兴起，埃及知识阶层意识到必须争取阿拉伯语的语言权利。第一个进行语言教育改革的人是 1906—1910 年担任埃及教育部长的萨阿德·扎格鲁格，他曾致力于阿拉伯语取代英语成为教学语言。1908 年埃及大学（后改名开罗大学）成立时阿拉伯语被确定为教学语言。1925 年 3 月 11 日颁布的成立埃及大学法律第 17 条规定“在大学董事会没有因特殊情况决定使用外语的情况下，教学语言是阿拉伯语”。此外，争取在外语学校开设阿拉伯语课程也是这一时期埃及知识阶层争取民族语言权利的主要目标。1934 年颁发的 40 号法令规定所有外语学校学生必须学习阿拉伯语课程，由埃及教育部制定外语学校所有课程，最终阿拉伯语课程连同教育部规定的埃及历史和地理等课程被纳入外语学校教学大纲。[①] 但此项法律并没有明确指定外语学校的教学语言，也未严格控制外语学校除教育部规定课程以外自行设置的课程，这意味着外语学校可自愿开设其他课程。所以，尽管外语学校开始教授阿拉伯语，但其教学语言依然是英语、法语、德语和意大利语等。这一针对外语学校教学语言和课程设置的立法折射出当时埃及语言政策的不确定性。因而，迟至 20 世纪 40 年代，除爱资哈尔大学管理下的宗教学校之外，外语依然是学校主要的教学语言。这一阶段影响埃及语言教育政策的另一个重要人物是塔哈·侯赛因，除呼吁在外语学校开设阿拉伯语课程之外，塔哈·侯赛因还主张在所有公立小学阶段取消外语课程。在塔哈·侯赛因担任教育部长期间，埃及的外语学校全面开设了阿拉伯语、埃及历史和地理等课程。尽管这些学校的教学语言依然是外语，但“将阿拉伯语作为一个必修语言引进外语学校依然是埃及国

① Judith Cochran, *Education in Egypt* , Routledge 2013, p.29.

家教育的一个重要转折点”[①]。值得一提的是，在争取民族语言权利的同时，埃及还参与了 20 世纪 30 年代针对阿拉伯语的改革尝试，“埃及是较早呼吁进行阿拉伯语改革的国家，其建议包括对阿拉伯语语法和拼写等进行改革，甚至有人提出更极端的想法：取消语法规则，摆脱双数体系和阴性复数后缀规则等”[②]。尽管这些改革并未实施，但却在一定程度上揭示了埃及一些知识分子对待标准阿拉伯语的态度。此外，针对 30 年代阿拉伯语语法教学所面临的问题，1938 年埃及教育部承担了当时的阿拉伯语教学改革任务。1945 年埃及阿拉伯语学会通过了改革实施报告，50 年代末这一改革措施在埃及、叙利亚和伊拉克的一些课本中得以实施。 这一时期语言教育政策上的另一个重要举措是 1932 年成立了开罗阿拉伯语学会。当时该学会与大马士革和伊拉克等阿拉伯语学会合作集中研究在阿拉伯语中引进现代科学术语的问题，在发展和推进阿拉伯语在科学领域的语言功能方面发挥了作用。

在殖民统治时期，由于英国的强制推行，英语成为埃及教育体系中的核心教学语言，标准阿拉伯语由于遭到压制与排挤而逐渐边缘化。不可否认的是，埃及在被动实施殖民语言教育政策的同时也为争取民族语言权利和完善标准阿拉伯语语言功能进行了不懈的抗争和努力，在很大程度上催生了民族语言教育政策的萌芽。

（二）独立初期：以标准阿拉伯语为核心的语言教育政策

1952 年独立后，为了清除殖民影响，振兴民族语言和文化，稳固国家和民族统一，埃及确立标准阿拉伯语为官方语言和教学语言，并通过推行“阿拉伯化”进程确立和巩固标准阿拉语在国家教育体系中的核心与优先地位。这一时期埃及语言教育政策最大的变化是：标准阿拉伯语从殖民时期的边缘状态上升到教育的核心地位，以英语为首的外语逐渐边缘化。

为了普及教育，纳赛尔政府于 1953 年颁布法律实施小学免费

① By Reem Bassiouney, *educational language policy in Egypt*, Edinburgh University Press 2009, p.241.

② By Reem Bassiouney, *educational language policy in Egypt*, Edinburgh University Press 2009, p.240.

教育，学校开始教授伊斯兰教知识、阿拉伯古典文学和诗歌，大学甚至理工学院也开始使用阿拉伯语教学。1960 年时任埃及教育部长卡迈勒·侯赛因在开罗阿拉伯语学会上呼吁“在大学里使用阿拉伯语教学”。随着标准阿拉伯语在教育领域核心地位的确定，埃及社会恢复了对标准阿拉伯语价值的认同：曾经倡导对阿拉伯语进行简化与改革的呼声消失了，标准阿拉伯语再度成为文学人士、知识分子和受教育人的语言。这一时期的埃及政府特别“强调将阿拉伯语和阿拉伯文学学习置于外语学习之上”①。为此政府采取了一些特殊政策大力突出标准阿拉伯语的优先性和权威性，如赋予阿拉伯语在国家考试中的特殊地位，“阿语成为国家考试中最重要的课程，只要通过阿拉伯语考试 50% 的最低分，在两门课程不及格的情况下学生依然会升级”。②这些均凸显了独立初期埃及语言教育政策对标准阿拉伯语的特殊倾向与扶持。此外，与独立初期参与阿拉伯语改革尝试不同，这一时期埃及语言教育措施更多地通过“阿拉伯化”运动对标准阿拉伯语进行发展和完善。例如，开罗阿拉伯语学会在当时承担着确定各个学科领域以及不同政府部门所需要的科学术语的任务，学会组织物理、化学和法律等领域的专家学者在每次的年会上讨论审核外语科学术语所对应的阿拉伯语翻译，然后将阿拉伯语术语目录发布在学会的报纸上。1957—1964 年，开罗语言学会共发布了约 20000 个科技方面的术语。③

相比标准阿拉伯语的核心地位和特殊待遇，外语学校以及外语教学在这一时期由于政府的强硬政策而受到很大程度的削弱。1956 年 10 月 29 日，第二次中东战争爆发，埃及和西方国家的关系陷入危机，1956 年 10 月 29 日—1957 年 1 月 10 日所有英国和法国教师被责令离开埃及，除美国和梵蒂冈开设的外国学校之外其他外国学校均被查封，开罗美国大学虽得以继续但归埃及政府管理。在英国、法国和以色列入侵苏伊士运河之前，埃及有 97000 所外语学校，之

① Lawrence R. Murphy, *The American University in Cairo*, 1919–1987, American University in Cairo Press 1987, p.149.

② Fatma H. Sayed, *Transforming Education in Egypt: Western Influence and Domestic Policy Reform* ,American University in Cairo Press 2006 , p.43.

③ Joshua A. *Fishman*, *Advances in Language Planning*, Walter de Gruyter 1974, p.303.

后锐减至17000所。[1]1958年后为了彻底摆脱外国对埃及教育的束缚和实施公平教育，埃及政府颁布160号法律对全国的外国学校进行"阿拉伯化"，规定所有教育机构归埃及人管理，其所有者、管理者和员工均应是阿拉伯人，所有外语学校必须服从政府课程和教育部统一的官方考试。[2]由此，外语学校开始持续萎缩，英语也彻底失去了殖民时期在埃及教育体系中的核心地位。

独立初期埃及语言教育政策的主要特点是：确立和稳固标准阿拉伯语作为教学语言在埃及教育体系中的核心地位，强硬遏制以英语为首的外语在埃及教育体系中的发展。埃及政府采取如此语言教育政策的主要原因是：语言是一个民族最重要的认同标志与符号，对于埃及来说最大限度地赋予标准阿拉伯语发挥其语言功能的权利和自由，代表着埃及彻底摆脱殖民统治实现民族独立和发展的强大意愿和决心，因而，确立和稳固标准阿拉伯语的核心与优先地位自然成为独立后埃及政府力图实现的目标。特别是1956年第二次中东战争爆发后，独立不久的埃及在面临国内百废待兴的发展局面时再度与法国和英国陷入冲突。出于政治意愿和民族抱负以及当时埃及所面临的地区与国际紧张局势，独立初期的埃及政府领导人不仅将振兴标准阿拉伯语视为国家独立和自由的标志与象征，在很大程度上更是视其为实现民族团结统一和抗击外来侵略的途径与工具。纳赛尔总统在1960年联合国大会上的讲话中说："阿拉伯民族是统一的民族，语言上的统一就是思想上的统一"[3]。因此，当时的埃及政府力图通过单一化的官方语言和教育语言加强民族向心力和凝聚力，通过对外语的大力遏制向西方传递埃及人民清除殖民影响和抗击外来侵略的意愿和决心。对于普通公民来说，使用阿拉伯语是一种热爱民族和效忠国家的表现，由此可见，当时标准阿拉伯语所承载的政治意义远远超过了其所发挥的语言功能。

---

① Judith Cochran, *Education in Egypt*, Routledge 2013, p.45.

② Lawrence R. Murphy, *The American University in Cairo, 1919–1987*, American Univ in Cairo Press,1987,p.149.

③ Reem Bassiouney, *Arabic Sociolinguistics*, Edinburgh University Press 2009, p.242.

（三）发展时期：多元化语言教育政策

自20世纪70年代起，随着开放政策的实施，埃及社会进入了一个新的发展时期，面临着前所未有的政治、经济和文化等诸多方面的变革与挑战。埃及语言教育政策也随之进入了一个复杂的多元化发展时期，凸显出新的语言价值取向。这一阶段埃及语言教育最明显的发展态势是：以英语为首的各种外语在埃及语言教育版图中的比重日趋上升，与标准阿拉伯语形成多元化格局。新的语言学习形势驱动埃及政府对语言教育政策进行了调整。

首先，为了满足日益上升的外语学习需求，扩大基础教育阶段外语教学的规模。1974年开始实施的经济开放政策在促进埃及经济迅速增长的同时带动了其他领域的发展，埃及国家教育系统以及陈旧的教育模式已无法满足国家经济发展和民众对教育的要求。自80年代后期，埃及政府颁发了一系列法规鼓励建立私立幼儿园和语言学校，政府鼓励投资教育的号召迅速得到回应。2004年埃及各种语言学校数目已达557所，而在10年前这个数字不到195所 。根据国际学校咨询集团2014年的数据，2013年埃及的国际学校数目已达164所，学生人数达86895099名，属于全球国际学校数目增长较快的国家之一。[①] 值得一提的是，除学习英语的人数不断增长之外，一些学习小语种的人数也日趋上升。有关数据显示，尽管政治局势动荡，旅游业萎缩，但在埃及学习德语的人数，由120000人增至250000人，大约有5%的埃及学校开设德语课程。[②]

其次，为了均衡学生知识结构对外语学校课程进行规范 。埃及学校分公立和私立两大部分，教学语言与课程不尽相同。一般公立学校的教学语言是标准阿拉伯语。大部分私立学校使用标准阿拉伯语教授国家课程如阿拉伯语和埃及历史等，其他课程如数学和科学则使用英语授课。有些私立学校如美国和英国国际学校则使用全套国外课程，所有课程使用外语教授。为了加大对外语学校课程和教

① The Booming International Schools Sector, World Education News Reveres, July 8, 2014.
② German As A Foreign Language Worldwide: 2015 Survry.

学的管理，埃及政府颁布了一系列法规。例如，1985 年颁布的 94 号法规第 8 条规定，语言实验学校必须开设统一的国家课程，使用外语教授数学和科学课程，在小学阶段开设一门外语，在中学和高中阶段开设第二门外语。决议第 12 条规定学生只有在获得高级外语考试中第一外语 50% 的得分和第二外语 40% 的得分才有资格升级。2012 年 1 月，教育部颁布决议允许私立和国际学校教授英国、德国和美国课程，但规定学校为埃及学生和阿拉伯地区学生开设阿拉伯语、宗教、历史和地理等课程。2014 年 9 月，埃及教育部就规范整治私立国际学校开设的课程再次颁布决议，决议第一条规定所有开设国外课程的私立学校必须按照相关协议教授教育部规定的阿拉伯语、埃及历史地理和宗教等课程。

此外，埃及教育部调整了英语作为第一外语在国家教育体系中的开设时间。埃及公立学校的第一外语为英语，之前在小学 4 年级开始教授。第二外语是法语、德语或西班牙语，一般在 9 年级开设。详情如下表所示。①

普通公立学校每周语言类课时数

年级	小学		初中		高中		
	阿语	第一外语	阿语	第一外语	阿语	第一外语	第二外语
1	12	3	7	5	6	6	3
2	12	3	7	5	4–8	4–8	3
3	12	3	7	5	4–8	4–8	3
4	11	3					
5	11	3					
6	11	3					

2003 年 3 月，埃及教育部宣布将原来公立学校从 4 年级开始教授英语改为从 1 年级开始。但在 2014 年 1 月，埃及教育部又将英语开设时间调整到 2 年级。关于何时开设外语的问题埃及教育界一直存在争论，一种观点认为过早引进外语学习会干扰学生的阿拉伯语

① Reem Bassiouney, *Arabic Sociolinguistics*, Edinburgh University Press 2009,p.253.

学习，另一种观点则支持提早开设。值得一提的是，有的私立外语学校在幼儿园阶段便开设第一外语，在4年级开设第二外语。

尽管这一时期标准阿拉伯语依然是埃及语言教育政策的核心，但不可否认的是，以英语为首的外语逐渐挺进埃及语言教育版图并在其中占据了不可忽视的比重，从而形成了多元化格局。究其原因，主要有两点：一是埃及的国家总体发展战略迫切需要培养外语人才。自20世纪70年代末起，随着经济的迅速发展，埃及开始致力于开辟自身在国际事务和全球经济秩序中的存在空间，特别是加强在各个领域与西方的对话与交流，具备外语知识的人才成为国家实现发展战略的人力资源保障，因此，在政策层面埃及政府积极鼓励和扶持外语教学的发展，而且针对特殊情况酌情采取优惠政策。例如，埃及教育部特许那些没有埃及国家课程认可证的归国人员的子女就读外语学校并在所有埃及大学国外项目设点为其保留5%的名额。① 二是埃及民众的语言价值观更加倾向外语。埃及社会的精英阶层大部分都有西方教育背景，自然也非常倾向为子女选择各种外语学校。值得一提的是，在全球化趋势和国家发展形势的逼迫下，埃及普通民众也更加趋向外语学习。例如，有调查数据显示，89.5%的埃及学生认为“学习英语对自身前途很重要”，73.7%的学生认为“学习英语能够提高在社会中的地位”。② 可见，国家需求和个人发展都形成了一种对外语学习的共识：精通外语是国家繁荣的重要渠道和个人发展的必备工具。

二、埃及语言教育政策面临的挑战

（一）高等教育“阿拉伯化”进程

2012年颁布的埃及宪法第12条提到“国家保护社会语言、文化和文明资源，致力于教育、科技和知识的阿拉伯化”。尽管这一条

① Nancy Beth Jackson, *Despite Barriers, Private Schools Gain in Egypt*, The New York Times, February 16, 1994.

② Hamish McIlwraith and Alistair Fortune Shirley Finlayter,English language teaching and learning in Egypt: an insight.

款在后来的宪法中被删除，但在很大程度上说明“阿拉伯化”仍然是一个亟待解决的问题，特别是高等教育“阿拉伯化”进程。

20 世纪初埃及就已开始高等教育“阿拉伯化”进程，在一个世纪的漫长时间里付出了诸多的努力，但进程依然缓慢地行进在“支持者”与“反对者”的争论和“政策”与“实施”的落差之中。例如，关于医学课程是否“阿拉伯化”的问题，尽管 2005 年医学科学阿拉伯化中心学者和阿拉伯国家医学院的院长一致认为使用阿拉伯语教授医学课程不会影响专业医学人士未来在国外深造或限制阿拉伯医学界与世界各国最新医学成就接轨，但实际调查依然显示出对“阿拉伯化”的质疑。2008 年埃及开罗艾因・夏姆斯大学医学院进行的一项有关“阿拉伯化”态度的调查数据显示，39.1%的教职员工和 31.5%的学生明确反对“阿拉伯化”，只有 5.5%的教职员工和 8.6%的学生积极赞同“阿拉伯化”。2012 年 3 月 1 日阿盟专项组织——阿拉伯教育、文化与科学组织（ALECSO）呼吁阿拉伯国家大学使用阿拉伯语教授科学课程，强调需要熟练人力资源和运用科技术语将所有领域的知识翻译成阿拉伯语。为了响应此号召，埃及计划通过大学教育体系开设使用阿拉伯语作为教学语言的课程。2012 年 5 月 4 日，埃及颁布一项法律，规定大学应致力于振兴阿拉伯文化和埃及人民的传统遗产，加强“与其他大学的文化与科技联系，加强‘阿拉伯化’进程”，但此法律依旧处于讨论之中。[①] 几十年来，埃及高等教育最明显的发展趋势是用英语作为教学语言，英语授课模式从原来的医学和工程等专业扩展至法律、新闻和经济等专业，现在仍有一些其他专业也计划开始实施英语授课模式。英语授课成为大学吸引生源的一个手段，而阿拉伯语相关课程则失去了吸引力。例如，开罗美国大学是唯一一个拥有核心人文课程和开设阿拉伯语及阿拉伯文化课程的外国大学，但为了和新建大学竞争，开罗美国大学将阿拉伯文化课程从 3 个减至 2 个。[②]

① Wagdy Sawahel, Call for increased Arabisation of higher education, June 3, 2012.

② Samia Mehrez, *Egypt's Culture Wars: Politics and Practice*, American University in Cairo Press,2010, p.105.

高等教育“阿拉伯化”并非是一个简单的语言二选一问题，而是一个超越了语言问题的文化态度问题。众所周知，一个国家高等教育的目标不仅在于传播和发展现代科技知识，更肩负着传承创新民族文化和推动社会进步的重大使命。因此，如何通过语言教育措施推动高等教育的“阿拉伯化”进程是埃及语言教育政策面临的一个挑战。

（二）“双语现象”

对于阿拉伯语来说，“双语现象”是指阿拉伯语社会成员在正式和非正式两种场合下使用阿拉伯语的两种变体——书面标准阿拉伯语和口头阿拉伯方言进行语言活动的现象。相比其他阿拉伯国家，埃及的“双语现象”更为严重，主要体现在：通过媒体得以传播的埃及方言所具有的普遍性与流行性对标准阿拉伯语的主体地位和语言使用空间形成了一种威胁。在埃及，方言不仅是各种非正式场合的主导语言，而且占取了埃及媒体的部分版图，电视、网络和广播等媒体空间均有方言的一席之地。其载体形式各异，如商业广告、谈话节目、肥皂剧和歌曲等，甚至一些报纸中也夹杂着方言。值得一提的是，在埃及有些文学体裁也用方言创作而成，如戏剧、少数传记和一些小说中的人物对话章节等。此外，电影也是埃及方言传播的载体，有“阿拉伯好莱坞”之称的埃及早在1896年便开始电影制作，但只有十几部历史性的电影使用的是标准阿拉伯语。① 显而易见的是，各种媒体和电影对埃及方言的传播负有不可推卸的责任，特别是夹带方言的各种媒体显示了埃及媒界对标准阿拉伯语的消极态度和对方言的积极态度，这两种态度通过媒体的各种形式传递输送给公众，潜移默化地影响着公众的语言习惯和取向，尤其会对那些正在学习标准阿拉伯语的儿童形成误导，最终会削弱教育机构在语言教育方面所付出的努力，因为媒体如同教育一样是语言传播最前沿的渠道。

---

① Mohamed A Yacoub, Diglossic , *Situation of Arabic Language in Egypt: Is Low Variety Planned to get standardized*, International Journal of Social Science and Humanities Research, Vol.3,No.1. January 2015,p.382.

"双语现象"之所以被认为是埃及语言教育政策面临的一个挑战，不仅因为埃及方言越来越多地侵占标准阿拉伯语的使用空间，更因为方言通过媒体渠道的传播在公众之中形成了一种约定俗成的消极语言价值观。此外值得一提的是，埃及人大多都能使用方言进行交流和沟通，但全国仅有 50% 的成年人能够使用标准阿拉伯语进行口头交流和字面书写，埃及人的读写能力仅为 52.7%[①]，这意味着一半左右的埃及人是方言传播的载体，同样具有极强的传播力。因此，如何遏制埃及方言对标准阿拉伯语的冲击，如何最大程度地推广标准阿拉伯语的传播是埃及语言教育政策面临的另一个挑战。

（三）"英语化"倾向

所谓"英语化"倾向是指在埃及社会中英语作为一种外来语越来越多地代替本土语言——标准阿拉伯语在日常生活与工作中发挥口头与书面的交际功能，在很大程度上以"喧宾夺主"的形式挤占了标准阿拉伯语的使用空间。例如，一些阿拉伯语专家指责埃及一些国家机关在日常办公中过多地使用和依靠英语，称此现象是在逐渐抹杀"埃及的阿拉伯属性"。此外，埃及年青一代交际方式的"英语化"也日趋上升。有调查显示，80% 的埃及青年专业人士在网络上只用英语进行正式邮件往来。一些学者认为年轻人当中的"英语化"倾向体现了埃及青年一代对自身民族语言的"不自信"和"不认同"。

不可否认的是，埃及各种类型的外语学校对"英语化"倾向在客观上起到了推波助澜的作用。很多私立外语学校的课程强调突出英语学习，淡化阿拉伯语课程，在这种语言教学趋势的主导下阿拉伯语课程从原本的核心课程变成了一门学生轻视的可"及格或不及格"的课程，特别是一些国际学校的课程直接对口国外大学，造成了很多学生阿拉伯语和阿拉伯文化知识的缺失，由此出现大批受

① Susan C. Herring, *The Multilingual Internet: Language, Culture, and Communication Online*, Oxford University Press, 2007,p.305.

过高等教育的埃及青年对语言对象国的归属感强于对自己祖国的归属感，由此“在埃及造就了一代代疏离阿拉伯语言和文化的青年精英”。[①] 由此可见，“英语化”倾向改变的不仅是学生的语言价值观取向，更为严重的是淡化和削弱了学生对自身民族语言与文化的情感与认同，对此一些埃及教育界人士发出了“埃及教育在冒险”的警告。

由此可见，埃及方言和英语均对标准阿拉伯语形成了冲击。面对“双语现象”和“英语化”倾向，有些学者甚至悲观地认为，“在埃及不是‘双语现象’问题，而是标准阿拉伯语持续存在的问题”。[②] 尽管有些夸大，但这的确在很大程度上反映了标准阿拉伯语在埃及语言生态中所面临的危险处境。如何在发挥英语语言功能的同时应对其对标准阿拉伯语的冲击是埃及语言教育政策面临的又一个问题。

三、结语

综上所述，埃及语言教育政策变迁是埃及社会历史、政治、经济和文化等因素合力作用的结果，但在每个阶段各个因素所发挥的作用不尽相同。历史原因迫使埃及被动接受以英语为核心的殖民语言教育政策；独立初期特殊的政治形势和需求促使埃及实施以阿拉伯语为核心的单极语言教育政策，而在发展时期埃及转向多元化语言教育政策则主要是国家经济发展的需求。显而易见的是，埃及语言教育政策的变迁遵循了大多数遭受殖民统治国家语言教育政策发展的轨迹：从政治因素起主导作用到经济因素起主导作用，从较极端的单极模式发展到较宽容的多元化模式。“双语现象”“阿拉伯化”和“英语化”三个问题凸显了埃及语言生态环境中多种语言共存所引发的矛盾与冲突，其实质是标准阿拉伯语所面临的边缘化危险。

① Samia Mehrez, *Egypt's Culture Wars: Politics and Practice*, American Univ in Cairo Press 2010, p.103.

② Mohamed A Yacoub, Diglossic, *Situation of Arabic Language in Egypt: Is Low Variety Planned to get standardized*, International Journal of Social Science and Humanities Research, Vol.3,No.1. January 2015,p.382.

如何在埃及多元化语言生态环境中有效地保护标准阿拉伯语的地位，如何最大限度地发挥标准阿拉伯语的各种语言功能是埃及语言教育政策面临的最大挑战。

阿译汉实践中文化差异的翻译策略

徐　雯

【摘要】通过对阿译汉作品中译例的列举和分析，归纳阿译汉实践中对阿中文化差异的几种翻译策略：直译、增词、意译、代换等翻译方法以及加注、译文文本外的阐释和补充说明等有效补偿手段；对译作进行比较，论述原作者意图、文体风格、翻译目的、读者对象及社会文化氛围和翻译主体的文化意识观念等主客观因素对翻译活动的制约作用。

【关键词】文化；异化；归化；直译；意译；增词；代换

【作者简介】徐雯，北京外国语大学阿拉伯语系讲师，主要研究方向为阿拉伯语语言文学。

翻译的社会功能之一是推动不同民族间文化的沟通、交流和移植。克服源语和目的语间的民族文化差异，对能否实现不同民族间的有效语际沟通和文化交流至关重要。阿拉伯语和汉语间存在的民族文化差异，同样给翻译工作带来了多种困难。借鉴前人的实践经验，阿译汉实践中对文化差异的处理可归纳出以下几种翻译策略。

一、直译法

处理文化因素所采用的直译法指的是：遵循“异化”的翻译原则，以源语或原文作者为归宿，在译文中保留源语蕴含的民族文化特性，将其直接介绍给译语读者，使他们领略到源语的民族文化特色。直译法能最大限度地保留源语反映的民族文化传统和民族文化心理，传播异族文化意象，丰富译语语言文化。因而，在阿译汉实践中，直译法是对文化因素最常采用的处理办法之一。

可以采用直译的条件是：译语中有基本对应的表达，或基本保留源语表达形式的译文易为译语读者理解；另外一种情况是，译者为向译语读者展示和引介源语民族的某一社会文化现象、语文表达形式、修辞手法、原作者语言风格等文化特性，而有意识地积极采用直译法，如：

1- اذن قد صار كهنة مثل فضلات المخازن التي يعرضها للبيع عند الجرد السنوي.

(نجيب محفوظ: حضرة المحترم، مكتبة مصر، القاهرة، 1975م ، ص152)

1. 如此说来，他已经成了一个废物，如同仓库里的积压物质，在年底结账时都要大甩卖一样。①

这个例句中用“仓库里的积压物质，在年底结账时都要大甩卖”来比喻“廉价的物品”“废物”，在汉语中有对应的本体和喻体。对此，译者采用了直译法来加以处理。

2- سيدي، حياة خديجة وديعة بين يديك، هيهات أن يبتسم لها الحظ مرتين.

(نجيب محفوظ: بين القصرين، مكتبة مصر، القاهرة، 1956م، ص352)

2. 先生，海迪洁的生命在您手中，命运不会向她微笑两次的。②

“هيهات أن يبتسم لها الحظ مرتين”（“命运不会向她微笑两次的”），是阿拉伯语的习惯表达，意为“好运是不会两次降临到她身上的”。“命运向某人微笑”，这里的译文不仅基本保留了阿拉伯语的表达形式，传达了同样的含义，而且易为汉语读者理解。

3- أنا اليوم، وقد صرت في الثمانين مثلما كنت وأنا في الثامنة، أجلس على شط البحر وأنظر إلى

أبعد نقطة من الأفق الأزرق وأسأل ألف سؤال وسؤال: ...

(جبران خليل جبران: الشعلة الزرقاء، مؤسسة نوفل، بيروت، 1984م،ص55)

3. 而今已是八十岁的我，正如八岁的我一样，坐在

① 纳吉布·马哈福兹：《尊敬的阁下》，蒋和平译，北京，文化艺术出版社，1991。

② 纳吉布·马哈福兹：《宫间街》，朱凯译，315页，长沙，湖南文艺出版社，1992。

海滩，极目遥望着远方蓝色的天际，发出了一千零一个问题：……[①]

由于著名的阿拉伯民间故事《一千零一夜》的缘故，“一千零一”在阿拉伯人的概念中，往往指代“数目大、数量多”，已成为阿拉伯语的一个习惯表达。例句中的“ألف سؤال وسؤال”（“一千零一个问题”），并不是一个确指的数字概念，而是指代“很多问题”。译者在这里采用了直译的手法，保留了原作中数词的文化伴随意义，同时也保留了原作者的语言风格。

同样，在诗歌翻译中，作为“极具魅力的语言艺术品”[②]，诗歌语言的某些特定形式往往负载着原作特定的审美信息。译者要考虑到诗歌读者对语言、文化的审美期待，尽量保留和传达原诗作中的“意象美”“视像美”。因此，在下面的阿拉伯语诗歌翻译中，面对阿汉两种语言在文法和句式结构上的差异，译者采用了“异化”的原则，在译作中保留了原诗作的句式结构：

安静地，黄昏在行进，

بهدوء يتقدّم الغسق

它的双肩沾了几滴血，

على كتفيه بقعٌ من الدم

在它手中，是一朵即将枯萎的玫瑰。

وفي يديه وردة تكاد أن تذبل.

喧闹地，黎明在行进，

بصخب يتقدّم الفجر

它的双手打开时间的书本，

يداه تفتحان كتابَ الوقت

由太阳翻转。[③]

والشمس تقلّب صفحاتِه

显然，在汉语译文中译者保留了状语前置的语言形式。这样“异化”了的句法结构，在汉语结构可兼容的范围内，也在汉语读者可

① 薛庆国译：《纪伯伦爱情书简》，274页，石家庄，河北教育出版社，2001。
② 王欣主编：载于《纵横：翻译与文化之间》，80页，北京，外文出版社，2011。
③ 《时光的皱纹——阿多尼斯诗选》，薛庆国译，60页，牛津，牛津大学出版社，2012。

接受、理解的范围内；最重要的是，“直译”过来的句子结构，更有助于传达原诗作的意味，传递“黄昏”与“黎明”、“安静”与“喧闹”之间明暗动静的对比意象。

综上可见，在传译源语意义的同时，保留原文在修辞手法、语言风格方面之“异”，这种原文之“异”，有利于帮助译语读者摆脱思维定式，加深对异族语言的认识和感受，有利于译语吸收新的语言表现手法。

应该指出，有时候单凭直译不能完全传达出原文中承载的源语文化信息，因此注释常被用作直译法有效的文化补偿手段。这种直译加注的手法在很多时候都是必要的。尤其在译介一个民族的经典著作时，译者一般比较注意兼顾原作的语言形式、修辞风格和文化内涵，因而必须采用加注的办法来消除直译带来的意义上的费解。有的时候，译者为了向读者介绍源语文化的有关知识，增进他们对源语文化的了解，也会积极借助加注的手法，如，

4- فألم به قلق وضيق كما ألما به يوم ناقشه الشيخ متولي عبد الصمد الحساب،...

(بين القصرين، ص473)

4. 艾哈迈德的心中就像与穆泰沃里·阿卜杜·萨姆德讨论清算日[①]那天那样，忧烦交加，忐忑不安。[②]

加注的办法给译者从容传达原文文化含义的空间，但却不宜过多使用，否则会打断译语读者的思路，影响译语读者的审美兴趣，破坏译作的流畅性。

二、增词法

增词法指在翻译过程中遵循“异化”原则，在直译的基础上适当增补解释性的词，帮助译语读者理解直译的译文，正确解读源语

---

① “清算日，宗教用语，即‘末日审判’。伊斯兰教认为在世界末日，被真主复活的人们跪在真主面前，接过记载每个人在今世全部行为的功过簿，逐个接受真主的审判。归信真主为一神并作善事的人永居天园，不信者或作恶者则堕火狱。”引自纳吉布·马哈福兹：《宫间街》，朱凯译，432页，长沙，湖南文艺出版社，1992。

② 纳吉布·马哈福兹：《宫间街》，朱凯译，432页，长沙，湖南文艺出版社，1992。

作品文化信息，从而使源语民族文化因素在译文中得以保留，如：

1- رجل كالجمل يقتل بطوب الثوار. (حضرة المحترم، ص22)

1. 一个像骆驼一样壮的男人，就这样被那些革命者用砖头砸死了。[①]

这里出现了以“جمل”（“骆驼”）作比喻的修辞现象，在翻译中要考虑到“骆驼”在中阿民族观念中不尽相同的文化伴随意义：骆驼一度是阿拉伯游牧民赖以生存的生活支柱，جمل一词具有非常丰富的文化伴随意义，象征着“体格健硕、强壮”；而在汉语中，“骆驼”一词给人的联想意义通常只是“坚韧、吃苦耐劳”。在小说的这个情节中，奥斯曼正在感叹自己家庭不幸，备受艰辛与贫困的折磨。如果在此不采用增词的手法，完全对应原文的字面指称意义，把这个句子译为“一个像骆驼一样壮的男人，就这样被那些革命者用砖头砸死了”，译语读者就很可能误解文本信息。

2- فعددت الحسنات اقرارا مني بفضل الوهاب...

(نجيب محفوظ: أصداء السيرة الذاتية، مكتبة مصر، القاهرة، 1996م، ص37)

2. 我列举了众多的幸事，感激好施者真主的恩惠。[②]

“الوهاب”是真主的九十九个美名之一，这里如果不采用增词的手法，译出其指称对象“真主”，而仅传译其字面意义“好施者”，会令一般的汉语读者感到费解。

需要指出的是，有时仅采用增词的处理方法还不能很好地向译语读者完全传译源语文化因素，这种情况下，同样需要辅以注释的办法作为补偿手段，如：

3- ...قائلا: ان عندها ضيوفا وفيهن ضيفة، ثم قبّل أطراف أصابعه!

(توفيق الحكيم: عودة الروح، الجزء الأول، مكتبة الآداب، القاهرة، 1933م، ص100)

3. “她那里有客人，其中有位少女！”说完，他五指并

① 纳吉布·马哈福兹：《尊敬的阁下》，蒋和平译，16页，北京，文化艺术出版社，1991。

② 纳吉布·马哈福兹：《自传的回声》，薛庆国译，24页，北京，光明日报出版社，2001，

拢，放在嘴边“卜”地一声，接了个指吻[①]！……

“قبّل أطراف أصابعه”，对此译者不仅运用增词的手法，向译语读者形象地描写了埃及人“五指并拢，放在嘴边‘卜’地一声”的这一身势语言，还运用了注释的办法，对这一身势语言本身所承载的深层含义作了进一步的解释说明。

三、意译法

意译法是指在翻译中以传达源语语言含义为主要目的，而在译文中舍弃源语蕴含的民族文化特性和表达形式。在源语语言表达形式和内容都承载了源语民族文化因素的情况下，有时直译的译文不能让译语读者准确理解源语的真实含义；而过多采用增词、注释作为补偿手段又不符合译语行文习惯，而且有悖原作语言风格。在这种情况下适当采用意译法，有利于发挥译语优势，使译文顺畅、简明、易懂，如：

1 - وقطع أفكاره ظهور شاب كالقمر،...

(نجيب محفوظ: القاهرة الجديدة، مكتبة مصر، القاهرة، 1945م، ص96)

1. 一个漂亮小伙子的出现打断了他的思绪。[②]

这个句子中，原作者用“القمر”（“月亮”）来比喻长相俊美的青年男子。但在汉语表达中却鲜有用月亮比喻男性长相漂亮的表达。译者在此作了取舍，即在译文中舍弃了原作的形象比喻，而采用意译法传达出源语的语义联想意义。

对于民族语言所特有的某些表达习惯，译者通常舍弃语言表达形式的民族性特征，而较多地采用意译法，以摆脱源语语言形式的束缚，按译语表达习惯赋形于词句，使源语语言含义得到传译。如：

2- ... وقديما أدخل عمرو بن العاص الاسلام في مصر بدهائه، وغدا يخرجه منها مأمون رضوان بثقل دمه.

① “埃及人表示对异性欣赏、钟情的动作。”引自陶菲格·哈基姆：《灵魂归来》，陈中耀译，73页，上海，上海译文出版社，1986。

② 纳吉布·马哈福兹：《新开罗》，冯佐库译，85页，上海，上海译文出版社，1991。

(القاهرة الجديدة، ص13)

2. “……古时，阿姆鲁·本·阿西凭着他的聪明才智把伊斯兰教传入埃及；明天，令人讨厌的马蒙·里德旺先生会把它赶出埃及。”①

在这个例句中，译者抛开了源语特有的表达方式，不着痕迹地把“ثقل دمه”译作“令人讨厌的”，这样的译文忠实于源语的真实含义，而且简洁明了。

3- فقالت المرأة بصوت محزون: —— ربنا يأخذ بيده.

(القاهرة الجديدة، ص34)

3. 母亲难过地说：“真主要召他去了”。②

“ربنا يأخذ بيده”，阿拉伯语的字面意义为“真主抓住了他的手”，意即“某人将要死去、即将离开人世”，是阿拉伯语的一种委婉表达，同时还反映了穆斯林的“真主意志至上、主宰人的生命”的观念。如果直译为“真主抓住了他的手”，不利于汉语读者理解源语的真实含义。意译为“真主要召他去了”，既忠实于源语含义，又表现了穆斯林的生命观，且不失原作委婉的言语风格。

四、代换法

代换法是指在保留源语信息交际意义的基础上，在译文中用译语文化中某个概念意义不同但文化意义相同或相近的表达对应代换源语中蕴含有民族文化特性的表达。采用代换译法的译文意思明白、易懂，易于为译语读者接受，如：

1- وأم حنفي كانت اليد اليمنى في هذه المملكة الصغيرة.

(بين القصرين، ص 20)

1. 在这个小小的王国里，乌姆·哈奈菲是她的左臂右膀。③

“اليد اليمنى”（右手）一词在这个句子中具有明显的文化伴随

① 纳吉布·马哈福兹：《新开罗》，冯佐库译，9页，上海，上海译文出版社，1991。
② 纳吉布·马哈福兹：《新开罗》，冯佐库译，28页，上海，上海译文出版社，1991。
③ 纳吉布·马哈福兹：《宫间街》，朱凯译，14页，长沙，湖南文艺出版社，1992。

意义。在阿拉伯人看来，右手是“洁净、能干、重要的”。在这个例句中，原作者用“اليد اليمنى”喻指乌姆·哈奈菲是艾米娜料理家务的得力助手。在这里，如果将原作直译为“乌姆·哈奈菲是她的右手”，会令汉语读者感到费解。译者以汉语中具有相同文化意义的“左臂右膀”来代换这一具有源语民族文化特性的表达，有利于汉语读者正确理解原作含义。

2- أ بعد ذلك دليل على صدق عاطفته؟... أو ليس من القلب الى القلب رسول كما يقولون؟!

(عودة الروح، الجزء الثاني، ص200)

2. 这难道还不证明他的感情的真挚吗？……难道不正如人们所说：心有灵犀一点通吗？！①

“من القلب الى القلب رسول”，即“心灵之间有使者”，在原作中喻指“心心相印”“默契”。译者采用了代换法，译作“心有灵犀一点通”，既向译语读者传译了源语含义，又能使译语读者领略到原作的语言风格。

此外，对于某些富有民族历史文化意义的源语词汇，或原文中某些为原作者巧妙运用，充分体现原作者文化修养、认知观念及语言风格的源语词汇，译者可以在译作的译序中加以专门的补充说明，阐释源语的词语意义和文化内涵以及对应的译语词汇所承载的文化意义等。例如，在译著《阿拉伯—伊斯兰文化史》（黎明时期）的译序中，译者就对阿拉伯历史上的“مولى”（译作“释奴”）作了充分的介绍，阐述其产生的背景渊源、历史作用和社会地位等②，作为译介源语词汇必要的文化补偿手段。又如在《纪伯伦爱情书简》的译序中，译者对于原作中的“الوادي”“صندوق الذهب”“العنصر الشفاف”“الضباب”等为原作者巧妙运用、含有细微内涵的源语语汇作了补充说明③，以使译语读者正确理解源语内涵，并领略原作者的语言风

① 陶菲格·哈基姆：《灵魂归来》，陈中耀译，366页，上海，上海译文出版社，1986。
② 艾哈迈德·爱敏：《阿拉伯—伊斯兰文化史》纳忠译，译者序言，15页，北京，商务印书馆，1982。
③ 薛庆国译：《纪伯伦爱情书简》，译序，7页，石家庄，河北教育出版社，2001。

格。可见，在译文文本之外对源语文化因素加以阐释和补充说明，是翻译实践中可采用的又一有效文化补偿手段。

在翻译实践中应充分考虑原作者意图、文体风格、翻译目的及读者对象等制约因素，以确定翻译原则和方法，对源语文化因素作适度处理。文学翻译的目的首先在于引介异族语言文化体系中的优秀作品，译介源语民族社会历史风貌，传达原作者的思想内涵和写作意图；其读者通常是具有一定审美情趣和能力的群体，具有理解和接受异域文化的要求和文化意识。这就要求译者在译文中充分展示源语文化特性，体现原作者独特的语言风格和文化观念。因此，在文学翻译中，遵循“异化”原则来处理原作中的文化因素，有利于最大限度地保留原作的内容和语言文化特质，开拓译语读者的文化视野。对于文学作品中文化因素的翻译方法和补偿手段，笔者在前文已作例证，在此不再赘述。

叙事说理文体和中间性文体的翻译，即科技翻译、论述文体翻译和新闻广告文体翻译、公文翻译及应用文翻译，通常以向译语读者传递原作信息、忠实阐述原作内容为主要目的。读者的阅读目的也主要在于了解原作内容和观点。因此，在这些文体中，对源语文化因素的处理通常遵循“归化”的翻译原则，以使译文通畅、易懂，有利于传达源语的实质含义，如：

فقد كنا جميعا نأمل أن نتوصل الى التقارب والتضامن بأقصى حدّ، وكان قد نفذ سهمنا السريع في هذا الطريق، ولكن نعضّ أيدينا بعد ذلك.

(وحيد حمزة هاشم:"صديق يوم أم صديق عمر؟"، صحيفة عكاظ، الطبعة الرابعة، 1998/2/7)

笔者将上文试译如下：

我们都一度希望能实现最大限度的亲密和团结，并已朝这个方向毫不迟疑地迈出了步子。但此后，我们却后悔不已。[①]

句中的“نعضّ أيدينا”（“咬我们自己的手”），是阿拉伯人表示后悔、懊丧的习惯动作。这里的译文以传达源语意义为主要目的，

① 瓦赫德·哈姆宰·哈希姆：《一天的朋友，还是一辈子的朋友？》，载《欧卡兹报》（沙特），1998-02-07。

故遵循了“归化”、译意的原则。而在《古兰经》中，也出现了此类表达：

ويوم يعضّ الظالم على يديه يقول يا ليتني اتّخذت مع الرسول سبيلا. (27:25)

作为宗教经典，《古兰经》具有崇高的权威性。为了在译文中实现对经典最大限度的忠实，译者马坚先生采用了不同的翻译策略，将上面的句子直译为：

在那日，不义者一面咬手一面说：“啊！但愿我曾与使者采取同一道路。”（《古兰经》，准则章，第 27 节）[①]

应该补充说明的是，译者所处的社会时代背景对译者的翻译原则和策略也会产生一定影响。纳训先生在 20 世纪 80 年代初期完成的《一千零一夜》全译本中刻意删去了原作中的“不洁”情节，这种译法符合中国当时的社会文化背景，为广大汉语读者所接受。而到了 90 年代，中国社会已日益开放，人们的文化观念和道德标准都发生了较大的变化，这一时期产生的译作就少有刻意隐藏原作风貌的现象。90 年代以后《一千零一夜》的各个译本，不再刻意删除原作中所谓的“不洁”情节，有些出版社甚至刻意渲染译本之“全”、之“不加删节”，以期获得商业效益。

又如，苏丹作家塔伊卜·萨利哈（الطيب صالح）的小说《موسم الهجرة الى الشمال》是当代阿拉伯文学中的一部力作。1983年外国文学出版社首发汉译本，直译原著书名，即《移居北方的时期》，该译本保留了原作的全部情节。后来，又有出版社请人重译该作，并取名为《风流赛义德》，反映出一定的商业倾向。但在该译本中，原作中有关性描写的某些情节，尤其是第五章中描写苏丹农村男女关系的大量文字被删掉了。原作讲述了小说主人公在欧洲留学受尽屈辱，在与欧洲女人的性关系中寻求对西方文明的“报复”，获得一种自卑的“满足”的早期经历；后来他返回自己的国家，效力本土，但对自己国家现状的失望并不亚于西方……农村中妇女遭受压迫和蹂

① 本文《古兰经》译文均出自马坚先生所译的《古兰经》（阿汉对照本），圣城麦地那版。

躏的程度令人发指。该译本将有关情节大段删去，这种以本民族的伦理道德观念为标准对原作进行“归化”处理的译文，显然不能充分展示主人公的心理冲突和对祖国落后状况的悲愤。可见，翻译活动的主体（译者、出版商、编辑等）所具有的文化意识和文化观念及所处时代、社会的文化氛围，也是制约翻译原则和策略的因素。

国际传播视角下的中国阿拉伯电视领域务实合作

贾　鹏

【摘要】目前，我国正大力发展国际传播能力建设，致力于构建与我国国际地位相符的现代国际传播体系，国家广电业界正在推动实施的广播影视“走出去”战略中，电视“走出去”是其中十分重要的一部分。阿拉伯世界对于我国具有重要的战略意义，是我国对外传播的重要目标区域。2009年，在加强国际传播能力建设的大背景下，中央电视台阿语频道开播，此后一直稳步推进与阿拉伯各国电视媒体的交流与合作，影响力和知名度不断提高，进入了稳步发展的新时期，国际传播力建设取得了一定进展。本文以加强国际传播力为出发点，研究探讨中国阿拉伯电视合作的时代机遇和面临的挑战，通过分析央视阿语频道的成功案例，提出进一步加强对阿电视国际传播力的可行性建议，以供参考。

【关键词】国际传播能力；中阿电视合作；阿拉伯电视分析；央视阿语频道

【作者简介】贾鹏，中央电视台阿拉伯语频道副总监。

一、中阿电视领域交流与合作的时代机遇

长期以来，中阿双方秉持着平等、互利、共赢的原则，在广播电视领域一直保持着密切的交流与合作，取得了丰硕成果。进入21世纪后，中阿广播电视领域的交流与务实合作不断深化，特别是“一

带一路”构想的提出，使中阿各领域的交流合作进入了快速发展的新时期。同时，阿拉伯国家也正在实施“向东看”战略，期待与中国开展全方位、多领域的交流。在新形势下，加强中阿广播电视合作，对于促进中阿传媒业的繁荣，增进中阿人民间的了解从而促进世界的和平与发展具有特殊意义。

（一）中阿的电视产业持续稳步增长，为双方开展合作奠定了坚实基础

目前，中国广播电视产业结构正在经历深刻的调整，管理体制正在进行前所未有的改革，各方面实力不断增强。[①]《中国广播电影电视发展报告（2014）》显示，近年来中国广播电视业总收入实现了稳定增长，2013 年，全国广播影视总收入 3734 亿元，年度增长近 8%，2013 年全国广播电视广告收入 1387 亿元，年增幅接近 10%，产业结构朝向更加多元的合理趋势发展。同样，十多年来阿拉伯国家的电视媒体异军突起，起点高，发展快。20 世纪 90 年代阿拉伯世界只有不超过 30 家电视台，而阿广联（阿拉伯广播联盟）2015 年发布的报告显示，2010 年阿拉伯卫星电视频道数量已经达到 733 个，2011 年增加到 1096 个，2015 年年底增加到 1260 个。我们有理由相信，中国与阿拉伯国家广播电视媒体将在国际传播领域占据更加举足轻重的地位，双方的合作必将为改变世界舆论格局发挥重要的作用。

（二）中阿广电合作论坛已举办三届，取得积极反响，成为中阿广电交流合作的重要平台

2011 年 9 月 22 日，首届中国 · 阿拉伯广播电视合作论坛在宁夏银川隆重开幕，该论坛成为中国和阿拉伯国家在电视领域专业性很强的论坛。2013 年 9 月，第二届中阿广电论坛举行，“交流互鉴，合作共赢”的主题反映了中阿广播电视界的共同心愿和进一步加深中阿思想文化沟通的迫切要求。 2015 年 9 月，第三届中阿广电论坛

① 国家新闻出版广电总局政策法制司祝雁南在中国—阿拉伯国家广播电视合作论坛上的发言。

举行，共有来自埃及、科威特、沙特阿拉伯、摩洛哥、约旦等14个国家以及阿广联等国际组织的代表参会。央视阿语频道成为关注重点，阿拉伯国家的代表纷纷踊跃表示与阿语频道展开合作的强烈愿望。中阿双方在此次论坛上达成共识，认为媒体担负着文明之间对话和交流的重任。中国和阿拉伯国家将进一步加强在影视节目内容领域的合作，通过新闻报道、节目交换、联合制作、授权播出、译制配音等方式，制作和传播反映中华文化和阿拉伯文化的影视节目精品。

（三）中国广电代表团参加阿广联大会，扩大我在阿广播电视界的影响，为进一步推动中阿电视领域交流合作开辟了新的渠道

2014年12月，国家新闻出版广电总局成立工作组，率中央电视台、宁夏电视台和上海广播电视台参加了在科威特举办的阿拉伯国家广播联盟第34届大会。这是我国首次组团参加阿广联大会。会上，我方代表做了题为“新形势下进一步推动中阿广播电视交流与合作”的发言，介绍了“一带一路”构想，就推动中阿广播电视交流合作提出“依托发展成就推动中阿广播电视成果共享”“依托中阿广电论坛深化务实合作”和“依托丝绸之路影视桥工程推动民心互通”三点建议。

（四）央视阿语频道在新址的全面改版播出，标志着中国对阿电视制作播出水平又迈上了一个新的台阶

2014年4月18日，阿语频道搬入央视新址大楼，启用全新的新闻和专题演播室，实现16∶9高清播出，并进行了全新改版，增加了新闻资讯和访谈类节目的播出时间，提高了时效性和贴近性，增加了《尼罗河边的对话》《生活在中国》和《动画公园》等全新的栏目。国外多家阿语电视IPTV平台、视频网站进行了同步转播。同年8月，阿语频道召开节目研讨会，应邀出席的外交部原副部长杨福昌和时任中国中东特使吴思科对改版后的宣传效果给予了积极评价。

（五）连续两年荣获阿拉伯电视节奖项，反映出阿语频道节目的国际竞争力

阿拉伯广播电视节是传媒和艺术领域具有里程碑意义的重大活动，受到了世界各国广播电台、电视台、制作单位的重视。2015 年 5 月在突尼斯举行的第 16 届阿拉伯广播电视节，打破了往届只邀请阿广联会员国机构、准会员国机构和观察国机构参加的惯例，首次向世界上非阿拉伯国家开办的阿拉伯语国际频道开放，并在往届主要阿语电视节目奖项中增设七项电视节目奖项，对非阿拉伯国家的阿语频道、私营阿语电视媒体开设。阿语频道自拍纪录片《撒拉族之旅》获得该电视节纪录片类节目一等奖，《首届中央电视台阿拉伯语大赛》荣获歌舞电视类节目鼓励奖。

2016 年 5 月，第 17 届阿拉伯广播电视节颁奖典礼在突尼斯举行。中央电视台阿语频道选送的《金太郎的幸福生活》（阿语配音版）荣获本届电视节社会题材电视剧荣誉奖。值得一提的是，此次参赛单位除了阿拉伯各国的国家电视台外，也不乏阿拉伯私营电视台如阿拉比亚、东方卫视和国际阿语频道如 BBC 阿语频道、FRANCE 24 阿语频道和德国之声阿语频道（DW Arabic）参赛，竞争异常激烈。央视阿语频道在两届电视节上连续获得殊荣，表明中国的阿语电视媒体正在不断加强国际传播能力，已跻身国际一流媒体行列，做出的节目是受到当地受众欢迎的。

（六）央视阿语频道成为阿广联成员，标志着中阿电视领域合作的脚步进一步加快

2016 年的阿拉伯电视节上，阿语频道与阿广联签署了准会员资格备忘录，约定从 2017 年 1 月 1 日起，阿广联正式接纳阿语频道成为其成员。阿广联秘书长说，近年来中阿广电领域合作取得很大进展，希望借此进一步加强双方合作。中国驻突尼斯大使边燕花表示，此举将增进中阿广电媒体的合作关系。

二、中阿电视交流合作面临的挑战

（一）收视份额的激烈竞争

近年来阿拉伯语卫星频道数量突增，但阿拉伯世界的电视收入总量增长有限，就使得业内竞争日趋激烈。迪拜记者协会发布的2011—2015年媒体展望报告显示，阿拉伯国家电视总收入2012年为25.22亿美元，2013年为26.82亿美元，2014年增长至28.71亿美元，2015年达到30.91亿元。虽然保持了稳定增长态势，但是增幅有限，远远不够抵消将近80%的卫视频道数量的增幅。竞争越来越激烈，在阿拉伯世界上空形成了一场媒体大战，收视份额的争夺使一些电视频道开播和关停的节奏明显加快。

（二）西方媒体的强势压力

十年来，美、俄、德、英、法等西方国家相继开设阿语频道，主要有2004年开播的美国自由阿语电视频道，2005年开播的今日俄罗斯阿语频道、德国之声阿语频道，2008年开播的BBC阿语频道、法国24新闻台阿语频道。而在中国中央电视台阿语频道之后，2012年，欧洲的skynews电视台又开播了阿拉伯语频道。为了争取阿拉伯观众的收看，西方国家的阿语频道改变了译制节目的做法，增加对阿拉伯事务的报道，如BBC阿语频道2012年开播了一档阿拉伯针对性的访谈节目《提问时间》（Question Time），就阿拉伯受众关注的中东局势邀请嘉宾在演播室进行访谈，还加大了社交平台互动节目和纪录片的播出频率，吸引到了更多的阿拉伯观众特别是青年人的收看，法兰西24、今日俄罗斯等阿语频道也竞相效仿。西方电视巨头的强势涌入，正在逐渐改变长期以来形成的阿拉伯本土电视台占据主导的收视市场的局面。

（三）新媒体的潜在威胁

同时，阿拉伯近年来网络媒体和手机等数字平台的持续发展，给电视业带来了潜在的威胁。以埃及为例，迪拜记者协会的年度《展望》显示，埃及多媒体产业的广告额年增长速度是37%，而电视业的年增速却仍然保持在5.4%，由此预测到2016年年底，多媒体在埃及的广告收入将达到0.73亿美元，将仅次于埃及传统媒体报业（2016年预计2.75亿美元）和电视业（2016年预计达1.56亿美元），位居第三位。

由此可见，阿拉伯的电视媒体业面临的竞争主要表现在本土电视台争夺收视份额的自身的竞争、西方电视台的强势压力和新兴媒体的外在威胁。央视阿语频道起步较晚，知名度相对有限，要想在阿拉伯世界站稳脚跟，提高中国的国际传播力和话语权，光靠频道自身单打独斗是不够的，还要紧跟阿拉伯和国际一流电视媒体的发展潮流。一方面，可以取长补短，使自身的体制、人才、战略和影响力等诸多方面均有可能获得提升；另一方面，通过加强与阿拉伯本土电视台的交流与合作，提升中阿电视业在世界上的影响力，为打破西方媒体垄断全球传播市场格局，发出发展中国家的声音做出重要贡献。因此，中阿电视交流与合作势在必行，我国从事对外宣传的电视工作者要不断增强这项工作的紧迫感与使命感。

三、加强中阿电视领域务实合作的几点建议

根据以往的成功案例，总结经验，规划将来的合作方式，可以在以下几个方面予以重视。

（一）积极开展中阿政府间媒体政策的交流与对话，为中国媒体走出去搭建务实平台

1. 加强与阿广联合作，进一步办好中阿广电合作论坛

在2013年9月召开的第二届中阿广电论坛上，中阿双方签署了七项长期合作的协议，分别是国家新闻出版广电总局与阿广联签署战略框架合作协议；国家新闻出版广电总局与阿尔及利亚新闻部、约旦广电总局签署合作协议；中央电视台与突尼斯国家电视台签署新闻合作协议；中央电视台与苏丹东方卫视签署的节目互换协议；国际广播电台与阿尔及利亚电台签署合作协议；广播电视台与突尼

斯电视台签署合作协议，这种“政府搭台，媒体唱戏”的做法使论坛的作用落到了实处，值得肯定和推广。

2. 依托丝绸之路影视桥工程，积极开展与阿拉伯广播电视机构交流与合作

2014年，为全面落实“一带一路”构想，国家新闻出版广电总局启动实施了“丝绸之路影视桥工程”，目标就是提升丝绸之路沿线国家广播影视合作水平，奠定交流与互信的坚实基础。2015年年初，此框架下的务实合作已经展开，我国已邀请科威特主流媒体采访团、阿尔及利亚东方电视台摄制组来华，并完成了采访拍摄。下一步建议在中阿媒体论坛框架内，支持该台与阿拉伯国家就互播纪录片开展合作。

（二）拓宽交流渠道，增强发展中国家媒体的话语权和影响力

1. 节目授权播出

赠播节目是我国开展电视国际合作的一种最基础、最常见的方式，有利于加大对象国受众对中国的了解。目前，中央电视台已经与约旦、阿尔及利亚、苏丹和叙利亚等多个阿拉伯国家签署了各种形式的节目交换、节目授权播出的协议，内容包括介绍中国的经济、历史、文化、地方发展的纪录片、专题片，其中不乏阿语频道根据阿拉伯国家的针对性拍摄制作的专题节目，受到了阿拉伯观众的广泛欢迎，有力地推动了中国节目走出去。

阿语频道自开播以来，以丰富的内容、高品质的视听效果，吸引了一大批伊斯兰世界的观众，影响力不断提升。自拍节目《今日新疆》系列专题片授权在科摩罗国家电视台播出后，收到了积极反馈，科广电局负责人哈迪加 · 阿穆尔女士表示希望长期播出阿语频道的节目；突尼斯和也门国家广电总局及国家电视台通过我国驻当地使馆向广电总局提出，希望播出阿语频道的优秀节目。为此，阿语频道各个专题栏目专门甄选出能够宣传中国传统文化的优秀节目赠播。2014年10月，在中国国庆节之际，黎巴嫩国家电视台（TELE LIBAN）在当地黄金时段播出了阿语频道大型自拍专题片《京城四

季》，反响热烈。央视网2013年年度观众调查显示，收看中央电视台阿拉伯语频道的当地观众比率逐年提升，从2010年的3%到2012年的5.95%，而2013年则高达14.93%，赠播节目将为扩大阿语频道在阿拉伯世界的影响力发挥积极的作用。

2. 新闻节目分享

2014年4月18日，阿语频道在央视新址改版播出，增加了新闻播出档数，创新新闻的播出形式。在摩洛哥、苏丹等多家海外阿语网络电视和视频网站上实现了同步转播。为了进一步做好阿语频道的新闻节目共享，阿语频道在阿拉伯黄金时间（北京23:00）播出报道阿拉伯国家新闻的资讯节目，全方位、多角度地报道阿拉伯世界每天的热点新闻，汇聚多方观点，运用本台独家新闻资源和阿拉伯本土报道员、嘉宾，以进一步增强央视在阿拉伯地区的影响力。同时，启用高清16∶9演播室和新的灯光、音视频、舞台布景和包装直播系统，在栏目创新、节目编排、包装设计和播报风格上都呈现出了全新面貌。

3. 举办中国电视周活动

2013年12月，中央电视台“中国电视周”在苏丹举行。每晚黄金时间在苏丹东方电视台播出阿语频道自拍《车行新疆》大型采访报道。电视周期间，阿语频道与苏丹东方卫视还举行了其中包括在东方电视台的开播仪式、座谈会见，直播对话节目《朝阳树荫》等一系列推介活动，有效地扩大了阿语频道在阿拉伯地区的影响力。下一步，央视阿语频道将继续这种成功的合作模式，在突尼斯和埃及两国举办中国电视周活动。

4. 植入性播出

植入性播出是指在阿拉伯电视台固定时段播出中国电视节目的合作模式。这样做的好处主要有两点：一是将收视人群扩大到普通的阿拉伯观众，以达到“借船出海”“借台唱戏”的外宣作用；二是提高中国节目在有些地面有线电视的比率高的阿拉伯国家的实际达到率。例如，埃及地面频道比率高达40%。卫星频道的达到率和落地率有限，植入性播出有利于扩大阿语频道电视节目。但是，“植入性”播出对于节目的内容质量要求很高，既要十分贴近阿拉伯观众的收看喜好和收视习惯，又要具有介绍中国、传播中国的内容，为了兼顾两者，阿语频道精心策划了《中国之旅》自拍节目，成功地在埃及文化教育频道实现了固定时段播出。

目前，我们准备将植入性播出与商业电视的运作模式相结合。通过中国国际电视总公司在当地主流媒体频道上开办每天1～2小时固定播出时段。我方根据需求提供节目，对方支付少量授权费，我方补贴对方部分节目译制费用，并拥有译制声道的使用权。我方配合对方进行节目宣传，出资在当地举办节目宣传推广活动。

（三）深化务实合作，实现互利共赢，推动中阿广播电视媒体业的共同发展

1. 组织中阿联合制作的大型品牌节目

为了加强中阿在教育和文化等领域的交流与合作，扩大中央电视台在阿拉伯世界的影响力，2014年中央电视台推出品牌大型节目《CCTV杯阿拉伯语大赛》。此次大赛自筹备阶段开始，就得到了多个阿拉伯国家驻华使馆的关注与支持，阿尔及利亚和巴林驻华大使分别为两名一等奖获得者提供了该国往的返机票和住宿；埃及驻华使馆派出了在埃及当地十分知名的埃及伊斯玛仪艺术团来到央视参与演出。

首届大赛的组织和拍摄历时半年完成，在阿语频道播出后，又相继在巴林国家台、阿尔及利亚国家台和埃及国家电视台播出，成为具有国际影响力的一个品牌节目。央视网利用海外社交媒体平台发布大赛相关新闻，覆盖人群包括埃及、沙特、伊拉克等20多个国家和地区的受众，有24845人观看内容，众多网友评论表示：此次大赛是中阿友好交流的一个新桥梁，举办阿拉伯语大赛是对中阿文化往来的支持和肯定。大赛结束后，巴林国家电视台跟踪报道了获奖者赴巴林旅游的全程，专门制作了电视片，不仅在本国播出，还赠与央视阿语频道播出，进一步地提升了大赛的品牌效果。由此可见，联合制作节目是中阿电视领域合作的可行之路，今后阿语频道

将大力推进此举。

2. 与阿拉伯电视机构联合制作配音版电视剧和动画片

电视剧、动画片是广大观众更喜闻乐见、更富有吸引力的节目类型。阿拉伯是世界上电视剧最大的生产国和消费国之一，但是受到局势动荡、经济下滑等因素的影响，近年来阿拉伯本土电视剧产量大幅下滑，结果导致土耳其电视剧大量涌入阿拉伯国家的节目市场。同时，经过多年的发展，中国已成为世界上最大的电视剧生产国[①]。因此，我们可以抓住机会，针对阿拉伯地区的需求特点，利用阿拉伯电视制作的丰富经验和配音人才，挑选戏剧性较强的电视剧，并专门制作阿拉伯语配音版，使中国电视剧在阿拉伯地区越来越流行。

2014 年，阿语频道一改翻译电视剧制作字幕版的做法，下大力气制作了首部阿语配音版电视剧《永生羊》，拉近了同阿拉伯观众的距离，播出后观众反响热烈，频道收到了沙特文化新闻部视听管理局局长 Al-Maiman、沙特知名女性摄影师 Susan Bajir、半岛电视台驻沙特办公室主任 Ali Bawazir 以及埃及、约旦、也门等国观众的来信，表达了对该剧的喜爱。同年，阿语国际频道播出 52 集阿语配音版动画片——《小鲤鱼历险记》。这是频道推出的首部阿语配音动画片，播出后收到了多名观众的来信来电，要求重播。2014 年总局工作组与黎巴嫩国家电视台签署了阿语配音版《媳妇的美好时代》《金太郎的幸福生活》授权播出协议，与阿尔及利亚国家电视台签署了《媳妇的美好时代》授权播出协议。通过调研得到的反馈是：中国影视剧若想在阿拉伯地区得到广泛传播，必须用标准阿拉伯语配音，最好请约旦、叙利亚等国演员配音。

3. 节目资料共享

中央电视台拥有的正版节目的数据库版权已经超过了 130 万小时[②]，致力于同阿拉伯国家的电视台在平等互利的原则下进行资料共享。2015 年，科威特新闻助理次大臣、国家电视台台长赛义德 · 穆斯塔法率团访问央视，表示愿意共享科国家台 8 万小时的独家视频影

① 马润生：《加强影视交流合作 促进中阿共同发展》。
② http://1118.cctv.com/2014/09/11/ARTI1410417569404225.shtml。

像资料，双方已就共享介绍本国历史、文化、风光、经济等节目资料达成了一致。

4. 加强与阿国电视制作人员、对象国受众的交流合作

频道成立来的五年里，先后有阿拉伯国家媒体代表团、西亚北非媒体代表团、巴勒斯坦民族解放运动“法塔赫”干部考察团、伊拉克库尔德斯坦爱国联盟干部考察团、阿联酋国家报、突尼斯《领导》杂志等60多家阿拉伯媒体和代表团访问了阿语频道，扩大了频道在阿拉伯地区的影响力。

2013年6月，首届阿语频道海外观众座谈会在迪拜举行，时任中央电视台台长的胡占凡与来自阿拉伯各国的阿语频道观众促膝座谈，听取了他们对阿语频道的评价和节目需求。同年8月，阿语频道在北京召开了阿拉伯观众座谈会，2014年8月，在搬入新址改版后，阿语频道再次召开新闻评论节目研讨会，与中阿电视评论界人士就不断改进节目质量进行了探讨。无论是来华参观的代表团人士，还是长期关注阿语频道发展的热心观众，都表达了一个同样的愿望：阿语频道由无到有，五年来逐步地发展并站稳脚跟，把中国的声音传到国外，这是很大的一个成绩，希望今后加强中国与阿拉伯国家在电视领域的交流合作，这样阿语频道才能抓住发展机遇，让更多的阿拉伯观众所了解。

阿拉伯记者谈中国：期待、困惑与启示

吕可丁

【摘要】记者在一国国际形象塑造，传递国家声音上起着重要的作用，本文将视线锁定于阿拉伯记者群体，通过采访的形式，归纳总结出阿拉伯记者对于了解中国经济发展经验，了解真实中国的期待。指出中国媒体报道过于官方，缺乏普通读者基础；缺乏具有广泛影响力的品牌传播机构的现状，并从中得出深刻启示。

【关键词】阿拉伯记者；中国声音；文化传播

【作者简介】吕可丁，北京外国语大学阿拉伯学院 2013 级博士研究生，研究方向为国际传播。

外国记者是沟通不同国家之间相互联系的重要组成部分。他们通过报道，建构着人们理解他国的知识框架，参与了一国国际形象塑造，也间接左右着一国国际关系的发展。以往对于外国记者的研究多集中于欧美记者群体，为我国在欧美以外地区的形象建设提供的参考有限。作为研究的一种完善，本文将视线转向阿拉伯媒体记者。值外交部组织阿拉伯联合记者团访华之际，作者以“阿拉伯记者谈中国”为主题，对 14 名团员进行了采访①，分析其对中国的期待，了解工作困惑并提出借力外国记者改善对外传播的建议，以期为中国在阿拉伯地区的形象建设提供一定的参考。

---

① 《阿拉伯联合记者团来到北外阿拉伯语学院进行访问》，2016-03-22。

一、阿拉伯记者的期待

（一）期待中国经济发展经验

中国经济在改革开放三十多年来取得的成就举世瞩目，也使得经济议题成为阿拉伯媒体记者关注的重心。他们惊异于经济发展给中国带来的巨大变化，并对中国今后的前景保持乐观，正如阿联酋《观点报》记者萨拉赫·苏布赫所说："这是我第一次访问中国，我十分好奇想了解这个伟大国家的秘密。我想知道是什么让这个国家在短短几十年内一跃成为世界第二大经济体。我相信，用不了多久，中国也将成为世界第一大经济体。而中国的货币也将成为储备货币，如同美元、欧元、日元一样"。埃及《金字塔报》外事轮值主任萨米也表示："我个人 2005 年的时候来过中国，对比之前，我发现中国从基础设施到人们的面貌又一次发生了巨大的变化。人们自信而骄傲，基础设施更加完善。我对中国的发展与变化感到十分好奇，也期待去了解这个原因。稍候一段时间，我会撰写一些关于中国的文章，希望能揭示中国发展背后的原因。"而黎巴嫩《生活报》记者卡麦勒则利用在华访问期间对商界、政界人士的采访，连续发表两篇文章[①]，认为中国从"只会加工半成品、盖格子房的国家发展为世界第二大经济体"，与改革开放的政策是分不开的，与中国人民特有的抓住机会、切合国情、努力工作、艰苦奋斗的精神是分不开的。在他看来，经济发展经验除了成就之外，还包括发展过程中衍生的问题的治理经验。卡麦勒同时指出了中国面临的腐败、贫富差距等问题，介绍了中央政府将地方官员考核与脱贫挂钩的治理经验。

期待了解中国发展背后的秘密，是阿拉伯记者关注中国经济发展时的潜在心理。外媒记者对一国的报道往往以其自身来源国情况作为参照，阿拉伯国家与中国同属发展中国家，同样肩负着实现并维持可持续发展的任务。因此，在关注中国经济发展议题的同时，

① 《北京的亿万富翁比纽约多，希望世界大同，继续开放》，载《生活报》，2016-03-24。《中央政府比地区政府更受群众爱戴》，载《生活报》，2016-03-30。

思索中国实现发展的原因，探索可为本国发展可以借鉴之处，也就成为阿拉伯记者的报道共性。

（二）期待来自中国的真实声音

2016年年初，沙特《利雅得报》曾发表文章，形容中国为“并不为沙特了解的朋友”[①]。认为尽管中沙关系在地区具有举足轻重的地位，但中沙彼此的认知仅停留在贸易和金融上。这样做的后果是中国虽然有丰富的人文遗产，但沙特对相关材料的掌握却甚少，仅有的了解大多源自西方，并常常是缺乏公正、带有偏见的内容。结尾呼吁，“希望能看到中沙在更多方面保持交流，就像在经济上一样。若我们不懂对方的文化不擅长沟通，仅凭成堆停放在港口等待运往中国的石油桶，又能起到什么作用”[②]。无独有偶，此次对阿拉伯联合记者团的访问中，也存在着与之类似的观点。卡塔尔通讯社记者哈马德·布伊宁指出：受到西方媒体的影响，卡塔尔媒体很多记者还对中国抱有错误的观点和看法，对中国的人权等问题具有偏见。通过这次访华，他希望能够写一些关于中国的文章，把真实的中国展示给读者。卡塔尔《阿拉伯人报》记者伊斯梅尔·塔拉亚也认为：“我们阿拉伯人应该换一换指南针（关注方向），不能总关注美国和欧洲，应该更多地了解中国悠久的历史、灿烂的文化，以及中国和阿拉伯的交流。”

中国正处于从地区大国迈向全球大国的阶段，经济发展的同时，文化强国、政治强国等的建设也在全面开展，越来越多的阿拉伯媒体将目光转向中国。面对一串串代表发展成就的数字，他们期待了解、学习数字背后的发展经验，也渴望了解政治、经济、文化等各方面的真实中国。这种期待既意味着阿拉伯媒体对中国的肯定，同时也带来了一种隐患。在中国对阿话语权较弱，来自中国的声音尚不能“掷地有声”的情况下，已在阿拉伯地区建立成熟话语体系的欧美国家媒体便成为阿拉伯媒体获取消息的主要来源。由此反映出

① 《中国，一个我们并不了解的朋友》，载《环球时报》，2016-01-14。
② 《中国，一个我们并不了解的朋友》，载《环球时报》，2016-01-14。

的中国形象则难免多少都带有西方主义色彩，甚至会出现片面化和扭曲化，并反过来进一步阻碍了我国对阿话语体系的建构。

二、阿拉伯记者的困惑

（一）缺乏读者基础的“中国故事”

近年来，阿拉伯世界“向东看”趋势日益明显，包括很多媒体人在内的阿拉伯精英们开始关注中国，思索国家未来的发展方向。然而可惜的是，对于普通民众而言，“中国”却并不是一个能够引起人们太多兴趣的“关键词”。和关于欧美等国的报道相比，人们对后者的青睐程度更高。缺乏普通读者基础的涉华新闻，尽管在阿拉伯精英群体中呼声很高，却并没有太大的市场。这种尴尬现象令阿拉伯记者感到困惑，也迫使他们出于媒体效益的考虑，更加倾向于报道以欧美国家为题材的内容。

埃及《共和国报》记者法乌兹表示：“阿拉伯媒体的发展很快，媒体网站也如雨后春笋般崛起，媒体竞争非常激烈。中国媒体的阿拉伯语文章很多情况下过于晦涩，过于官方。我们如果转引，读者看起来费劲，反而会影响对我们报纸的关注度”。约旦《明天报》穆艾耶德·素贝哈建议用阿拉伯人的语言报道阿拉伯人感兴趣的内容。他认为，“中国媒体不太关注我们阿拉伯读者关注的事件，读者也自然不会对那些文章有太大的兴趣”。卡塔尔的伊斯梅尔·塔拉亚则认为，“阿拉伯人与欧美国家有一种亲密关系。西方外交官们在阿拉伯国家做出了很多努力，他们建立了很多文化中心，教授普通老百姓西方的语言和文化。在这种背景下，阿拉伯人也不愿读太多中国写的报道，而是更多地关注欧美等”。

国家形象具有稳定性，人们对一个国家的印象一旦形成，就会影响到以后对这个国家的看法。阿拉伯民众在心理上对中国的疏远，一方面，归因于阿拉伯地区长期存在的历史文化纠结和西方原主导大国的文化影响；另一方面，也与传统对阿外宣中浓厚的官方色彩和“以我为主”的内容选择不无关系。

（二）过于微弱的“中国声音”

在阿拉伯记者看来，中国在阿拉伯地区的传播能力和美国、俄罗斯等国相比仍有很大差距。他们认为，中国缺乏像“今日俄罗斯”一样在阿拉伯地区具有广泛影响力的品牌传播结构，亦不具备美国以民主为旗号的潜在舆论操纵能力。此外需要指出的是，作为世界上唯一崛起中的社会主义大国，我国在承担国际责任时，会出现意愿、能力与他国期望存在落差的现象。这一点在期望中国为中东走出困局发挥积极作用的阿拉伯国家群体中体现尤为突出。这种情况下，对外传播如果跟不上，阿拉伯国家听不到“中国的声音”，很容易对中国在某些事务上的立场与处理方式产生错误解读。

事实上，错误的解读已经在部分阿拉伯记者的谈话中有所体现。埃及《金字塔报》记者萨米说，“中国社会长期以来保持了稳定，中国人专心发展经济，中国政府奉行和平的外交政策，不愿过多卷入国际纠纷。因此我们对中国的报道也主要集中在经济方面。但随着中国上升为世界第二大经济体，一定程度上开始卷入了国际事务……”。

近年来，在叙利亚问题的处理、伊核协议的达成等地区重要事务上，中国均发挥了大国作用，进行了有效的外交努力与斡旋。2016年年初，习近平主席成功实现对沙特、埃及、伊朗三个中东大国的国事访问，明确显示了中国新时期的大国外交，包含积极发展与中东国家的关系和为促进该地区稳定发挥建设性作用的意愿。然而，在阿拉伯民众中关于中国外交“声音太过弱小”的观点却仍然存在。笔者认为，造成这种观念的原因不在于中国没有“发声”，而是“声音”没有得到有效、及时的传播。

三、启示

（一）重视文化传播，培养群众基础

重视文化传播，要加强跨国教育。作为文化传播的主要途径，

跨国教育所带来的价值观传递要比利益认同更能有效改变阿拉伯民众对中国的印象。西方国家很早便意识到教育的重要性，它们在埃及、阿联酋、卡塔尔等国均推出了成熟的教育项目。这些项目呈现主体多样化的特点，既有传统大学，又有跨国公司、网上教育机构、营利性教育机构等，在阿拉伯教育界赢得了很高的声誉。相比之下，我国在阿推行的教育项目则较为单一。在阿拉伯地区建设并投入运营的有 13 家孔子学院及孔子课堂，存在数量分配不均的现象。海湾君主国当中只有巴林和阿联酋设有孔子学院，而我国在阿地区最重要的经济合作伙伴沙特却没有建立。此外，我国所推行的办学模式为借助双方教育资源与当地大学合作办学，相比于已经形成独立良好运转机制的卡塔尔美国大学、埃及英国大学等仍有一定的差距。随着阿拉伯世界对中文及中国教育的需求增加，如何在该地区打造中国品牌的跨国教育，借鉴西方教育培训经验，将会成为一个课题。

注重文化传播，还要借力非政府组织。以政府机构为主导的对阿传播，虽然可以发挥统筹协调的作用，但正如阿拉伯记者所言，也容易让受众感知为刻意宣传，影响到宣传效果。目前，相当数量的阿拉伯非政府组织已发展到能影响本国政治、社会生活等多个方面的程度，包括作协、记协、学术交流中心在内的阿拉伯文化组织在泛阿拉伯文化、传播机构当中的影响力不容小觑。它们大多活跃在阿盟框架内，并被众多阿拉伯国家政府所承认。我们要更加注重与此类组织发展联系，借力非政府组织，坚持本土化运作，改变对阿媒体宣传在内容和流通上出现的不适应，并进一步为中国赢得更多阿拉伯群众的好感。通过与这些组织机构建立伙伴关系，提高对外传播的民间性，让民间机构乃至普通民众充当“讲解员”，会使“中国故事”更容易被阿拉伯受众所接收。

（二）内容有的放矢，强化中国声音

内容有的放矢，首先要做到的是着力纠正误解。话语权作为国际传播的核心，不仅是指表达见解的权利，更是指不盲从他人说话，提出话题、表达自我的权利。在面对质疑、误解和指责的时候，我们不能“失声”，而是要表现出充分的自信。要摆事实、讲道理，通过说理论证，来使读者放弃原有的偏见，或者认识到观点的多元性存在，理解不同国家采取的不同立场。一方面，在宣传内容的选择上，我们可以通过各种方式（如问卷调查、舆情研究、专家访谈等），第一时间了解到阿拉伯精英和民众对中国存在的偏见和误读。另一方面，在说理论证时，也要注意跨文化传播的特点，结合阿拉伯国家的历史文化背景、受众的语言表达习惯和思维特点，多推出阿拉伯本土化的报道。除此之外，还要及时了解、掌握报道的落地情况，让“中国声音”能够在充斥着“西方声音”的阿拉伯舆论界掷地有声，得到有效传播。

内容有的放矢，还要避免出现宣教色彩浓厚的报道。过去，我国媒体在对阿传播时模式过于官方化，宣教色彩浓重。常常过分强调发展成就，却对发展过程中出现的一些社会问题如环境污染、贫富差距、区域差距等说的不多。但就传播学的新闻价值来看，成就属于社会常态，并不会引起过多关注，更无法对已经形成的相关负面议题进行及时回应。相比之下，以事例为主要切入点，在报道成功经验的基础上也承认客观存在的问题，并阐述为解决问题而做出的努力，这样的报道方式反倒更能够为外国读者所接受，真正做到“润物细无声”。因此，建议媒体应均衡报道，在保证传播中国核心价值的同时，避免只倚重对成就的单一宣传，以免造成阿拉伯民众对中国认知的失衡。此外，还可以结合阿拉伯读者对中国经验以及中国政治、经济、文化等方面真实信息的阅读兴趣进行重点报道，但要注重摒弃宣教色彩，在发出属于自己的声音的同时，保持话语平衡。

照亮欧洲黑暗天空的古丝绸之路

——丝绸之路对欧洲的贡献

王灵桂

【摘要】2013 年习近平主席提出“一带一路”合作倡议，“一带一路”与古丝绸之路一脉相承，海上与陆上两条古丝绸之路历史悠久，是古代东西交通的两大动脉，联系起欧洲与东方两个文明体。阿拉伯帝国的建立，为连接欧亚大陆的丝绸之路提供了强有力的保障，阿拉伯世界成为东方与西方联系的“中间人”，并通过学习中国与欧洲文化实现了繁荣发展，西方文化也通过“百年翻译运动”得以复兴。古丝绸之路深化了欧洲与亚洲的联系，“一带一路”必将为欧亚文明共同繁荣注入新的动力。

【关键词】古丝绸之路；欧洲文化；阿拉伯文化；百年翻译运动

【作者简介】王灵桂，法学博士，中国社会科学院亚太与全球战略研究院党委书记、副院长，中国社会科学院国家全球战略智库研究员。主要研究领域为新疆问题、伊斯兰问题、中东问题、国家安全战略问题。

一

“一带一路”合作倡议，是由习近平主席在 2013 年访问哈萨克斯坦、印度尼西亚时分别提出的。在博鳌论坛 2015 年年会[①]开幕式上发表主旨演讲时，习近平主席指出：目前已经有 60 多个沿线国家

① 2015 年 3 月 28 日中国发展改革委员会、外交部、商务部，在海南博鳌论坛年会期间联合发布了《推动共建丝绸之路经济带和 21 世纪海上丝绸之路的愿景与行动》（文中统称称“一带一路”合作倡议）。

和国际组织对参与“一带一路”建设表达了积极态度。并强调指出：“一带一路”建设秉持的是共商、共建、共享原则，不是封闭的，而是开放包容的；不是中国一家的独奏，而是沿线国家的合唱。[①]

这个大倡议秉持开放合作、和谐包容、市场运作、互利共赢原则，突出的政策沟通、设施联通、贸易畅通、资金融通、民心互通五大合作重点以及为愿景和行动确定的多边双边合作机制等制度保证，注定“是各国共同参与的‘交响乐’，其基本定位和目标既反映了中国和平崛起的利益诉求，又符合沿途国家乃至全球发展的需要”[②]。

“一带一路”的命名，起源于中国向世界开放的古老历史，既是向世界传播中华文明、自身吸纳和借鉴其他文明优秀成果的过程，更是世界经济交通、文明交融史上的典范。这个概念和倡议的提出，是中华文明和智慧的结晶，或者说是中国政府植根于中华民族复兴的伟大中国梦，在21世纪向世界敞开的怀抱。其历史抱负和历史贡献，与古丝绸之路的精神一脉相承，其对人类发展和文明的贡献，也必将超越古丝绸之路。

二

古代的两条丝绸之路（海上丝绸之路、陆上丝绸之路），在二千多年的历史中，曾经深刻地影响和改变过世界，对世界文明和经贸的发展做出过重要贡献。陆上“丝绸之路”和海上“丝绸之路”的开辟，造就了古代东西交通的两大主动脉。唐朝德宗贞元年间曾担任宰相的地理学家贾耽曾记载过大唐通大食、波斯的两条通道：“安西入西域道”“广州通海夷道”，就是陆上和海上的“丝绸之路”。通过两大交通主动脉，“把中国丝绸及其他商品，转运至安条克，在安息和罗马之间，起着中间商的作用”[③]，致使罗马和印度的贸易，一度

① 《中国聚焦：博鳌亚洲论坛热议中国“一带一路”愿景与行动》，新华网，2015-03-28。
② 李向阳：《建设“一带一路”需要优先处理的关系》，载《全球战略观察》，2015（1）。
③ 赫德森：《欧洲和中国的关系》，81~82页，波士顿，1961。

从红海和埃及，转移到了波斯湾和叙利亚”[①]。英国著名历史学家罗杰·克劳利也以欧洲人的视角评论说，丝绸之路“使得欧洲与东方两个经济系统联系在一起，在东西半球之间输送商品，促进新的品位的产生和选择概念的形成”，“它把东方的味道、思想和影响，以及某种浪漫的东方主义，带到了欧洲世界”。[②]

阿拉伯半岛以及后来建立的阿拉伯帝国处于亚欧大陆的中部，并和非洲连接。虽然在历史上，中亚和西亚地区不断有文明和帝国产生，但由于地理距离遥远等原因，这一地区在连接东西方文明方面没有起到大的作用。东西方文明相互隔绝，彼此在各自的范围内独立发展，交流甚少。阿拉伯帝国的建立，为保持连接欧亚大陆的丝绸之路的畅通提供了强有力的保障。丝绸之路这一东西方之间持久的、稳固的和直接的联系渠道对推进沿线地区和国家经济发展、文化繁荣起到了越来越重要的作用。

在丝绸之路上，中国的四大发明——造纸术、印刷术、指南针和火药，在中世纪先后通过阿拉伯人传入欧洲，对推动人类文明的发展产生了不可估量的影响，正如英国哲学家弗兰西斯·培根所说的：“它改变了整个世界许多事物的面貌和状态，并由此产生无数变化，以致似乎没有任何帝国、任何派别、任何星球，能比这些技术发明对人类事务产生更大的动力和影响。”马克思更把火药、罗盘和印刷术喻为“预兆资产阶级社会到来的三项伟大发明”[③]。

由于在丝绸之路上出色地扮演了东方与西方之间“中间人”的角色，阿拉伯文化通过学习中国和欧洲文化获得高度发展与繁荣，并反过来有力地促进了欧洲文化的发展。毫不夸张地说，丝绸之路曾照亮欧洲黑暗的天空，使欧洲人重新接触和认识了古希腊文化，对西方科学文化事业的复苏和繁荣起了先导和促进的作用，从而重建了西方基督教文明。

中国社会科学院蔡昉副院长也认为，在科技方面，“现代世界赖

① 希提：《阿拉伯通史》，马坚译，62~68页，北京，商务印书馆，1979。
② 罗杰·克劳利：《财富之城：威尼斯海洋霸权》，陆大鹏译，456页，北京，社会科学文献出版社，2015。
③ 纳忠、朱凯、史希同：《传承与交融：阿拉伯文化》，296页，杭州，浙江人民出版社，1993。

以建立的基本发明创造，几乎有一半以上源于中国”[①]。“中国的‘四大发明’即火药、指南针、印刷术和纸的发明，被培根誉为具有改变整个世界的力量和影响”，但是“这种创造发明因脱离常态经济活动，而未在其诞生地被实际地转化为必要的创新，因而并没有能够促进经济发展的例子”，“却是通过直接和间接的渠道传播出去，在欧洲被率先应用”，其中“……成吉思汗的西征则扩大了与西方世界的直接交流。至于中国与欧洲更直接大规模交流，最迟于1517年葡萄牙商船抵达广州便开始”，“始于2000多年前的丝绸之路，通过陆路和海路开通了中国与西亚、中亚、阿拉伯世界乃至欧洲的商业、文化、科技、宗教和外交联系，而阿拉伯人对于记录、保存和传播欧洲文明，沟通中西方科学技术发挥了十分关键的作用”。[②]

三

在古老丝绸之路上，对西方文化产生过重要影响的莫过于始自倭马亚王朝的“百年翻译运动”。这场旷日持久的运动，将希腊的哲学和科学著作都翻译成了阿拉伯语。“欧洲人几乎完全不知道希腊思想和科学之际，这些著作的翻译工作，已经（由阿拉伯人）完成了。当赖世德[③]和麦蒙[④]在钻研希腊和波斯的哲学的时候，与他们同时代的西方的查理大帝和他部下的伯爵们，还在那里边写边涂地练习拼写他们自己的姓名呢”[⑤]，“那时欧洲最有学问的僧侣教士，还俯伏在古老的教堂里誊写宗教经卷，王公贵族及其子弟，对古希腊哲学还闻所未闻”[⑥]。历史不能假设，但毫无疑问，如果没有“百年翻译运动”，很难想象会有日后的欧洲文艺复兴。

倭马亚王朝的第二任哈里法叶齐德一世的儿子哈里德是伊斯兰

---

① 蔡昉:《理解“李约瑟之谜”的一个经济增长视角》，载《经济学动态》，2015（6）。
② 蔡昉:《理解“李约瑟之谜”的一个经济增长视角》，载《经济学动态》，2015（6）。
③ 阿拔斯王朝第5任哈里法，爱好哲学和自然科学，曾创办了著名的巴格达医院。786—809年在位。
④ 阿拔斯王朝第7任哈里法，喜欢天文和数学，曾创办了著名的智慧馆（又翻译成哲理大学，由图书馆、科学院和翻译局三个机构组成）。813—833年在位。
⑤ 希提:《阿拉伯通史》，上册，马坚译，368~369页，北京，商务印书馆，1995。
⑥ 杨怀中、余振贵:《伊斯兰与中国文化》，24页，银川，宁夏人民出版社，1996。

教历史上第一个把希腊语和科普特语的炼金术、占星术和医学书籍翻译成阿拉伯语的人。阿拔斯王朝的哈里法赖世德在进攻拜占廷帝国时，专门下令搜集希腊文的书籍，带回来供学者研究和翻译。阿拔斯王朝哈里法麦蒙也曾专门派智慧馆馆长到君士坦丁堡，向拜占廷皇帝索取希腊语著作，其中包括欧几里得的《几何学原理》，并鼓励学者们把这些著作翻译成阿拉伯语。为倡导翻译运动，哈里法麦蒙曾用与译稿同等重量的黄金作为翻译家侯奈因的翻译酬金，可见当时统治者对翻译和学术活动的重视与鼓励。经过200年的翻译活动，阿拉伯人将几乎所有的希腊、印度、波斯等文明的经典著作翻译成了阿拉伯语，其中最有名的，有托勒密的《四部书》《天文大集》，亚里士多德的《范畴学》《政治学》《逻辑学》《物理学》《伦理学》，欧几里得的《几何学原理》，柏拉图的《理想国》，格林的《解剖学》及阿基米德的全部著作等。美国学者希提曾就倭马亚王朝和阿拔斯王朝早期的翻译运动评论说，阿拉伯人"掌握了亚里士多德的主要哲学著作，新柏拉图派主要的注释，格林医学著作的绝大部分，还有波斯、印度的科学著作。希腊花了好几百年才发展起来的东西，阿拉伯学者，在几十年时间内，就把它完全消化了"[①]。

西方文化主要是通过上述阿拉伯译著得以复兴的。恩格斯在《自然辩证法》中说："在罗曼语诸民族那里，一种是从阿拉伯人那里吸收过来并重新发现的希腊哲学那里得到营养的明快的自由思想，愈来愈根深蒂固，为十八世纪的唯物主义作了准备。"在同一书中，他说："古代流传下来欧几里得几何学和托勒密太阳系；阿拉伯人流传下十进位制、代数学的发端、现代的数字和炼金术；基督教的中世纪什么也没留下"，在"八世纪中叶到十三世纪初这个时期，说阿拉伯语的人民，是全世界文化和文明的火炬的主要举起者。古代科学和哲学的重新发现，修补增订，承前启后，这些工作，都要归功于他们，有了他们的努力，西欧的文艺复兴才有可能"，"讲阿拉伯话的各国人民，是第三种一神教的创立者，是另外两种一神教的受益者，是与西方分享希腊—罗马文化传统的人民，是在整个中世

① 希提：《阿拉伯通史》，上册，马坚译，357页，北京，商务印书馆，1995。

纪时期高举文明火炬的人物，是对欧洲文艺复兴做出慷慨贡献的人们，他们在现代世界觉醒的、前进的各独立民族中间已经有了自己的位置”[①]。

在哲学领域，由于受到希腊哲学思想的影响，阿拉伯人试图将哲学与宗教结合起来，形成了阿拉伯哲学史上著名的阿拉伯亚里士多德派，为促进中世纪哲学和科学的发展，做出了重要贡献。阿拉伯哲学的代表人物主要有肯迪（801—873）、法拉比（870—950）、伊本·西那（980—1037）、伊本·鲁士德（1126—1198）。肯迪是伊斯兰哲学的先驱，其主要著作有《论理智》《灵魂的话》等。他的著作后来被翻译成拉丁文，对欧洲的培根等人影响甚大。法拉比对亚里士多德有精深的研究，并受其影响撰写了《市民政治》一书，第一次提出了关于模范城市的概念。法拉比一生著述颇丰，代表作有《形而上学要旨》《范畴论》《逻辑学入门》《哲学的本质》《文明策》《论政治》《本质论》等。法拉比的哲学著作，被翻译成欧洲各种语言，对欧洲文艺复兴和文化启蒙产生过强烈的影响。伊本·西那自幼学习亚里士多德、欧几里得、托勒密、法拉比等人的哲学。他一生的著作有 279 种之多，涉及哲学、心理学、物理学、几何学、天文学、逻辑学、语言学、伦理学和艺术等，其代表作有《治疗论》《逻辑学节要》《论灵魂》《公正论》《论命运》《忧愁的本质》《死亡的哲学》等，“他不仅在中世纪对欧洲有很大影响，还通过唯名论对欧洲文艺复兴产生过积极影响。欧洲文艺复兴时期出现的人道主义、泛神论以及经验论、感觉论及其他方面的自由思想，都或多或少地与伊本·西那的名字联系在一起”[②]。

伊本·鲁士德发展了亚里士多德的唯物主义思想，形成了自己的哲学体系。他的主要代表作有《亚里士多德形而上学注释》《驳哲学家的矛盾》《论柏拉图共和国》《古代科学问题》《哲学问题》《逻辑导言》《灵魂问答》等。他的著作大约在 13 世纪用拉丁文出版，

① 希提：《阿拉伯通史》，下册，马坚译，664、904 页，北京，商务印书馆，1995。
② 罗素：《西方哲学史》，上卷，517 页，北京，商务印书馆，1976。

在西欧广泛流传，形成阿威罗伊主义，统治西欧思想数百年。法国巴黎大学和意大利巴杜亚大学将他的著作定为哲学教材，著名诗人但丁在《神曲》第四篇中，赞扬伊本·鲁士德是亚里士多德哲学最伟大的注释家。勒南在《西方的阿拉伯文明》中写道："把大多数希腊哲学家介绍给我们的是阿拉伯人，这是他们对我们的功绩。他们对基督教的哲学复兴也有恩德。而伊本·鲁士德是亚里士多德思想观点中最伟大的翻译家和注释者。因此，不管在基督教徒中，还是在穆斯林中，他都占有极其重要的地位。基督教哲学家托马斯·阿奎那通过他的注释，读到了亚里士多德的著作，我们不能忘记，是他创造了自由思想的观念。"总之，黑暗时代的欧洲人，从伊斯兰哲学中知道了亚里士多德，才开始研究哲学。伊斯兰哲学对于中世纪欧洲经院哲学有过重大影响，在西方哲学史上有重要的地位[①]，"阿拉伯哲学家们的先进哲学思想，犹如一把火炬，照亮了西欧昏暗的中世纪哲学发展的坎坷道路"[②]。

在罗马帝国基督教化的过程中，科学曾被诬以恶名，科学家迭遭迫害。当时，新柏拉图派必须离开雅典，数学、医学、炼金术和哲学等研究中心也经由丝绸之路转移到了阿拉伯帝国，并使科学技术获得了新生，开始了科技史上的一个新时代。由此，阿拉伯人开始全面、系统地学习希腊数学、天文学、医学、物理学、力学、地理学等学科的知识，并创造了一些新学科、新理论。

著名学者有拉齐（860—925）、伊本·西那（980—1037年）、花拉子密（780—850）和白塔尼（858—928）。拉齐是阿拉伯医学的泰斗，他20卷本的《医学集成》，包括外科、解剖、药物、饮食疗法及卫生学等学科。他的《天花与麻疹》是这方面最早的著作。拉齐的著作影响西方数百年之久。伊本·西那既是一位哲学家，又是最负盛名的穆斯林医生。他的名著《医典》是12—17世纪欧洲各大学的医学教科书。花拉子密是中世纪最伟大的天文学家和数学家，他制订的《花拉子密天文表》代替了希腊和印度的各种天文表，成为

① 杨怀中、余振贵：《伊斯兰与中国文化》，36页，银川，宁夏人民出版社，1996。
② 高崖：《试论阿拉伯哲学及其对西欧中世纪哲学的影响》，载《求是学刊》，1986（5）。

西方各种天文表的蓝本。他的数学代表作《积分和方程计算》，论及一次、二次方程的算术解法和初等几何，为西方代数学奠定了基础。白塔尼修正了托勒密天文著作中的许多错误，修正了月球和某些行星轨道的计算法，证明了日环食的可能性，更准确地确定了黄道、黄道斜角以及回归年和四季之长，第一次提出了决定新月可见度的独创理论，这些成果为欧洲天文学的发展奠定了基础。

四

古丝绸之路对于沿线国家和地区经济与文化发展起到了怎样的作用，产生了怎样影响，还是一个有待学界进一步研究的课题，但本文能够得出这样一个基本结论：阿拉伯文明、欧洲文明通过丝绸之路与以中国为主要代表的东方文明的对接，重新获得活力与生机，并最终通过文艺复兴和工业革命，从根本上改变了人类社会的面貌。阿拉伯人崇尚科学，伊斯兰教先知穆罕默德曾经说：“信徒们，去寻求知识吧，哪怕远到中国！”其实，不仅是知识，还有技术，一个典型的例证是中国的造纸术在 8 世纪通过丝绸之路传播到阿拉伯世界，并由阿拉伯人传至欧洲。书写材料是决定文化活动规模、范围和层次的重要条件。纸张的广泛应用，大大便利了文化的传播和学术的发展。可以肯定地说，中国造纸技术经由丝绸之路的传播，带来了阿拉伯世界翻译运动和哲学艺术的繁荣，“没有造纸业的发展，就没有阿拔斯时代学术的繁荣。”[①]

根据“一带一路”合作倡议，它以提升区域、国家间的互联互通为核心，以深化欧洲与亚洲的联系为出发点。参考历史经验，我们有理由相信，“一带一路”建设通过与沿线国家和地区的发展规划对接，能够为欧亚文明的共同繁荣带来新的动力源泉和发展机遇。

① 艾哈迈德·爱敏：《阿拉伯—伊斯兰文化史》，第三册，22 页，北京，商务印书馆，1991。

强化旅阿华侨在“一带一路”建设中的新作用

——以阿联酋华侨为视角

周　玲

【摘要】阿拉伯国家是中国推进“一带一路”倡议的重要合作伙伴，也是“一带一路”沿线的重要站点。而旅阿华侨则是中国推进“一带一路”倡议的重要资源之一，充分发挥他们在当地政治、经济、社会、文化等领域的资源和影响力，对于加快“一带一路”重大合作倡议实施具有重要意义。近年来，随着国家精心筹划、大力推进“一带一路”重大合作倡议实施，越来越多的国内外专家、学者就如何发挥华侨在“一带一路”建设中的作用进行了诸多探讨。但时至今日，仍鲜见从阿拉伯国家华侨视角系统探讨其在“一带一路”建设中新作用的研究成果。本文以阿联酋侨胞为切入点，在研究其生存发展状况的框架内，阐述华侨的概念特征，探讨其在民间交往中的独特作用及时代价值，揭示其面临的困难和问题，并提出解决的思路和办法。旨在更好地发挥旅阿华侨的“桥梁”作用，深入传播“一带一路”倡议，不断提升阿拉伯世界对其的认可度，进一步促进民间关系的良性互动，共同推进“一带一路”重大合作倡议实施。

【关键词】一带一路；旅阿华侨；时代价值；挑战与机遇

【作者简介】周玲，迪拜新一代商务法律中心创始人，浙江工商大学东方语言文化学院阿拉伯语系主任、副教授。

2013年习近平主席提出的建设“新丝绸之路经济带”和“21世纪海上丝绸之路”战略构想，将沿线阿拉伯国家推到了更加重要的位置，纳入了更加紧密、更加深入、更高层次的合作关系。2016年

1 月，习主席又专门访问沙特、埃及等进行实际推动，积极促成。可以说，这项令世人瞩目的重大战略构想正在全面启动，实施“一带一路”伟大系统工程已经拉开大幕！在此，笔者认为，实施这一倡议必须由政府主导，大力推进，但也不应忽视民间的力量，尤其不应忽视广大华侨华人的独特作用。

众所周知，“几千万居住在世界各地的华侨华人，活跃于住在国的政治、经济、文化、社会领域乃至国际舞台，同时和祖（籍）国有着密切的联系，其本身就是‘一个集人力资源、资本资源、文化资源、政治资源、科技资源、信息及网络资源等资源类型于一体的资源系统’”。[①] 可以相信，广大旅居阿拉伯国家的华侨不仅是我国改革开放的最早响应者，也一定是“一带一路”的有力推动者。

一、旅阿华侨的新特征

位于阿拉伯半岛东部的阿拉伯联合酋长国，国土面积不大，却是中东地区实力最强的阿拉伯国家之一。建国短短的四十五年间，阿联酋由一个小小的渔村、贫穷的沙漠组成的小国，一跃而成为海湾地区举足轻重的发达的现代化国家，世界旅游目的地，吸引投资最多的地方；“打工者的天堂”等，吸引了世界上 200 多个国家的人在此安居乐业，是吸引我国民众投资兴业、迁徙居住最多的阿拉伯国家，不能不说阿联酋是我国“一带一路”沿线上最重要的合作国家之一。如何发挥这些侨民的作用，为“一带一路”添力增重，把他们作为探讨旅阿华侨助力“一带一路”课题中的范例进行研究，对他们的特征、时代价值、机遇和挑战进行分析，具有很强的说服力。

对于阿联酋的侨民，由于居在国本身的社会制度、经济特色、文化宗教等种种原因，他们逐渐形成了自己有别于欧美、东南亚华侨的新的特征。

---

① 张学惠、江作栋：《华侨华人在中外关系中的作用载体研究》，载《八桂侨史》，1997（2）。

（一）旅阿华侨外籍华人少

所谓华侨，是指定居在国外的中国公民。而“定居”是指中国公民已取得住在国长期或者永久居留权，并已在住在国连续居留两年以上（含两年），两年内累计居留不少于 18 个月。中国公民虽然未取得住在国长期或者永久居留权，但已取得住在国连续 5 年以上（含 5 年）合法居留资格，5 年内在住在国累计居留不少于 30 个月，视为华侨。以此而言，凡取得居住国居留权的各类新移民，为华侨；加入居住国国籍者，为外籍华人。

但在阿联酋，除嫁给阿联酋国籍的中国籍女性才有可能取得阿联酋国籍，即成为“阿籍华人”外，其他在阿中国籍人士既有阿联酋合法居住签证，又具有中国国籍，他们取得阿联酋国籍的机会微乎其微。而按照阿联酋的移民法，在阿联酋定居的外籍人士，需取得阿联酋长期居住签证或是许可。阿联酋华侨必须每两年（普通劳务人员）或三年（投资人或合伙人签证）续签，这就有别于欧美、东南亚其他移民国家提供的永久居住资格（绿卡政策）或加入居住国国籍的政策。

（二）旅阿华侨历史比较短

传统意义上东南亚、欧美国家华侨，他们的历史被概括为“一部拓荒史、逃难史、苦力史和革命史”，而大批中国人移向中东海湾阿拉伯国家，却是在 1992 年以后。改革开放使中国公民可以自由申请并持有因私护照，出国创业成为越来越多的中国人的选择。在迪拜的第一批“新移民”就是手持因私护照来开设国营企业分公司的人。随着改革开放的深入，他们成为第一批在迪拜因私留守的人员。笔者本人就是于 1994 年因原国内工作单位开源节流，开始人事制度改革，不得已把因公护照改成因私护照，留在了阿联酋。由此可见，在阿华侨不再像传统意义的华侨那样“落地生根”，世代居住在异国他乡不再回国，而是以相对长期居留者的身份在阿联酋生活创业。久而久之，又以迪拜这个世界中转站为中心，开拓周边国家的业务和事业，甚至迁徙至美洲开辟市场和天地，在多个跨国舞台上游走，谋求生存发展。因此，旅阿华侨的历史，是伴随着我国改革开放的进程而形成的。阿联酋作为新侨区，它的发展，可以说与我国改革开放是同步的。

（三）旅阿华侨人数增长快

据统计，截至目前，阿联酋共有常住 840 万人。其中外籍人口占 88.5%，主要来自印度、巴基斯坦、埃及、叙利亚、巴勒斯坦等国家。而这 88.5% 的外籍人口中，虽然中国人只占 10%，但增长速度之快，超过任何一个国家。笔者 20 世纪 90 年代初期到海湾，当时只有数百中国人，现在已近 30 万，短短的三十年不到时间里，呈现了大幅增长的态势。这充分说明阿联酋作为世界上最热点的地区之一，虽然身处纷繁冗杂的中东政治环境，但自 1971 年建国以来就未遭受过严重暴力事件，这是外国人眼中的乐土，是投资兴业的上好选择。笔者于 1993 年 1 月出国之时，还没有一架航班连接北京和迪拜，唯一的选择就是乘坐巴基斯坦航空公司的飞机到沙迦。而目前每天来往于中国大陆和阿联酋的航班就有十几个之多。1985 年中阿两国贸易额仅为区区 6300 万美元，2015 年，中阿双边贸易额达到了 486 亿美元。这些数据充分表明，中国和阿联酋民间交往日益频繁，中阿之间关系日益紧密。相信随着 2020 迪拜世博会各项工作的展开，新一轮的迁徙又会形成，更多的年轻人会到迪拜创业，找到自己奋斗的天地。

（四）旅阿华侨投资领域多

有别于东南亚、欧美一些国家的华侨，阿联酋的华侨以投资经商为主。据阿联酋经济部数据，目前有超过 4000 家中国企业，249 家代理公司和 5451 个中国商标在经济部注册。而在迪拜的龙城、杰拜阿里自由贸易区、金融中心自贸区、大宗商品自贸区等自贸区内注册的中国公司又以万计。

而在华侨投资人中，于 1999 年前后最早来到迪拜的浙江人构成了旅阿华侨的主力军，尤其是温州、金华地区的华侨，他们有着敢为天下先的勇气，在不懂外语、不懂当地情况的情况下，毅然找寻新的国际市场。他们大多从事商业和贸易，几乎占据了旅阿华商的半壁江山。随后是福建、广东华侨，主要以投资工程、商贸、物流为主。东北、江苏、西北华侨，主要从事餐饮、商场、贸易、物流等，几乎遍布各行各业。

迪拜各行各业的发展对于普通打工者的需求也越来越多，在迪拜的高档酒店、大型商场的奢侈品店、旅行社、餐厅、航空公司的中国年轻人也越来越多。虽然迪拜新华侨的来源地也在不断变化，诸如原籍地为其他省市的新华侨大量增多，包括来自广西、海南、湖北、上海、北京、天津、安徽、湖南、江苏、四川、河南、山东、云南、辽宁、山西、江西等地的华人，但浙江人、广东人、福建人占多数的格局目前仍未改变。要说改变，就是新华侨的年龄结构和知识层次正在发生变化，由于年青一代的涌入，越来越多的高知识结构人群来到迪拜，或到迪拜留学，留学之后又留在当地企业工作，使得华侨的年龄、知识结构有了显著变化。

二、旅阿华侨的新价值

可以这么说，旅阿华侨的历史是“一部奋斗史、开创史、探险史和交流史”，他们不仅在异国他乡为自己攫取了人生的第一桶金，为当地创造了物质财富，还为传播中国文化，巩固两国人民间的传统友谊，促进两国经贸发展以及祖国的现代化建设发挥了积极作用。更为可贵的是，自身的良好形象和积极作为，赢得了居在国和当地居民的肯定、信任和尊重，传导了中华民族的核心价值观，实现了新华侨应有的时代价值。这主要表现在以下几个方面。

（一）促进和繁荣了当地经济

1966 年，阿联酋开始了石油开采。在短短的 50 多年间，阿联酋从一个依靠打渔和采珠为生的贫穷沙漠地区，一跃成为人均 GDP 排名世界第五的现代化国家，成为当今世界的“土豪”。但睿智的酋长们强烈意识到石油并非取之不尽，需要努力摆脱这种“能源依赖症”。

而阿联酋除了石油和天然气外，根本没有自然资源可言，从工业原料到民用生活消费品无一不依赖进口。为改变单一的经济结构，阿联酋政府一直实行开放多元的经济政策，努力吸引国外投资。其中，迪拜俨然成为阿联酋经济多元化模式和经济转型成功的一个典范。

目前，迪拜非石油经济在 GDP 中的比重从 1975 年的 46% 升至 97%，商贸、旅游、酒店业、房地产、金融、会展、航空物流等第三产业蓬勃兴起，闻名于世。其中，对迪拜 GDP 贡献率最高的是批发零售业，占到当地 GDP 总量的 30%。而迪拜华侨的首业就是批发零售业。数据显示，在 2004 年迪拜龙城开业前，中阿贸易额仅为 10 亿美元左右。但在迪拜龙城开业后的一年内，这个数字很快跃升至 50 亿美元；2006 年之后，这个数字就超过了 100 亿美元。如今，龙城每年商品贸易成交量为 800 亿 ~900 亿美元。

中国与阿联酋经贸关系的快速发展，使得阿联酋连续多年成为中国在西亚北非地区的第二大贸易伙伴和第一大出口市场，中国向该地区出口的商品 60% 通过阿联酋中转。2014 年，两国在非石油领域的贸易规模达到了 460 亿美金，而在 2015 上半年，两国的非石油外贸总量就达到 241 亿美元。这些巨大的数字背后，与旅阿华侨艰苦创业、积极开拓的贡献密不可分。他们的身影活跃在阿联酋的产能合作、能源化工、装备制造、通信技术等领域，尤其是在建设阿联酋举世闻名的基础设施建设方面，从阿布扎比扎伊德清真寺到迪拜的跑马场项目，无不凝聚着中国人的智慧和汗水，做出了其他族裔不可替代的贡献。毫无疑问，在阿联酋的 GDP 增长数据里，30 万华侨功不可没。

（二）介绍和传播了中国文化

华侨是海外弘扬中国文化最直接的“载体”。阿联酋的华侨历史不长，但在传播中国文化方面，可以说，已经形成了多领域、全方位、立体式的传播渠道。迪拜不仅有十几种的中文报纸，诸如《绿洲报》《中东侨报》《闽商报》《华人时报》《华人之窗》《迪拜人》等，还有知名的“迪拜中华网”“迪拜人”等网站，还有与阿联酋当地人共同创办的中阿卫视（CATV）等。在教育培训方面，中国已在阿布扎比和迪拜分别设立有两所孔子学院。不少华侨还开设了各类汉语教学中心，并在警察学校、机场、海关等政府机关开展华文培训。在文化艺术方面，华侨可谓不遗余力。他们不定期地在迪拜购物中心、酋长购物中心等大型场所，组织中国文化精髓秀、书画展、旗袍秀、儿童节表演、春节文艺节目表演等，把中国文化展示、介绍和传播到阿联酋民众之中，这种最接地气的表演也许不是最专业的，但一定是最真挚、最火热的。民以食为天，中国文化走进外国人心中首要的角色非饮食文化莫属。大规模的中国侨民的出现催生出阿联酋百多家中国南北风味菜肴的餐厅，在向各族裔介绍中国饮食的同时，也丰富着当地的饮食文化。所有这些，在传达自身存在感的同时，使更多的阿拉伯人、在阿居住的外籍人有机会对中华文化接纳、了解和欣赏，更好地了解中国和中国人。

（三）巩固和加深了传统友谊

每当和阿拉伯人谈起中国，他们总是自然而然地会说伊斯兰教先知穆罕默德讲过的一句话："去求知吧，哪怕它远在中国。"这使广大华侨感到十分自豪。古丝绸之路上，古代中国和同样古老的阿拉伯国家人民之间的商贸交流，奠定了两个古老民族的传统友谊。在当今新的经济形势下，旅阿华侨的快速增加，各种交往的日益频繁，使阿联酋的居民逐渐了解了当今中国的巨变，目睹了中国和中国人对当地经济、社会、文化等方面的促进作用和贡献，由此对中国产生了浓厚的兴趣。目前，"汉语热""中国热"正在阿联酋悄然兴起，无论是王室成员还是普通百姓，学习汉语不仅是兴趣所在，更成为阿高层培养青年一代和发展对华关系的战略选择。在迪拜购物中心、酋长购物中心、龙城、博物馆等场馆，除了英语、阿拉伯语、乌尔都语说明之外，都附加了汉语说明。迪拜警察总局的安全宣传册，经济发展局的一些法规等，都有中文版本，甚至警察见到中国人都会来几句中文的问候。由于阿联酋的担保人制度，越来越多的华侨得以和阿联酋当地人深层广泛接触，和当地人变成了"家人”似的关系，也有越来越多的华侨和当地企业合作，在这个过程中，传统友谊在交往中得到了巩固和加深。

（四）践行和传导了中国价值观

从中国移居到陌生的伊斯兰国家，在逐步了解和适应当地的伊斯兰文化的同时，旅阿华侨也在弘扬中国人的优秀价值观，诸如强调人与人、人与自然以及国与国之间的和谐，比如：“己所不欲，勿施于人”与“宽容”等，并把中国人的优秀价值观与伊斯兰教的和平、正义的真理观结合起来。华侨的身体力行，使得越来越多的阿联酋人认识到了中国人的热情、好客、谦顺、懂理、礼让等价值观念，从而愿意和中国人接触，和中国人放心做生意。佛教文化、儒家文化由这些新华侨的存在，迸发出别样的光彩，也使中国人的核心价值观得到了认可和尊重，从而为华侨融入当地社会，加深中阿民间交往和双方的和谐发展，奠定了思想基础。

三、旅阿华侨的新挑战

近年来，由于国际经济形势的持续影响和各种错综复杂因素的叠加，旅阿华侨在赢得生存发展和社会影响力的同时，也遇到了诸多的困难和问题，面临着巨大的挑战。

（一）投资经营风险加大

华侨在当地的生存、发展与住在国的政治、经济政策息息相关。阿联酋的迪拜完全开放，它以巨大的勇气营销自我，借助全世界的智慧和力量，来建设一个具有各种“全球之最”称号的城市。但在当今全球经济低迷的大背景下，它不得不调整其政治、经济等策略，来维持自己的发展。这对以投资经营为主的华侨来说，带来了多重风险，面临着进退去留的抉择，经受着巨大的考验。

例如，迪拜龙城管理部门最近作出规定，凡租赁二期的商户，必须签订一个三年内不得退租的租赁协议。商铺每年需缴纳租金、物业费、装修费（不包括水、电、空调、消防设施）、营业执照费，还需缴纳水电费和各种押金等。照此计算，租赁 60 平方米的商铺，一年约需缴纳 60 多万迪拉姆，在现在大萧条的形势下，可以说费用高得实在离谱。而周边曾经的贸易终端国家，如沙特、阿曼、卡塔尔、巴林都在兴建中国城，甚至迪拜旁边的阿布扎比、沙迦等都已建有规模不一的中国城，且都在改善与生产国的交通、通关等条件。从龙城二期的试开业到目前快一年的时间，门可罗雀，做瓷砖的商户一个月做成一单是常有的现象。投资龙城二期失败的沮丧刻在每一个商户的脸上。退租不可能，转租又没人要，三年的艰苦等待很可能就是一场空。

迪拜政府为了保护本国人利益，规定自贸区以外的企业必须实行担保人制度，即凡在迪拜投资经营开设公司的外国人，必须有本地人做合伙人，而且必须持有名义上的 51% 股份，本地人不参与企业的任何管理经营，只是每年按公司规模收取几万到上百万不等的费用作为分红。再加上注册企业费用、公证费用、员工签证等行政管理收费猛涨，阿联酋还将从 2018 年起征收 5% 增值税，致使原本免税或少税的优势不再，使得不少华侨处于成本居高不下，生意越来越难，风险越来越大的困境。

（二）生活成本居高不下

迪拜为了充盈政府的财政，房价上涨幅度达到了让世界震惊的 28.5%，为全球涨幅最快城市。教育费用、车辆保险费用、政府物业费、地铁票价、停车费、出租车价格一再上调。此外，近年来，迪拜政府部门明显加大了各类罚款的广度和力度，如行人横穿马路罚款 200 迪拉姆，不小心上了地铁 VIP 包厢罚款 120 迪拉姆，车子在公交黄线双闪 2 分钟罚款 600 迪拉姆，店铺门口停手推车罚款 500 迪拉姆，在住宅区内洗车弄脏街道罚款 500 迪拉姆，从车里往街上扔垃圾罚款 500 迪拉姆等。从中可以看出，花样百出的各种罚款随时可见。这些都给广大华侨增加了生活成本和负担。

（三）语言障碍日益突出

阿拉伯语是世界上最难学的语言之一，要想掌握这门语言，没有足够的毅力难以实现心愿。在阿联酋居住了数十年的华侨，除了基本的问候语外，很少懂得其他用语。语言的疏离，使得部分华侨感到不能融入的苦恼，游离于阿联酋社会之外，不能把阿联酋当作第二故乡长期居住下去。再加上互联网时代，市场的萎缩，成本的增加，卖方市场的竞争激烈，单纯的一买一卖的生意越来越难做，要想占得先机，赢得市场，必须要有很好的人脉资源，而语言是沟通的工具。再则，在日常生活中，如果一旦和他人产生矛盾或纠纷，又必须用得体的言语去沟通，由于语言的障碍，很多华侨遭受了物质与精神上的损失后，无法讨回公道，由此失去了在阿居留的兴趣，黯然回国。在阿的各种阿拉伯语培训班，由于缺乏专业和优秀的教师和教材，教学效果甚微。当然，英语作为世界语，很多人可以用英语与人沟通，但作为母语是阿拉伯语的国度，政府、文件法院文书都是阿拉伯语的，语言的困扰自始至终存在。推进“一带一路”建设，我们必须认识到语言服务和语言能力建设的重要性和先行性，这不仅是对国内阿拉伯语专业人才培养的要求，也是广大旅阿华侨所应重视的课题。

（四）法律困扰不断加重

阿联酋也许是国际社会宗教和世俗社会最完美的结合，是世俗法律和伊斯兰法律完美结合的成功典范，是法制国家。而广大华侨由于他们大都来自农村，中国的农耕文化既给我们留下了丰富的文化遗产，也使他们背上了沉重的包袱，在思想意识上形成了权比法大、金钱万能的烙印，在现实生活中普遍存在不重视学法、守法和用法的现象。即便是到了国外，这种固有的思维定式也不会因此得到彻底改变，除非尝到了与自身利益相关的滋味，蒙受了重大利益损失，才会有所醒悟，否则根本不会去学习阿联酋的法律知识，不会关心阿联酋的法律制度。商人中存在着一些造假、售假现象，不了解当地的经济政策，盲目违规投资，餐厅卖酒等，在阿华侨经常会遭受一系列的诸如人身伤害、财产损失、商务纠纷、租赁纠纷、婚姻弱势、遗产继承权旁落及其他权益受侵害等法律困扰，使自己蒙受巨大损失，从而对长期留居阿联酋发展而动摇信心。

四、旅阿华侨的新机遇

华侨的命运始终与祖国的命运息息相关。现在国家提出“一带一路”倡议，已经得到70多个国际组织和沿线国家的积极支持和响应。而阿联酋不仅是连接东西方的海陆空枢纽，是中东地区的核心一站，更以创始成员身份加入了亚投行，这将给旅阿华侨带来不可多得的历史性机遇。

（一）营造了良好的投资环境

“一带一路”是一种新形势下合作发展的理念和倡议，是依靠中国与有关国家既有的双多边机制，借助既有的、行之有效的区域合作平台，借用古代“丝绸之路”的历史符号，高举和平发展的旗帜，是我们国家主动地发展与沿线国家的经济合作伙伴关系，共同打造政治互信、经济融合、文化包容的利益共同体、命运共同体和责任共同体的一种理念。因此，“一带一路”是属于中国人民和“一带一路”沿线国家共同的事业，是促进共同发展和实现共同繁荣的合作共赢之路，是增进理解信任和加强全方位交流的和平友谊之路。阿联酋已经充分认识到这一点，它是积极响应“一带一路”倡议的国家，也是亚投行的创始成员。在第六届迪拜投资年会于2016年4月11日开会之前，阿联酋经济部长苏尔坦·阿尔·曼苏里于2016年3月14日，发表了一篇探讨中国和阿联酋在“一带一路”政策下增加合作互利机会的讲话，在各个迪拜的主流报刊媒体上刊出。表达了阿联酋可以在中国提出的“新丝绸之路”“海上丝绸之路”发挥活跃作用和价值的愿望。这势必为广大旅阿华侨的投资经营提供更有利的发展环境。

（二）占据了转型发展的先机

“一带一路”建设的推进，势必强化中国与阿联酋的战略互惠关系，随着阿联酋参与“一带一路”建设的展开，当前面临的经济形势一定会有所改观，为华侨华人在阿的生存、发展及社会地位的获得提供更多的保障。旅阿华侨站在“一带一路”建设的前沿，他们可以及时了解相关信息，随时掌握“一带一路”建设进展，凭借先天的基础和优势，与当地经济紧密联系，为其扩大商业布局提供机遇。

而中国这一方，也正处在深化改革的新阶段。“一带一路”建设的推进，国家级、省级新区的建立和自贸试验区等是新一轮对外开放的新亮点，必将带来新一轮改革开放新浪潮和投资发展的新机遇。旅阿华侨由于其特有的来回“流动性”大的特点，他们不再像以往的华侨那样“落地生根”，而是随时以迪拜这个世界中转站为中心，来回奔波于中阿两地，或是开拓周边国家甚至世界各地的业务和事业，这就为他们运用在不同环境中的社会资本谋求更多、更大的可能性，也必将使他们抢先获得转型升级和发展壮大的先机。可以这么说，旅阿华侨是“一带一路”的直接参与者、推动者和建设者，也是我国改革开放和“一带一路”重大合作倡议的受益者。

（三）提供了更加广阔的发展空间

中央强调建设“一带一路”的核心是要实现“五通”，即“政策沟通、道路联通、贸易畅通、货币流通、民心相通”。而这“五通”中，特别是在基础设施建设、交通运输、资源开发、市场开拓、融资等方面，为投资经商提供了更加广阔的发展空间。其中的“民心相通”，尤为关键，是社会根基。在阿华侨，既熟悉住在国的政策法规、文化环境与风土人情，又与祖国乡亲血脉相通、同宗同源，心心相通，是连接中与阿的“天然桥梁和纽带”。因此，在阿华侨凭借与住在国的紧密经济联系，可在实施“一带一路”重大合作倡议中，大显身手、大有作为。

笔者认为，虽然旅阿华侨在“一带一路”建设中具有得天独厚的基础和优势，但要充分发挥他们的独特作用，必须多管齐下，重视和加强旅华侨教育、管理，不断提升旅阿华侨的自身素质，努力使其担当起重大的历史使命。具体而言，这包括如下几个方面。

1. 需要强化以旅阿华侨为主体的教育培训

笔者认为，要有效解决和克服旅阿华侨当前面临的困难和问题，使其充分发挥“一带一路”建设中的独特作用，关键是要有针对性地加强旅阿华侨华人的教育培训。尤其是国情教育、“一带一路”基础知识和相关政策培训、法律知识和语言知识培训以及对年轻一代华侨的中华传统文化、传统理念教育，要作为我国政府部门、各级侨办、使领馆、当地商侨社协会、华侨机构的重要工作和任务，不断提高广大旅阿华侨的综合素质，努力使他们成为国情政策的宣传者、中华文明的践行者、沟通交流的活跃者、“一带一路”的建设者、友谊桥梁的架设者，从而展示一个开放、友好、自信的中国，展示中国建设“和谐世界”的理念，更好地发挥华侨的民间推动作用，共同推进“一带一路”建设。

2. 需加强以驻阿使领馆为主导的协调保护

阿联酋其现行的法律制度和司法体系对推动本国的经济、社会、文化等发展，确实起到了巨大的保障作用。但由于种种原因，也难免存在着一定的滞后性，暴露出一些缺陷和弊端，并在某种程度上给旅阿华商带来了诸多不利，造成了一些法律困境，影响了生存发展。但要反映阿联酋法律环境中存在的问题，仅凭华商个人和社团组织显然无能为力，必须由政府或相关部门出面，加强两国政府间的联系、沟通和协调，才能逐步推动旅阿华商法律困境中相关问题的解决。为此，笔者认为，我国驻阿使领馆是国家的代表，保护旅阿华商的合法权益是其重要职责，并在加强与阿联酋政府联系沟通方面，也处于最便捷、最有利、最有效的地位。因此，建议能否以我国驻阿各使领馆为主导，围绕旅阿华商涉及阿联酋法律制度和司法体系方面的问题，进一步加强与当地政府的沟通协调。重点推动中阿政府间沟通机制的建立，推动阿联酋政府更加重视普法教育，推动阿联酋更加注重司法队伍建设，推动酋长国之间司法协作的紧密，推动阿联酋政府执法监督的到位，推动中阿政府司法领域合作的深化。

3. 需关注旅阿商团侨社的规范发展

阿联酋虽是一个新兴的侨区，但已集聚了近30万侨民，分布在各酋长国之中，从事着多领域的生产经营，促进了当地的经济发展和繁荣，成了中国在世界的一张“名片”。可由此也带来了一些快速发展过程中的问题，尤其是广大旅阿华商的法律困境，给我国驻阿各使领馆增加了繁重任务，带来了工作压力。对此，笔者认为，要有效破解这一问题，就需要充分发挥阿联酋中国各商团侨社等社会组织的作用，使其真正把广大旅阿华商组织好、管理好、服务好。只有这样，才能把法律困境解决在萌芽之中、基层之中，减轻我国各驻阿使馆的工作任务和压力。而要做到这一点，就需要国内各级外事侨务和统战部门等根据阿联酋各级商团侨社的现状，高度重视、通力协作，共同把这些社会组织培育发展好，监督管理好，不断提升其服务能力和作用。建议重点抓好以下几方面工作：一是加强商团侨社的全面整顿；二是重视商团组织的培育发展；三是提升商团侨社的服务能力。

五、结语

本项研究以阿联酋华侨为载体，考察“一带一路”下侨胞的独特作用，具有重要的现实意义。但侨胞在住在国的生存发展，不仅与其自身素质相关，与祖国发展息息相关，而且也有赖于住在国的政治、经济、法律、政策等环境，这就需要广大侨胞自身的努力和奋斗，更需要政府各层面的帮扶和助力。

图书在版编目（CIP）数据

当代阿拉伯研究：中埃建交60周年纪念文集／张宏，刘欣路主编．—北京：北京师范大学出版社，2017.8
ISBN 978-7-303-22866-9

Ⅰ.①当…　Ⅱ.①张…　②刘…　Ⅲ.①中外关系—研究—阿拉伯国家—文集　Ⅳ.①D822.337-53

中国版本图书馆CIP数据核字（2017）第218400号

营销中心电话　010-58805072　58807651
版权与国际合作部　http://www.bnup.com

DANGDAI ALABO YANJIU
出版发行：北京师范大学出版社　www.bnup.com
北京市海淀区新街口外大街19号
邮政编码：100875
印　　刷：北京盛通印刷股份有限公司
经　　销：全国新华书店
开　　本：155 mm × 235 mm　1/16
印　　张：24.25
字　　数：348千字
版　　次：2017年8月第1版
印　　次：2017年8月第1次印刷
定　　价：168.00元

策划编辑：谢　曦　　责任编辑：谢　曦　王　强
美术编辑：汝俊杰　　装帧设计：汝俊杰
责任校对：陈　民　　责任印制：李汝星